KB269914

BIBLE in Hand 교양인을 위한 성경

구약 | 역대지(상·하)

영광의 좌표 : 추락에서 회복으로

해제 **김근주**

봄이다
프로젝트

THE HOLY BIBLE
Old and New Testaments
Revised New Korean Standard Version
© Korean Bible Society 2001

해제 **김근주** | 기독연구원 느헤미야 연구위원

서울대학교 경제학과를 졸업하고, 장로회신학대학교 신학대학원에서
목회학 석사(M.Div.)와 신학 석사(Th.M.) 학위를 받은 후,
영국 옥스퍼드대학교에서 칠십인역 이사야서의 신학적 특징을 다룬
논문(The Identity of the Jewish Diaspora in the Septuagint Isaiah)으로
박사(D.Phil.) 학위를 받았다.
기독연구원 느헤미야 연구위원이며, 일산은혜교회 협동목사로 섬기고 있다.
〈복음의 공공성〉(비아토르), 〈특강 예레미야〉〈특강 이사야〉(IVP),
〈나를 넘어서는 성경 읽기〉〈소예언서 어떻게 읽을 것인가 1, 2, 3〉(이상 성서유니온),
〈구약의 숲〉〈다니엘처럼〉〈네 이웃을 네 몸과 같이〉(이상 대장간),
〈구약으로 읽는 부활 신앙〉(SFC출판부) 등을 펴냈다.
봄이다 프로젝트가 펴내는
Bible in Hand | 교양인을 위한 성경 시리즈 중 구약편 해제를 집필했다.

영광의 좌표 :
추락에서 회복으로

믿음에 관심이 있거나 새로 예수를 믿게 된 사람들이 성경을 읽어야 하는데, 이때 전권을 주고 읽으라고 하면 질려서 잘 읽지를 못한다. 이런 사람들에게 이 책을 권하면 좋을 것 같다. 새번역을 사용하고 있고, 읽으면서 생길 수 있는 질문에 답을 주는 짧은 주석이 붙어 있어서 재미있게 읽을 수 있기 때문이다. 이 낱권 성경책은 특별히 비신자 전도에 집중하는 가정교회에서 잘 활용할 수 있을 것이다. 처음 성경을 접하는 분들이 성경을 쉽게 이해하고, 성경 읽는 데 자신감이 생길 것이다.

_ **최영기** | 휴스턴서울교회 은퇴목사, 국제가정교회사역원 초대원장

베스트셀러를 주로 읽는 요즘 사람들은 정작 인류 최고의 베스트셀러인 성경에는 무지하다. 일반인들이 성경을 읽으려면 먼저 성경은 종교적 경전의 모양새에서 벗어나야 한다. 이 책은 바로 그런 목적으로 출간되었다. 이제 종교적인 편견을 버리고 성경을 읽고, 세계 시민에 걸맞은 교양을 가져보자.

_ **방선기** | 일터개발원 이사장

거룩할 '성'과 날 '경' 자로 구성된 성경(聖經)은 우리 삶이 혼
돈의 심연으로 빠져들지 않도록 지켜주는 수직의 중심이다.
사람들이 성경에는 오류가 없어야 한다고 믿는 것은 그 때문
이다. 성경을 읽다가 모순되는 지점을 발견하는 순간 경건한
사람들은 마치 연모하던 이의 비밀스러운 모습을 본 것처럼
민망해한다. 기독교에 대해 반감을 가진 이들은 '잘코사니!'
하면서 공격의 빌미를 삼는다. 민망해할 것도 없고, 쾌재를
부를 것도 없다. 김근주 교수와 권연경 교수의 안내를 받아
성경 속을 거닐다 보면 그 모순 속에 담긴 삶의 심오함에 가
닿을 것이다. 교회 밖의 사람들은 물론이고 기독교인에게도
이 책은 좋은 길잡이가 되어주리라 믿는다.
_ 김기석 | 작가, 전 청파교회 담임목사

01

이 책에 사용된 한글 번역본은 대한성서공회의 허락을 받아 〈성경전서 새번역〉(2001년)을 사용했습니다.

기독교 성서를 번역, 출판, 반포하는 대한성서공회는 〈성경전서 새번역〉에 대해 "원문의 뜻을 우리말 독자들이 이해할 수 있도록 정확하게 번역하고, 쉬운 현대어로, 우리말 어법에 맞게, 한국교회에서 사용할 수 있도록 번역된 성경"이며, "번역이 명확하지 못했던 본문과 의미 전달이 미흡한 본문은 뜻이 잘 전달되도록 고쳤다. 할 수 있는 대로 번역어투를 없애고, 뜻을 우리말로 표현하려고 노력했다. 그러나 신학적으로 중요한 본문에서는 원문을 그대로 반영하려고 노력했다. 대화문에서는 현대 우리말 존대법을 적용했다"고 밝히고 있습니다.

02

성경 본문 하단은 성경을 읽으면서 생기는 궁금한 내용에 대해 질문과 해제 형식으로 담아냈습니다. 질문은 편집부에서 만들고, 해제는 구약성경은 김근주 교수(기독연구원 느헤미야), 신약성경은 권연경 교수(숭실대 기독교학과)가 맡았습니다.

성경 본문입니다.

장을 말합니다.

절을
말합니다.

약자를 말합니다.
〈성경의 구성〉(9p)을
참고하십시오.

성경의 해당 부분
책 이름입니다.

질문과 해제입니다.

겠고, 나를 애써 찾을 것이지만, 나를 만나지 못할 것이다. 29 이것은 너희가 깨닫기를 싫어하며, 주님 경외하기를 즐거워하지 않으며, 30 내 충고를 받아들이지 않으며, 내 모든 책망을 업신여긴 탓이다. 31 그러므로 그런 사람은 제가 한 일의 열매를 먹으며, 제 꾀에 배부를 것이다. 32 어수룩한 사람은 내게 등을 돌리고 살다가 자기를 죽이며, 미련한 사람은 안일하게 살다가 자기를 멸망시키지만, 33 오직 내 말을 듣는 사람은 안심하며 살겠고, 재앙을 두려워하지 않고 평안히 살 것이다."

{ 제2장 }

지혜가 주는 유익

1 아이들아, 내 말을 받아들이고, 내 명령을 마음속 깊이 간직하여라. 2 지혜에 네 귀를 기울이고, 명철에 네 마음을 두어라. 3 슬기를 외쳐 부르고, 명철을 얻으려고 소리를 높여라. 4 은을 구하듯 그것을 구하고, 보화를 찾듯 그것을 찾아라. 5 그렇

갑자기 독자들을 '아이들'(1절)이라고 부르네요, 어린아이들에게 주는 당부인가요? 어느 시대, 어느 사회에서든 마찬가지겠지만, 최초의 교육이면서 가장 중요한 교육이 일어나는 곳은 당연히 가정일 것입니다. 비록 많은 부모가 이를 잘 행하지 못해서 부끄럽기도 하지만, 가정이야말로 가장 근본적인 교육의 현장입니다. '아이들'이라는 표현은 가정에서 이루어진 교육을 반영합니다. 바울이 디모데를 자신의 아들이라 표현했듯이(딤전 1:2), 고대 세계에서 스승은 제자를 곧잘 '아들'이라 불렀습니다. 그래서 "아이들아"와 같은 표현은 스승 앞에 모여 있는 어리거나 젊은 제자들의 모습을 떠올리게 합니다.

잠언

21

성경, 구약 39권 + 신약 27권

성경은 한 권의 책이 아닙니다. 기원전 1천 년 전부터 기원후 2세기에 이르기까지 아주 긴 시간 동안 쓰여진 다양한 책들의 묶음입니다. 성경은 66권의 책으로 구성되어 있습니다. 그 책들은 저자도, 내용도, 형식도, 분량도 모두 다릅니다. 성경은 크게 구약과 신약으로 구분되며, 구약은 39권, 신약은 27권으로 구성되어 있습니다.

또 성경에는 여러 종류의 번역판이 있는데, 이 책은 대한성서공회가 최근에 번역해 출간한 〈성경전서 새번역〉(2001년)을 채택하고 있습니다.

성경의 구성

구약

율법서 { 창세기(창) 출애굽기(출) 레위기(레) 민수기(민) 신명기(신)

역사서 여호수아기(수) 사사기(삿) 룻기(룻) 사무엘기상(삼상)
사무엘기하(삼하) 열왕기상(왕상) 열왕기하(왕하) 역대지상(대상)
역대지하(대하) 에스라기(라) 느헤미야기(느) 에스더기(더)

시가서 { 욥기(욥) 시편(시) 잠언(잠) 전도서(전) 아가(아)

대선지서 이사야서(사) 예레미야서(렘) 예레미야 애가(애) 에스겔서(겔)
다니엘서(단)

소선지서 호세아서(호) 요엘서(욜) 아모스서(암) 오바댜서(옵) 요나서(욘)
미가서(미) 나훔서(나) 하박국서(합) 스바냐서(습) 학개서(학)
스가랴서(슥) 말라기서(말)

신약

복음서 { 마태복음서(마) 마가복음서(막) 누가복음서(눅) 요한복음서(요)

역사서 { 사도행전(행)

바울서신 로마서(롬) 고린도전서(고전) 고린도후서(고후)
갈라디아서(갈) 에베소서(엡) 빌립보서(빌) 골로새서(골)
데살로니가전서(살전) 데살로니가후서(살후)
디모데전서(딤전) 디모데후서(딤후) 디도서(딛) 빌레몬서(몬)

공동서신 히브리서(히) 야고보서(약) 베드로전서(벧전) 베드로후서(벧후)
요한1서(요일) 요한2서(요이) 요한3서(요삼) 유다서(유)

예언서 { 요한계시록(계)

※괄호 안은 각 책을 줄여서 표기할 때 쓰는 약자입니다.

예배 공동체,
우리는 누구인가

역대지는 구약성경 열왕기가 보여주는 다윗에 관한 부정적 내용을
전혀 언급하지 않습니다. 이것은 고의적으로 사실을 누락해
다윗을 치장하려는 의도가 아닙니다. 이미 열왕기를 알고 있고
열왕기의 관점대로 지난 역사를 불순종의 역사로 전제한 후에,
그렇다면 이제 우리가 회복하고 따라야 할 바람직한 모습은
무엇인가를 제시하려는 의도에서 비롯되었다고 할 수 있습니다.
역대지 저자에게 이스라엘은 주 하나님을 섬기는 예배 공동체입니다.
역대지가 다윗과 솔로몬을 높이지만, 그것은 왕정 복고에
소망을 두었기 때문이 아닙니다. 다윗과 솔로몬이 하나님을 예배하는
예배자의 전형적인 모습을 보여주었기 때문입니다.

이스라엘 역사를 나름의 관점과 신학으로 해석한 책

우리말 성경에 '역대지'로 번역된 책의 히브리어 제목은 '디브레 하야밈'으로 '그 시대의 일들'이라는 의미를 지닙니다. 기독교의 성경에서 이 책은 열왕기 다음에 놓여 이스라엘의 역사를 다루는 책 가운데 하나로 배열되었지만, 히브리어 성경에서는 가장 마지막에 놓여 있습니다. 복음서에서 볼 수 있는 "아벨의 피로부터 사가랴의 피에 이르기까지"(마 23:35; 눅 11:51)라는 언급은 복음서가 기록될 당시 성경 가장 마지막 부분에 놓여 있던 역대지를 전제로 한다고 볼 수 있습니다. 대략 주전 5세기 후반에서 주전 4세기 초반 사이에 기록된 것으로 추측됩니다.

구약성경의 사무엘기, 열왕기와 역대지는 모두 이스라엘의 역사를 다룬다는 점에서 공통되는 부분이 있지만, 역대지는 북왕국에 대해서는 거의 다루지 않고 오직 남왕국 유다에 초점을 둡니다. 사무엘기와 열왕기도 마찬가지지만, 역대지 역시 오늘날 우리가 생각하는 '역사책'과는 다소 거리가 있습니다. 물론 이 책은 실제 고대 이스라엘에서 일어났던 역사적 사건들을 언급하고 열거합니다. 그러나 이 책의 모든 관심은 사실 그 자체가 아니라, 역사에 대한 해석입니다. 역대지는 열왕기를 비롯한 이전의 구약 문헌들을 잘 알고 있으며, 이전 문헌들을 수정하거나 대체하려고 하지 않고 이스라엘 역사를 역대지 나름의 관점과 신학으로 해석해 제시합니다.

역대지의 관심과 해석은 역대지의 구성에서도 잘 나타납니다. 역대지의 첫 구절은 "아담, 셋, 에노스"(대상 1:1)이고, 아담에서부터 시작해 바빌론 포로에서 돌아온 이들까지 이어지는 고대 이스라엘의 족보가 9장까지 기록되어 있습니다. 족보 가운데서도 유다 지파의 족보(2:3-4:23)와 레위 지파의 족보(6장)를 두드러지게 강조했고, 포로에서 돌아온 이들의 족보 역시 제사장과 레위인에 초점을 맞춥니다(9:10-34). 족보 마지막 단락에는 사울의 족보가 나타나고(9:35-44), 사울 왕의 최후에 관한 내용으로 이어집니다(10:1-14). 이와 연관해 베냐민 지파의 족보 역시 세 군데에서 언급하며 강조했는데(7:6-12; 8장; 9:35-44), 다윗의 군대 안에도 베냐민 지파가 있었다는 언급(12:1-7, 29)을 통해, 다윗의 나라의 특별함을 부각시킨다고 볼 수 있습니다.

역대지상 11장에서 시작된 다윗 시대에 관한 내용은 역대지상 마지막인 29장까지 이어지고, 역대지하 1-9장에는 솔로몬 시대가 기록되어 있습니다. 다윗과 솔로몬 시대에 압도적으로 많은 분량이 할애되었는데, 대부분이 성전 건축과 제사 제도의 완비에 대한 내용입니다. 역대지하 10장부터 마지막 36장까지는 르호보암에서부터 예루살렘의 멸망과 바빌론 포로, 그리고 페르시아 왕 고레스가 내린 귀환 칙령까지의 역사를 다룹니다. 그래서 역대지는 족보, 다윗과 솔로몬의 성전 건축 및 제사 제도 정비, 유다의 역사와 패망으로 간략하게 요약할 수 있습니다.

역대지는 족보에 큰 관심이 있습니다. 특히 역대지의 족보는 이스라엘을 아브라함을 넘어 아담까지 연결시킵니다. 족보는 현재의 이스라엘이 이처럼 오랜 시간에 걸쳐 존재했으며, 아담과 아브라함에 이어지는 백성임을 보여줍니다. 이와 같은 족보는 현재 하나님 백성이 초라해 보일 수 있으나 하나님의 뜻이 면면히 이어진 존재이며, 하나님께서 택하신 백성임을 증언합니다. 그래서 역대지의 족보는 "우리가 누구인가?"를 알려주는 '정체성' 선언이라 볼 수 있습니다. 족보 가운데서 상당히 많은 분량이 레위 지파에 할애되었다는 점에서, '족보에 대한 관심'은 '제사장의 관점'임을 짐작할 수 있습니다. 구약성경의 창세기나 출애굽기에 나오는 족보 언급 역시 제사장 관점에서 비롯된 내용으로 볼 수 있습니다.

다윗과 솔로몬을 높이는 근본 이유

레위 지파 족보에 대한 관심과 더불어 역대지의 또 다른 중요한 특징은 성전과 제사 제도를 강조한다는 것입니다. 역대지 저자에게 다윗은 왕이라기보다는 하나님을 예배한 예배자요, 이스라엘의 예배를 확립하고 완성한 사람입니다. 솔로몬 역시 다윗의 뒤를 이어 성전을 완성한 사람으로 그려집니다. 특히 다윗은 이스라엘의 제사 제도를 정비했고, 이와 연관해 제사장과 레위인의 직무와 역할에 대해서도 체계를 확립합니다.

성전과 제사에 대한 압도적인 관심을 생각하면, 역대지가 예루살렘 성전과는 무관한 북왕국에 대해 거의 다루지 않는 것을 이해할 수 있습니다. 아울러 성전과 제사에 대한 관심은 다윗과 솔로몬에 관한 단락만이 아니라 역대지의 다른 내용에서도 일관된 모습입니다.

예를 들면, 히스기야 시대에 관해 역대지는 넉 장을 할애했는데(대하 29-32장), 열왕기는 앗시리아 산헤립의 침공(왕하 18-19장), 히스기야의 발병과 치유(20:1-11), 바빌론 사절단의 방문과 히스기야의 죽음(20:12-21)을 다룬 반면, 역대지는 히스기야의 성전 정화(대하 29장), 유월절 준수(30장), 제의 일반 개혁(31장)에 대해 이야기한 후 마지막으로 산헤립 침공을 다룹니다(32:1-23). 32장을 시작하는 "히스기야 왕이 이렇게 하나님을 성실하게 섬기고 난 뒤에"(32:1)라는 표현을 통해 독자들은 히스기야가 거둘 승리를 쉽게 예측할 수 있습니다. 역대지 저자의 관점으로 보기에, 승리는 이스라엘의 군사력이나 경제력 같은 것이 아니라 전적으로 주 하나님을 올바르게 예배하는 데 달려 있습니다.

역대지는 열왕기가 보여주는 다윗에 관한 부정적 내용을 전혀 언급하지 않습니다. 이것은 고의적으로 사실을 누락해 다윗을 치장하려는 의도가 아닙니다. 이미 열왕기를 알고 있고 열왕기의 관점대로 지난 역사를 불순종의 역사로 전제한 후에, 그렇다면 이제 우리가 회복하고 따라야 할 바람직한 모습은 무엇인가를 제시하려는 의도에서 비롯되었다고 할 수 있습니다. 역대지 저자에게 이스라엘은 주 하나님을 섬기는 예배 공동체입니다. 역대지가 다윗과 솔로몬을 높이지만, 그것은 왕정 복고에 소망을 두었기 때문이 아닙니다. 다윗과 솔로몬이 하나님을 예배하는 예배자의 전형적인 모습을 보여주었기 때문입니다.

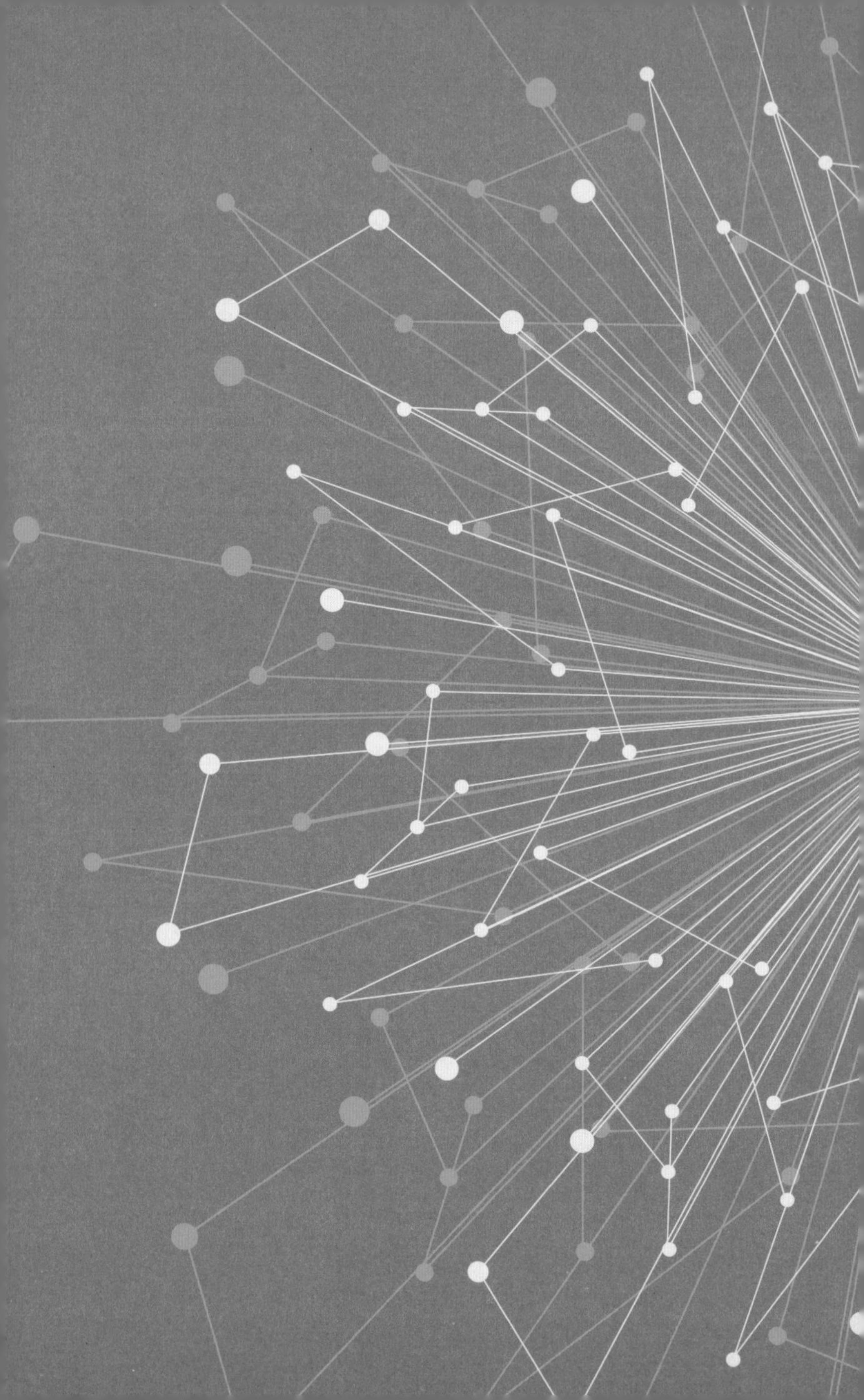

역대지상

1 Chronicles

{ 제1장 }

아담에서 아브라함까지(창 5:1-32; 10:1-32; 11:10-26)

1 아담, 셋, 에노스, 2 게난, 마할랄렐, 야렛, 3 에녹, 므두셀라, 라멕, 노아. 4 노아의 아들들은 셈과 함과 야벳이다.

5 ○ 야벳의 자손은 고멜과 마곡과 마대와 야완과 두발과 메섹과 디라스이고, 6 고멜의 자손은 아스그나스와 디밧과 도갈마이고, 7 야완의 자손은 엘리사와 스페인과 키프로스와 로도스이다.

8 ○ 함의 자손은 구스와 이집트와 리비아와 가나안이고, 9 구스의 자손은 쓰바와 하윌라와 삽다와 라아마와 삽드가이고, 라아마의 자손은 스바와 드단이다. 10 구스가 또 니므롯을 낳았는데, 그는 이 세상의 첫 장사가 되었다. 11 이집트에게서 루드 족과 아남 족과 르합 족과 납두 족과 12 바드룻 족과 가슬루 족과 크레테 족이 나왔다. (가슬루 족에서 블레셋 족이 나

 열왕기는 역대지보다 먼저 기록된 것으로, 남북 이스라엘의 멸망 원인을 모색한 책입니다. 과거 역사를 매우 비판적으로 언급하면서, 하나님을 거역하고 불순종한 결과로 현재의 참상에 이르렀다고 증언합니다. 반면 역대지는 열왕기가 제시한 비판적 반성을 전제로 하되, 과거 역사 속에서 희망적이고 긍정적인 양상을 포착합니다. 그를 통해 현재 역대지를 읽고 듣는 공동체가 추구하고 따르며 살아가야 할 모습을 제시합니다. 그래서 같은 시기, 같은 왕을 다루더라도 두 책의 내용은 꽤 차이가 납니다. 역대지를 읽으며 구체적으로 어떤 차이가 있는지 살펴보는 것은 매우 흥미로운 작업입니다. 결국 열왕기와 역대지 모두 지난 역사에 대한 객관적인 묘사가 목적인, 말 그대로의 '역사책'은 아닙니다. 두 책은 '역사'라는 소재를 통해 과거를 설명하고 현재와 미래를 어떻게 살아가야 할지 증언하고자 하는 '이야기책'이라 할 수 있습니다.

왔다.) 13 가나안은 맏아들 시돈을 낳고, 그 아래로 헷을 낳았다. 14 가나안에게서 여부스 족과 아모리 족과 기르가스 족과 15 히위 족과 알가 족과 신 족과 16 아르왓 족과 스말 족과 하맛 족이 나왔다.

17 ○ 셈의 자손은 엘람과 앗수르와 아르박삿과 룻과 아람이다. 아람의 자손은 우스와 훌과 게델과 메섹이다. 18 아르박삿은 셀라를 낳고, 셀라는 에벨을 낳았다. 19 에벨은 두 아들을 낳았는데, 그때에 세계 인종이 나뉘었다고 해서, 한 아들의 이름을 벨렉이라고 하였다. 그 아우의 이름은 욕단이다. 20 욕단은 알모닷과 셀렙과 하살마웻과 예라와 21 하도람과 우살과 디글라와 22 에발과 아비마엘과 스바와 23 오빌과 하윌라와 요밥을 낳았다. 이들은 모두 욕단의 자손이다.

24 ○ 셈, 아르박삿, 셀라, 25 에벨, 벨렉, 르우, 26 스룩, 나홀, 데라, 27 아브람 곧 아브라함.

이스라엘 민족에게나 의미 있을 법한 족보와 역사를 오늘의 대한민국에 사는 우리가 꼭 읽어야 할까요? 역대지의 상당한 분량을 차지하는 족보는 고대 이스라엘과 오늘 우리 사이의 멀고 먼 거리와 간격을 확연하게 느끼게 합니다. 그러나 구약성경의 시편처럼 '고대 이스라엘'의 냄새가 덜한 책이나, 이 역대지의 족보나, 모두 고대 이스라엘에 의해 전해지고 공유된 내용이라는 점에서 오늘 우리와 거리가 멀기는 마찬가지입니다. 그래서 시편이든 족보든 21세기의 우리를 위해 기록된 글이 아닌, 고대의 이스라엘을 청중과 독자로 염두에 두고 쓰인 글임을 유념하며 읽어야 합니다. 그런 점에서 '족보와 역사'는 본문과 우리 사이 간격을 느끼게 하기 때문에 오히려 도움이 됩니다. 역대지를 처음부터 읽으면서, 고대 이스라엘은 이 족보에서 무엇을 깨달았을지 곰곰이 생각해볼 필요가 있습니다. 이를 바탕으로 하나님께서 역대지 저자를 통해 이 같은 족보를 전하게 하신 까닭이 무엇인지 오늘 우리를 위한 묵상을 해보면 좋겠습니다.

이스마엘의 자손(창 25:12-16)

28 ○ 아브라함의 아들은 이삭과 이스마엘이다. 29 이들의 족보는 다음과 같다. 이스마엘의 맏아들은 느바욧이고, 그 아래로 게달과 앗브엘과 밉삼과 30 미스마와 두마와 맛사와 하닷과 데마와 31 여두르와 나비스와 게드마가 태어났다. 이들이 이스마엘의 아들들이다.

32 ○ 아브라함의 첩 그두라가 낳은 아들은 시므란과 욕산과 므단과 미디안과 이스박과 수아이다. 욕산의 아들은 스바와 드단이다. 33 미디안의 아들은 에바와 에벨과 하녹과 아비다와 엘다아이다. 이들은 모두 그두라의 자손이다.

에서의 자손(창 36:1-19)

34 ○ 아브라함이 이삭을 낳았다. 이삭의 아들은 에서와 이스라엘이다. 35 에서의 아들은 엘리바스와 르우엘과 여우스와 얄람과 고라이다. 36 엘리바스의 아들은 데만과 오말과 스비

스페인, 키프로스, 이집트, 리비아처럼 익숙한 이름이 보입니다(7-8절). 같은 이름을 가진 현대 국가들과 연관 지어 생각해도 될까요? 새번역 성경은 고대의 지명을 이처럼 현대의 지명으로 곳곳에서 바꿔 사용합니다. 키프로스는 히브리어로는 '깃딤'인데, '깃딤'보다는 키프로스가 오늘의 우리에게 훨씬 익숙하게 다가옵니다. 이렇게 현대 지명으로 옮긴 표현들은 오늘의 독자들로 하여금 대략적인 위치를 떠올리게 하고, 그를 통해 본문과 그 상황을 좀 더 생생하고 풍성하게 상상하도록 이끌어줍니다. 그래서 역대지를 비롯한 구약성경의 내용이 허공에 있는, 사람의 생각 속에만 존재하는 추상적인 세상이 아니라, 구체적으로 이 땅을 살아가는 사람들의 이야기임을 명심하게 합니다. 다만 고대의 지명이기 때문에 정확하게 오늘날의 어느 곳인지 100% 확실한 것은 아니라는 점을 유념해야 합니다.

와 가담과 그나스와 딤나와 아말렉이다. **37** 르우엘의 아들은
나핫과 세라와 삼마와 밋사이다.

에돔의 원주민(창 36:20-30)

38 ○ 세일의 아들은 로단과 소발과 시브온과 아나와 디손과
에셀과 디산이다. **39** 로단의 아들은 호리와 호맘이며, 로단의
누이는 딤나이다. **40** 소발의 아들은 알랸과 마나핫과 에발과
스비와 오남이다. 시브온의 아들은 아야와 아나이다. **41** 아나
의 아들은 디손이고, 디손의 아들은 하므란과 에스반과 이드
란과 그란이다. **42** 에셀의 아들은 빌한과 사아완과 야아간이
다. 디산의 아들은 우스와 아란이다.

에돔의 왕들(창 36:31-43)

43 ○ 이스라엘 자손을 다스리는 왕이 있기 전에 에돔 땅을 다

**에돔 땅은 어느 지역을 가리킵니까? 이스라엘 민족의 족보에 에돔 주민과 왕들의 계
보가 끼어 있는 이유는 무엇입니까?** 에돔은 이스라엘의 남동쪽 지역에 있는 민족
이며 나라입니다. 역대지상 1장은 구약성경 창세기에 실린 족보를 거의 그대로 가져
옵니다. 1-23절은 아담부터 노아까지 열 세대, 24-27절은 셈부터 아브라함까지 열
세대로 서술합니다. 28-54절은 이스마엘 자손의 족보, 그두라 자손의 족보, 에서 자
손의 족보, 세일 자손의 족보, 에돔 왕들의 족보를 차례로 다루는데, 각각 창세기 여
러 본문을(창 25:13-15, 1-4; 36:1-19, 20-30, 31-43) 사용합니다. 이러한 족보는 이
스라엘과 주변 민족이 서로 연관되어 있음을 보여주면서, 세상 모든 민족이 아담과
노아, 아브라함으로부터 비롯되었다고 말합니다. 이를 통해 하나님의 백성 이스라
엘은 고립된 작은 민족이 아니라 온 세상을 다스리시는 하나님께로부터 비롯되었으
며, 하나님의 행하심이 길고 긴 세월을 통해 이루어지고 있음을 증언합니다.

스린 왕은 다음과 같다. 브올의 아들 벨라가 딘하바에 도읍을 정하고 왕이 되었다. 44 벨라가 죽으니, 보스라 사람 세라의 아들 요밥이 그의 뒤를 이어 왕이 되었고, 45 요밥이 죽으니, 데만 지방의 사람 후삼이 그의 뒤를 이어 왕이 되었고, 46 후삼이 죽으니, 브닷의 아들 하닷이 그의 뒤를 이어 왕이 되었는데, 그는 모압 평지에서 미디안을 쳐서 무찌른 사람이다. 그는 도읍을 아윗으로 옮겼다. 47 하닷이 죽으니, 마스레가 사람 삼라가 그의 뒤를 이어 왕이 되었고, 48 삼라가 죽으니 유프라테스강 가에 살던 르호봇 사람 사울이 그의 뒤를 이어 왕이 되었고, 49 사울이 죽으니, 악볼의 아들 바알하난이 그의 뒤를 이어 왕이 되었고, 50 바알하난이 죽으니, 하닷이 그의 뒤를 이어 왕이 되었는데, 그는 도읍을 바이로 옮겼다. 그의 아내의 이름은 므헤다벨인데, 그는 마드렛의 딸이요, 메사합의 손녀이다. 51 하닷이 죽었다.

○ 에돔의 족장은, 딤나 족장과 알랴 족장과 여뎃 족장과 52 오홀리바마 족장과 엘라 족장과 비논 족장과 53 그나스 족장과 데만 족장과 밉살 족장과 54 막디엘 족장과 이람 족장이다. 이들이 에돔의 족장이다.

1 이스라엘의 아들은 르우벤과 시므온과 레위와 유다와 잇사갈과 스불론과 2 단과 요셉과 베냐민과 납달리와 갓과 아셀이다.

유다의 자손

3 ○ 유다의 아들은 에르와 오난과 셀라이며, 이 셋은 가나안 사람 수아의 딸과 유다 사이에서 태어난 아들이다. 유다의 맏아들 에르는 주님께서 보시기에 악하였으므로, 주님께서 그를 죽이셨다. 4 유다의 며느리 다말과 유다 사이에서는 베레스와 세라가 태어났다. 유다의 아들은 모두 다섯이다.
5 ○ 베레스의 아들은 헤스론과 하물이다. 6 세라의 아들은 시므리와 에단과 헤만과 갈골과 다라로서, 모두 다섯이다. 7 가르미의 아들은 아갈인데, 그는 하나님께 전멸시켜 바쳐야 하는 물건 때문에 범죄하여 이스라엘을 고통에 빠뜨린 자다.
8 ○ 에단의 아들은 아사랴이다.

다른 가문들을 다 제쳐두고 넷째 아들 유다 가문을 가장 먼저, 그리고 지극히 상세하게 다루는 특별한 까닭이 있습니까? 야곱, 즉 이스라엘의 열두 아들의 이름이 2장 1절에 제시되고, 그들로부터 비롯된 열두 지파의 족보가 9장까지 이어집니다. 역대지상 5장 1–2절은 르우벤과 유다, 요셉 지파에 대해 특별한 설명을 제시하는데, 그에 따르면 르우벤이 첫째 아들이지만 잘못을 저질러 맏아들의 권리가 요셉에게 넘어갔고, 유다는 이스라엘 전체의 영도자가 되었습니다. 그리고 역대지상 11장에 다윗이 등장한 이래, 역대지의 나머지 내용은 다윗으로부터 시작된 유다의 왕들을 다룬다는 점에서, 역대지는 다윗 왕가에 초점을 둔 책임을 알 수 있습니다. 이런 연유로 유다는 넷째 아들이지만, 유다 자손의 족보가 가장 먼저 제시되었다고 볼 수 있습니다. 유다 자손의 족보는 2장에서 시작해 4장 23절까지 이어집니다.

다윗의 가계

9 ○ 헤스론에게서 태어난 아들은 여라므엘과 람과 글루배이다.

10 ○ 람은 암미나답을 낳고, 암미나답은 유다 자손의 지도자 나손을 낳고, 11 나손은 살몬을 낳고, 살몬은 보아스를 낳고, 12 보아스는 오벳을 낳고, 오벳은 이새를 낳았다.

13 ○ 이새는 그의 맏아들 엘리압과 둘째 아비나답과 셋째 시므아와 14 넷째 느다넬과 다섯째 랏대와 15 여섯째 오셈과 일곱째 다윗을 낳았다. 16 이들의 누이는 스루야와 아비가일이다.

○ 스루야의 아들은 아비새와 요압과 아사헬, 이렇게 셋이다. 17 아비가일은 아마사를 낳았는데, 아마사의 아버지는 이스마엘 사람 예델이다.

헤스론의 자손

18 ○ 헤스론의 아들 갈렙은 그의 아내 아수바와 여리옷에게

유다는 다섯 아들을 두었지만(3-4절) 베레스 가계에 관한 기록만 보입니다(5-6절). 족보의 정확성이 너무 떨어지는 게 아닌가요? 역대지는 주전 5세기 말에서 4세기 초에 기록된 글로, 이전에 전해지는 자료들을 수집하고 활용해 만들어졌습니다. 그래서 1장에서 본 것처럼 구약성경 창세기의 족보 자료들이 역대지에서 대거 사용되었습니다. 이스라엘 열두 지파에 대한 내용 역시 창세기를 비롯한 이전 자료에서 가져와 활용했습니다. 창세기 38장은 유다의 다섯 아들을 알려주고, 46장 12절은 베레스의 아들 헤스론과 하물을 언급합니다. 역대지상 2장 본문은 이 정보를 기반으로 이들로부터 이어지는 다음 세대를 다룹니다. 유다 자손의 족보는 그 초점이 다윗이기 때문에, 이 본문은 다윗으로 이어지는 헤스론에 집중했다고 볼 수 있습니다. 무척 오래전인 고대의 족보가 모두 보존되기는 어려웠을 테고, 바빌론 포로에서 돌아온 이들을 통해 보존된 족보가 이 역대지에 기록되었다고 볼 수 있습니다.

서 아들을 낳았다. 아수바가 낳은 아들은 예셀과 소밥과 아르돈이다. 19 아수바가 죽자, 갈렙은 또 에브랏과 결혼하였고, 에브랏과 갈렙 사이에서는 훌이 태어났다. 20 훌은 우리를 낳고, 우리는 브살렐을 낳았다.

21 ○ 그 뒤에 헤스론은 예순 살에 길르앗의 아버지 마길의 딸에게로 가서, 그와 결혼하였다. 그들 사이에서 스굽이 태어났다. 22 스굽은 야일을 낳았다. 야일은 길르앗 지방의 성읍 스물세 개를 차지하였다. 23 그러나 그술과 아람이, 그낫과 그 주변의 성읍 예순 개와 야일의 마을을, 그들에게서 빼앗았다. 이들은 모두 길르앗의 아버지 마길의 자손이다. 24 헤스론이 갈렙 에브라다에서 죽은 뒤에, 그의 아내 아비야는 그의 아들, 드고아의 아버지 아스훌을 낳았다.

여라므엘의 자손

25 ○ 헤스론의 맏아들 여라므엘의 아들은 맏아들 람과, 그 아

남성 중심으로 이어지던 기록에 스루야와 아비가일이라는 여성의 이름이 등장합니다(16절). 이 자매를 특별히 대접하는 이유는 무엇입니까? 스루야와 아비가일은 다윗의 누이들입니다. 스루야의 아들 아비새와 요압, 아사헬, 그리고 아비가일의 아들 아마사는 모두 다윗에게 충성했던 장수들입니다. 역대지는 다윗 왕가에 초점을 둔 책이므로, 스루야와 아비가일은 다윗과 결부된 인물로 언급되었다고 볼 수 있습니다. 사울이 죽은 후 다윗 군대가 사울의 남은 군대를 이끄는 아브넬과 맞서게 되었을 때, 아사헬은 아브넬에게 죽임을 당합니다. 그리고 이후 아브넬이 다윗에게 항복했을 때 아사헬의 형제 요압은 기어이 아브넬을 죽여 복수합니다(삼하 3:22-30). 아마사는 압살롬이 반란을 일으켰을 때 그에게 합류해 군대 장관이 되었고, 압살롬의 패배 후 요압에게 죽고 맙니다(삼하 20:8-13). 결국 다윗은 솔로몬에게 왕위를 물려주면서 요압을 제거하라고 유언합니다(왕상 2:5-6).

래로 브나와 오렌과 오셈과 아히야이다. 26 여라므엘에게 또 다른 아내가 있는데, 그의 이름은 아다라이며, 오남의 어머니이다. 27 여라므엘의 맏아들 람의 아들은 마아스와 야민과 에겔이다. 28 오남의 아들은 삼매와 야다이며, 삼매의 아들은 나답과 아비술이다.

29 ○ 아비술의 아내의 이름은 아비하일이며, 아비술과의 사이에서 아반과 몰릿을 낳았다. 30 나답의 아들은 셀렛과 압바임이며, 셀렛은 아들을 낳지 못하고 죽었다. 31 압바임의 아들은 이시이고, 이시의 아들은 세산이고, 세산의 아들은 알래이다.

32 ○ 삼매의 아우 야다의 아들은 예델과 요나단이며, 예델은 아들을 낳지 못하고 죽었다. 33 요나단의 아들은 벨렛과 사사이다. 이들이 여라므엘의 자손이다.

34 ○ 세산은 아들이 없고 딸뿐이다. 세산에게는 이집트 사람인 종이 있었는데, 그의 이름은 야르하이다. 35 세산이 그의 종 야르하에게 자기 딸을 결혼시켰고, 그들 사이에서 앗대가 태어났다. 36 앗대는 나단을 낳고, 나단은 사밧을 낳았다. 37 사밧은 에블랄을 낳고, 에블랄은 오벳을 낳았다. 38 오벳은

갈렙은 헤스론의 아들이라는데(18절) 정작 9절에 기록된 헤스론의 아들 명단에는 이름이 없습니다. 단순 누락인가요? 갈렙은 18절에 헤스론의 아들이라 기록되었고, 42절에서는 여라므엘의 아우로 등장합니다. 9절은 헤스론의 아들로 여라므엘을 언급한다는 점에서 42절과 일치합니다. 그런데 9절에 헤스론의 아들 가운데 '글루배'가 있습니다. 글루배와 갈렙은 거의 같은 자음으로 이루어진 단어입니다. 히브리 성경을 그리스어로 번역한 〈칠십인역〉 역대지상 2장 9절에서는 글루배를 18절과 42절에 나오는 갈렙과 같은 그리스어로 옮겼습니다. 〈칠십인역〉처럼, 글루배와 갈렙을 동일 인물로 볼 때 본문 전체가 가장 자연스럽게 연결됩니다. 오랜 세월이 지나면서 이름의 몇 글자가 달리 읽히거나 추가되는 경우는 종종 나타납니다.

예후를 낳고, 예후는 아사랴를 낳았다. **39** 아사랴는 헬레스를 낳고, 헬레스는 엘르아사를 낳았다. **40** 엘르아사는 시스매를 낳고, 시스매는 살룸을 낳았다. **41** 살룸은 여가먀를 낳고, 여가먀는 엘리사마를 낳았다.

갈렙의 다른 자손

42 ○ 여라므엘의 아우 갈렙의 맏아들은 메사이며, 그는 십의 아버지이고, 그의 아들은 마레사이며, 헤브론의 아버지이다. **43** 헤브론의 아들은 고라와 답부아와 레겜과 세마이다. **44** 세마는 요르그암의 아버지 라함을 낳고, 레겜은 삼매를 낳았다. **45** 삼매의 아들은 마온이며, 마온은 벳술의 아버지이다.

46 ○ 갈렙의 첩 에바는 하란과 모사와 가세스를 낳고, 하란도 가세스라는 아들을 낳았다. **47** (야대의 아들은 레겜과 요담과 게산과 벨렛과 에바와 사압이다.)

48 ○ 갈렙의 첩 마아가는 세벨과 디르하나를 낳고, **49** 또 맛만나의 아버지 사압을 낳고, 또 막베나와 기브아의 아버지 스

길르앗(22절)이나 갈렙(24절)은 인명입니까, 지명입니까? 사람 이름을 지명으로 쓰는 경우가 흔했습니까? '길르앗의 아버지 마길'(23절)이라는 표현으로 볼 때, 마길은 길르앗이라는 이름의 아들을 두었고, 이 길르앗으로부터 길르앗 지역의 이름이 유래되었을 것이라 여겨집니다. 그리고 2장에는 이와 같은 표현이 여러 번 등장합니다. '드고아의 아버지'(24절), '십의 아버지', '헤브론의 아버지'(42절), '벳술의 아버지'(45절), '맛만나의 아버지'(49절), '기럇여아림의 아버지'(50절), '베들레헴의 아버지'(51절) 역시 그런 방식으로 이해할 수 있습니다. 특정한 인물이나 사건과 연관해 장소의 이름을 짓는 것은 동서고금을 막론하고 쉽게 볼 수 있는 일이고, 고대 이스라엘에서도 그와 같은 현상이 빈번했습니다. 창세기에는 아브라함이나 야곱, 이삭과 연관해 장소에 이름 붙이는 모습이 흔하게 등장합니다(예, 창 32:30; 35:15).

와를 낳았다. 갈렙에게는 악사라는 딸도 있었다.

50 ○ 갈렙의 자손은, 곧 에브라다의 맏아들 훌의 아들인 기럇여아림의 아버지 소발과, **51** 베들레헴의 아버지 살마와, 벳가델의 아버지 하렙이다.

52 ○ 기럇여아림의 아버지 소발의 자손은 하로에와 므누홋 족의 절반이니, **53** 기럇여아림 족은 이델 족과 붓 족과 수맛 족과 미스라 족이다. (이들에게서 소라 족과 에스다올 족이 나왔다.)

54 ○ 살마의 자손은 베들레헴과 느도바 족과 아다롯벳요압과 마하낫 족의 절반과 소라 족이다.

55 ○ (야베스에 사는 서기관 족은 디랏 족과 시므앗 족과 수갓 족이며, 이들이 레갑 가문의 조상 함맛에게서 나온 겐 족이다.)

유대인이 '순수 혈통'을 고집한다는 이야기는 헛말인가 봅니다. 이집트인 종과 그 후손까지(34절) 족보에 버젓이 올랐으니 말입니다. 창세기와 역대지에 기록된 족보 이야기의 또 다른 역할은 온 세상에 존재하는 모든 이들이 하나님과 아담으로부터 비롯되었다고 증언하는 것입니다. 창세기와 역대지는 모두 아담에서부터 사람 이야기를 시작하며, 창세기 10장은 아담에서 이어진 노아의 세 아들을 통해 인류 전부가 발생했다고 전합니다. 창세기 10장이 역대지상 1장에 활용되었음은 이미 앞에서 이야기했습니다. 아브라함의 아들인 이스마엘 역시 이집트 여인 하갈과의 사이에서 태어난 아들이니, 세산이 이집트 출신의 종 야르하와 자신의 딸을 결혼시킨 것과 비슷한 경우라고 볼 수 있습니다. 하나님께서 이스마엘을 축복하셨듯이, 세산의 딸과 이집트 출신 야르하의 결혼 역시 축복하실 것입니다. '순수 혈통'을 강조하는 것은 분명하지만, 여기서 '순수 혈통'이란 글자 그대로의 '핏줄'이 아니라, 하나님을 경외하고 그분의 규례와 명령을 따라 살아가는 삶으로 보는 것이 타당합니다.

{ 제3장 }

다윗 왕의 자녀

1 다윗이 헤브론에서 낳은 아들은 다음과 같다. 이스르엘 여인 아히노암에게서 낳은 맏아들 암논과, 갈멜 여인 아비가일에게서 낳은 둘째 아들 다니엘과, 2 그술 왕 달매의 딸 마아가에게서 낳은 셋째 아들 압살롬과, 학깃에게서 낳은 넷째 아들 아도니아와, 3 아비달에게서 낳은 다섯째 아들 스바댜와, 다윗의 아내 에글라에게서 낳은 여섯째 아들 이드르암이다. 4 이 여섯은 다윗이 헤브론에서 낳은 아들이다. 다윗은 헤브론에서 일곱 해 여섯 달 동안 다스렸다.

○ 예루살렘에서 서른세 해를 다스리는 동안에, 5 다윗이 예루살렘에서 낳은 아들들은 다음과 같다.

○ 시므아와 소밥과 나단과 솔로몬, 이 넷은 암미엘의 딸 밧세바와의 사이에서 태어난 아들이다.

이스라엘(야곱)의 후손을 이야기하다 말고, 한 장을 뚝 떼어 다윗 왕의 가계를 설명합니다. 이렇게 체계 없이 뒤죽박죽인 족보가 또 있을까요? 2장은 유다 지파의 족보를 소개하면서 헤스론까지 이르렀고, 헤스론의 자손 가운데 여라므엘의 자손과 갈렙 자손을 다룹니다. 헤스론의 아들 중 람의 후손에 이새가 있고, 이새의 일곱 번째 아들이 다윗입니다. 2장 9–17절에서는 다윗까지 이르는 람의 후손을 다루었고, 이제 3장은 다윗 자손을 이야기합니다. 다윗이라는 한 사람으로부터 비롯된 가계를 다룬다는 점에서, 이 본문은 역대지의 족보가 유다 지파, 그중에서도 다윗 왕가에 초점을 두고 있음을 잘 보여줍니다. 3장은 다윗의 자식들에 대한 기록(1–9절), 그리고 다윗을 이어 왕이 된 솔로몬에서 시작해 유다의 마지막 왕인 살룸, 여호야김, 여호야긴, 시드기야까지(10–16절)를 언급한 후, 마지막에는 바빌론에 포로로 끌려간 여호야긴으로부터 이어지는 족보(17–24절)를 다룹니다.

6 ○ 또 입할과 엘리사마와 엘리벨렛과 7 노가와 네벡과 야비아와 8 엘리사마와 엘리아다와 엘리벨렛, 이렇게 아홉도 9 다윗의 아들들이다. 그 밖에 첩들이 낳은 여러 아들과 그들의 누이 다말이 있다.

솔로몬 왕의 자손

10 ○ 솔로몬의 아들은 르호보암이요, 그 아들은 아비야요, 그 아들은 아사요, 그 아들은 여호사밧이요, 11 그 아들은 여호람이요, 그 아들은 아하시야요, 그 아들은 요아스요, 12 그 아들은 아마샤요, 그 아들은 아사랴요, 그 아들은 요담이요, 13 그 아들은 아하스요, 그 아들은 히스기야요, 그 아들은 므낫세요, 14 그 아들은 아몬이요, 그 아들은 요시야이다. 15 요시야의 아들은, 맏아들이 요하난이요, 둘째가 여호야김이요, 셋째가 시드기야요, 넷째가 살룸이다. 16 여호야김의 아들은 여호야긴과 시드기야이다.

첩(9절)의 개념을 모르겠습니다. 첫 부인 아히노암 외에는 모두 첩이라고 할 수 있지 않을까요? 이름을 올린 여인과 첩 사이에는 어떤 구별이 있습니까? '첩'은 '아내'와는 다른 지위를 가진 여성이라 여겨집니다. 1–4절의 헤브론에서 얻은 여인들, 5절에 기록된 예루살렘에서 얻은 밧세바 등이 '다윗의 아내'들이고, 9절이 이야기하는 '첩'은 여기에 해당하지 않는 다른 여인들을 가리키는 것으로 보입니다. 1–9절에서 소개하는 다윗의 아들들만 해도 모두 19명이고, 그 외에 첩들과의 사이에서도 아들들이 있었으니, 다윗 가문은 꽤 번성했다고 볼 수 있습니다. 오늘날을 기준으로 생각하면 쉽게 이해하기 어렵지만, 고대 세계에서는 가문에 자손이 많은 것이 '번성의 복'이라 여겨졌을 것입니다. 역대지 저자는 그가 구한 족보 자료를 모아 다윗의 후손을 꽤 자세하게 기록했습니다.

여호야긴 왕의 자손

17 ○ 포로로 잡혀간 여호야긴의 아들은 스알디엘과 18 말기람과 브다야와 세낫살과 여가먀와 호사마와 느다뱌이다. 19 브다야의 아들은 스룹바벨과 시므이이다. 스룹바벨의 아들들은 므술람과 하나냐이며, 슬로밋은 그들의 누이이다. 20 이 밖에도 스룹바벨에게는 하수바와 오헬과 베레갸와 하사댜와 유삽헤셋, 이렇게 다섯 아들이 더 있다.

21 ○ 하나냐의 아들은 블라댜와 여사야이다. 여사야의 아들은 르바야요, 그 아들은 아르난이요, 그 아들은 오바댜요, 그 아들은 스가냐이다. 22 스가냐의 아들은 스마야이다. 스마야의 아들은 핫두스와 이갈과 바리야와 느아랴와 사밧까지 다섯이다. 23 느아랴의 아들은 엘료에내와 히스기야와 아스리감, 이렇게 셋이다. 24 엘료에내의 아들은 호다위야와 엘리아십과 블라야와 악굽과 요하난과 들라야와 아나니, 이렇게 일곱이다.

6절과 8절에는 엘리사마와 엘리벨렛이라는 이름이 거푸 등장합니다. 실수로 같은 인물들을 두 번 적은 걸까요? 다윗이 예루살렘에서 얻은 아들들의 목록은 사무엘기하 5장 13-16절과 역대지상 14장 3-7절에도 있습니다. 사무엘기하 5장 15-16절에는 엘리수아, 엘리사마, 엘리아다로 표기된 이름이 역대지상 3장 6-8절에는 엘리사마, 엘리사마, 엘리아다로, 역대지상 14장 5-7절에서는 각각 엘리수아, 엘리사마, 브엘랴다로 표기되었습니다. 사무엘기하 본문에는 노가와 엘리벨렛을 뺀 일곱 명이 소개되었고, 역대지상 14장 5절에서는 엘리벨렛 대신 엘벨렛이 있습니다. 비슷하면서도 조금씩 다른 이름들을 보면, 이러한 차이는 아마도 표기 실수에서 비롯된 것으로 여겨집니다. '엘리아다'는 "나의 하나님이 아신다"는 의미인 반면, '브엘랴다'는 "바알('주님'을 의미)이 아신다"는 의미라서 사실상 같은 뜻이지만, '바알'이라는 이름을 사용하기 꺼리다 보니 원래 브엘랴다라는 이름이 훗날에 엘리아다로 불렸으리라 짐작할 수 있습니다.

<h1 style="text-align:center">{ 제4장 }</h1>

유다의 자손

1 유다의 아들은 베레스와 헤스론과 갈미와 훌과 소발이다.

2 소발의 아들 르아야는 야핫을 낳고, 야핫은 아후매와 라핫을 낳았는데, 이들이 소라 족이다.

3 ○ 에담의 아들은 이스르엘과 이스마와 잇바스이며, 그들의 누이는 하슬렐보니이다. 4 그돌의 아버지 브누엘과 후사의 아버지 에셀은, 에브라다의 맏아들 훌의 아들인데, 훌은 베들레헴의 아버지이다.

5 ○ 드고아의 아버지 아스훌에게는 헬라와 나아라라는 두 아내가 있었다. 6 아스훌과 나아라 사이에서는 아훗삼과 헤벨과 데므니와 하아하스다리가 태어났다. 이들이 나아라의 아들들이다. 7 아스훌과 헬라 사이에서는 세렛과 이소할과 에드난, 세 아들이 태어났다.

8 ○ 고스는 아눕과 소베바를 낳았으며, 하룸의 아들 아하헬

1절에 기록된 유다의 아들들의 이름이 앞에서 말한 명단(2:4)과 다릅니다. 갈미와 훌, 소발은 갑자기 어디서 나왔습니까? 유다 자손의 족보는 2장 3절부터 등장합니다. 이미 2장이나 3장에서도 언급되는 모든 족보의 내용이 서로 완벽하게 조화되지 않는다는 것을 이야기했고, 이것은 4장 첫머리 족보에서도 마찬가지라 할 수 있습니다. 기본적으로 '아들'이라는 뜻의 히브리어 단어는 '손자'를 의미할 수도 있고, 나아가 '자손'이라고 해석될 수도 있으며, '아버지'를 의미하는 단어 역시 '조상'을 의미할 수도 있습니다. 그래서 고대의 기록을 오늘날 우리가 엄밀하게 재구성하기는 어렵습니다. 역대지 저자는 자신에게 전해 내려온 자료들을 두루 사용해 유다 자손의 족보를 보여주되, 앞뒤를 맞춰 조정하지 않은 채로 많은 내용을 제시하는 것으로 이해할 수 있습니다.

족을 낳았다.

9 ○ 야베스는 그의 가족들 중에서 가장 존경을 받았는데, 그의 어머니는 고통을 겪으면서 낳은 아들이라고 하여 그의 이름을 야베스라고 불렀다. 10 야베스가 이스라엘 하나님께 "나에게 복에 복을 더해주시고, 내 영토를 넓혀주시고, 주님의 손으로 나를 도우시어 불행을 막아주시고, 고통을 받지 않게 하여주십시오" 하고 간구하였더니, 하나님께서 그가 구한 것을 이루어주셨다.

다른 족보

11 ○ 수하의 형제 글룹이 므힐을 낳았는데, 그가 에스돈의 아버지이다. 12 에스돈은 베드라바와 바세아와 이르나하스의 아버지 드힌나를 낳았는데, 이들이 레가 사람이다.

13 ○ 그나스의 아들은 옷니엘과 스라야이며, 옷니엘의 아들은 하닷과 므오노대이다. 14 므오노대는 오브라를 낳았다.

하나님이 야베스의 기도를 다 이뤄준(10절) 특별한 이유가 있습니까? 이렇게 기도하면 누구에게나 똑같이 응답합니까? 9절은 '야베스'라는 이름을 '고통'을 의미하는 단어와 연관해 풀이합니다. 이 구절은 야베스의 어머니가 상당한 난산으로 야베스를 낳는 모습, 그리고 고통 중에 태어나 매우 약한 어린아이였던 야베스를 상상하게 합니다. 야베스의 기도 가운데 나오는 '고통'(10절) 역시 그의 이름을 설명하면서 사용된 '고통'과 같은 단어입니다. 자칫하면 죽을 수도 있는 어려움 가운데 태어난 야베스라는 이를 생각할 때, 영토와 고통 없는 삶을 구하는 그의 기도는 매우 취약한 삶을 살아가는 이가 하나님의 도우심을 구하는 것으로 납득할 수 있습니다. 약한 사람은 언제나 다른 이들에게 짓밟히고, 그나마 있는 것까지 빼앗기기 쉽습니다. 자신의 영토를 지키기 버거운 사람들, 남에게 짓밟히기 쉬운 사람들이 야베스처럼 기도할 것입니다. 그래서 야베스의 기도와 하나님의 응답은 하나님께서 취약하고 곤고한 이들의 권리를 지키고 보호하신다는 것을 잘 보여줍니다.

○ 스라야는 게하라심의 아버지 요압을 낳았는데, 그는 '기능 공 마을'의 창시자이다. 그곳에 사는 사람들이 모두 기능공이다. 15 여분네의 아들인 갈렙이 낳은 아들은 이루와 엘라와 나암이고, 엘라의 아들은 그나스이다.

16 ○ 여할렐렐의 아들은 십과 시바와 디리아와 아사렐이다.

17 ○ 에스라의 아들은 예델과 메렛과 에벨과 얄론이다. 메렛의 한 아내가 미리암과 삼매와 에스드모아의 아버지 이스바를 낳았는데, 18 이들은 메렛과 결혼한 바로의 딸 비디아의 아들이다. 또 유다 지파인 그의 아내는 그돌의 아버지 예렛과 소고의 아버지 헤벨과 사노아의 아버지 여구디엘을 낳았다.

19 ○ 나함의 누이인 호디야의 아들은 가미 족인 그일라의 아버지와, 마아가 족인 에스드모아이다.

20 ○ 시몬의 아들은 암논과 린나와 벤하난과 딜론이다.

○ 이시의 아들은 소헷과 벤소헷이다.

셀라의 자손

21 ○ 유다의 아들 셀라의 자손은 레가의 아버지 에르와, 마레

'옛 기록'(22절)은 어떤 문서를 가리키나요? 이스라엘 민족에게는 성경보다 시대적으로 앞선 문서들이 존재했습니까? 구약성경에 포함된 책들은 고대에 존재했던 여러 자료들에 대해 언급합니다. '주님의 전쟁기'(민 21:14), '야살의 책'(수 10:13; 삼하 1:18) 같은 기록들, '솔로몬 왕의 실록'(왕상 11:41), '이스라엘 왕 역대지략'(왕상 14:19; 15:31 등) 같은 왕실 기록, 그리고 '나단 예언자의 역사책'(대하 9:29), '잇도 선견자의 묵시록'(대하 9:29), '스마야 예언자의 역사책'(대하 12:15), '잇도 선견자의 역사책'(대하 12:15), '잇도 예언자의 역사책'(대하 13:22), '하나니의 아들 예후의 역사책'(대하 20:34), '이사야의 묵시록'(대하 32:32), '호새의 역사책'(대하 33:19)처럼 예언자와 결

사의 아버지 라아다와, 벳아스베야에서 고운 베를 짜는 가문과, 22 모압과 야수비네헴을 다스리던 요김과, 고세바 사람들과, 요아스와, 사랍인데, 이 사실들은 옛 기록에 있다. 23 이들은 옹기 굽는 사람들로서, 왕을 섬기면서 느다임과 그데라에서 살았다.

시므온의 자손

24 ○ 시므온의 아들은 느무엘과 야민과 야립과 세라와 사울이다. 25 사울의 아들은 살룸이고, 그 아들은 밉삼이고, 그 아들은 미스마이다. 26 미스마의 아들은 함무엘이고, 그 아들은 삭굴이고, 그 아들은 시므이이다. 27 시므이에게는 아들 열여섯과 딸 여섯이 있었으나, 그의 형제들에게는 아들이 많지 않았으므로, 그들의 온 일족은 유다 자손만큼 퍼지지 못하였다. 28 ○ 시므온 자손은 브엘세바와 몰라다와 하살수알과 29 빌하와 에셈과 돌랏과 30 브두엘과 호르마와 시글락과 31 벳말가봇과 하살수심과 벳비리와 사아라임에 살았는데, 이 성읍들은 다윗 왕 때까지 그들에게 딸려 있었다. 32 여기에 마을들이

부된 기록들이 각각 있습니다. 여기에 언급된 자료는 오늘날 전혀 전해지지 않습니다. 민수기를 비롯해 여호수아기, 사무엘기, 열왕기, 역대지를 기록한 저자들은 이같은 자료를 구할 수 있었고, 그 자료들을 기반으로 각각 자신의 작품을 마련했을 것입니다. 역대지상 4장 22절의 '옛 기록'이 무엇인지 지금은 전혀 알 수 없지만, 이상의 자료들 혹은 그 외에 오늘날 전해지지는 않으나 고대에는 존재했던 어떤 '족보 자료'였을 것으로 여겨집니다.

딸려 있었는데, 에담과 아인과 림몬과 도겐과 아산의 다섯 성
읍과 33 바알까지 이르는 여러 성읍의 주위에 마을들이 있었
다. 이것이 그들의 거주지로서 모두 족보에 기록되었다.

34 ○ 또 메소밥과 야믈렉과 아마샤의 아들 요사와 35 요엘과
예후가 있는데, 예후는 요시비야의 아들이요, 스라야의 손자
요, 아시엘의 증손이다. 36 그리고 엘료에내와 야아고바와 여
소하야와 아사야와 아디엘과 여시미엘과 브나야와 37 시사가
있는데, 시사는 시비의 아들이요, 알론의 손자요, 여다야의 증
손자요, 시므리의 현손이요, 스마야의 오 대손이다. 38 이 명
단에 오른 사람은 그 일족의 지도자들이다.

○ 그들의 가문은 많이 불어나서 퍼졌으므로, 39 그들은 그들
의 양을 칠 목장을 찾아서 그돌 어귀에 있는 골짜기의 동쪽에
까지 이르렀다. 40 거기에서 기름진 좋은 목장을 발견하였는
데, 이 땅은 사방이 넓고 조용하고 평화스러우며, 전에 함 족
이 살던 곳이었다.

41 ○ 이 명단에 기록된 사람들이 유다 왕 히스기야 시대에 이
리로 와서, 함 족의 천막들과, 거기에 있는 므우님 족을 쳐부

**가계와 거주지를 모두 기록한 별도의 족보가 따로 있는데(33절), 성경에 같은 내용
을 되풀이하는 이유는 무엇입니까?** 28-33절은 여호수아기 19장 1-8절의 내용과
거의 일치합니다. 그러나 시므온 족보에 관해 34절부터 이어지는 내용은 구약성경
의 다른 곳에서는 찾아볼 수 없는 기록입니다. 역대지 저자는 자신이 구할 수 있는
오래된 기록들을 활용해 이스라엘 지파들의 족보와 그들이 원래 살던 곳을 정리합
니다. 역대지는 바빌론 포로에서 돌아오고 긴 시간이 지난 후에 기록된 책입니다.
저자는 이와 같은 족보와 거주지에 대한 기록을 통해 그 시대 유대인들의 거주지가
갑작스러운 것이 아니라 오래전 그들에게 주어진 땅이며, 현재의 그들 역시 오래전
조상들로부터 이어져온 백성임을 알리고자 한다고 볼 수 있습니다.

수어 그들을 전멸시키고, 그들 대신 오늘까지 거기에 살고 있는데, 거기에 양을 칠 목장이 있기 때문이다. 42 시므온 자손 가운데서 오백 명이 이시의 아들인 블라댜와 느아랴와 르바야와 웃시엘을 두령으로 삼고 세일산으로 가서, 43 피하여 살아남은 아말렉 사람을 쳐부수고, 오늘까지 거기에서 살고 있다.

시므온의 자손에 대한 설명이 엇갈립니다. 27절에서는 초라한 가문의 분위기인데, 38절에서는 번성한 부족의 느낌이 듭니다. 여호수아기는 시므온 지파의 몫이 유다 지파가 받은 땅 가운데서 주어졌다고 전합니다(수 19:1, 9). 르호보암 왕 시기에 남북이 분열되었고, 남왕국은 유다 지파가 중심입니다. 그러니 유다 지파의 영역 아래쪽에 있는 시므온 지파도 당연히 남왕국에 포함되었을 것 같지만, 전혀 언급되지 않습니다. 그런 점에서 시므온 지파는 사실상 유다에 통합되었던 것 같습니다. 시므온 지파의 땅이 다윗 때까지는 그들에게 있었다고 전하는 역대지상 4장 31절로 볼 때, 아마도 다윗 이후에 시므온이 유다에 통합되었을 수 있습니다. 반면 38절 이하는 히스기야 시대 시므온의 확장에 대해 말합니다. 이 내용 역시 구약성경의 다른 곳에서는 찾아볼 수 없는 기록이며, 시므온 지파가 여전히 명맥을 유지하고 있음을 보여줍니다. 유다 지파에 초점을 두고 족보를 증언하는 역대지는 유다 지파 영역 내에 있던 시므온 지파에 대해 일종의 지지와 격려를 담아 그 내용을 전한다고 볼 수 있습니다.

{ 제5장 }

르우벤의 자손

1 이스라엘의 맏아들 르우벤의 아들은 다음과 같다. (르우벤은 맏아들이지만, 그의 아버지의 잠자리를 더럽혔으므로, 그의 맏아들의 권리가 이스라엘의 아들인 요셉의 아들들에게 넘어갔고, 족보에 맏아들로 오르지 못하였다. **2** 유다는 그의 형제들보다 세력이 크고, 그에게서 영도자가 났으나, 맏아들의 권리는 요셉에게 있었다.) **3** 이스라엘의 맏아들 르우벤의 아들은 하녹과 발루와 헤스론과 갈미이다.

4 ○ 요엘의 아들은 스마야이고, 그 아들은 곡이고, 그 아들은 시므이이고, **5** 그 아들은 미가이고, 그 아들은 르아야이고, 그 아들은 바알이고, **6** 그 아들은 브에라인데, 브에라는 앗시리아의 디글랏빌레셀 왕에게 사로잡혀간 르우벤 지파의 지도자이다.

'맏아들의 권리'(1절)란 무엇입니까? 태어난 순서는 변하지 않는데, 어떻게 이 권리를 빼앗길 수가 있습니까? 역대지의 저자는 이 책의 독자와 청중이 르우벤이 자기 아버지의 첩과 성관계를 맺는 잘못(창 35:22; 49:4)을 저질렀다는 것을 알고 있다고 전제합니다. 창세기 본문은 '맏아들의 권리'에 대해 전혀 언급하지 않는다는 점에서, 역대지 본문의 설명은 이후에 이루어진 역사에 기초한 후대의 설명이라 볼 수 있습니다. 이에 따르면 르우벤 지파가 아닌, 요셉의 자손인 므낫세와 에브라임이 북왕국의 중심 세력이 된 것은 르우벤의 잘못 때문이었습니다. 아울러 역대지 저자는 유다 지파를 통해서는 '영도자'(다윗을 가리킴)가 났음을 언급하면서, 야곱의 열두 아들로부터 비롯된 지파별 족보를 설명할 때 유다를 가장 처음에 이야기하고, 그다음에 시므온 자손을 다룹니다. 이 같은 배열 역시 '맏아들의 권리'를 상실한 르우벤에 대한 이해에서 비롯되었을 것입니다.

7 ○ 종족에 따라 족보에 오른 그의 형제는 족장 여이엘과 스가랴와 8 벨라인데, 그는 아사스의 아들이요, 세마의 손자요, 요엘의 증손이다. 르우벤 지파는 아로엘에서부터 느보와 바알므온에까지 자리 잡아 살고, 9 동쪽으로는 유프라테스강에서부터 사막에 이르는 지역에 걸쳐 살았는데, 길르앗 땅에서 그들의 가축 떼가 많아졌기 때문이다.

10 ○ 이들은 사울 시대에 하갈 사람들과 싸워서 그들을 항복하게 하고, 길르앗 동쪽 모든 지역에 있는 그들의 천막에서 살았다.

갓의 자손

11 ○ 르우벤 자손 건너편에 있는 갓 자손은 살르가에까지 이르는 바산 땅에서 살았다. 12 요엘은 족장이고, 사밤은 부족장이다. 야내와 사밧이 바산에 살았다. 13 그들 가문의 형제들은 미가엘과 므술람과 세바와 요래와 야간과 시아와 에벨, 이렇게 일곱이다. 14 이들은 아비하일의 자손인데, 그는 후리의 아

4절에 불쑥 등장하는 요엘은 어떤 인물입니까? 르우벤의 다른 아들입니까? 12절의 요엘과는 동일 인물인가요? 르우벤의 자손 네 사람(3절)은 이집트로 내려간 이스라엘 자손 목록에도 반복해서 언급됩니다(창 46:9; 출 6:14; 민 26:5-6). 그러나 4-10절은 구약성경의 다른 어떤 곳에서도 언급되지 않는 내용으로, 역대지 저자가 지녔던 특수한 자료에 기초한 것으로 여겨집니다. 특히 갑작스레 언급되는 요엘은 르우벤과 어떤 연관이 있는지 전혀 알 길이 없습니다. 다만 역대지 저자는 북왕국이 앗시리아에 패배해 많은 이들이 포로로 끌려갈 때 르우벤 지파의 우두머리를 언급하면서(6절) 그의 기원이 요엘이라고 말합니다. 어쩌면 역대지 저자 역시 요엘이 르우벤 자손 누구에게로 이어졌는지 확인하지 못했을 수 있습니다. 반면 12절의 요엘은 갓 자손이니, 르우벤 지파의 요엘과는 동명이인입니다.

들이요, 야로아의 손자요, 길르앗의 증손이요, 미가엘의 현손
이요, 여시새의 오 대손이요, 야도의 육 대손이요, 부스의 칠
대손이다. 15 압디엘의 아들이며 구니의 손자인 아히는 이들
가문의 족장이다. 16 이들은 길르앗과 바산과 거기에 딸린 마
을들과, 샤론의 모든 목초지 끝까지 퍼져 살았다. 17 이들은 모
두 유다 왕 요담과 이스라엘 왕 여로보암 시대에 족보에 오른
사람들이다.

동쪽 지파의 군대

18 ○ 르우벤 자손과 갓 사람과 므낫세 반쪽 지파 가운데서,
방패와 칼을 들고 활을 당기며 싸움에 익숙하여 군대에 나갈
만한 용사들은, 사만 사천칠백육십 명이다. 19 그들이 하갈 사
람과 여두르와 나비스와 노답과 싸울 때에, 20 하나님께서 도
우셔서 하갈 사람과 이들의 모든 동맹군을 그들의 손에 넘겨

**19-22절은 전에 없이 군대의 규모와 전투에 관한 내용을 담고 있습니다. 이 싸움이
족보에 기록될 만큼 중요했던 까닭이 궁금합니다.** 이 부분 역시 역대지에만 등장하
는 내용입니다. 이스라엘 자손의 족보라는 커다란 문맥 안에 몇몇 지파가 연루된 전
쟁 이야기를 포함시켰다는 것 자체가 이 족보 본문의 신학적인 의도를 보여줍니다.
족보의 목적은 단순히 이스라엘의 뿌리를 말하려는 것이 아니라, 하나님의 언약 백
성으로서 이스라엘의 기원을 보이고자 합니다. 이 부분에 짧게 기록된 전쟁 이야기
는 정확히 어느 시대인지 알기 어렵지만 요단강 동편에 거주하던 르우벤 지파와 갓
지파, 므낫세 절반 지파가 서로 단결하되, 하나님을 믿고 하나님께 부르짖었음을 보
여줍니다. 하나님의 언약 백성인 이스라엘의 승리 비결은 군사력이나 경제력이 아
니라, 철저하게 그들의 하나님을 신뢰하며 하나님의 도우심을 구하는 것에 달려 있
습니다. 그렇게 하나님을 믿을 때 하나님께서는 이스라엘을 도우셨고, 이로 인해 그
들은 승리하고 많은 노략물을 획득할 수 있습니다.

주셨는데, 이것은 그들이 싸울 때에 하나님을 믿고 그에게 부르짖었으므로, 하나님이 그들의 부르짖음을 들어주셨기 때문이다. 21 그들은 적의 짐승 가운데서, 낙타 오만 마리와 양 이십오만 마리와 나귀 이천 마리와 사람 십만 명을 사로잡아왔다. 22 이렇게 많은 적군이 죽어 넘어진 것은, 하나님께서 이 싸움을 도우신 결과이다. 포로로 잡혀갈 때까지, 그들은 거기에서 살았다.

동쪽 므낫세 지파 백성

23 ○ 므낫세 반쪽 지파의 자손은 바산에서부터 바알헤르몬과 스닐과 헤르몬산에 이르는 지역에 살면서, 그들의 숫자가 불어났다. 24 그들 가문의 족장은 에벨과 이시와 엘리엘과 아스리엘과 예레미야와 호다위야와 야디엘이며, 이들은 용감한 군인으로서 각 가문의 유명한 족장이다.

하나님은 동쪽 므낫세 지파를 도와 적을 물리치게 했지만(22절) 나중에는 내쳐버렸습니다(25-26절). 하나님의 백성으로서 그 도우심 속에 살 수 있는 기본 조건은 무엇입니까? 요단강 동편에 정착한 두 지파와 절반 지파의 이름을 함께 언급하는 단락이 18-22절, 그리고 25-26절입니다. 18-22절은 하나님을 믿고 하나님께 부르짖어 하나님의 도우심을 얻어 승리한 사건을 보여줍니다. 반면 25-26절은 그 두 지파와 절반 지파가 하나님을 배신하고 다른 신들을 섬긴 결과로 전쟁에서 패배한 사건을 다룹니다. 앗시리아의 왕들이 쳐들어왔고, 결국 이들 세 지파를 포함한 북왕국 전체가 앗시리아에 패배하면서 결국 자신들의 땅을 떠나 낯선 땅으로 끌려가고 말았습니다. 그들이 긴 세월 동안 살아왔던 곳이지만, 그들을 인도하신 하나님을 배신할 때 그 땅은 더 이상 그들의 땅일 수 없습니다. 자신들의 생각과 욕심을 따라 다른 신에게 굽신거리는 것이 아니라, 그들을 조상 때부터 지금까지 인도하고 함께하신 주 하나님을 신뢰하는 것이 이스라엘의 안전과 생존의 비결입니다.

25 ○ 그러나 그들은 그 조상의 하나님을 배신하고, 하나님께서 그들 앞에서 없애버린 그 땅 백성의 신들을 섬겼으므로, 26 이스라엘의 하나님께서 앗시리아의 불 왕의 마음과 앗시리아의 디글랏빌레셀 왕의 마음을 부추기셔서, 르우벤과 갓과 므낫세 반쪽 지파를 사로잡아, 할라와 하볼과 하라와 고산 강 가로 끌고 가게 하셨다. 그래서 그들이 오늘날까지 거기에 살고 있다.

{ 제6장 }

대제사장의 가계

1 레위의 아들은 게르손과 고핫과 므라리이다.

2 ○ 고핫의 아들은 아므람과 이스할과 헤브론과 웃시엘이다.

3 ○ 아므람의 자녀는 아론과 모세와 미리암이다.

○ 아론의 아들은 나답과 아비후와 엘르아살과 이다말이다.

4 ○ 엘르아살은 비느하스를 낳고, 비느하스는 아비수아를 낳았다. 5 아비수아는 북기를 낳고, 북기는 웃시를 낳고, 6 웃시는 스라히야를 낳고, 스라히야는 므라욧을 낳고, 7 므라욧은 아마랴를 낳고, 아마랴는 아히둡을 낳고, 8 아히둡은 사독을 낳고, 사독은 아히마아스를 낳고, 9 아히마아스는 아사랴를 낳고, 아사랴는 요하난을 낳고, 10 요하난은 아사랴를 낳고, (그는 솔로몬이 예루살렘에 지은 성전에서 제사장으로 일

유명하기로 치면 모세가 윗길인데, 아론의 가계만(3-14절) 자세히 기록된 까닭이 궁금합니다. 모세는 이스라엘 민족을 이집트에서 요단강 동편까지 인도한 지도자입니다. 무엇보다도 주 하나님께서는 모세를 통해 이스라엘 민족에게 율법을 알려주셨고, 역대지는 모세의 율법이야말로 이스라엘이 따라야 할 기준이라고 여러 번 이야기합니다(예, 대하 33:8). 그 점에서 모세는 역대지 전체에서 특별한 이름입니다. 그와 더불어 역대지는 주 하나님을 예배하며 살아가는 공동체를 선포하는 책입니다. 그래서 역대지가 그리는 희망 찬 미래의 한복판에는 성전이 있습니다. 이를 생각하면, 성전에서 제사 관련 일과 여러 직무를 수행하는 제사장과 레위인이 역대지가 주장하는 올바른 모습에서 크나큰 역할을 할 것이라는 점을 충분히 짐작할 수 있습니다. 6장은 이스라엘 열두 지파 가운데 레위 지파의 자손을 다룹니다. 모세 역시 레위의 세 아들 가운데 고핫의 후손에 속하지만, 6장의 모든 초점은 모세가 아니라 레위 지파의 자손에 있습니다.

하였다.) **11** 아사랴는 아마랴를 낳고, 아마랴는 아히둡을 낳고, **12** 아히둡은 사독을 낳고, 사독은 살룸을 낳고, **13** 살룸은 힐기야를 낳고, 힐기야는 아사랴를 낳고, **14** 아사랴는 스라야를 낳고, 스라야는 여호사닥을 낳았다. **15** 주님께서 유다와 예루살렘 주민을 느부갓네살의 손을 빌려 사로잡아가게 하실 때에, 여호사닥도 붙잡혀갔다.

레위의 다른 자손

16 ○ 레위의 아들은 게르손과 고핫과 므라리이며, **17** 게르손의 아들의 이름은 립니와 시므이이다. **18** 고핫의 아들은 아므람과 이스할과 헤브론과 웃시엘이고, **19** 므라리의 아들은 마흘리와 무시이다. 이들이 가문에 따른 레위 지파의 일족들이다. **20** 게르손에게는 아들 립니가 있는데, 그 아들은 야핫이

요하난에게 특별히 '성전에서 제사장으로'(10절) 일했다는 부기를 붙인 이유는 무엇입니까? 역대지가 추구하는 이스라엘 공동체 모습의 중심에는 성전이 있습니다. 역대지 전체에서 가운데에 해당하는 역대지상 22장부터 역대지하 7장은 거의 모든 내용이 성전 관련 사항을 다루는데, 이것은 역대지의 초점이 어디에 있는지 잘 보여 줍니다. 이를 고려하면, 요하난이 솔로몬 성전에서 제사장으로 일했다는 언급은 이스라엘 최초의 성전인 솔로몬 성전에서 처음 일한 제사장을 알리려는 의도라고 이해할 수 있습니다. 바빌론으로 끌려간 여호사닥에 대한 구절(15절) 역시 성전의 파괴와 연관해 굳이 언급한 것으로 이해할 수 있습니다. 다만 사독의 아들이 아히마아스라고 표기되어 있지만(8절; 삼하 15:27, 36), 아사랴(왕상 4:2)로 기록되어 있기도 합니다. 열왕기에 따르면 솔로몬 성전은 이집트에서 나온 지 480년 만에 지어졌는데(왕상 6:1), 이것은 열두 세대를 의미하는 것으로 이해할 수 있습니다. 그런데 역대지에 따르면 첫 제사장인 아론의 12대 자손이 9절에 나오는 아사랴입니다. 그래서 솔로몬 성전에서 일했던 제사장은 10절의 아사랴가 아니라, 9절의 아사랴일 가능성이 큽니다.

고, 그 아들은 심마이고, 21 그 아들은 요아이고, 그 아들은 잇
도이고, 그 아들은 세라이고, 그 아들은 여아드래이다.

22 ○ 고핫의 아들은 암미나답이고, 그 아들은 고라이고, 그
아들은 앗실이고, 23 그 아들은 엘가나이고, 그 아들은 에비
아삽이고, 그 아들은 앗실이고, 24 그 아들은 다핫이고, 그
아들은 우리엘이고, 그 아들은 웃시야이고, 그 아들은 사울
이다.

25 ○ 엘가나의 아들은 아마새와 아히못이다. 26 그 아들은
엘가나이고, 그 아들은 소배이고, 그 아들은 나핫이고, 27 그
아들은 엘리압이고, 그 아들은 여로함이고, 그 아들은 엘가나
이고, 그 아들은 사무엘이다.

28 ○ 사무엘의 아들은 맏아들 요엘과 둘째 아들 아비야이다.

29 ○ 므라리의 아들은 마흘리이고, 그 아들은 립니이고, 그
아들은 시므이이고, 그 아들은 웃사이고, 30 그 아들은 시므아
이고, 그 아들은 학기야이고, 그 아들은 아사야이다.

아론의 족보는 느부갓네살에게 사로잡혀가기 직전에서 멈춥니다(15절). 족보라면 시
조부터 현재, 미래까지 계속 이어져야 정상이 아닐까요? 역대지 마지막은 유다의
멸망과 성전 파괴, 바빌론으로 사로잡혀가는 모습, 그리고 포로에서 돌아오는 이들
을 통해 새 성전이 지어질 것임을 이야기하는 내용으로 마무리됩니다. 역대지 자체
는 포로에서 돌아온 후 꽤 시간이 흐른 뒤인 주전 5세기 말 혹은 4세기 초에 기록되
었지만, 이 책은 포로기의 시작까지를 주된 내용으로 다룹니다. 9장에서는 포로에
서 돌아온 이들의 족보를 다룬다는 점을 고려하면, 6장 족보는 포로 생활에서 돌아
와 어느 정도 지난 시기를 살아가는 독자들에게 솔로몬 성전 시대를 상기시키려는
의도라고 볼 수 있습니다. 영광스러운 성전이 있었음에도 불구하고 느부갓네살에게
사로잡히는 신세가 되었음을 기억하고, 현재를 어떻게 살아야 할지 돌아보라고 암
묵적으로 촉구하는 것입니다. 참고로 느헤미야기 12장 10-11절은 포로기 이후 느헤
미야기가 저술되는 시기까지 제사장 족보를 소개합니다.

성전 찬양대

31 ○ 언약궤를 평안히 안치한 뒤에, 다윗이 주님의 집에서 찬양할 사람들을 임명하였는데, **32** 그들은, 솔로몬이 예루살렘에 주님의 집을 지을 때까지, 회막 곧 성막 앞에서 찬양하는 일을 맡았다. 그들은 정하여진 순서대로 그들의 직무를 수행하였다. **33** 이 직무를 수행하는 사람과 그들의 자손은 다음과 같다. 고핫 족의 자손 가운데서 헤만은 찬양대장인데, 그는 요엘의 아들이고, 요엘은 사무엘의 아들이고, **34** 사무엘은 엘가나의 아들이고, 엘가나는 여로함의 아들이고, 여로함은 엘리엘의 아들이고, 엘리엘은 도아의 아들이고, **35** 도아는 숩의 아들이고, 숩은 엘가나의 아들이고, 엘가나는 마핫의 아들이고, 마핫은 아마새의 아들이고, **36** 아마새는 엘가나의 아들이고, 엘가나는 요엘의 아들이고, 요엘은 아사랴의 아들이고, 아사랴는 스바냐

18절과 22절의 '고핫'은 레위의 아들 '고핫'(1절)과 동일인입니까? 그렇다면 그 아들들의 이름이 서로 다릅니까? 1-6장을 포함해 역대지의 족보는 엄밀하게 따지면 서로 충돌되거나 안 맞는 내용이 곳곳에 존재합니다. 역대지는 주전 5세기에 기록되었는데, 주전 5세기의 저자가 아담까지 거슬러 올라가는 족보를 기록한 것이니 상상도 할 수 없는 긴 기간을 다루고 있습니다. 오늘날처럼 모든 것을 파일로 저장할 수 있는 것도 아니고, 종이와 펜 같은 편리한 필기도구가 있는 것도 아니었으니, 역대지 저자가 자신의 시대로부터 수백 년 혹은 수천 년 이전의 정확한 족보를 마련하는 것은 불가능에 가까운 일일 것입니다. 아울러 후손들이 조상과 같은 이름을 사용하는 경우가 허다했기에, 족보를 필사하는 서기관들은 같은 이름이 몇 줄 간격으로 나올 경우, 가운데 부분을 빼고 필사하기도 하고, 같은 내용을 반복해 필사하기도 했습니다. 그래서 역대지의 족보에서 정확한 통계를 얻기는 어렵습니다. 18절과 22절은 같은 고핫입니다. 고핫 자손의 족보는 출애굽기 6장 18-24절에도 나오는데, 고핫-이스할-고라-앗실의 순으로 이어집니다. 그래서 역대지상 6장 22절의 '암미나답'은 '이스할'의 다른 이름이라고 보는 것이 좋겠습니다.

의 아들이고, 37 스바냐는 다핫의 아들이고, 다핫은 앗실의 아들이고, 앗실은 에비아삽의 아들이고, 에비아삽은 고라의 아들이고, 38 고라는 이스할의 아들이고, 이스할은 고핫의 아들이고, 고핫은 레위의 아들이고, 레위는 이스라엘의 아들이다.

39 ○ 헤만의 형제 아삽은 그의 오른쪽에 서게 되었다. 아삽은 베레갸의 아들이고, 베레갸는 시므아의 아들이고, 40 시므아는 미가엘의 아들이고, 미가엘은 바아세야의 아들이고, 바아세야는 말기야의 아들이고, 41 말기야는 에드니의 아들이고, 에드니는 세라의 아들이고, 세라는 아다야의 아들이고, 42 아다야는 에단의 아들이고, 에단은 심마의 아들이고, 심마는 시므이의 아들이고, 43 시므이는 야핫의 아들이고, 야핫은 게르손의 아들이고, 게르손은 레위의 아들이다.

44 ○ 왼쪽에 서게 되어 있는 그들의 형제 므라리 자손은 에단인데, 그는 기시의 아들이고, 기시는 압디의 아들이고, 압디는 말룩의 아들이고, 45 말룩은 하사뱌의 아들이고, 하사뱌는 아

'주님의 집에서 찬양할 사람들'(31절)이란 어떤 일을 하는 집단을 가리킵니까? 하루 종일 찬양만 하는 일종의 직업 노래패입니까? 하루 종일 찬양만 하지는 않았지만, 성전에서 찬양하는 직책은 레위인 가운데 몇 사람에게 맡겼습니다. 이들에 관한 좀 더 자세한 내용은 역대지상 25장에서 볼 수 있습니다. 이들은 악기를 연주하기도 하면서 주님께 감사하고 찬양하며 예언하는 노래를 불렀습니다(25:3). 이들이 성전에서 불렀던 노래 모음집이 바로 시편입니다. 시편에는 '고라 자손'과 연관된 시(42편; 44-49편; 84편; 85편; 87편), 아삽과 연관된 시(50편; 73-83편), 헤만과 연관된 시(88편), 에단과 연관된 시(89편) 등이 있습니다. 시편에 속한 시들의 근본적인 내용은 주 하나님에 대한 찬양과 감사입니다. 삶에 임한 괴로움과 슬픔, 재앙으로 인해 탄식하기도 하지만, 하나님 앞에서 괴로움을 토로한다는 점에서 탄식 또한 하나님에 대한 신뢰의 표현을 담은 찬양이라 할 수 있습니다. 또 살아간다는 것은 결국 우리 삶을 주관하시는 하나님을 고백하는 것이니, 찬양이라 말할 수 있습니다.

마쟈의 아들이고, 아마쟈는 힐기야의 아들이고, 46 힐기야는 암시의 아들이고, 암시는 바니의 아들이고, 바니는 세멜의 아들이고, 47 세멜은 마흘리의 아들이고, 마흘리는 무시의 아들이고, 무시는 므라리의 아들이고, 므라리는 레위의 아들이다. 48 ○ 그들의 형제 레위 사람은 하나님의 집인 성막에서 하는 모든 일을 맡았다.

아론의 자손

49 ○ 아론과 그의 자손은 번제단과 분향단 위에 제사드리는 일과 지성소의 모든 일과 이스라엘을 위하여 속죄하는 일을, 하나님의 종 모세가 지시한 그대로 하였다. 50 아론의 자손은 다음과 같다. 그 아들은 엘르아살이고, 그 아들은 비느하스이고, 그 아들은 아비수아이고, 51 그 아들은 북기이고, 그 아들은 웃시이고, 그 아들은 스라히야이고, 52 그 아들은 므라욧이고, 그 아들은 아마랴이고, 그 아들은 아히둡이고, 53 그 아들

고핫 자손은 대장(33-38절), 게르손 자손은 오른편(39-43절), 므라리 자손은 왼편(44-47절) 식으로 안배하는 의도는 무엇입니까? 섞여서는 안 될 이유라도 있는 걸까요? 고핫, 게르손, 므라리는 레위의 세 아들이며, 레위 지파의 첫 조상입니다. 고핫의 후손인 헤만, 게르손의 후손인 아삽, 므라리의 후손인 에단, 이렇게 세 사람이 성전 성가대의 리더였습니다. 여기에서는 헤만, 아삽, 에단의 순으로 언급되지만, 성전 성가대를 다루는 또 다른 본문인 25장에서는 아삽, 헤만, 여두둔(=에단, 25:1) 또는 아삽, 여두둔, 헤만(25:6) 순으로 배열되어, 사실 순서는 큰 의미가 없다고 할 수 있습니다. 굳이 레위의 세 아들의 후손에서 각각 한 명씩 세워졌다는 점에서, 모든 사람이 고르게 하나님을 찬양하는 일을 맡게 하려는 의도가 있었다고 여겨집니다. 하나님을 찬양하는 일은 재능만으로 평가할 수 있는 것이 아니라 누구라도 참여하는 일, 모두 참여하는 일이라고 생각할 수 있습니다.

은 사독이고, 그 아들은 아히마아스이다.

레위 사람의 정착지

54 ○ 그들이 장막을 치고 살던 지역은 다음과 같다. 아론의 자손, 곧 고핫 종족이 맨 먼저 제비를 뽑았다. **55** 그들은 유다 지방의 헤브론과 그 주변의 목초지를 나누어 받았다. **56** 그러나 그 성읍에 딸린 밭과 마을들은 여분네의 아들 갈렙에게 돌아갔다. **57** 아론 자손은 다음과 같은 성읍을 나누어 받았다. 도피성 헤브론과 립나와 그 목초지, 얏딜과 에스드모아와 그 목초지, **58** 힐렌과 그 목초지, 드빌과 그 목초지, **59** 아산과 그 목초지, 벳세메스와 그 목초지를 받았다. **60** 그들은 베냐민 지파의 영역에서도 얼마를 나누어 받았다. 게바와 그 목초지, 알레멧과 그 목초지, 아나돗과 그 목초지를 받았다. 아론 자손이 받은 성

3-14절의 족보가 49-53절에 다시 등장합니다. 족보를 반복하는 경우가 곳곳에 보이는데, 이렇게 같은 설명을 되풀이하는 의도는 무엇입니까? 18절과 22절에 나오는 '고핫'이라는 이름에 대한 설명에서도 이야기했듯이, 역대지는 길고 긴 세월을 족보라는 주제로 한데 담아내고 있습니다. 역대지 저자는 자신이 구할 수 있는 자료들을 다 구했고, 할 수 있는 부분은 정리하되, 완벽하게 정리되지 않는 부분은 다 설명하지 않은 채 일단 실었다고 추측됩니다. 그래서 족보를 보면서 정확성을 따지는 것은 다소 무리가 있다고 여겨집니다. 그렇지만 이 힘겨운 족보 작업을 통해 현재의 이스라엘이 갑자기 튀어나온 존재가 아니라 오랜 세월 동안 하나님과 함께 걸어온 사람들이라는 것, 거슬러 올라가면 다윗이 나오고 아론과 모세도 나오며 아브라함도 나오고 가장 위로는 아담까지 이어진다는 것을 증언합니다. 그래서 이 족보를 보면서, 이들이 서로 연결되어 있으며 하나님께서 긴 세월 이스라엘 민족과 함께하셨다는 것을 염두에 두는 것이 필요합니다. 특히 제사장 족보는 6장 첫머리에서 언급하고 이후 49-53절에서 다윗 시대의 인물인 아히마아스까지의 족보를 한 번 더 이야기함으로써, 족보에 관한 내용이 끝난 후 이어질 다윗의 시대를 복선으로 깔고 있다고 볼 수 있습니다.

읍은 모두 열세 성읍이다. 61 고핫 자손의 남은 종족들은 므낫세 서쪽 지파의 영역에서 열 성읍을 제비 뽑아 나누어 받았다. 62 ○ 게르손 자손은 그 종족대로 잇사갈 지파와 아셀 지파와 납달리 지파와 바산에 있는 므낫세 지파의 영역에서 열세 성읍을 받았다. 63 므라리 자손은 그 종족대로 르우벤 지파와 갓 지파와 스불론 지파의 영역에서 제비를 뽑아 열두 성읍을 받았다. 64 이런 식으로 이스라엘 자손이 레위 자손에게 성읍과 그 주변의 목초지를 주었다. 65 (유다 자손의 지파와 시므온 자손의 지파와 베냐민 자손의 지파의 영역에 있는 성읍들도 제비를 뽑아 나누었다.)

66 ○ 고핫 자손의 다른 몇몇 종족은 에브라임 지파의 영역에 있는 다음과 같은 성읍들을 그들의 거주지로 나누어 받았다. 67 에브라임 산간지역에 있는 도피성 세겜과 그 목초지, 게셀과 그 목초지, 68 욕므암과 그 목초지, 벳호론과 그 목초지, 69 아얄론과 그 목초지, 가드림몬과 그 목초지를 나누어 받았다. 70 고핫 자손의 남은 종족은 므낫세 서쪽 지파의 영역에서 아넬과 그 목초지, 빌르암과 그 목초지를 나누어 받았다.

71 ○ 게르손 자손은 다음과 같은 성읍과 주변의 목초지를 나

레위 가문은 다른 가문에서 조금씩 땅을 나눠 받았습니다(64절). 어째서 당당하게 제 몫을 차지하지 못한 걸까요? 성전에서 일하는 레위 지파는 땅을 유산으로 받지 않고, 다른 열한 지파가 바치는 십일조로 생활하도록 율법에 규정되어 있습니다(민 18:21-32; 신 18:1; 수 13:14). 레위 지파의 유산은 주 하나님이기에(신 18:2), 이스라엘이 하나님께 드리는 제물을 레위 지파가 받도록 한 것입니다. 그렇지만 레위인도 그렇게 바쳐진 십일조의 곡물, 가축과 더불어 살아갈 공간이 필요하기에, 여호수아 시대에 땅을 정복한 후 열두 지파는 각각 레위 지파가 거주할 공간을 제공해야 했습니다. 그 내용이 여호수아기 21장에 기록되어 있고, 역대지상 본문은 그와 거의 흡사한

누어 받았다.

○ 므낫세 동쪽 지파 종족의 영역에서 바산의 골란과 그 목초지, 아스다롯과 그 목초지를 받았고, 72 잇사갈 지파의 영역에서는 게데스와 그 목초지, 다브랏과 그 목초지, 73 라못과 그 목초지, 아넴과 그 목초지를 받았고, 74 아셀 지파의 영역에서는 마살과 그 목초지, 압돈과 그 목초지, 75 후곡과 그 목초지, 르홉과 그 목초지를 받았고, 76 납달리 지파의 영역에서는 갈릴리의 게데스와 그 목초지, 함몬과 그 목초지, 기랴다임과 그 목초지를 받았다.

77 ○ 므라리의 남은 자손은 다음과 같은 성읍과 목초지를 나누어 받았다.

○ 스불론 지파의 영역에서는 림모노와 그 목초지, 다볼과 그 목초지를 받았고, 78 여리고 맞은편 요단강 건너 동쪽의 르우벤 지파의 영역에서는 사막에 있는 베셀과 그 목초지, 야사와 그 목초지, 79 그데못과 그 목초지, 메바앗과 그 목초지를 받았고, 80 갓 지파의 영역에서는 길르앗의 라못과 그 목초지, 마하나임과 그 목초지, 81 헤스본과 그 목초지, 야스엘과 그 목초지를 받았다.

내용입니다. 처음부터 열두 지파에게 땅을 나눠주면 쉽겠지만, 하나님께서는 열한 지파에게 땅을 나눠주고, 열한 지파가 자신들의 십의 일을 내어 레위 지파에게 주도록 하셨습니다. 이를 통해 서로가 서로에게 신세를 지고 있고, 서로 연결되어 있음을 가르치신다고 볼 수 있습니다. 레위 지파의 본을 통해 이스라엘의 진정한 유산은 결국 주 하나님이심을 보여주시는 것입니다.

{ 제7장 }

잇사갈의 자손

1 잇사갈의 아들은 돌라와 부아와 야숩과 시므론, 이렇게 넷이다. 2 돌라의 아들은 웃시와 르바야와 여리엘과 야매와 입삼과 스므엘인데, 이들은 돌라 가문의 족장들이다. 다윗 시대에 족보에 오른 용감한 군인들의 수는 이만 이천육백 명이다.

3 ○ 웃시의 아들은 이스라히야이며, 이스라히야의 아들은 미가엘과 오바댜와 요엘과 잇시야, 이렇게 다섯인데, 이들은 모두 족장이다. 4 이들의 각 가문에 따라 족보에 오른 전쟁 용사는 삼만 육천 명이나 되었는데, 그들에게 아내와 자식이 많았기 때문이다.

5 ○ 잇사갈의 모든 종족에 속한 그들의 형제는 용감한 군인들이며, 팔만 칠천 명 모두가 족보에 올랐다.

족보에 군사들의 숫자를 헤아려 적는(2절) 목적은 무엇입니까? 역대지 족보에서 군대와 연관된 표현은 요단강 동편에 자리한 르우벤 지파와 갓 지파, 므낫세 절반 지파의 목록(5:18)과 7장에서만 볼 수 있습니다. 잇사갈 자손(1–5절)과 베냐민 자손(6–12절)은 군대를 중심으로 서술했고, 아셀 자손은 군인 수를 짧게 언급했습니다(40절). 이스라엘 자손을 이렇게 군대와 연관해 세어서 기록하는 것은 광야 시절을 배경으로 한 민수기의 인구조사에서 볼 수 있습니다(민 1:2–3; 26:2–3). 다른 족보들과는 달리, 잇사갈과 베냐민 지파는 군사용 인구조사 목록에서 그 자료를 가져왔을 것으로 추측할 수 있습니다. 원칙적으로 이스라엘은 전쟁하는 사람이 따로 존재하지 않고, 전쟁이 벌어지면 모든 이스라엘 남성이 함께 참여합니다. 현실에서는 왕정이 성립되면서 군대가 따로 존재했지만, 광야 시절 이래 온 이스라엘이 함께 참여하는 군대라는 이상은 이스라엘 모든 백성이 하나님의 뜻을 따라 행하는 존재임을 강조합니다. 족보에 포함된 모든 이스라엘이 각자 자신의 몫을 수행하는 것입니다.

베냐민의 자손

6 ○ 베냐민의 아들은 벨라와 베겔과 여디아엘, 이렇게 셋이다. **7** 벨라의 아들은 에스본과 우시와 웃시엘과 여리못과 이리, 이렇게 다섯인데, 이들은 모두 다 각 가문의 족장들이다. 그들의 족보에 오른 용감한 군인들은 이만 이천삼십사 명이다.

8 ○ 베겔의 아들은 스미라와 요아스와 엘리에셀과 엘료에내와 오므리와 여레못과 아비야와 아나돗과 알레멧이다. 이들은 모두 베겔의 아들이다. **9** 그들의 족보에 각 가문의 족장들로 기록된 용감한 군인들은 이만 이백 명이다.

10 ○ 여디아엘의 아들은 빌한이고, 빌한의 아들은 여우스와 베냐민과 에훗과 그나아나와 세단과 다시스와 아히사할이다. **11** 이들은 모두 여디아엘의 아들이요 각 가문의 족장들이며, 싸움에 나갈 만한 용감한 군인들은 만 칠천이백 명이다. **12** 이르의 자손은 숩빔과 훔빔이고, 아헬의 아들은 후심이다.

납달리 자손에 대한 얘기는 단 한 줄뿐입니다(13절). 한 가문에 대한 설명이 어떻게 이처럼 간단할 수 있습니까? 납달리 자손에 대한 내용은 창세기 46장 24-25절, 그리고 민수기 26장 48-49절의 내용과 거의 일치합니다. 유다 자손과 레위 자손, 베냐민 자손에 대한 방대한 목록에 비하면 납달리 자손의 목록은 정말 짧습니다. 스불론 지파와 단 지파는 아예 언급조차 없습니다. 이것은 아마도 이 지파들의 숫자나 세력이 다른 지파들에 비해 다소 약했기 때문일 수 있습니다. 그러나 레위 자손에게 제공하는 성읍과 연관한 목록에는 스불론도 포함되었고(6:63), 다윗 군대에 참여한 이들의 출신 지파에는 스불론, 납달리, 단이 나란히 언급되었습니다(12:33-35). 지파의 세력이 약해 족보가 제대로 보존되지 않았을 수는 있지만, 역대지는 이스라엘이 열두 지파가 두루 참여하는 공동체임을 증언합니다.

납달리의 자손

13 ○ 납달리의 아들은 야스엘과 구니와 예셀과 살룸인데, 이들은 빌하의 손자이다.

므낫세의 자손

14 ○ 므낫세의 아들은 그의 첩 아람 여자가 낳은 아스리엘이다. 길르앗의 아버지 마길도 이 여자가 낳았다. **15** 마길은 훕빔과 숩빔에게 아내를 얻어주었는데, 그 누이의 이름은 마아가이다. 므낫세의 둘째 아들의 이름은 슬로브핫인데, 슬로브핫은 딸만 낳았다.

16 ○ 마길의 아내 마아가는 아들을 낳아, 그 이름을 베레스라고 불렀다. 그 아우의 이름은 세레스이며, 그 아들은 울람과

므낫세는 아람 여자에게서 후손을 낳고(14절), 그 가운데 마길이 주요 인물로 자리합니다. 이스라엘 사회에서는 적자와 서자의 문제가 크게 중요하지 않았나 봅니다. 므낫세 자손에 관한 내용은 민수기 26장 29-33절, 여호수아기 17장 1-3절에서도 볼 수 있습니다. 그런데 민수기와 여호수아기의 내용은 일치하지만 역대지와는 꽤 달라서, 어느 것이 정확한지 알기 어렵습니다. 족보 본문은 천 년이 넘는 세월의 기록인지라 오늘날과 같은 엄밀한 정확성을 기대할 수는 없습니다. 민수기나 여호수아기 족보와 비교할 때 역대지 족보의 가장 큰 특징은 여러 여성을 언급한다는 점입니다. 므낫세의 아내였던 아람 여성, 그리고 마길의 누이로도 언급되고 아내로도 언급되는 마아가(15-16절), 므낫세의 둘째 아들이 낳은 슬로브핫의 딸들, 길르앗의 누이 함몰레겟 등이 차례로 등장합니다. 이는 남자와 여자가 함께 참여하고 이루어지는 족보임을 단적으로 보여줍니다. 아울러 민수기나 여호수아기, 그리고 창세기 50장 23절에서는 마길이 므낫세의 아들로 언급되는데, 므낫세 지파의 가장 중요한 인물이라 할 수 있는 마길이 첩을 통해 태어난 아들이라는 점에서, 적자나 서자가 언제나 결정적인 요소는 아니었다고 볼 수 있습니다.

라겜이다. 17 울람의 아들은 브단이다. 이들이 므낫세의 손자요, 마길의 아들인 길르앗의 자손이다. 18 그의 누이 함몰레겟은 이스홋과 아비에셀과 말라를 낳았다. 19 (스미다의 아들은 아히안과 세겜과 릭히와 아니암이다.)

에브라임의 자손

20 ○ 에브라임의 아들은 수델라이고, 그 아들은 베렛이고, 그 아들은 다핫이고, 그 아들은 엘르아다이고, 그 아들은 다핫이고, 21 그 아들은 사밧이고, 그 아들은 수델라이고, 또 에셀과 엘르앗이 있다. 그 땅의 토박이인 가드 사람이 그들을 죽였는데, 그들이 가드 사람의 짐승을 빼앗으려고 내려갔기 때문이다. 22 그들의 아버지 에브라임이 여러 날 동안 슬퍼하였으므로, 그 친척들이 찾아와서 그를 위로하였다. 23 그 뒤에 에브라임이 아내와 동침하였고, 그 아내가 임신하여 아들을 낳았다. 에브라임은 자기 집에 불행한 일이 있었기 때문에, 아들의 이름을 브리아라고 불렀다.

베냐민 가문의 훕빔과 숩빔이(12절) 혼인하는데 므낫세 가문의 마길이 나서다니 (15절), 베냐민 가문에는 그만한 인물이 없었다는 뜻인가요? 훕빔과 숩빔을 위해 마길이 아내를 얻어줬는데, 마길의 누이로 마아가를 언급하는 15절 본문은 내용이 잘 연결되지 않습니다. 그리고 마아가를 마길의 누이라고 설명했지만, 16절에서는 아내로 나옵니다. 그래서 15절을 두고 마길이 훕빔과 숩빔의 누이 마아가를 아내로 맞았다고 번역한 성경도 있습니다(개역개정, NKJV). 역대지의 족보에서 반복해 이야기하지만, 그 실체를 정확하게 규명하기는 무척 어렵습니다. 새번역 성경보다는 개역개정 성경의 번역이 조금 더 설득력 있다 싶지만, 히브리어 본문 자체를 직역하면 새번역에 가까워 판단이 쉽지는 않습니다. 적어도 분명한 것은 므낫세 지파의 마길은 고대에 잘 알려진 인물이며, 나름 영향력이 컸던 사람이었다는 점입니다.

24 ○ 에브라임의 딸은 세에라인데, 그는 아래위 벳호론과 우
센세에라 성읍을 세웠다.

25 ○ 브리아의 아들은 레바와 레셉이다. 레셉의 아들은 델라
이고, 그 아들은 다한이고, 26 그 아들은 라단이고, 그 아들은
암미훗이고, 그 아들은 엘리사마이고, 27 그 아들은 눈이고,
그 아들은 여호수아이다.

28 ○ 에브라임 자손의 소유지와 거주지는 베델과 그 주변 마을
들과, 동쪽의 나아란과, 서쪽의 게셀 및 그 주변 마을들과, 세겜
과 그 주변 마을들이며, 또 아사와 그 주변 마을에까지 이른다.

29 ○ 벳산과 그 주변 마을과, 다아낙과 그 주변 마을과, 므깃
도와 그 주변 마을과, 돌과 그 주변 마을은 므낫세 자손에게
돌아갔다.

○ 이 여러 곳에 이스라엘의 아들 요셉의 자손이 살았다.

아셀의 자손

30 ○ 아셀의 아들은 임나와 이스와와 이스위와 브리아이며,

**갓 태어난 아기에게 불행한 사건을 염두에 두고 이름을 붙인다는 게(23절) 말이 됩
니까? 세상에 어떤 부모가 그런 식으로 이름을 짓습니까?** 유다 지파의 야베스는 그
의 어머니가 고통 중에 출산했기에, '고통'과 연관되는 표현을 사용해 야베스로 이름
이 붙여졌습니다(4:9). 야곱의 아내 라헬은 둘째 아들을 난산으로 낳다 결국 사망했
는데, 죽기 직전에 태어난 아이의 이름을 '내 슬픔의 아들'이라는 의미로 '베노니'라
지었습니다(창 35:16–18). 심지어 아담과 하와의 둘째 아들의 이름은 '헛됨, 수증기,
덧없음'을 의미하는 '아벨'(히브리어 발음으로는 '헤벨')입니다. 이러한 현상을 보면,
고대 이스라엘은 아이가 태어날 때의 상황과 연관해 아이 이름을 지었다는 것을 짐
작할 수 있습니다. 이름이 복을 가져오고 재앙을 가져온다기보다는, 당대의 상황을
기억하고 떠올리게 하는 이름을 지었던 것입니다.

그들의 누이는 세라이다.

31 ○ 브리아의 아들은 헤벨과 말기엘인데, 말기엘은 비르사잇의 아버지이다.

32 ○ 헤벨은 야블렛과 소멜과 호담과 그들의 누이 수아를 낳았다.

33 ○ 야블렛의 아들은 바삭과 빔할과 아스왓이니, 이들이 야블렛의 아들이다.

34 ○ 소멜의 아들은 아히와 로가와 호바와 아람이다.

35 ○ 소멜의 아우 헬렘의 아들은 소바와 임나와 셀레스와 아말이다.

36 ○ 소바의 아들은 수아와 하르네벨과 수알과 베리와 이므라와 37 베셀과 홋과 사마와 실사와 이드란과 브에라이다.

38 예델의 아들은 여분네와 비스바와 아라이다. 39 울라의 아들은 아라와 한니엘과 리시아이다.

40 ○ 이들은 모두 아셀의 자손으로서, 각 가문의 족장들이요, 뽑힌 용감한 군인들이요, 지도자급 족장들이다. 싸움에 나갈 만한 군인으로서 족보에 오른 사람의 수는 이만 육천 명이다.

므낫세와 에브라임 가문에 관한 설명을 끝내면서 불쑥 '요셉의 자손'(29절)이란 말을 꺼내는 이유는 무엇입니까? 20절부터 27절까지는 에브라임 자손의 족보, 28절에는 그들이 사는 지역이 기록되어 있습니다. 그런데 29절은 여호수아기 17장 11절에서도 볼 수 있듯이 므낫세 자손이 사는 영역을 이야기합니다. 므낫세의 서쪽 지파가 사는 영역은 에브라임 지파 자손의 영역과 일부 맞닿아 있었음을 28-29절에서 미루어 짐작할 수 있습니다. 아울러 므낫세와 에브라임을 한꺼번에 묶을 수 있는 것이 '요셉의 자손'입니다. 이 표현에서, 므낫세와 에브라임이라는 두 지파의 족보와 사는 지역을 나란히 배열한 까닭을 짐작할 수 있습니다. 14-19절에서 므낫세 자손의 족보를 다루고, 다음으로 에브라임 자손 족보를 다룬 후, 에브라임이 사는 영역과 므낫세가 사는 영역을 각각 언급한 것으로 이해할 수 있습니다.

{ 제8장 }

베냐민의 자손

1 베냐민은 맏아들 벨라와 둘째 아스벨과 셋째 아하라와 2 넷째 노하와 다섯째 라바를 낳았다.

3 ○ 벨라에게 자손이 있는데, 그들은 앗달과 게라와 아비훗과 4 아비수아와 나아만과 아호아와 5 게라와 스부반과 후람이다.

6 ○ 에훗의 자손은 다음과 같다. 이들은 게바에 사는 가문들의 족장들로서, 게바 주민을 마나핫으로 사로잡아간 7 나아만과 아히야와 게라인데, 그들을 사로잡아간 게라가 웃사와 아히훗을 낳았다.

8 ○ 사하라임은 모압 평지에서 자기의 아내 후심과 바아라를 내보낸 뒤에 아들을 낳았는데, 9 아내 호데스에게서 요밥과 시비야와 메사와 말감과 10 여우스와 사갸와 미르마를 낳았다.

7장에서 이미 다룬(6–12절) 베냐민 가문의 족보를 다시 꺼내 드는 까닭을 모르겠습니다. 역대지는 베냐민 자손의 족보를 세 곳에서 다루는데(7:6–12; 8:1–40; 9:35–44), 9장 35–44절은 8장 29–38절과 거의 동일합니다. 10장에 베냐민 지파 출신인 사울 왕의 이야기가 이어지기 때문에, 족보 본문의 마지막에 베냐민 지파의 족보를 배치한 것으로 보입니다. 이러한 반복 기록은 강조의 목적입니다. 역대지는 유다 지파와 레위 지파의 족보를 강조했고, 베냐민 지파 역시 강조합니다. 통일 이스라엘의 출발이 베냐민 지파의 사울이었기에 이렇게 강조했을 것입니다. 특히 역대지는 베냐민 지파의 일부가 다윗의 군대로 충성했다는 점도 강조합니다(12:1–7, 29). 훗날 유다 지파 자손인 다윗이 교만해져서 인구조사를 명했을 때, 이를 맡은 관리 요압이 레위 지파와 베냐민 지파의 숫자를 포함시키지 않았다는 내용도 있습니다(21:6). 베냐민 지파를 포함시키는 것이 통일된 모습을 보여준다면, 베냐민 지파를 빼는 것은 자신의 힘과 세력을 내세우지 말라고 다윗에게 경고하는 것으로 이해할 수 있습니다.

이 아들들은 그들 가문의 족장들이다.

11 ○ 또 사하라임은 아내 후심에게서 아비둡과 엘바알을 낳았다.

12 ○ 엘바알의 아들은 에벨과 미삼과 세멧인데, 이 세멧이 오노와 롯과 그 주변 마을들을 세웠다.

갓과 아얄론의 베냐민 사람

13 ○ 브리아와 세마는 아얄론에 사는 가문들의 족장으로서, 이들이 가드 주민을 내쫓았다. 14 아히요와 사삭과 여레못과 15 스바댜와 아랏과 에델과 16 미가엘과 이스바와 요하는 브리아의 아들이다.

예루살렘의 베냐민 사람들

17 ○ 스바댜와 므술람과 히스기와 헤벨과 18 이스므래와 이

8장 1-5절에 기록된 베냐민의 아들과 벨라의 소생들은 7장의 기록(6-7절)과 다릅니다. 이런 차이가 생기는 이유는 무엇입니까? 창세기 46장 21절에는 베냐민의 아들로 벨라, 베겔, 아스벨, 게라, 나아만, 에히, 로스, 뭅빔, 훕빔, 아릇 등 10명이 기록되어 있습니다. 그러나 민수기 26장 38-39절에는 벨라, 아스벨, 아히람, 스부밤, 후밤 등 다섯이 언급되고, 역대지상 7장 6절에는 벨라, 베겔, 여디아엘, 8장 1-2절에는 벨라, 아스벨, 아하라, 노하, 라바가 등장합니다. 결국 구약성경 안에 존재하는 베냐민의 아들에 대한 족보는 서로 일치하지 않고, 벨라만이 모든 족보에 공통으로 나옵니다. 베냐민의 아들인 벨라의 아들들 족보 역시 구약성경 여러 군데에 기록되어 있지만, 서로 일치하지 않습니다(민 26:40; 대상 7:7; 8:3-4). 족보의 불일치는 다른 지파의 족보에서도 빈번히 볼 수 있는 현상입니다. 역대지 저자는 구할 수 있는 족보를 다 구했고, 이를 그대로 자신의 책에 반영했다고 볼 수 있습니다. 또 어느 족보든 모두 반영해 '온 이스라엘'을 보여주려는 의도라고 생각할 수 있습니다.

슬리아와 요밥은 엘바알의 아들이다.

19 ○ 야김과 시그리와 삽디와 **20** 엘리에내와 실르대와 엘리엘과 **21** 아다야와 브라야와 시므랏은 시므이의 아들이다.

22 ○ 이스반과 에벨과 엘리엘과 **23** 압돈과 시그리와 하난과 **24** 하나냐와 엘람과 안도디야와 **25** 이브드야와 브누엘은 사삭의 아들이다.

26 ○ 삼스래와 스하랴와 아달랴와 **27** 야아레시야와 엘리야와 시그리는 여로함의 아들이다.

28 ○ 이들은 족보에 오른 각 가문의 족장들이며 이 족장들은 예루살렘에서 살았다.

기브온과 예루살렘의 베냐민 사람

29 ○ 기브온의 아버지 여이엘이 기브온에 살았는데, 그 아내의 이름은 마아가이다. **30** 그의 맏아들은 압돈이며, 그 아래로 수르와 기스와 바알과 나답과 **31** 그돌과 아히요와 세겔이 있다. **32** 미글롯은 시므아를 낳았는데, 이들도 다른 친족들을 마주 보며, 자기들의 친족들과 함께 예루살렘에서 살았다.

사울은 다윗에게 밀려나 비참한 최후를 맞았지만, 그 가문은 몰락하기는커녕 여전히 번성합니다(34-40절). 여기에는 무슨 비밀이 숨어 있습니까? 사울은 다윗에게 밀려났지만, 역대지 저자는 베냐민 지파가 다윗을 반대했거나 적대했다고 말하고 싶진 않았던 것 같습니다. 역대지 저자에게 베냐민 지파는 사울의 가문이라는 인식보다는 온 이스라엘을 이루는 한 부분이라는 인식이 더 중요했다고 볼 수 있습니다. 8장 28절과 9장 34절은 9장 34절의 '레위 가문'이라는 말만 빼면 완전히 똑같습니다. 9장은 포로로 끌려갔다 예루살렘으로 돌아와 살게 된 여러 지파를 다루는데, 그 가운데 베냐민 지파도 있음을 보여줍니다. 8장 28-40절은 9장 34절과 그에 이어지

사울 왕의 가족

33 ○ 넬은 기스를 낳고, 기스는 사울을 낳고, 사울은 요나단과 말기수아와 아비나답과 에스바알을 낳았다. **34** 요나단의 아들은 므립바알이며 므립바알은 미가를 낳았다.

35 ○ 미가의 아들들은 비돈과 멜렉과 다레아와 아하스이다. **36** 아하스는 여호앗다를 낳고, 여호앗다는 알레멧과 아스마윗과 시므리를 낳고, 시므리는 모사를 낳았다. **37** 모사는 비느아를 낳았다. 비느아의 아들은 라바이고, 그 아들은 엘르아사이고, 그 아들은 아셀이다.

38 ○ 아셀에게 여섯 아들이 있는데, 그들의 이름은 아스리감과 보그루와 이스마엘과 스아랴와 오바댜와 하난이다. 이 모두가 아셀의 아들이다. **39** 아셀의 아우 에섹의 아들은, 맏아들이 울람이고, 둘째가 여우스이고, 셋째가 엘리벨렛이다.

40 ○ 울람의 아들은 활을 잘 쏘는 용감한 군인들인데, 아들과 손자가 많아서 모두 백오십 명이나 되었다. 이들이 모두 베냐민의 자손이다.

는 35-44절을 고스란히 가져와 조금 더 확장했다고 볼 수 있습니다. '예루살렘에 거주하는 베냐민'에 대한 언급은 8장 32절에도 있습니다. 이러한 부분 역시 베냐민 지파가 배제하거나 적대해야 할 대상이 아닌, '온 이스라엘'을 이루는 한 부분임을 강조하기 위해 나온 것으로 볼 수 있습니다.

제9장

포로 생활에서 돌아온 백성

1 이와 같이 온 이스라엘이 족보에 오르고, '이스라엘 열왕기'에 기록되었다.

○ 유다는 배신하였으므로 바빌론으로 사로잡혀갔는데, **2** 맨 처음으로 자기들의 성읍 소유지에 돌아와서 살림을 시작한 사람들은 이스라엘 사람과 제사장과 레위 사람과 성전 막일꾼들이다. **3** 유다 자손, 베냐민 자손, 그리고 에브라임과 므낫세 자손 가운데서 예루살렘에 자리 잡은 사람은 다음과 같다.

4 ○ 유다의 아들 베레스 자손 가운데서는 우대가 살았는데, 그는 암미훗의 아들이요, 오므리의 손자요, 이므리의 증손이요, 바니의 현손이다. **5** 실로 사람 가운데서는 맏아들 아사야와 그 아들들이 살았다. **6** 세라의 자손 가운데서는 여우엘과 그의 친족 육백구십 명이 살았다.

7 ○ 베냐민 자손 가운데서는 살루가 살았는데, 그는 므술람의

'이스라엘 사람'(2절)이란 남북 왕조로 갈라져 싸우던 시절 북쪽을 차지했던 백성들을 말합니까? 아니면 히브리 민족 전체입니까? 1절 앞부분의 '온 이스라엘'은 1–8장에 기록된 남북 이스라엘을 이루는 열두 지파를 가리키고, 1절 후반부의 '유다'는 바빌론에 포로로 끌려간 남왕국 유다 사람들을 가리킵니다. 2절은 그렇게 바빌론에 사로잡혀갔던 이들이 주전 538년 이래 팔레스타인으로 다시 귀환한 사건을 다룹니다. 그러니 9장 1–34절은 포로에서 돌아와 예루살렘에 재정착한 이들의 명단이라 할 수 있습니다. 이러한 맥락에서 2절의 '이스라엘 사람'은 뒤에 이어지는 '제사장과 레위 사람과 성전 막일꾼'과는 대조되는 집단, 즉 성전 종사자가 아닌 사람들을 가리킨다는 것을 알 수 있습니다. 성전 종사자들의 명단이 10–34절, 그 외 일반인의 명단이 3–9절입니다.

아들이요, 호다위아의 손자요, 핫스누아의 증손이다. 8 그리
고 여로함의 아들인 이브느야와, 미그리의 손자요 웃시의 아
들인 엘라와, 이브니야의 증손이요 르우엘의 손자요 스바댜의
아들인 므술람이 살았다.

9 ○ 이와 같이 족보에 오른 그들의 친족은 모두 구백오십육
명이며, 이들은 모두 각 가문의 족장이다.

예루살렘에 정착한 제사장들

10 ○ 제사장 가운데서는 여다야와 여호야립과 야긴과 11 아사
랴가 살았는데, 아사랴는 힐기야의 아들이요, 므술람의 손자
요, 사독의 증손이요, 므라욧의 현손이요, 하나님의 성전 관리
를 책임진 아히둡의 오 대손이다.

12 ○ 또 아다야도 살았는데, 그는 여로함의 아들이요, 바스훌
의 손자요, 말기야의 증손이다. 그리고 마아새도 살았는데, 그
는 아디엘의 아들이요, 야세라의 손자요, 므술람의 증손이요,
므실레밋의 현손이요, 임멜의 오 대손이다.

**여러 차례 되풀이되는(4, 5, 12절 등) '살았다'라는 말의 뜻이 모호합니다. 생존
(survive)을 말하나요, 아니면 거주(live)를 가리킵니까?** 기본적으로 이 본문에 쓰
인 '살았다'는 '거주'를 의미합니다. 그러나 바빌론으로 사로잡혀갔다가 수십 년이
흐른 다음에 다시 돌아와 살아가게 되었다는 점에서, '생존'이라고 음미할 수도 있
습니다. 한 나라가 강대국에 멸망당했고 이후로도 독립된 국가를 이루지 못했으니
완전히 사라질 수도 있었지만, 포로로 잡혀간 유다 백성은 자신들의 현실을 국력
약화로 풀이하지 않고 '하나님을 배신'한 결과로 풀이했습니다(1절). 그랬기에 언제
든 주 하나님께로 돌이켜 그분의 규례와 명령을 따른다면 다시 살아갈 수 있습니
다. 강대국의 종교와 문화, 사상에 휩쓸리지 않고, 유다 백성은 자신들의 신앙을 간
직하고 그 신앙으로 현실을 다시 살아갔으니, 참으로 그들은 '생존'해냈습니다.

13 ○ 또 그들의 친족이 있는데, 이들은 각 가문의 족장들이며, 하나님의 성전을 돌보는 일에 유능한 사람들로서, 그 수는 천칠백육십 명이다.

예루살렘에 정착한 레위 사람들

14 ○ 레위 사람들 가운데서는 므라리 자손인 스마야가 살았는데, 그는 핫숩의 아들이요, 아스리감의 손자요, 하사뱌의 증손이다. 15 또 박박갈과 헤레스와 갈랄과 맛다니야가 살았는데, 맛다니야는 미가의 아들이요, 시그리의 손자요, 아삽의 증손이다. 16 또 오바댜가 살았는데, 그는 스마야의 아들이요, 갈랄의 손자요, 여두둔의 증손이다. 그리고 베레갸도 살았는데, 그는 아사의 아들이요, 느도바 사람들의 마을에 살던 엘가나의 손자이다.

예루살렘에 정착한 제사장과 레위인을 별도로 다룹니다(10–16절). 그만큼 의미 있는 일이란 뜻일까요? 역대지상 9장의 명단은 느헤미야기 11장과 매우 비슷합니다. 두 본문 모두 예루살렘에 정착한 사람들의 명단을 다루되, 이스라엘 일반 백성의 명단에서 시작해 제사장, 레위인, 문지기로 이어지는 순서도 같고, 곳곳에 등장하는 명단 역시 같은 내용이 많습니다. 에스라기–느헤미야기와 역대지에서 예루살렘 성전이란 주 하나님을 예배하며 그분의 규례를 따르는 삶을 상징적으로 보여주는 장소이며, 포로 귀환 이후 유대 공동체의 본질이자 핵심을 상징합니다. 비록 나라가 독립하진 못했으나, 성전을 중심으로 하나님을 예배하며 살아가는 공동체는 귀환 이후 유대 공동체의 목표이자 이상이었습니다. 에스라기–느헤미야기, 그리고 역대지에서 여러 번 반복해 성전 건립과 성전 종사자들에 관한 내용을 다루는 것도 그 때문이라 할 수 있습니다.

예루살렘에 정착한 성전 문지기

17 ○ 문지기는 살룸과 악굽과 달몬과 아히만과 그들의 친족들인데, 살룸이 그 우두머리이다. **18** 살룸은 이때까지, 동쪽에 있는 '왕의 문'의 문지기로 있다. 이들이 레위 자손의 진영에 속한 문지기이다.

19 ○ 고라의 증손이요 에비아삽의 손자요 고레의 아들인 살룸과, 그의 가문에 속한 그의 친족들, 즉 고라 족속은, 성막 문을 지키는 임무를 맡았다. 그들의 조상도 주님의 성막 문을 지키는 사람이었다. **20** 예전에는 엘르아살의 아들 비느하스가 그들의 책임자였는데, 주님께서 그와 함께하셨다.

21 ○ 므셀레먀의 아들 스가랴는 회막 문의 문지기이다.

22 ○ 문지기로 뽑힌 사람은 모두 이백십이 명이며, 마을별로 족보에 기록되었다. 다윗과 사무엘 선견자가 그들을 신실히 여겨 이 모든 일을 맡겼다. **23** 그들과 그 자손이 주님의

임금이나 제사장도 아니고, 문지기를 맡은 가문과 임무를 상세히 설명합니다(17-27절). 당시의 문지기는 대단히 중요한 직책이었습니까? 레위 지파 사람들이 성전 관련 일을 맡았는데, 그중 아론 자손은 제사장의 직무를 담당했고, 나머지 레위 자손들은 제사장을 보조해 제물 다루는 일, 찬양하는 일, 그리고 문지기의 일을 나눠 맡았습니다. 역대지와 에스라기-느헤미야기는 레위 자손의 직무에 관해 이야기할 때 항상 문지기의 직무도 언급합니다. 특히 안식일 같은 날에 문지기가 성문을 제대로 닫고 지켜야 백성들이 그날을 바르게 지킬 수 있음을 생각하면(예, 느 13:15-22), 문지기의 역할은 중요합니다. 제사 관련 직무나 찬양하는 일, 그리고 문지기의 일은 서로 조금도 높거나 낮음 없이 모두 대단히 중요한 성전 직무입니다. 사실 구약 시대의 성전이나 오늘날의 교회나 그곳에서 일하는 모든 직무는 결코 높낮음이 있을 수 없는 중요한 직무임이 분명한데, 오늘날 사람들은 누가 더 높고 낮은지 따지고 있습니다.

성전 문 곧 성막 문을 지키는 일을 맡았는데, 24 이 문지기들
은 동서남북 사방에 배치되었다. 25 마을에 사는 그들의 친
족들은, 번갈아 와서, 이레씩 그들을 도왔다. 26 레위 사람
인 네 명의 책임자들은 신실하여서, 하나님 성전의 방과 창
고들을 맡았다. 27 그들은 성전을 지키며 아침마다 문을 여
는 일을 맡았으므로, 하나님의 성전 주위에 머무르면서 밤을
지냈다.

나머지 레위 사람들

28 ○ 그들 가운데 몇 사람은 성전에서 사용하는 기구를 맡았
으므로, 그것들을 세어서 들여오고, 세어서 내주었다. 29 또
그들 가운데 몇 사람은 성전의 모든 기구와 그 밖의 기구들,
그리고 고운 밀가루와, 포도주와 기름과 유향과 향품을 맡았
다. 30 제사장 자손 가운데서 몇 사람은 향료를 배합하여 향
수를 만들었다.

31 ○ 레위 사람 맛디댜는 고라 자손 살룸의 맏아들로서, 구워
서 바치는 제물을 준비하는 일을 맡았다. 32 고핫 자손 가운데

부속 건물까지 딸린(33절) 성전이 있었다는 게 뜻밖입니다. 이들은 하나님을 배신해
사로잡혀갔던(1절) 백성들이 아닙니까? 앞에서도 이야기했지만, 역대지상 9장 족보
는 느헤미야기 11장과 매우 비슷합니다. 그래서 9장은 포로에서 돌아온 직후가 아니
라, 역대지와 느헤미야기가 기록될 즈음인 주전 5세기 후반을 배경으로 합니다. 바
빌론에서 돌아온 이들은 돌아오자마자 두 번째 성전을 짓기 시작해, 주전 6세기 후
반인 516년에 마침내 완공했습니다. 특히 타국에 포로로 끌려갔던 일이 하나님을
배신한 결과라고 반성한다면, 귀환한 이들이 해야 할 1순위는 하나님께 순종하는
것, 하나님께 합당하게 예배하는 것이었기에, 성전 재건은 최우선 사항이었을 것입

서 그들의 친족 몇 사람은 안식일마다 차리는 빵을 준비하는
일을 맡았다.

33 ○ 또 찬양을 맡은 사람도 있었다. 이들은 레위 지파의 족
장들로서, 성전의 부속 건물에 살면서, 밤낮으로 자기들의 일
만 해야 하였으므로, 다른 일은 하지 않았다.

34 ○ 이들이 족보에 오른 레위 사람 족장들이다. 이 족장들은
예루살렘에서 살았다.

사울의 족보(8:29-38)

35 ○ 기브온의 조상 여이엘은 기브온에 살았으며, 그 아내
의 이름은 마아가이다. **36** 그 맏아들은 압돈이고, 그 아래로
수르와 기스와 바알과 넬과 나답과 **37** 그돌과 아히요와 스가
랴와 미글롯이 있다. **38** 미글롯은 시므암을 낳았다. 이들은
다른 친족들을 마주 보며 자기들의 친족들과 함께 예루살렘
에서 살았다.

39 ○ 넬은 기스를 낳고, 기스는 사울을 낳고, 사울은 요나단
과 말기수아와 아비나답과 에스바알을 낳았다. **40** 요나단의

니다. 그래서 주전 5세기 후반인 역대지와 느헤미야기 시대는 이미 두 번째 성전이
세워진 지 백 년 가까이 지난 시점입니다. 그 규모가 첫 성전인 솔로몬 성전에 비할
바는 아니지만, 성전으로서 갖춰야 할 기본 사항들은 두루 지닌 성전이었고, 여러
'부속 건물' 역시 당연히 존재했습니다.

아들은 므립바알이며, 므립바알은 미가를 낳았다. 41 미가의 아들은 비돈과 멜렉과 다레아와 아하스이다. 42 아하스는 야라를 낳고, 야라는 알레멧과 아스마웻과 시므리를 낳고, 시므리는 모사를 낳고, 43 모사는 비느아를 낳았다. 비느아의 아들은 르바야이고, 그 아들은 엘르아사이고, 그 아들은 아셀이다. 44 ○ 아셀에게는 여섯 아들이 있는데, 그들의 이름은 아스리감과 보그루와 이스마엘과 스아랴와 오바댜와 하난이다. 이들이 아셀의 아들이다.

8장 끄트머리에 기록된 사울의 족보를(8:33-40) 다시 설명합니다(35-44절). 이스라엘 백성들에게 사울은 어떤 의미를 갖는 존재입니까? 역대지는 바빌론 포로를 경험하고 돌아온 귀환자들과 그들의 후손이 중심이 되어 이루어지는 재건 공동체를 배경으로, 어떤 모습을 회복해야 하며 어떻게 살아가야 하는지를 가르치고 증언하는 책입니다. 그래서 포로 이전 이스라엘의 역사를 다루면서 이 같은 올바른 회복의 모습을 전하고자 합니다. 이 과정에서 역대지상 1-9장은 온통 족보 관련 사항으로 채워졌습니다. 이를 통해 우리가 누구이며, 어디에서 비롯되었는지를 보여줍니다. 10장부터는 왕정기를 배경으로 무엇이 잘못되었고, 어떠한 모습을 회복해야 하는지를 보여줍니다. 사울은 왕정기를 시작한 초대 왕이라는 점에서 특별하며, 역대지상 10장은 사울의 최후에 관한 내용입니다. 10장 13-14절은 사울이 실패한 원인이 무엇인지 명확하게 밝히면서, 역대지 독자와 청중을 향해 어떻게 살아야 하는지를 증언합니다. 8장 29-38절과 거의 흡사한 9장 35-44절 족보는 족보의 긴 앞부분과 사울 왕의 이야기인 10장 사이에 놓여, 족보에서 역사로 내용을 전환시키는 역할을 합니다.

{ 제10장 }

사울 왕의 죽음 (삼상 31:1-13)

1 블레셋 사람이 이스라엘에 싸움을 걸어왔다. 이스라엘 사람들은 블레셋 사람 앞에서 도망하다가, 길보아산에서 죽임을 당하여 쓰러졌다. 2 블레셋 사람들이 사울과 그의 아들들을 바싹 추격하여, 사울의 아들 요나단과 아비나답과 말기수아를 죽였다. 3 싸움이 치열해지면서, 전세가 사울에게 불리해졌다. 활을 쏘는 군인들이 사울을 알아보고 활을 쏘자, 그가 화살을 맞고 중상을 입었다. 4 사울이 자기의 무기 당번 병사에게 명령하였다. "네 칼을 뽑아서 나를 찔러라. 저 할례 받지 못한 이교도들이 나를 조롱하지 못하게 하여라." 그러나 그의 무기 당번 병사는 너무 겁이 나서, 찌르려고 하지 않았다. 그러자 사울은 자기의 칼을 뽑아서, 그 위에 엎어졌다. 5 그의 무기

사울의 삶과 공적은 다 생략하고 비참한 죽음에 관해서만 상세하게 설명하는 의도가 궁금합니다. 역대지 저자는 독자와 청중들이 열왕기 같은 내용을 통해 사울과 다윗, 솔로몬을 비롯한 왕들의 이야기를 이미 알고 있으리라고 전제하면서, 자신이 초점을 둔 부분을 두드러지게 서술합니다. 사울은 통일 이스라엘의 첫 임금이었지만, 역대지 저자에게 그 사실은 그렇게 중요한 부분이 아니었습니다. 10장 마지막에 놓인 13-14절은 사울의 죽음에 대해 주님의 말씀을 지키지 않았고, 점쟁이의 지도를 받았으며, 주님께 지도받지 않은 탓이라고 설명합니다. 앞선 9장 첫머리에서도 유다가 하나님을 배신해 바빌론으로 사로잡혀갔다고 적었고(9:10), 사울 또한 주 하나님을 찾고 따르지 않아 죽음에 이르렀다고 전합니다. 우리말로는 분명하지 않지만, 10장 13절 첫 문장과 9장 1절에 모두 '배신'에 해당하는 표현이 있습니다. 유다든 사울이든 주님을 배신하면 심판을 겪습니다. 결국 패망과 죽음은 하나님께 불순종해 벌어진 결과임을, 역대지는 이 같은 진술을 통해 선언합니다.

당번 병사는 사울이 죽는 것을 보고, 자기도 자기의 칼을 뽑아 그 위에 엎어져서, 사울과 함께 죽었다. 6 사울과 그의 세 아들과 그의 온 가문이 함께 죽었다. 7 그 골짜기에 살던 모든 이스라엘 사람은, 이스라엘 군인들이 도망친 것과 사울과 그의 아들들이 죽은 것을 보고, 살던 성읍들을 버리고 도망쳤다. 그래서 블레셋 사람이 여러 성읍으로 들어와서 거기에서 살았다. 8 ○ 그 이튿날, 블레셋 사람들이, 죽은 사람들의 옷을 벗기러 왔다가, 사울과 그의 아들들이 길보아산에 쓰러져 있는 것을 발견하였다. 9 그들은 사울의 옷을 벗기고, 그의 머리와 갑옷을 취한 다음에, 블레셋 땅 사방으로 전령들을 보내서, 자기들의 우상과 백성에게 승리의 소식을 전하였다. 10 그런 다음에 그들은 사울의 갑옷을 그들의 신전에 보관하고, 머리는 다곤 신전에 매달아두었다. 11 길르앗의 야베스의 모든 사람은 블레셋 사람이 사울에게 한 모든 일을 전해 들었다. 12 그래서 그들의 용사들이 모두 나서서, 사울의 주검과 그의 아들들의 주검을 거두어다가 야베스로 가져가서, 야베스에 있는 상수리나무

'무기 당번 병사'(4절)는 어떤 역할을 하는 군인입니까? 고대 세계에서 지체 높은 이들 곁에는 그의 무기를 들고 동행하는 '무기 당번 병사'가 있었습니다. 말 그대로 귀족이나 왕가의 인물 곁에서 그의 무기를 들고 수행할 뿐 아니라, 함께 의논하며 중요한 행동을 하기도 하는 가장 밀접한 '측근'이라 할 수 있습니다. 다윗은 훗날 사울의 무기 든 자로 발탁되었고(삼상 16:21), 요압 장군에게는 무기 든 자가 10명이나 있었습니다(삼하 18:15). 온 이스라엘의 왕이 되려고 시도했던 아비멜렉은 전투에 패배하고 한 여인이 던진 맷돌에 맞아 죽을 지경이 되자, 여인에게 죽임당했다는 수치를 벗기 위해 자신의 무기를 든 자에게 자신을 칼로 찔러 죽이라고 명령합니다(삿 9:53-54). 역대지상 10장의 사울 역시 전투에서 패배하고 마지막 순간이 되었을 때 하나님을 알지 못하는 블레셋에게 죽임당했다는 불명예를 씻고자 자신의 무기를 든 자에게 자신을 죽이라고 명합니다.

아래에 그들의 뼈를 묻고, 이레 동안 금식하였다.

13 ○ 사울이 주님을 배신하였기 때문에, 이렇게 죽었다. 그는 주님의 말씀을 지키지 않았고, 오히려 점쟁이와 상의하며 점쟁이의 지도를 받았다. **14** 그는 주님께 지도를 받으려 하지 않았다. 그래서 주님께서 그를 죽이시고, 그의 나라를 이새의 아들 다윗에게 맡기셨다.

길르앗 야베스의 백성들이 위험을 무릅쓰고 나서서 사울과 아들들의 주검을 수습한 (11-12절) 이유는 무엇입니까? 사울이 이스라엘에 처음 등장했을 때, 길르앗 야베스는 암몬의 침략을 받아 모든 이들의 오른쪽 눈이 뽑힐 굴욕적 상황에 처했습니다 (삼상 11:1-2). 길르앗 야베스는 온 이스라엘에 사람을 보내 도움을 요청했고, 이 소식을 들은 사울은 결연하게 일어나서 사람들을 모아 길르앗 야베스를 돕기 위한 전쟁을 벌였으며, 마침내 암몬을 완전히 무찔렀습니다(삼상 11:3-11). 역대지 저자는 사무엘기상에 실려 있는 이 내용을 알고 있었고, 독자와 청중들 역시 잘 알고 있으리라 여겨 그 내용을 다시 서술하지 않았을 것입니다. 길르앗의 야베스 사람들에게 사울은 자신들을 크나큰 위기에서 건져낸 특별한 영웅이었을 것입니다. 그렇기에 사울이 죽었다는 소식을 들었을 때, 길르앗 야베스는 블레셋의 위험을 무릅쓰고 모든 용사들이 나서서 사울과 그 아들들의 시체를 제대로 매장하고 애도했습니다.

{ 제11장 }

다윗이 이스라엘과 유다의 왕이 되다(삼하 5:1–10)

1 온 이스라엘이 헤브론에 있는 다윗에게 몰려와서 말하였다. "우리는 임금님과 한 골육입니다. **2** 전에 사울이 왕일 때에도, 이스라엘 군대를 거느리고 출전하셨다가 다시 돌아오신 분이 바로 임금님이십니다. 그리고 주 임금님의 하나님께서 '네가 나의 백성 이스라엘의 목자가 될 것이며, 네가 나의 백성 이스라엘의 통치자가 될 것이다' 하고 말씀하실 때에도 바로 임금님을 가리켜 말씀하신 것입니다." **3** 그리하여 이스라엘의 모든 장로가 헤브론으로 왕을 찾아오니, 다윗이 헤브론에서 주님 앞으로 나아가 그들과 언약을 세웠다. 그리고 그들은, 주님께서 사무엘을 시켜서 말씀하신 대로, 다윗에게 기름을 부어 이스라엘의 왕으로 삼았다.

기름을 붓는 행위는(3절) 어떤 의미가 있습니까? 제사장이나 예언자가 아닌 일반인도 기름을 부을 수 있습니까? 누군가에게 기름을 붓는 것은 그 사람을 따로 세운다는 의미입니다. 누군가를 예언자나 대제사장 또는 왕으로 세울 때 이렇게 기름을 부었습니다. 따로 세워지는 사람에게 기름을 붓는 주체는 주로 예언자였습니다. 주님께서는 어떤 사람을 예언자나 왕으로 세우고자 하실 때, 그에게 가서 기름을 부으라고 예언자에게 명령하십니다(예, 삼상 16:3; 왕상 19:15). 이미 세워진 왕에게 제사장이 기름을 붓기도 합니다(왕상 1:39; 왕하 11:12). 그러나 이렇게 예언자가 기름을 붓는 경우 말고, 본문에서 보듯이 백성들 혹은 백성들의 대표가 모여 누군가를 자신들을 다스리는 자로 세우기 위해 기름을 붓는 사례도 구약성경에서 볼 수 있습니다(예, 삿 9:8; 삼하 2:4; 19:10; 왕하 23:30). 역대지 본문은 '온 이스라엘'을 대표하는 '이스라엘의 모든 장로'가 다윗에게 기름 부어 왕으로 삼았다는 진술을 통해, 다윗이 온 이스라엘의 지지를 받아 왕이 되었음을 강조합니다.

4 ○ 다윗과 온 이스라엘이 예루살렘, 곧 여부스로 갔다. 그 땅에는 여부스 사람이 살고 있었다. 5 여부스 주민이 다윗에게 말하였다. "너는 여기에 들어올 수 없다." (그러나 다윗이 시온 산 성을 점령하였으므로, 그곳을 '다윗 성'이라고 하였다.) 6 다윗이 말하였다. "누구든지, 제일 먼저 여부스 사람을 치는 사람이 총사령관과 장관이 될 것이다." 스루야의 아들 요압이 제일 먼저 올라갔으므로, 그가 총사령관이 되었다. 7 (다윗이 그 산성을 점령하고 거기에 사니, 사람들이 그 산성을 '다윗 성'이라고 하였다.) 8 다윗이 성을 쌓았는데, 밀로에서부터 시작하여, 한 바퀴 돌아가면서 성을 쌓았고, 나머지 부분은 요압이 복구하였다. 9 만군의 주님께서 다윗과 함께 계시므로, 다윗이 점점 강대해졌다.

다윗의 용사들 (삼하 23:8-39)

10 ○ 다윗이 거느린 용사들의 우두머리는 다음과 같다. 이들은, 주님께서 이스라엘에 대하여 말씀하신 대로, 다윗이 왕이 될 수 있도록 그를 적극적으로 도와, 온 이스라엘과 함께 그를

'삼십 인 특별부대'(15절)는 어떤 조직입니까? 일종의 친위대인가요? 다윗이 이끄는 군대를 지휘하는 특별한 지휘관들 혹은 장군들을 가리키는 말로 '세 용사', '삼십 인 특별부대' 같은 표현이 사용됐을 것으로 추측됩니다. 아마도 세 용사는 가장 탁월하다고 인정받은 장군들이었을 것이며, '삼십 인' 역시 그에 못지않은 용사들이자 지휘관들이었을 것입니다. 이 용사들 가운데는 베냐민 자손도 있고(31절), 암몬 사람(39절), 헷 사람(41절), 그리고 르우벤 자손(42절)도 있습니다. 다윗의 승리와 영광은 그 혼자 이룬 것이 아니라, 자신에게 주어진 능력과 기회를 따라 최선을 다해 용맹을 발휘했던 다윗 수하의 이 모든 용사들이 함께 이룬 것입니다.

왕으로 세운 사람들이다.

11 ○ 다윗이 거느린 용사들은 다음과 같다. 첫째는 학몬 사람의 아들 야소브암인데, 그는 세 용사의 우두머리이다. 그는 창을 휘두르며 삼백 명과 싸워, 그들을 한꺼번에 쳐 죽인 사람이다. 12 세 용사 가운데서 둘째는 아호아 사람 도도의 아들인 엘르아살이다. 13 블레셋 사람이 싸우려고 바스담밈에 집결하였을 때에, 그도 다윗과 함께 거기에 있었다. 거기에는 보리가 무성한 밭이 있었다. 이스라엘 군대는 블레셋 군대를 보고 도망하였으나, 14 그는 밭의 한가운데에 버티고 서서, 그 밭을 지키며, 블레셋 군인들을 쳐 죽였다. 주님께서 크게 승리하게 하셔서 그들을 구원하여주셨다.

15 ○ 블레셋 군대가 르바임 골짜기에 진을 치자, 삼십 인 특별 부대 소속인 이 세 용사가, 절벽에 있는 아둘람 동굴로 다윗을 찾아갔다. 16 그때에 다윗은 산성 요새에 있었고, 블레셋 군대의 진은 베들레헴에 있었다. 17 다윗이 간절하게 소원을 말하였다. "누가 베들레헴 성문 곁에 있는 우물물을 나에게 길어다

동굴로 다윗을 찾아갔다는(15절) 말을 납득하기 어렵습니다. 다윗은 이미 예루살렘을 차지하고 자기 이름이 붙은 성까지 짓지 않았습니까? 11장은 발생한 일을 시간 순서대로 열거하기보다는, 다윗이 온 이스라엘의 지지와 모든 용사들의 충성을 받아 이스라엘 모두를 다스리는 왕이 되었음을 전하기 위한 기록입니다. 15–19절은 아마도 다윗의 초기 시절, 블레셋과 계속 전쟁을 벌이던 시기가 반영되었을 것입니다. 역대지에는 별다른 설명이 없지만, 사무엘기는 아둘람 동굴에 대해 다윗이 사울을 피해 도망 다니던 시절 머물렀던 '산성'이었다고 전합니다(삼상 22:1–4). 그곳에 머무는 동안 400명이 넘는 사람들이 사울에게 박해당하는 다윗에게 몰려왔다는 것으로 미루어볼 때, 이 지역은 이와 같은 집단이 머물기에 무척 유리했던 곳이었음을 알 수 있습니다. 아둘람이라는 지역이 지닌 특별함과 유리함을 알고 있었기에, 다윗은 이곳을 근거지로 삼아 블레셋과 전쟁을 벌였을 것입니다.

주어, 내가 마실 수 있도록 해주겠느냐?" **18** 그러자 그 세 용사가 블레셋 진을 뚫고 나가, 베들레헴의 성문 곁에 있는 우물물을 길어 가지고 와서 다윗에게 바쳤다. 그러나 다윗은 그 물을 마시지 않고, 길어온 물을 주님께 부어 드리고 나서, **19** 이렇게 말하였다. "하나님께서 보고 계시는데, 내가 어찌 감히 이 물을 마실 수 있단 말이냐! 이 사람들의 생명의 피를 내가 어찌 마시겠느냐? 이것은 목숨을 걸고 다녀온 세 용사의 피다." 그러면서 그는 물을 마시지 않았다. 이 세 용사가 바로 이런 일을 하였다.

20 ○ 요압의 아우인 아비새는 삼십 인 특별부대의 우두머리였다. 바로 그가 창을 휘둘러 삼백 명을 쳐서 죽인 용사이다. 그는 세 용사와 함께 유명해졌다. **21** 그는 삼십 인 특별부대 안에서 제일 뛰어난 용사였다. 그는 삼십 인 특별부대의 우두머리가 되기는 하였으나, 세 용사에 견줄 만하지는 못하였다.

22 ○ 여호야다의 아들인 브나야는 갑스엘 출신으로, 공적을 많이 세운 용사였다. 바로 그가 사자처럼 기운이 센 모압의 장

어째서 다윗은 굳이 '베들레헴 성문 곁에 있는 우물물'(17절)을 마시고 싶어 합니까? 베들레헴 우물물을 둘러싼 단락(15-19절)은 다윗을 향한 부하들의 사랑과 충성, 그리고 부하들의 그 충성을 알아주는 지도자로서 다윗을 보여줍니다. 아둘람과 베들레헴은 그리 멀리 떨어져 있지 않습니다. 그러나 현재 베들레헴은 블레셋이 장악한 상태입니다. 베들레헴은 다윗의 고향이니, 그가 언급하는 우물은 익히 잘 알고 있는 장소였을 것입니다. 다윗의 마음을 이해한 세 용사가 목숨을 걸고 베들레헴의 물을 떠온 이 사건은 매우 상징적인 사건입니다. 현재 그들의 상태는 그 우물물을 마음껏 먹을 수 없는 현실 속에 있다는 것, 그러나 곧 그 물을 마음껏 먹을 수 있는 날이 올 것임을 보여주는 사건입니다. 그리고 이를 위해 세 용사로 대표되는 많은 백성들이 피를 흘렸다는 사실을 기억해야 한다고, 이 단락이 웅변하고 있다고 볼 수 있습니다.

수 아리엘의 아들 둘을 쳐 죽였고, 또 눈이 내리는 어느 날, 구
덩이에 내려가서, 거기에 빠진 사자를 때려죽였다. 23 그는 또
이집트 사람 하나를 죽였는데, 그 이집트 사람은 키가 다섯 규
빗이나 되는 거인이었다. 그 이집트 사람은 베틀다리 같은 굵
은 창을 들고 있었으나, 브나야는 막대기 하나만을 가지고 그
에게 덤벼, 오히려 그 이집트 사람의 손에서 창을 빼앗아, 그
창으로 그를 죽였다. 24 여호야다의 아들 브나야가 이런 일을
해서, 그 세 용사와 함께 유명해졌다. 25 그는 삼십 인 특별부
대 안에서 뛰어난 장수로 인정을 받았으나, 세 용사에 견줄 만
하지는 못하였다. 다윗은 그를 자기의 경호대장으로 삼았다.
26 ○ 군대의 용사들로서는 다음과 같은 사람들이 더 있다.
요압의 아우 아사헬과, 베들레헴 사람 도도의 아들 엘하난과,
27 하롤 사람 삼훗과, 블론 사람 헬레스와, 28 드고아 사람 익
게스의 아들 이라와, 아나돗 사람 아비에셀과, 29 후사 사람
십브개와, 아호아 사람 일래와, 30 느도바 사람 마하래와, 느
도바 사람 바아나의 아들 헬렛과, 31 베냐민 자손으로 기브아
사람 리배의 아들 이대와, 비라돈 사람 브나야와, 32 가아스
시냇가에 사는 후래와, 아르바 사람 아비엘과, 33 바하룸 사람

"창을 휘둘러 삼백 명을 쳐서 죽였다"(11, 20절)라는 식의 설명은 아무래도 허풍처
럼 보입니다. 어떻게 이렇게 부풀린 무용담을 버젓이 역사에 넣을 수 있습니까?
야소브암은 창을 휘둘러 삼백 명을 무찔렀고(11절), 아비새 역시 같은 일을 행했습
니다(20절). 여호야다의 아들 브나야는 막대기 하나만으로 이집트의 거인을 죽였습
니다(23절). 브나야의 행동은 돌로 거인 골리앗을 죽인 다윗을 떠올리게 합니다(삼
상 17:48-51). 오늘날 우리의 시선으로는 엄청난 허풍처럼 보이지만, 이와 같은 기
록들은 어느 누구와도 비교할 수 없는 대단한 영웅들을 증언하는 것이 아닙니다.
역대지 본문은 만군의 주님께서 함께 계셔서 다윗이 점점 강대해졌으며(9절), 주님

아스마웻과, 사알본 사람 엘리아바와, 34 기손 사람 하셈의 아들들과, 하랄 사람 사게의 아들 요나단과, 35 하랄 사람 사갈의 아들 아히암과, 울의 아들 엘리발과, 36 므게랏 사람 헤벨과, 블론 사람 아히야와, 37 갈멜 사람 헤스로와, 에스배의 아들 나아래와, 38 나단의 아우 요엘과, 하그리의 아들 밉할과, 39 암몬 사람 셀렉과, 스루야의 아들 요압의 무기를 들고 다니는 브에롯 사람 나하래와, 40 이델 사람 이라와, 이델 사람 가렙과, 41 헷 사람 우리야와, 알래의 아들 사밧과, 42 르우벤 자손 시사의 아들로서 르우벤 자손의 족장이며 서른 명을 거느린 아디나와, 43 마아가의 아들 하난과, 미텐 사람 요사밧과, 44 아스드랏 사람 웃시야와, 아로엘 사람 호담의 아들들인 사마와, 여이엘과, 45 시므리의 아들 여디아엘과, 그의 아우 디스 사람 요하와, 46 마하위 사람 엘리엘과, 엘라암의 아들 여리배와, 요사위야와, 모압 사람 이드마와, 47 엘리엘과, 오벳과, 므소바 사람 야아시엘이다.

께서 크게 승리하게 하셔서 적을 물리칠 수 있었다고(14절) 전합니다. 이는 승리의 비결이 단지 용사들의 용맹이 아니라 주님께서 그들과 함께하셨기 때문임을 명확하게 증언하고 선포합니다. 역대지는 정확한 사실을 기록하는 역사책이 아니라, 이스라엘은 어떤 민족이었고 어떠해야 하는지를 증언하고 가르치고자 기록된 책입니다. 그렇기에 '주님의 도우심'이라는, 객관적으로 평가하기 어려운 표현이 매우 중요한 지점에 등장합니다.

{ 제12장 }

베냐민 지파에서 다윗을 따른 사람들

1 다윗이 기스의 아들 사울에게 쫓겨서 시글락에 있을 때에, 그에게 와서 싸움을 도운 용사들은 다음과 같다. **2** 이들은 좌우 양손으로 무릿매 돌도 던질 줄 알며 화살도 쏠 줄 아는 사람들로서, 활로 무장을 한 사람들인데, 베냐민 지파 사울의 일족이다. **3** 그들의 우두머리는 아히에셀이고, 그다음은 요아스인데, 이들은 기브아 사람인 스마아의 두 아들이다. 아스마웻의 아들 여시엘과 벨렛과, 아나돗 사람인 브라가와 예후와, **4** 서른 명 용사 가운데 하나이며, 서른 명의 우두머리인 기브온 사람 이스마야이고, 또 예레미야와, 야하시엘과, 요하난과, 그데라 사람인 요사밧과, **5** 엘루새와, 여리못과, 브아랴와, 스마랴와, 하룹 사람인 스바댜와, **6** 고라 사람인 엘가나와, 잇시야와, 아사렐과, 요에셀과, 야소브암과, **7** 그돌 사람으로, 여로함의 아들인 요엘라와, 스바댜이다.

다윗은 아직 수배자 신분으로 앞날을 가늠할 수 없는 신세입니다(1절). 그런데도 여러 가문에서 숱한 추종자들이 찾아든 배경은 무엇입니까? 12장은 예루살렘에서 다윗이 온 이스라엘의 왕으로 등극하기 이전, 사울에게 한참 쫓겨 다니던 시절부터 이미 온 이스라엘 사람들의 지지와 사랑을 받았음을 보여주는 본문입니다. 그래서 다윗의 나라는 온 이스라엘의 지지와 협력, 그리고 하나님의 뜻에 따라 이루어졌음을 강조합니다. 이런 내용은 그저 다윗과 그 왕국에 금칠을 하며 치장하기 위한 목적이 아니라, 언제라도 모두의 지지와 협력을 바탕으로 하나님의 뜻에 맞게 행할 것을 가르치고 권면하는 데 목적이 있습니다. 쫓겨 다니던 시절의 다윗을 찾아온 이들의 명단 첫머리에 베냐민 지파를 기록했는데(1-7절), 이는 적대 세력이었던 베냐민 지파 사람들까지 협력하며 함께한 다윗의 나라를 두드러지게 만듭니다.

갓 지파에서 다윗을 따른 사람들

8 ○ 갓 지파 가운데서 광야에 있는 요새로 다윗을 찾아간 사람들이 있었다. 그들은 용맹스러운 용사들이요, 방패와 창을 다룰 줄 아는, 싸움에 익숙한 군인들이다. 그들의 얼굴은 사자의 얼굴과 같고 빠르기는 산의 노루와 같았다. 9 그들의 우두머리는 에셀이고, 둘째는 오바댜이고, 셋째는 엘리압이고, 10 넷째는 미스만나이고, 다섯째는 예레미야이고, 11 여섯째는 앗대이고, 일곱째는 엘리엘이고, 12 여덟째는 요하난이고, 아홉째는 엘사밧이고, 13 열째는 예레미야이고, 열한째는 막반내이다.

14 ○ 이들은 갓 자손의 군대 지휘관으로서, 그 가운데 계급이 낮은 사람은 백 명을 거느렸고, 높은 사람은 천 명을 거느렸다. 15 어느 해 첫째 달, 요단강 물이 모든 강둑에 넘칠 때에, 그들은 강을 건너가 골짜기에 사는 모든 사람을 쳐서 동서로 도망치게 하였다.

갓 자손이 공격했다는 요단강 건너편 '골짜기에 사는'(15절) 사람들은 누굴 가리킵니까? 15절의 번역은 다소 모호합니다. "골짜기에 사는 모든 사람을 쳐서"라고 했지만, 이럴 경우 앞에 있는 "요단강 물이 모든 강둑에 넘친 것"과 무슨 상관인지 알기 어렵습니다. 히브리어 본문에는 '치다' 혹은 '공격하다'라는 표현은 없고, 단지 '도망치게 했다'라는 동사만 있습니다. 그래서 15절은 요단강이 범람할 때 갓의 용사들이 그곳을 건너면서 요단 계곡의 사람들, 즉 저지대에 사는 이들을 동쪽과 서쪽으로 피신시켰다고 보는 것이 더 나을 것 같습니다. 자신에게 닥칠 위험을 무릅쓰고 재난 소식을 알려 많은 사람을 살린 이야기는 동서고금을 막론하고 종종 볼 수 있습니다. 이 구절 역시 다윗의 초기 시절, 요단강의 범람으로 큰 피해를 입을 뻔했던 사람들을 구했던 갓 지파 사람들의 용맹함을 증언한다고 볼 수 있습니다.

베냐민과 유다에서 다윗을 따른 사람들

16 ○ 베냐민과 유다 자손 가운데서 요새로 다윗을 찾아온 사람들이 있었다. **17** 다윗이 나가서 그들을 맞으며 말하였다. "여러분이 나를 돕고 화친할 목적으로 왔다면, 나는 여러분과 연합할 마음이 있소. 그러나 내게 아무런 악행이 없는데도 여러분이 나를 배반하여 적에게 넘긴다면, 우리 조상의 하나님께서 이를 보시고, 여러분을 벌하시기를 바라오."

18 ○ 그때에 삼십 인의 우두머리인 아마새가 하나님의 영에 사로잡혀 말하였다. "다윗 장군님, 우리는 장군님의 부하입니다. 이새의 아드님, 우리는 장군님의 편입니다. 하나님이 장군님을 돕는 분이시니 평화에 평화를 누리십시오. 장군님을 돕는 사람에게도 평화가 깃들기를 빕니다."

○ 다윗은 그들을 기꺼이 받아들여 군대 장관으로 삼았다.

므낫세에서 다윗을 따른 사람들

19 ○ 므낫세 지파에서도 다윗에게 온 사람들이 있었다. 그때

'사울의 일족'인 베냐민 지파의 일부 사람들까지(16절) 다윗에게 귀순했다는 사실이 놀랍습니다. 이렇게 대세를 바꾼 동력은 무엇입니까? 역대지 저자는 이러한 변화의 동력에 대해 별달리 언급하지 않습니다. 다만 자신이 얻은 자료들과 자신의 관점에 기초해서 다윗의 초기 시절에 심지어 베냐민 사람들까지 다윗 군대에 합류했다고 증언합니다. 특히 유다와 베냐민 무리를 이끈 사람 가운데 아마새에게 하나님의 영이 임해 다윗의 무리에게 오직 '평화'가 있을 것이라 말하는 내용(18절)은 다윗의 군대가 하나님께서 함께하며 인도하시는 군대임을 강조합니다. 12장의 모든 내용은 결국 '다윗의 정통성'을 드러내려는 의도입니다.

에 다윗이 블레셋과 함께 나아가 사울과 전쟁을 하려 하였지만, 그들을 도울 수가 없었다. 블레셋 지도자들이 의논한 뒤에 "그가 우리 머리를 베어서 그의 왕 사울에게 투항할 것이 아니냐?" 하고 말하면서, 다윗을 돌려보냈기 때문이다. **20** 다윗이 시글락으로 돌아갈 때에, 므낫세 지파에서 그에게 합세한 사람은 아드나와 요사밧과 여디아엘과 미가엘과 요사밧과 엘리후와 실르대이다. 이들은 모두 므낫세 지파의 천부장이다. **21** 그들은 모두 다 용맹스러운 용사들이어서, 다윗을 도와 침략자들을 쳤다. 이들은 모두 군대 장관이 되었다. **22** 날마다 다윗을 도우려는 사람이 모여들어 하나님의 군대와 같은 큰 군대를 이루었다.

다윗의 병력 목록

23 ○ 싸우려고 무장하고 헤브론으로 다윗을 찾아와서, 주님의 말씀대로, 사울의 나라가 다윗에게 돌아오도록 공을 세운 사람의 수는 다음과 같다.

다윗을 찾은 무장 군인의 숫자가 너무 커서 도리어 신뢰가 가지 않습니다. 많게는 십이만 명(37절)에 이르는데, 이 수치를 곧이곧대로 받아들여도 될까요? 23-37절은 헤브론에서 다윗 군대에 합류한 이스라엘 열두 지파 소속 군대의 숫자를 소개합니다. 특히 역대지가 이제까지 족보에서 전혀 언급하지 않았던 단 지파 군대에 관한 내용도 포함되어 있습니다(35절). 여기에 쓰인 숫자들을 모두 합하면 무려 30만이 넘는다는 점에서, 이를 곧이곧대로 받아들이기는 어렵습니다. 그러나 이를 통해 말하려는 것은 분명합니다. 그것은 이 큰 숫자가 그야말로 '온 이스라엘의 지지'를 나타낸다는 점입니다. 다윗의 군대는 엄청나게 큰 숫자로 표현되는, 온 이스라엘이 연합해 한마음으로 뭉친 군대라는 것을 이 본문이 증언합니다.

24 ○ 유다 자손 가운데서 방패와 창으로 무장한 군인이 육천 팔백 명이고, 25 시므온 자손 가운데서 싸운 용맹스러운 용사는 칠천백 명이다.

26 ○ 레위 자손 가운데서는 사천육백 명인데, 27 아론 가문의 영도자 여호야다가 거느린 사람은 삼천칠백 명이고, 28 젊은 용사 사독과 그의 가문의 지휘관이 스물두 명이다.

29 ○ 사울의 동족인 베냐민 자손 가운데서는 삼천 명이 나왔다. (그들 대다수는 그때까지 충실히 사울 가문을 지켜왔다.)

30 ○ 에브라임 자손 가운데서는 이만 팔백 명인데, 그들은 다 자기 가문에서 유명한 사람들로서, 용맹스러운 용사들이다.

31 ○ 므낫세 반쪽 지파 가운데서는 만 팔천 명이 나왔는데, 그들은 다윗에게 가서 그를 왕으로 추대하도록 지명받은 사람들이다.

32 ○ 잇사갈 자손의 우두머리 이백 명이 그들의 모든 부하를 이끌고 왔다. (그들은 때를 잘 분간할 줄 알고, 이스라엘이 하여야 할 바를 아는 사람들이다.)

33 ○ 스불론에서는 갖가지 무기로 무장하여 전투 채비를 갖추고, 두 마음을 품지 않고 모여든 군인이 오만 명이다.

"때를 잘 분간할 줄 알고, 이스라엘이 하여야 할 바를 아는 사람들"(32절)이란 무슨 뜻입니까? 왜 이 문장은 괄호 안에 들었습니까? 우리말 성경에 나오는 괄호나 구두점은 히브리어 본문에는 없는 것들로, 번역자들이 반영한 것입니다. 다윗에게 합류한 열두 지파 군대를 설명하면서 30–37절은 각 지파 군대에 대해 독특한 설명을 추가합니다. 이 가운데 잇사갈 군대는 "때를 잘 분간하며, 이스라엘이 해야 할 바를 아는 사람들"이라는 설명이 붙었습니다. 이 설명을 통해 다윗의 진영에 합류하는 것이야말로 때를 잘 분간하는 선택이고, 그 당시 이스라엘이 해야 할 일이었음을 강조한다고 볼 수 있습니다. 한편으로 하나님의 뜻이 다윗의 군대에 있었고(18, 22, 23절), 다른 한편으로 시대와 현실에 대한 올바른 통찰 역시 다윗의 군대에 있었음을 잇사갈 군대에 대한 이 같은 평가가 보여줍니다.

34 ○ 납달리에서는, 지휘관이 천 명이고, 그들과 함께 창과 방패를 들고 온 사람이 삼만 칠천 명이다.

35 ○ 단에서는 전투 채비를 한 군인이 이만 팔천육백 명이 나왔다.

36 ○ 아셀에서는 전투 채비를 하고 나온 군인이 사만 명이다.

37 ○ 요단강 동쪽에 있는 르우벤과 갓과 므낫세 반쪽 지파에서는 갖가지 무기를 가진 군인이 십이만 명이 나왔다.

38 ○ 전투 채비를 한 이 모든 군인이, 다윗을 온 이스라엘의 왕으로 추대하려고, 충성된 마음으로 헤브론으로 왔다. 그 밖에 남은 이스라엘 사람도 모두 다윗을 왕으로 추대하는 데 뜻을 같이하였다. 39 그들의 동족이 음식까지 마련하여주어서, 그들은 거기에서 다윗과 함께 사흘을 지내며, 먹고 마셨다.

40 또 그 근처에 있는 잇사갈과 스불론과 납달리에서도, 사람들이 음식물을 나귀와 낙타와 노새와 소에 실어왔다. 밀가루 빵과 무화과 빵과 건포도와 포도주와 소와 양을 많이 가져오니, 이스라엘에 기쁨이 넘쳤다.

헤브론에서 무슨 일이 있기에 이렇게 많은 군대가 모여들었습니까?(38절) 사울이 블레셋에게 패배해 죽은 후, 다윗은 유다 지파의 지지를 힘입어 헤브론에서 유다 지파의 왕으로 등극했습니다(삼하 2:1-4). 그리고 사울의 아들 이스보셋 진영이 자중지란으로 무너진 뒤에, 나머지 모든 이스라엘이 헤브론의 다윗에게 찾아와 그를 온 이스라엘의 왕으로 추대했습니다(삼하 5:1-3). 역대지 저자는 사무엘기의 이 내용을 독자와 청중이 이미 알고 있다고 전제해 자세히 설명하지는 않되, 헤브론에서의 추대를 부각시켜 다룹니다. 특히 "충성된 마음으로", "뜻을 같이하였다" 등 사무엘기에서는 찾아볼 수 없는 표현을 사용해 온 이스라엘이 한마음이 되어 다윗을 왕으로 추대했다는 것을 강조합니다.

{ 제13장 }

언약궤를 옮기다(삼하 6:1–11)

1 다윗이 천부장과 백부장과 그 밖의 모든 지도자와 의논하고, 2 이스라엘 온 회중에게 말하였다. "여러분이 좋게 여기고 우리 주 하나님께서 기뻐하신다면, 우리가 이스라엘 온 땅에 남아 있는 우리 백성과 또 그들의 목초지에 있는 성읍들에서 그들과 함께 살고 있는 제사장과 레위 사람에게 전갈을 보내어, 그들을 우리에게로 모이게 합시다. 3 그런 다음에, 우리 모두 하나님의 궤를 우리에게로 옮겨오도록 합시다. 사울 시대에는 우리가 궤 앞에서 하나님의 뜻을 여쭈어볼 수가 없지 않았습니까!" 4 온 백성이 이 일을 옳게 여겼으므로 온 회중이 그렇게 하겠다고 대답하였다.

5 ○ 그래서 다윗은 하나님의 궤를 기럇여아림에서 옮겨오려고, 이집트의 시홀에서부터 하맛 어귀에 이르기까지 온 이스라엘을

'궤'란 나무로 만든 상자를 가리킵니다. 이 상자의 실체가 무엇이기에 다윗과 이스라엘 백성들은 그 앞에서 하나님의 뜻을 묻고자(3–4절) 합니까? 궤를 덮는 판 위에는 두 그룹이 새겨져 있는데, 6절에서 보듯 이스라엘은 주 하나님께서 그 위에 발을 올리며 나타나신다고 생각했습니다. 그래서 궤는 이스라엘 가운데 임하시는 하나님을 상징합니다. 결국 "궤 앞에서 묻는다"는 행위는 무엇을 결정할 때 사람들 마음대로 하지 않고 하나님의 뜻을 묻는다는 의미가 됩니다. 역대지는 이 내용을 통해 다윗의 시대가 "하나님의 말씀을 지키지 않았으며, 점쟁이와 상의하고, 하나님의 지도를 받지 않았던"(10:13–14) 사울의 시대와는 다르다는 점을 보여줍니다. 다윗이 헤브론에서 모든 이스라엘의 왕으로 추대된(12:38) 이후 처음으로 한 일이 모든 지도자와 백성들의 뜻을 물어 궤를 모셔오는 것이고, 제사장과 레위 사람을 모았다는 역대지의 진술 또한 다윗이 무엇보다도 먼저 하나님 예배를 확립하기에 힘썼음을 보여줍니다.

불러 모았다. **6** 다윗과 온 이스라엘이 하나님의 궤를 옮겨오려고, 바알라 곧 유다의 기럇여아림으로 올라갔다. 그 궤는, 그룹들 위에 앉아계신 주님의 이름으로 불리는 궤이다. **7** 그들이 아비나답의 집에서 하나님의 궤를 꺼내서 새 수레에 싣고 나올 때에, 웃사와 아히요가 그 수레를 몰았다. **8** 다윗과 온 이스라엘은 있는 힘을 다하여 노래하며, 수금과 거문고를 타며, 소고와 심벌즈를 치며, 나팔을 불면서, 하나님 앞에서 기뻐하였다. **9** ○ 그들이 기돈의 타작마당에 이르렀을 때에, 소들이 뛰어서 궤가 떨어지려고 하였으므로, 웃사가 그 손을 내밀어 궤를 붙들었다. **10** 웃사가 궤를 붙들었으므로, 주님께서 웃사에게 진노하셔서 그를 치시니, 그가 거기 하나님 앞에서 죽었다. **11** 주님께서 그토록 급격하게 웃사를 벌하셨으므로, 다윗이 화를 냈다. 그래서 그곳 이름을 오늘날까지 베레스 웃사라고 한다. **12** ○ 그날 다윗은 이 일 때문에 하나님이 무서워서 "이래서야 내가 어떻게 하나님의 궤를 내가 있는 곳으로 옮길 수 있겠는

웃사는 소중한 궤가 땅에 나뒹굴지 않도록 붙잡았을 뿐인데(9절) 하나님이 그토록 격분하는(10절) 이유를 모르겠습니다. 15장에 가면 하나님의 궤는 레위 사람이 어깨에 메야 한다는 점이 분명히 드러납니다. 그러나 13장 상황에서는 다윗도, 웃사도, 당대의 모든 이들도 이 점을 제대로 깨닫지 못했습니다. 그래서 땅에 떨어질 뻔한 궤를 붙잡은 웃사의 죽음은 사실 웃사 개인으로서는 무척 억울한 일이 분명합니다. 역대지 본문은 하나님의 거룩하심의 두려운 측면을 증언합니다. 하나님의 현존을 상징하는 궤를 붙잡은 웃사의 모습은 하나님을 마음대로 붙잡고 있는 사람을 상징한다고 볼 수 있습니다. '거룩'은 '구별' 혹은 '분리'를 의미하는데, 하나님의 거룩하심은 그분이 사람과는 구별되는 다른 존재이심을 보여줍니다. 그래서 '하나님의 거룩'은 하나님께서는 사람 마음대로 좌우하거나 통제하거나 조종할 수 있는 존재가 아님을 증언합니다. 본문은 웃사 개인의 입장으로는 해석하기 어렵지만, 전체적으로는 '거룩하신 하나님', 인간의 통제 너머에 계신 두려운 하나님을 증언합니다.

가?” 하였다. 13 그래서 다윗은 그 궤를 자기가 있는 ‘다윗 성’
으로 옮기지 않고, 가드 사람 오벳에돔의 집으로 실어가게 하
였다. 14 그래서 하나님의 궤가 오벳에돔의 집에서 그의 가족
과 함께 석 달 동안 머물렀는데, 그때에 주님께서 오벳에돔의
가족과 그에게 딸린 모든 것 위에 복을 내려주셨다.

{ 제14장 }

예루살렘에서 다윗이 활동하다(삼하 5:11-16)

1 두로 왕 히람이 다윗에게, 사절단과 함께 백향목과 석수와
목수를 보내어서, 궁궐을 지어주게 하였다. 2 다윗은, 주님께
서 자기를 이스라엘의 왕으로 굳건히 세워주신 것과, 그분의
백성 이스라엘을 번영하게 하시려고 그의 나라를 크게 높이신
것을 깨달아 알았다.

3 ○ 다윗은 예루살렘에서 또 아내들을 맞아, 또 자녀를 낳았

**두로의 왕이 사절단과 건축 자재, 기술자를 파견하면서 다윗에게 호의를 보이는(1절)
까닭은 무엇입니까?** 14장 내용은 사무엘기하 5장과 거의 같습니다. 다만 사무엘기
에서는 이 내용이 먼저 나오고, 이후 궤를 다윗 성으로 옮기려는 다윗의 시도를(삼
하 6장) 다룬다는 점에서 차이가 있습니다. 역대지상 13장은 다윗의 실패를 보여주
지만, 역대지는 곧바로 두로 왕 히람이 다윗에게 베푼 호의를 배열합니다. 역대지
저자에 따르면 이 사건을 통해 다윗은 하나님께서 자신을 이스라엘의 왕으로 세우
셨으며, 하나님의 백성 이스라엘을 위해 하나님께서 다윗의 나라를 높이신다는 것
을 깨닫습니다. 두로 왕이 다윗에게 호의를 베푼 까닭은 전혀 알 수 없지만, 역대지
저자는 하나님께서 하나님의 백성인 이스라엘을 위해 두로의 왕이 호의를 베풀도
록 하신 것이라고 풀이했습니다.

다. 4 그가 예루살렘에서 낳은 아이들의 이름은 삼무아와 소밥과 나단과 솔로몬과 5 입할과 엘리수아와 엘벨렛과 6 노가와 네벡과 야비아와 7 엘리사마와 브엘랴다와 엘리벨렛이다.

다윗이 블레셋을 이기다 (삼하 5:17–25)

8 ○ 다윗이 기름 부음을 받아 온 이스라엘의 왕이 되었다는 소식을 블레셋 사람이 듣고, 온 블레셋 사람이 다윗을 잡으려고 올라왔다. 다윗이 이 말을 듣고 그들을 맞아 공격하려고 나갔다. 9 블레셋 사람들이 이미 몰려와서, 르바임 평원을 침략하였다. 10 다윗이 하나님께 아뢰었다. "제가 저 블레셋 사람들을 치러 올라가도 되겠습니까? 주님께서 그들을 저의 손에 넘겨주시겠습니까?" 주님께서 그에게 대답하셨다. "올라가거라. 내가 그들을 너의 손에 넘겨주겠다."

11 ○ 그래서 그가 바알브라심으로 쳐들어갔다. 다윗은 거기에서 블레셋 사람들을 쳐서 이기고 나서, 이렇게 말하였다. "홍

블레셋의 침공에 대한 다윗의 반응이(9–10절) 부적절하고 무책임합니다. 임금이라면 물어볼 것도 없이 달려가 맞서 싸워야 마땅하지 않을까요? 궤를 옮기려는 시도가 실패하면서 자칫 위축될 수 있었지만, 두로 왕 히람의 호의로 다윗은 하나님 앞에서 담대함과 자신감을 회복했다고 볼 수 있습니다. 블레셋과의 전투는 이제 막 왕위에 오른 다윗에게 나라 전체를 뒤흔들 수 있는 사건이었을 것입니다. 그렇지만 다윗은 거침없이 하나님께 기도하며 하나님의 뜻을 묻습니다. 전쟁 지도자로서 곧바로 전쟁에 뛰어들지 않고, 이렇게 하나님께 먼저 기도하는 행동은 소극적이거나 수동적인 태도가 아닙니다. 도리어 상대방을 전혀 두려워하지 않는 태도이며, 전쟁의 승패가 오직 주 하나님께 있음을 선언하는 용기 있는 태도라 할 수 있습니다. 역대지 저자에게는 대적과의 전투 역시 하나님에 대한 신뢰에서 비롯되는 것이며, 사실상 하나님을 향한 예배와 다르지 않습니다.

수가 모든 것을 휩쓸어버리듯이, 하나님께서 나의 손으로 나의 원수들을 그렇게 휩쓸어버리셨다." 그래서 사람들이 그곳 이름을 바알브라심이라고 부른다. 12 블레셋 사람이 그들의 온갖 신상을 거기에 버리고 도망갔으므로, 다윗은 그 신상들을 불태워버리라고 명령하였다.

13 ○ 블레셋 사람이 또다시 그 평원을 침략하였다. 14 다윗이 하나님께 또 아뢰니, 하나님께서 그에게 대답하셨다. "너는 그들을 따라 올라가 정면에서 치지 말고, 그들의 뒤로 돌아가서 숨어 있다가, 뽕나무 숲의 맞은쪽에서부터 그들을 기습하여 공격하여라. 15 뽕나무 밭 위쪽에서 행군하는 소리가 나거든, 너는 곧 나가서 싸워라. 그러면 나 하나님이 너보다 먼저 가서, 블레셋 군대를 치겠다." 16 다윗은 하나님이 명하신 대로, 기브온에서 게셀에 이르기까지 쫓아가면서, 블레셋 군대를 무찔렀다. 17 다윗의 명성이 온 세상에 널리 퍼졌고, 주님께서는, 모든 나라들이 다윗을 두려워하게 하셨다.

하나님은 구체적인 작전을 세워준 뒤, 스스로 직접 나서서 적을 치겠다고 합니다 (14-15절). 이것이 하나님이 일하는 방식이라면, 인간의 역할은 무엇입니까? 하나님께서 그들 앞에서 행하신다는 말씀을 믿고 실제로 전투에 나가 싸워야 하는 이는 사람입니다. 그러므로 이스라엘이 치르는 전쟁의 본질은 주 하나님을 신뢰하는 믿음의 실천이라 할 수 있습니다. 하나님의 뜻을 묻고 그분의 행하심이 결정적 요소임을 신뢰하는 것이 전투의 관건이라면, 전투에 임하는 개개인의 능력이나 실력은 중요하지 않습니다. 그래서 하나님의 행하심을 신뢰한다는 것은 사람의 능력에 좌우되지 않겠다는 선언이며, '능력주의'에 대한 배격으로 이해할 수 있습니다. 하나님께서 다스리시는 나라는 사람의 능력에 좌우되는 나라가 아닙니다. 하나님을 신뢰하며, 누구라도 다윗처럼 용감하게 싸울 수 있는 나라입니다. 이 본문은 사무엘기하 5장과 내용이 거의 같지만, 유달리 다른 부분이 있다면 17절입니다. 모든 나라가 다윗을 두려워하게 되었던 것은 하나님을 신뢰한 자에게 주어지는 복이라 할 수 있습니다.

{ 제15장 }

언약궤를 옮길 준비

1 다윗이 '다윗 성'에 자기가 살 궁궐을 지었다. 또 하나님의 궤를 둘 한 장소를 마련하고 궤를 안치할 장소에 장막을 치고, **2** 이렇게 말하였다. "레위 사람 말고는 아무도 하나님의 궤를 메어서는 안 된다. 주님께서 그들을 선택하여, 그들이 하나님의 궤를 메고 영원히 하나님을 섬기게 하셨기 때문이다." **3** 다윗은 그가 마련한 장소에 주님의 궤를 옮겨오려고, 온 이스라엘을 예루살렘으로 불러 모았다. **4** 다윗이 불러 모은 아론의 자손과 레위 사람은 다음과 같다. **5** 고핫 자손 가운데서 족장 우리엘과 그의 친족 백이십 명, **6** 므라리 자손 가운데서 족장 아사야와 그의 친족 이백이십 명, **7** 게르손 자손 가운데서 족장 요엘과 그의 친족 백삼십 명, **8** 엘리사반 자손 가운데서 족장 스마야와 그의 친족 이백 명, **9** 헤브론 자손 가운데서 족장 엘리엘과 그의 친족 여든 명, **10** 웃시엘 자손 가운데서 족장 암미나답과 그의 친족 백십이 명이다.

하나님이 진노하고 일꾼이 즉사하는 무시무시한 사고를 겪고도(13:9-10) 다윗이 이토록 언약궤에 집착하는 이유를 모르겠습니다. 역대지 저자는 궤를 옮기는 1차 시도를 역대지상 13장, 2차 시도를 15장에 나누어 기록했습니다. 그 사이의 14장에는 다윗을 돕는 두로 왕, 그리고 블레셋에 대한 다윗의 승리를 배열합니다. 이러한 배열은 하나님께서 다윗을 택하셨다는 것, 그리고 전쟁에서든 어떤 상황에서든 하나님의 뜻을 물으며 하나님의 명령을 따라 행해야 한다는 점을 강조합니다. 기본적으로 궤는 하나님의 임재와 현존을 상징하기에, 궤를 다윗 성에 모신다는 것은 다윗의 나라가 하나님의 뜻을 물으며 존재하는 나라임을 의미합니다.

11 ○ 다윗은 제사장 사독과 아비아달과 레위 사람 우리엘과 아사야와 요엘과 스마야와 엘리엘과 암미나답을 불러, **12** 그들에게 말하였다. "여러분은 레위 가문의 족장들입니다. 여러분 자신과 여러분의 친족들을 성결하게 하고, 주 이스라엘의 하나님의 궤를 내가 마련한 장소로 옮기십시오. **13** 지난번에는 여러분이 메지 않았으므로, 주 우리 하나님께서 우리를 치셨습니다. 우리가 그분께 규례대로 하지 않아서 그렇게 된 것입니다."

14 ○ 그러자 제사장들과 레위 사람들이 주 이스라엘의 하나님의 궤를 옮겨오려고, 스스로를 성결하게 하였다. **15** 레위 자손은, 모세가 명령한 하나님의 말씀대로, 하나님의 궤를 채에 꿰어 그들의 어깨에 메었다.

16 ○ 다윗은 레위 사람의 족장들에게 지시하여, 그들의 친족으로 찬양하는 사람들에 임명하게 하고, 거문고와 수금과 심벌즈 등 악기를 연주하며, 큰 소리로 즐겁게 노래를 부르게 하였다. **17** 레위 사람은, 요엘의 아들 헤만과, 그의 친족 가운데서 베레갸의 아들 아삽과, 또 그들의 친족인 므라리 자손 가운데서 구사야의 아들 에단을 임명하였다. **18** 그들 말고,

다윗은 지난번 사고의 원인을 "그분께 규례대로 하지 않아서"(13절)라고 해석합니다. 다윗이 말하는 규례란 무얼 가리킵니까? 하나님의 궤를 예루살렘으로 옮기는 사건은 사무엘기하 6장에도 기록되어 있습니다. 그런데 역대지와 달리 사무엘기하는 1차 시도와 2차 시도가 모두 6장에 기록되어 있으며, 두 번의 시도 사이에 근본적인 변화를 찾기 어렵습니다. 반면 역대지는 1차 시도에서 실패한 원인을 "레위 사람만이 멜 수 있는 궤를 수레에 실은 것"이라고 명확하게 풀이합니다. 하나님의 궤를 레위 사람이 메야 한다는 것은 민수기 4장에서 볼 수 있습니다. 특히 레위 자손 가운데 고핫 자손이 궤를 메는 책임을 맡았습니다. 그래서 다윗이 불러 모은 레위

두 번째 서열에 속한 그들의 친족들은, 스가랴와 벤과 야아시엘과 스미라못과 여히엘과 운니와 엘리압과 브나야와 마아세야와 맛디디야와 엘리블레후와 믹네야와 문지기 오벳에돔과 여이엘이다. 19 찬양대에 속한, 헤만과 아삽과 에단은 놋 심벌즈를 치고, 20 스가랴와 아시엘과 스미라못과 여히엘과 운니와 엘리압과 마아세야와 브나야는 알라못 방식으로 거문고를 타고, 21 맛디디야와 엘리블레후와 믹네야와 오벳에돔과 여이엘과 아사시야는 스미닛 방식으로 수금을 탔다.

22 ○ 레위 사람의 족장 그나냐는 지휘를 맡았다. 그는 음악에 조예가 깊었으므로 찬양하는 것을 지도하였다. 23 베레갸와 엘가나는 궤를 지키는 문지기이다. 24 제사장인, 스바냐와 요사밧과 느다넬과 아마새와 스가랴와 브나야와 엘리에셀은, 하나님의 궤 앞에서 나팔을 불었다. 오벳에돔과 여히야는 궤를 지키는 문지기이다.

언약궤를 예루살렘으로 옮기다 (삼하 6:12-22)

25 ○ 다윗과 이스라엘 장로들과 천부장들이 오벳에돔의 집에

자손 가운데 고핫 자손이 많습니다(5-10절). 고핫에게는 아므람, 이스할, 헤브론, 웃시엘, 이렇게 네 아들이 있습니다(출 6:18; 민 3:19; 대상 6:18). 역대지상의 내용을 고려할 때 이스할은 암미나답과 같은 인물인 것으로 보이고(6:22, 38), 엘리사반은 웃시엘의 아들로 추측됩니다(출 6:22; 민 3:30). 그래서 이때 소집된 여섯 명의 지도자 가운데 네 명(우리엘, 스마야, 엘리엘, 암미나답)이 고핫 가족의 구성원입니다. 역대지는 민수기 본문이 명령하는 대로 하나님의 규례를 따라 다윗과 그 무리들이 행했음을 강조합니다.

서 주님의 언약궤를 옮겨오려고 기쁜 마음으로 그리로 갔다.
26 하나님께서 주님의 언약궤를 운반하는 레위 사람들을 도우셨으므로, 그들이 수송아지 일곱 마리와 숫양 일곱 마리를 제물로 잡아서 바쳤다. **27** 다윗과, 하나님의 궤를 멘 레위 사람들과, 찬양하는 사람들과, 찬양하는 사람들의 지휘자 그나냐가 모두 다 고운 모시로 만든 겉옷을 입고 있었으며, 다윗은 모시로 만든 에봇을 입고 있었다. **28** 온 이스라엘은 환호성을 올리며, 뿔나팔과 나팔을 불고, 심벌즈를 우렁차게 치고, 거문고와 수금을 타면서, 주님의 언약궤를 메고 올라왔다.
29 ○ 주님의 언약궤가 '다윗 성'으로 들어올 때에, 사울의 딸 미갈이 창밖을 내다보다가, 다윗 왕이 춤추며 기뻐하는 것을 보고, 마음속으로 그를 업신여겼다.

'에봇'이란 제사장의 예복을 이르는 말이 아닌가요? 임금인 다윗이 어떻게 에봇을 입을 수 있습니까?(27절) 27절 첫머리에 다윗과 여러 레위 사람들이 '고운 모시로 만든 겉옷'을 입었다고 했는데, 끝에서는 다윗이 '모시로 만든 에봇'을 입었다고 기록돼 있어 다소 혼동스럽기도 합니다. 다윗이 에봇을 입었다는 표현은 본문과 같은 내용을 다루고 있는 사무엘기하 6장 14절에서도 볼 수 있습니다. 에봇이 확실히 제사장의 의복이라는 점에서, 궤를 옮기는 사건을 둘러싸고 다윗이 모시 에봇을 입었다는 사무엘기하와 역대지상의 진술은 다윗이 마치 제사장처럼 행동했다는 것을 강조하는 것으로 보입니다. 궤를 옮기는 일에 처음에는 실패했던 다윗은 곧바로 잘못을 바로잡아 하나님의 규례에 따라 신중하게 처리하는데, 이 일을 진행하면서 궤 자체에 함부로 접근하지 않되 다만 그 앞에서 기뻐하며 춤을 춥니다. 역대지 저자는 '모시 에봇을 입은 다윗'이라는 언급을 달아, 그가 하나님의 제사장처럼 행동했다고 묘사합니다.

{ 제16장 }

1 그들이 하나님의 궤를 들어다가, 다윗이 궤를 두려고 쳐놓은 장막 안에 궤를 옮겨놓고 나서, 하나님 앞에 번제와 화목제를 드렸다. 2 다윗은 번제와 화목제를 드리고 나서, 주님의 이름으로 백성에게 복을 빌어주고, 3 온 이스라엘 사람에게, 남녀를 가리지 않고, 각 사람에게 빵 한 개와 고기 한 점과 건포도 과자 한 개씩을 나누어주었다.

4 ○ 다윗이 레위 사람을 임명하여, 주님의 궤 앞에서 섬기며, 주 이스라엘의 하나님을 기리며, 감사하며, 찬양하게 하였다. 5 그 우두머리는 아삽이며, 그 밑에 스가랴와 여이엘과 스미라못과 여히엘과 맛디디아와 엘리압과 브나야와 오벳에돔과 여이엘이 있었다. 이들은 거문고와 수금을 타고 아삽은 심벌즈를 우렁차게 쳤다. 6 제사장 브나야와 야하시엘은 하나님의 언약궤 앞에서 항상 나팔을 불었다. 7 그날에 처음으로, 다윗이 아삽과 그 동료들을 시켜, 주님께 감사를 드리게 하였다.

여러 종류의 제사 가운데 다윗은 번제와 화목제를 드립니다(2절). 이 두 제사에는 어떤 특성이 있습니까? 번제와 화목제는 속죄제나 속건제와 비교할 때 '자원해서 드리는 제사'라는 차이가 있습니다. 번제는 자신의 경제 형편에 맞게 소나 양, 염소, 비둘기 가운데 제물을 택해 드리되, 제물 전부를 불살라 바치는 제사여서 '전적인 헌신'을 상징합니다. 반면 화목제는 하나님께서 베푸신 은혜에 대한 감사의 표현으로 드리는 제사이며, 제물의 전부가 아니라 기름 부위를 태워서 바칩니다. 그리고 제사장에게 바친 부분을 제외하고, 남은 제물을 예배자가 이웃과 함께 나눠 먹습니다. 그래서 제단에 전부 바치는 번제와 남은 제물을 예배자가 먹는 화목제는 나란히 쓰여 '모든 제사'를 표현하기도 합니다.

감사 찬송 (시 105:1-15; 96:1-13; 106:47-48)

8 너희는 주님께 감사하면서, 그의 이름을 불러라. 그가 하신 일을 만민에게 알려라. 9 그에게 노래하면서, 그를 찬양하면서, 그가 이루신 놀라운 일들을 전하여라. 10 그의 거룩하신 이름을 찬양하여라. 주님을 찾는 이들은 기뻐하여라. 11 주님을 찾고, 그의 능력을 힘써 사모하고, 언제나 그의 얼굴을 찾아 예배하여라. 12 주님께서 이루신 놀라운 일을 기억하여라. 그 이적을 기억하고, 내리신 판단을 생각하여라. 13 그의 종 이스라엘의 자손아, 그가 택하신 야곱의 자손아! 14 그가 바로 주 우리의 하나님이시다. 그가 온 세상을 다스리신다. 15 그는, 맺으신 언약을 영원히 기억하시며, 자손 수천 대에 이루어지도록 기억하신다. 16 그것은 곧 아브라함과 맺으신 언약이요, 이삭에게 하신 맹세요, 17 야곱에게 세우신 율례요, 이스라엘에게 지켜주실 영원한 언약이다. 18 주님께서는 "내가 이 가나안 땅을 너희에게 줄 것이다" 하고 말씀하셨다. 19 그

하나님은 이스라엘 백성과 무슨 언약을 맺었습니까? 다윗이 이 대목에서 '언약'을 언급하는 이유는 무엇입니까?(15-17절) 역대지는 다윗을 거쳐 역대지 저술 당시의 공동체까지 이르는 역사를 하나님의 언약이라는 관점으로 설명합니다. 다윗 시대에 나라를 세우고 땅을 차지한 것은 갑작스레 이루어진 일이 아니라, 하나님께서 아브라함에게 약속하셨던 언약이 성취된 것이라고 역대지는 증언합니다. 아무런 땅도 없이 이리저리 다른 백성들의 땅을 떠돌아 다녀야 했던 아브라함과 이삭과 야곱이었지만, 하나님께서는 그들에게 땅을 약속하셨고, 낯선 땅에서 그들을 보호하고 지키셨습니다. 그리고 마침내 다윗 시대에 이르러 하나님께서 그 언약대로 이스라엘이 땅을 차지하고 나라를 이루게 하셨으며, 궤와 함께 이스라엘 가운데 거하셨습니다. 그래서 다윗의 찬양은 이스라엘과 언약을 맺고 이루시는 하나님을 향한 찬양이라 할 수 있습니다.

때에 너희의 수효가 극히 적었고, 그 땅에서 나그네로 있었으며, 20 이 민족에게서 저 민족에게로, 이 나라에서 다른 나라 백성에게로 떠돌아다녔다. 21 그러나 그때에 주님께서는, 아무도 너희를 억누르지 못하게 하셨고, 너희를 두고 왕들에게 경고하시기를 22 "내가 기름 부어 세운 사람에게 손을 대지 말며, 나의 예언자들을 해하지 말아라" 하셨다. 23 온 땅아, 주님께 노래하여라. 그의 구원을 날마다 전하여라. 24 그의 영광을 만국에 알리고, 그가 일으키신 기적을 만민에게 알려라. 25 주님은 위대하시니, 그지없이 찬양받으실 분이시다. 어떤 신들보다 더 두려워해야 할 분이시다. 26 만방의 모든 백성이 만든 신은 헛된 우상이지만, 주님은 하늘을 지으신 분이시다. 27 주님 앞에는 위엄과 영광이 있고, 그의 처소에는 권능과 즐거움이 있다. 28 만방의 민족들아, 주님의 영광과 권능을 찬양하여라. 29 주님의 이름에 어울리는 영광을 주님께 돌리어라. 예물을 들고, 그 앞에 들어가거라. 거룩한 옷을 입고, 주님께 경배

33절의 표현이 어색합니다. 주님이 땅을 심판하러 오시니 온 세상이 두려워할 것이라 해야 앞뒤가 맞지 않을까요? 다윗의 찬양인 8-36절은 3개의 시편으로 이루어집니다. 8-22절은 시편 105편 1-15절, 23-33절은 시편 96편 1절부터 13절 전반부, 34-36절은 시편 106편 1절과 47-48절입니다. 첫 번째 시편이 이스라엘과 언약을 맺고 지키신 하나님을 향한 찬양이라면, 두 번째 시편은 주 하나님의 왕 되심에 대한 찬양입니다. 마지막 세 번째 시편은 그 하나님을 향해 구원을 간청하고 찬양하며 높이라는 명령, 그리고 백성들이 아멘 하며 응답했다는 내용입니다. 이러한 흐름에서 33절은 두 번째 시편에 속합니다. '하나님의 심판'은 31절이 보여주는 대로, 주님의 통치하심, 주님의 다스리심을 의미합니다. '재판한다'는 것은 '다스린다'는 표현의 실질적 내용이기 때문입니다. 주님께서 재판하시면 허황된 것들은 다 무너지고 그 헛됨이 드러날 것이며, 원통하고 가난한 백성은 회복될 것입니다. 그래서 이스라엘은 예로부터 주님의 다스리심, 주님의 통치를 갈망하고 기대했습니다.

하여라. **30** 온 땅아, 그의 앞에서 떨어라. 세계는 굳게 서서, 흔들리지 않는다. **31** 하늘은 즐거워하고, 땅은 기뻐서 외치며, '주님께서 통치하신다'고 만국에 알릴 것이다. **32** 바다와 거기에 가득 찬 것들도 다 크게 외쳐라. 들과 거기에 있는 모든 것도 다 기뻐하며 뛰어라. **33** 주님께서 땅을 심판하러 오실 것이니, 숲속의 나무들도 주님 앞에서 즐거이 노래할 것이다. **34** 주님께 감사하여라. 그는 선하시며, 그의 인자하심은 영원하시다. **35** 너희는 부르짖어라. "우리 구원의 하나님, 우리를 구원하여주십시오. 여러 나라에 흩어진 우리를 모아서 건져주십시오. 주님의 거룩한 이름에 감사하며, 주님을 찬양하며, 영광을 돌리게 해주십시오." **36** 주 이스라엘의 하나님, 영원토록 찬송을 받아주십시오. 그러자 온 백성은, 아멘으로 응답하고, 주님을 찬양하였다.

예루살렘과 기브온에서 드린 예배

37 ○ 다윗은 아삽과 그의 동료들을 주님의 언약궤 앞에 머물러 있게 하여, 그 궤 앞에서 날마다 계속하여 맡은 임무를 수

'기브온 산당에 있는 주님의 성막'(39절)은 어떤 공간입니까? '궤를 두려고 쳐놓은 장막'(1절)과는 어떤 차이가 있습니까? 역대지는 기럇여아림에 있던 궤는 예루살렘으로 옮겨졌지만, 광야 시절 모세가 지은 성막과 번제단은 여전히 기브온에 있었다고 전합니다(21:29). 그래서 예배 장소가 두 군데가 되었고, 이와 같은 언급은 두 군데의 제사를 모두 정당하고 적법한 제사로 보게 하려는 의도에서 비롯되었다고 볼 수 있습니다. 훗날 솔로몬이 왕위에 올랐을 때, 그는 기브온 산당으로 찾아가 그곳 성막에 있는 제단에서 번제를 드렸고 하나님의 축복을 받습니다(대하 1:3–13). 열왕기는 다윗과 솔로몬에 대해 긍정적인 진술뿐 아니라 매우 부정적인 평가도 함

행하도록 하였다. 38 오벳에돔과 그의 동료 예순여덟 명과 여두둔의 아들 오벳에돔과 호사는 문지기로 세웠다.

39 ○ 제사장 사독과 그의 동료 제사장들은 기브온 산당에 있는 주님의 성막 앞에서 섬기게 하였다. 40 그들은, 이스라엘에게 명하신 주님의 율법에 기록된 그대로, 번제단 위에서 아침저녁으로 계속하여 주님께 번제를 드렸다. 41 그들과 헤만과 여두둔과, 선택되어 이름이 명부에 기록된 남은 사람들은, 주님의 자비가 영원하심을 찬양하게 하였다. 42 또 그들과 함께 헤만과 여두둔은 나팔을 불고 심벌즈를 치며, 하나님을 찬양하는 악기를 우렁차게 연주하도록 하였다. 그리고 여두둔의 아들은 문지기로 세웠다.

43 ○ 그런 다음에, 온 백성이 각각 자기의 집으로 돌아갔고, 다윗도 자기의 집안 식구들에게 복을 빌어주려고 왕궁으로 돌아갔다.

께 전하지만, 역대지는 이 두 사람에 대해 긍정적인 진술만 전합니다. 이미 독자와 청중이 열왕기의 내용을 알고 있음을 전제하면서, 이들에 대한 긍정적 진술을 통해 이스라엘이 회복하고 따라야 할 바람직한 모습을 가르치려는 의도라고 이해할 수 있습니다. 역대지 저자는 다윗이 궤를 예루살렘으로 옮겼을 뿐 아니라, 기브온 산당에 있는 성막도 살펴서 제사장 사독을 비롯한 성소 일꾼들을 세웠고 율법대로 제사를 드리게 했다고 전합니다. 그래서 역대지 저자에게 다윗은 그야말로 이스라엘의 예배를 확립하고 풍성하게 한 인물입니다.

{ 제17장 }

다윗에 대한 하나님의 약속(삼하 7:1–17)

1 다윗은 자기의 왕궁에 살 때에 예언자 나단에게 말하였다. "나는 백향목 왕궁에 살고 있는데, 주님의 언약궤는 아직도 휘장 밑에 있습니다." 2 나단이 다윗에게 말하였다. "하나님께서 임금님과 함께 계시니, 무슨 일이든지 계획하신 대로 하십시오."

3 ㅇ 그러나 바로 그날 밤에, 하나님께서 나단에게 말씀하셨다. 4 "너는 내 종 다윗에게 가서 전하여라. '나 주가 말한다. 내가 살 집을 네가 지어서는 안 된다. 5 내가 이스라엘을 이끌어낸 날로부터 오늘까지, 나는 어떤 집에서도 살지 아니하고, 이 장막에서 저 장막으로, 이 성막에서 저 성막으로 옮겨 다니며 지냈다. 6 내가 온 이스라엘과 함께 옮겨 다닌 모든 곳에

하나님은 다윗을 아주 아꼈고 다윗 역시 하나님을 사모했습니다. 그런데도 직접 소통하지 않고 굳이 나단을 거치는(1, 3절) 까닭은 무엇입니까? 고대의 다른 나라들이 그러하듯, 이스라엘 역시 신과 사람 사이를 중재하는 여러 직분이 있었습니다. 사람들을 대신해 제사를 드리는 제사장은 어떻게 신에게 제사해야 하는지 사람들이 물어볼 수 있는 대상이었고, 예언자는 사람들이 일상에서 결정해야 하는 중요한 일이 있을 때 신의 뜻이 무엇인지 물을 수 있는 대상이었습니다. 신을 모시는 성전을 짓는 일은 고대 세계에서 언제나 왕이 수행해야 하는 중요한 일이었고, 언약궤를 예루살렘으로 모셔온 다윗은 이제 이스라엘의 하나님을 모실 성전을 짓기로 마음먹으면서 예언자 나단에게 하나님의 뜻을 묻습니다. 왕 스스로 하나님의 말씀을 듣기도 했지만, 이처럼 예언자를 통해 하나님의 뜻을 구하는 행위는 그 어떤 왕이라도 하나님의 뜻보다 우위에 있을 수 없으며 왕권은 하나님의 뜻 아래 종속돼야 함을 드러내고 증언합니다.

서, 내가 내 백성을 돌보라고 명한 이스라엘의 어떤 사사에게, 나에게 백향목 집을 지어주지 않은 것을 두고 말한 적이 있느냐?' 7 그러므로 이제 너는 내 종 다윗에게 전하여라. '나 만군의 주가 말한다. 양 떼를 따라다니던 너를 목장에서 데려다가, 내 백성 이스라엘의 통치자로 삼은 것은, 바로 나다. 8 나는, 네가 어디로 가든지 언제나 너와 함께 있어서, 네 모든 원수를 네 앞에서 물리쳐주었다. 나는 이제 네 이름을, 이 세상에서 위대한 사람들의 이름과 같이 빛나게 해주겠다. 9 이제 내가 한 곳을 정하여, 거기에 내 백성 이스라엘을 심어, 그들이 자기의 땅에서 자리 잡고 살면서, 다시는 옮겨 다닐 필요가 없도록 하고, 이전과 같이 악한 사람들에게 억압을 받는 일도 없도록 하겠다. 10 이전에 내가 내 백성 이스라엘에게 사사들을 세워준 때와는 달리, 내가 네 모든 적을 굴복시키겠다. 그뿐만 아니라, 나 주가 네 집안을 한 왕조로 세우겠다는 것을 이제 네게 선언한다. 11 네 생애가 다하여서, 네가 너의 조상에게로 돌아가게 되면, 내가 네 몸에서 나올 네 아들 가운데서 하나를

어떤 종교든 신을 섬기고 기리는 신전이 있게 마련입니다. 기독교의 신, 여호와는 왜 신전을 요구하지 않습니까?(5-6절) 신전은 신을 위한 집이며, 신이 거하는 공간입니다. 그러나 이스라엘의 하나님께서는 그 옛날 광야 길을 걸을 때부터 하나님의 백성이 이동하는 곳 어디든 동행하시는 하나님이시니, 한 장소에 세워진 집에 머무는 신과는 다릅니다. 이후 이스라엘이 하나님께서 허락하신 한 장소에 머물게 되었을 때 비로소 하나님께서는 자신을 위한 집 짓기를 허락하시는데, 그 일은 다윗의 아들 솔로몬을 통해 이루어집니다. 그러나 마침내 성전을 지어 바친 후에 주님께 기도를 드리면서 솔로몬은 "저 하늘, 저 하늘 위의 하늘이라도 하나님께서 거하시기에는 부족하다"(대하 6:18)라고 고백하기도 합니다. 온 세상과 그 안의 모든 것을 하나님께서 지으셨는데, 그 하나님께서 어떻게 사람이 손으로 지은 집에 한정되고 국한될 수 있겠습니까?(행 17:24)

후계자로 세워 그 나라를 튼튼하게 하겠다. 12 바로 그가 내게 집을 지어줄 것이며, 나는 그의 왕위를 영원토록 튼튼하게 해주겠다. 13 나는 그의 아버지가 되고, 그는 나의 아들이 될 것이다. 내가 네 선임자에게서는 내 총애를 거두었지만, 그에게서는 내 총애를 거두지 아니하겠다. 14 오히려 내가 그를 내 집과 내 나라 위에 영원히 세워서, 그의 왕위가 영원히 튼튼하게 서게 하겠다.'"

15 ○ 나단이 이 모든 말씀과 계시를, 받은 그대로 다윗에게 말하였다.

다윗의 감사 기도 (삼하 7:18–29)

16 ○ 다윗 왕이 성막으로 들어가서, 주님 앞에 꿇어앉아, 이렇게 기도하였다. "주 하나님, 내가 누구이며 내 집안이 무엇이기에, 주님께서 나를 이러한 자리에까지 오르게 해주셨습니까? 17 하나님, 그런데도 주님께서는 이것도 오히려 부족하게

4절은 다윗 외에 다른 이가 성전을 짓는 건 괜찮다는 뜻으로 들립니다. 다윗에게 무슨 결격사유가 있었습니까? 하나님의 성전을 짓기를 원하는 다윗의 열망에 대한 하나님의 거절은 무엇보다도 하나님께서는 거하실 집 같은 것이 필요하지 않으신 분이며, 한 곳에 머무르지 않고 그분의 백성과 어디든 동행하시는 분임을 명확하게 증언합니다. 그럼에도 이스라엘을 지키시기 위해 이제 한 곳에 머무를 이스라엘 가운데 하나님의 집을 짓도록 허락하실 것이며, 그 일은 다윗의 후손을 통해 이루어질 것입니다. 다윗이 성전을 건축할 수 없는 이유에 대해 22장에서는 그가 많은 전쟁에서 많은 피를 흘렸기 때문이라고 말합니다(22:7–8). 하나님의 성전은 그분의 백성을 사랑하고 지키며 은혜를 베푸시는 하나님을 상징하는데, 어떤 이유로든 많은 사람들을 죽이고 피 흘리게 한 손으로 그러한 성전을 세울 수는 없다는 의미입니다. 그래서 하나님의 성전은 전쟁의 승리가 아닌, 평화의 상징이라는 점 또한 깨닫게 됩니다.

여기시고, 주님의 종의 집안에 있을 먼 장래의 일까지 말씀해 주셨습니다. 주 하나님, 주님께서는 나를 존귀하게 만드셨습니다. 18 주님께서 주님의 종을 아시고, 주님의 종을 영화롭게 해주셨는데, 이 다윗이 주님께 무슨 말씀을 더 드릴 필요가 있겠습니까? 19 주님, 주님께서는 주님의 종을 살피시어, 주님께서 세우신 뜻과 목적대로 하셨습니다. 주님께서 이처럼 크나큰 일을 하시고, 이 모든 일을 알려주셨습니다. 20 주님, 우리의 귀로 다 들어보았습니다만, 주님과 같은 분이 또 계시다는 말은 들어본 적이 없고, 주님 밖에 또 다른 하나님이 있다는 말도 들어본 적이 없습니다. 21 이 세상에서 어떤 민족이 주님의 백성 이스라엘과 같겠습니까? 하나님이 직접 찾아가셔서 이스라엘을 구하여내시고, 주님의 백성으로 삼아서, 주님의 명성을 드러내셨습니다. 그들을 이집트에서 구하여내시려고 크고 놀라운 일을 하셨고, 주님의 백성이 보는 앞에서 뭇 민족을 쫓아내셨습니다. 22 주님께서는 이렇게 주님의 백성 이스라엘을 영원히 주님의 백성으로 삼으셨고, 주님께서 그들의

성전은 못 짓게 하면서 다른 한편으론 엄청난 축복과 아낌없는 지원을 약속하다니 (7–14절), 하나님의 태도에 일관성이 없어 보입니다. 역대지가 그리는 다윗은 하나님의 뜻을 묻고 하나님을 기뻐하며 예배하는 사람입니다. 하나님을 향한 마음으로 하나님의 집까지 짓고자 하지만, 17장이 보여주는 하나님은 도리어 다윗을 위해 '집', 즉 '왕조'를 세우시는 분입니다. 종종 사람들은 하나님을 떠받들고 섬긴다고 말하지만, 사실 하나님께서는 섬김을 받으시는 분이 아니라 사람들에게 생명과 호흡과 모든 것을 주시는 분입니다. 그렇기에 하나님의 말씀을 들은 다윗은 "내가 무엇이기에, 이스라엘이 무엇이기에 이렇게까지 하십니까"(16, 21절)라고 고백합니다. 그러므로 17장은 부족하고 미흡한 사람을 존귀하게 하시는 하나님, 작은 이를 높이시는 하나님을 증언합니다. 그저 다윗 왕조를 위하시는 하나님을 넘어, 모든 약한 자들과 모든 부족한 자들을 돌아보고 존귀하게 하시는 하나님을 보여줍니다.

하나님이 되셨습니다.

23 ○ 주님, 주님께서 주님의 종과 이 종의 집안에 약속하여 주신 말씀이 영원토록 이루어지게 해주십시오. 주님께서 말씀하신 대로 해주십시오. 24 그리하여 사람들이 '이스라엘의 하나님은 만군의 주요, 이스라엘을 지키시는 하나님이시다!' 하고 외치며, 주님의 이름을 굳게 세우고, 영원토록 높이게 하시고, 주님의 종 다윗의 집안도 주님 앞에서 튼튼히 서게 해주시기 바랍니다. 25 나의 하나님, 주님께서 주님의 종에게, 이 종의 집안을 한 왕조가 되게 하시겠다고 계시하셨기 때문에, 주님의 종이 감히 주님께 이러한 간구를 드릴 용기를 얻었습니다. 26 그리고 이제 주님, 주님께서는 참으로 하나님이십니다. 주님께서는 주님의 종에게 이와 같이 놀라운 약속을 하셨습니다. 27 그러므로 이제 주님의 종의 집안에 기꺼이 복을 내리셔서, 나의 자손이 주님 앞에서 영원토록 대를 잇게 해주시기 바랍니다. 주님, 주님께서 복을 주셨으니, 그 복을 영원히 누리게 해주십시오."

"계시하셨기 때문에 … 간구를 드린다"(25절)는 말을 이해하지 못하겠습니다. 간절히 기도해서 계시를 받는 게 바른 순서가 아닌가요? 다윗은 그저 자신의 궁궐을 돌아보며 하나님을 위한 집을 짓고자 마음먹었을 뿐인데, 하나님께서는 다윗과 그 후손을 위한 영원한 집을 약속하셨습니다. 하나님께서 부족한 사람에게 놀라운 축복을 베푸시고 그분의 뜻을 보여주시는 것을 경험한 다윗은 하나님 앞에 기도할 용기를 얻었습니다. 다윗이 무언가를 잘해서 또는 하나님 앞에서 대단한 노력을 해서 그로 인해 용기를 얻은 것이 아니라, 다윗의 작고 부족함에도 하나님께서 이처럼 크고 놀라운 은혜를 베푸신다는 것을 깨달으면서 용기 있게 하나님께 나아가 기도할 수 있는 것입니다. 우리 역시 많이 모자라고 미흡함에도 우리를 지키고 인도하시는 하나님을 깨달을 때 기도할 수 있습니다. 스스로 잘나서 기도하는 것이 아니라, 부족해도 하나님의 사랑을 힘입어 기도하게 됩니다.

{ 제18장 }

다윗의 승전 기록(삼하 8:1-18)

1 그 뒤에 다윗이 블레셋 사람을 쳐서, 그들을 굴복시켰다. 그래서 그는 블레셋 사람의 손에서 가드와 그 주변 마을을 빼앗았다. **2** 다윗이 또 모압을 치니, 모압 사람들이 다윗의 종이 되어 그에게 조공을 바쳤다.

3 ○ 소바 왕 하닷에셀이 유프라테스강 쪽으로 가서 그의 세력을 굳히려 할 때에, 다윗이 하맛까지 가면서 그를 무찔렀다.

4 다윗은 그에게서 병거 천 대를 빼앗고, 기마병 칠천 명과 보병 이만 명을 포로로 사로잡았다. 다윗은 또 병거를 끄는 말 가운데서도 백 필만 남겨놓고, 나머지는 모조리 다리의 힘줄을 끊어버렸다.

5 ○ 다마스쿠스의 시리아 사람들이 소바 왕 하닷에셀을 도우

'그 뒤에'(1절)는 언제를 가리킵니까? 역사책의 시간 기록이 어떻게 이처럼 모호할 수 있습니까? 구약성경의 여호수아기부터 역대지하에 이르는 책들, 그리고 에스라기-느헤미야기 같은 책들을 통상 '역사책'이라고 부르지만, 이 책들은 오늘날 우리가 생각하는 '역사책'과는 전혀 다릅니다. 구약성경에 포함된 이 책들의 주된 목적은 고대 이스라엘의 '역사' 속에서 하나님께서 어떻게 그분의 백성 이스라엘을 지키고 인도하셨는지, 그리고 그 백성이 어떻게 하나님을 예배했으며 또 어떻게 거역했는지 서술하는 것입니다. 이를 통해 그 시대의 독자와 청중들이 하나님을 경외하며 올바르게 살아가도록 돕고자 합니다. 18장을 시작하는 '그 뒤에'라는 표현은 당연히 역대지 저자가 17장과 18장의 내용을 연결하기 위해 사용한 것으로, 하나님께서 다윗을 축복하셨고, 다윗이 그로 인해 감사를 드리며 용기 있게 기도했다는 내용 '이후에' 다윗의 여러 승리에 대한 기록을 연결시킵니다. 그래서 승리는 하나님의 축복, 하나님에 대한 믿음과 신뢰에서 비롯된다는 것을 증언합니다.

려고 군대를 보내자, 다윗은 시리아 사람 이만 이천 명을 쳐 죽였다. 6 그리고 다윗이 시리아의 다마스쿠스에 주둔군을 두니, 시리아도 다윗의 종이 되어 그에게 조공을 바쳤다. 다윗이 어느 곳으로 출전하든지, 주님께서 그에게 승리를 안겨주셨다. 7 그때에 다윗은 하닷에셀의 신하들이 가지고 있던 금방패를 다 빼앗아서, 예루살렘으로 가져왔다. 8 또 다윗은, 하닷에셀의 두 성읍 디브핫과 군에서는 놋쇠를 아주 많이 빼앗아왔다. 이것으로 솔로몬이 바다 모양 물통과 기둥과 놋그릇을 만들었다.

9 ○ 하맛 왕 도이는, 다윗이 소바 왕 하닷에셀의 온 군대를 쳐서 이겼다는 소식을 들었다. 10 그는 자기의 아들 요람을 다윗 왕에게 보내어 문안하게 하고, 다윗이 하닷에셀과 싸워서 이긴 것을 축하하게 하였다. 하닷에셀은 도이와 서로 싸우는 사이였다. 요람은 금과 은과 놋으로 만든 물건들을 가져왔다. 11 다윗 왕은 이것들도 따로 구별하여, 에돔, 모압, 암몬 사람, 블레셋 사람, 아말렉 등 여러 민족에게서 가져온 은금과

말은 요긴한 전쟁 물자인데, 노획한 말들 가운데 일부만 남기고 다 못 쓰게 만든(4절) 이유는 무엇입니까? 다윗의 군대는 블레셋과의 전쟁에서 승리한 후 그 땅을 차지했지만, 모압과의 전쟁에서 승리한 뒤에는 조공을 받는 대신 모압 나라를 존속하게 했습니다. "다윗이 어느 곳으로 출전하든지 주님께서 승리를 안겨주셨지만"(6절), 그렇다고 다윗이 온 세상을 향해 끝없는 정복 전쟁에 나선 것은 아닙니다. 이스라엘에게 주어진 땅을 차지했지만, 기본적으로 다윗의 나라는 정복을 통해 광활한 땅을 차지하는 제국이나 대국이 아니었습니다. 다윗이 하닷에셀 군대로부터 많은 말을 획득했으나 일부만 남기고 힘줄을 끊었다는 구절은 다윗의 군대 자체가 무한정한 확장이나 군비 증강에 몰두하지 않았음을 보여줍니다. 현재의 이스라엘이 유지할 수 있는 만큼만 확보할 따름입니다. 이스라엘의 전쟁은 기본적으로 방어 전쟁이지, 끝없는 침략 전쟁이 아니었습니다.

함께, 주님께 구별하여 바쳤다.

12 ○ 스루야의 아들 아비새가 '소금 골짜기'에서 에돔 사람 만 팔천 명을 쳐 죽이고, 13 에돔에 주둔군을 두었다. 마침내 온 에돔 사람이 다윗의 종이 되었다. 다윗이 어느 곳으로 출전하든지, 주님께서 그에게 승리를 안겨주셨다.

14 ○ 다윗이 왕이 되어서 이렇게 온 이스라엘을 다스릴 때에, 그는 언제나 자기의 백성 모두를 공평하고 의로운 법으로 다스렸다. 15 스루야의 아들 요압은 군사령관이 되고, 아힐룻의 아들 여호사밧은 역사 기록관이 되고, 16 아히둡의 아들 사독과 아비아달의 아들 아히멜렉은 제사장이 되고, 사워사는 서기관이 되고, 17 여호야다의 아들 브나야는 그렛 사람과 블렛 사람의 지휘관이 되었다. 다윗의 아들들은 왕을 모시는 대신이 되었다.

유독 에돔과의 싸움에서만 아비새가 승리의 주인공으로 등장합니다(12절). 다윗이 뒤로 물러나야 할 특별한 사정이 있었습니까? 역대지하 18장의 내용은 사무엘기하 8장과 거의 같습니다. 역대지 저자는 이렇게 사무엘기하의 내용을 이미 알고 있으면서, 사무엘기하의 어떤 내용은 빼기도 합니다. 그래서 다윗이 모압 사람을 꽤나 잔혹하게 죽였다는 내용이 사무엘기하 8장 2절에는 기록되어 있지만, 역대지에는 없습니다. 아마도 이것은 다윗에 대한 긍정적이고 호의적인 내용만을 역대지에 기록한 것과 일관된 동기에서 나왔을 것입니다. 역대지 저자의 이러한 태도는 역사의 진실을 속이려는 것이 아닙니다. 그는 독자들이 이미 사무엘기의 내용을 잘 알고 있다는 것을 인식하고 있었고, 역대지에서는 다윗의 긍정적 모습을 그림으로써 현재의 삶을 어떻게 살아가야 하는지 독자와 청중에게 보여주려는 의도라 할 수 있습니다. 본문 12절의 내용이 역대지에서는 아비새의 업적으로 묘사됐지만, 사무엘기하 8장 13절에서는 다윗의 업적으로 기록되어 있습니다. 아마도 역대지 저자는 사무엘기 저자가 확보하지 못했던 다른 증거를 확보했을 것이고, 이 부분을 그가 얻은 정보에 따라 개정했다고 볼 수 있습니다. 어쩌면 '만 팔천 명'이나 죽이는 행동을 굳이 다윗과 연관시키지 않으려는 목적에서 비롯된 개정일 수도 있습니다.

{ 제19장 }

다윗이 암몬 및 시리아를 치다(삼하 10:1~19)

1 그 뒤에 암몬 사람의 왕 나하스가 죽고, 그 아들이 뒤를 이어 왕이 되었다. 2 다윗은 "하눈의 아버지 나하스가 나에게 은혜를 베풀었으니, 나도 나하스의 아들 하눈에게 은혜를 베풀어야겠다" 하고 말하며, 신하들을 보내어, 고인에게 조의를 표하게 하였다.

○ 그래서 다윗의 신하들이 하눈을 조문하러 암몬 사람의 땅에 이르렀다. 3 그러나 암몬 사람의 대신들이 하눈에게 말하였다. "다윗이 임금님께 조문 사절을 보낸 것이 임금님의 부친을 존경하기 때문이라고 생각하십니까? 오히려 이 땅을 두루 살펴서 함락시키려고, 그의 신하들이 정탐하러 온 것이 아닙니까?"

4 ○ 그래서 하눈은 다윗의 신하들을 붙잡아, 그들의 수염을

국장을 치르면 여러 나라에서 조문 사절이 오게 마련인데, 딱 다윗을 지목해 의심의 눈길을 보낸(3절) 배경은 무엇일까요? 고대 팔레스타인에서 다윗이 이끄는 이스라엘이 가장 강력하게 부상하고 있었기에, 주변 나라들로서는 다윗의 나라에 대한 견제가 심했을 것입니다. 이미 18장에 다윗과 블레셋, 모압, 소바, 에돔 사이에 벌어진 전투가 기록되어 있고, 19장은 암몬-시리아 연합군과의 전투를 다룹니다. 이 와중에도 다윗에게 호의적이었던 하맛은 이스라엘과 화친했고(18:9~10), 다윗은 암몬과도 화친하기를 원했던 것으로 보입니다. 그러나 암몬의 새로 즉위한 왕과 그의 신하들은 다윗의 의도를 좋게 보지 않았습니다. 다윗의 기세가 워낙 위협적이었던 탓도 있겠고, 새로 즉위한 왕과 그를 돕는 신하들이 기세등등했던 탓도 있을 것입니다. 훗날 솔로몬에 이어 즉위한 르호보암 역시 자신을 따르는 젊은 신하들과 함께 오만하고 강력한 군주 흉내를 내다가 나라를 두 쪽 내기도 합니다(대하 10:1~19).

깎고, 입은 옷 가운데를 도려내어, 양쪽 엉덩이가 드러나게 해서 돌려보냈다. 5 조문 사절이 그곳을 떠나자, 사람들이, 조문 사절이 당한 일을 다윗에게 알렸다. 조문 사절이 너무나도 수치스러운 일을 당하였으므로, 다윗 왕은 사람을 보내어 그들을 맞으며, 수염이 다시 자랄 때까지 여리고에 머물러 있다가, 수염이 다 자란 다음에 돌아오라고 하였다.

6 ○ 암몬 사람들은 자기들이 다윗에게 미움받을 짓을 한 것을 알았다. 하눈과 암몬 사람들은 나하라임의 시리아 사람과 마아가의 시리아 사람과 소바에게서 병거와 기마병을 고용하려고, 그들에게 은 천 달란트를 보냈다. 7 그래서 그들은 병거 삼만 이천 대를 빌리고, 마아가 왕과 그의 군대를 고용하였다. 그들은 와서 메드바 앞에 진을 쳤다. 암몬 사람도 그들의 여러 성읍에서 모여들어서, 싸울 준비를 하였다.

8 ○ 다윗은 이 소식을 듣고, 요압에게 전투부대를 맡겨서 출동시켰다. 9 암몬 사람도 나와서 성문 앞에서 전열을 갖추었으며, 도우러 온 왕들도 각각 들녘에서 전열을 갖추었다.

그깟 수염이 뭐라고 귀향을 미룰 정도로 수치스럽게 여기는지(5절) 모르겠습니다. 일례로 이집트에서는 왕의 부름을 받으면 수염을 깎고 왕 앞에 나갔습니다(창 41:14). 반면 누군가의 머리털이나 수염을 깎아버리는 행위는 상대방에 대한 완전한 정복, 장악을 의미하기도 했습니다. 그래서 구약성경 이사야서는 앗시리아 왕이 유다에 진격해 휩쓸 것이라는 예언을 앗시리아 왕이 유다 백성의 모든 털을 다 깎아버리는 것으로 표현합니다(사 7:20). 슬픔과 애도를 표현할 때 머리털과 수염을 깎는 것도 이런 맥락에서 이해할 수 있습니다(렘 41:5; 암 8:10). 다른 나라 사절단의 수염을 깎아버린 암몬의 행동은 사절단뿐 아니라 다윗에 대한 모욕이며, 그들을 다 쓸어버려 같은 신세로 만들겠다는 표현이라 볼 수 있습니다. 특히 암몬은 사절단의 옷을 엉덩이와 은밀한 부분이 보이는 데까지 잘라버렸으니, 그야말로 사절단을 강력하게 모욕하고 치욕스럽게 만들었습니다.

10 ○ 요압은 적의 전열이 자기 부대의 앞뒤에서 포진한 것을 보고, 이스라엘의 모든 정예병 가운데서 더 엄격하게 정예병을 뽑아, 시리아 군대와 싸울 수 있도록 전열을 갖추었다. 11 남은 병력은 자기의 아우 아비새에게 맡겨, 암몬 군대와 싸우도록 전열을 갖추게 하고서, 12 이렇게 말하였다. "시리아 군대가 나보다 강하면, 네가 와서 나를 도와라. 그러나 암몬 군대가 너보다 더 강하면 내가 너를 돕겠다. 13 용기를 내어라. 용감하게 싸워서 우리가 우리 민족을 지키고, 우리 하나님의 성읍을 지키자. 주님께서 좋게 여기시는 대로 이루어주실 것이다."

14 ○ 그런 다음에, 요압이 그의 부대를 거느리고, 싸우려고 시리아 군대 앞으로 나아가니, 시리아 군인들이 요압 앞에서 도망하여버렸다. 15 암몬 군인들은 시리아 군인들이 도망하는 것을 보고서, 그들도 요압의 아우 아비새 앞에서 도망하여, 성으로 들어가버렸다. 그래서 요압은 예루살렘으로 돌아갔다.

16 ○ 시리아 군인들은, 자기들이 이스라엘에게 패한 것을 알고서, 전령을 보내어 유프라테스강 동쪽에 있는 시리아 군대를 동원시켰다. 하닷에셀의 부하 소박 사령관이 그들을 지휘

요압은 전투에서 이겨놓고도 암몬으로 쳐들어가는 대신 예루살렘으로 회군합니다 (15절). 전략적인 실패로 봐야 하지 않을까요? 암몬－시리아 연합군과 싸울 때 요압의 격려는 고대 이스라엘의 전쟁에 대한 신앙을 잘 보여줍니다. "용기를 내어 민족을 위해, 그리고 하나님의 성읍을 위해 용감하게 싸우자. 주님께서는 좋게 보시는 대로 행하실 것이다"(13절)라는 그의 말은 사람이 해야 할 일과 하나님께서 행하실 일을 적합하게 표현했습니다. 이러한 요압의 기세를 생각할 때, 요압이 전투에서 승리한 후 바로 회군한 것은 전략적인 결정이었다고 여겨집니다. 이어지는 16절은 시리아 연합군이 곧바로 하닷에셀의 군대를 호출했음을 보여주는데, 하닷

하였다. **17** 다윗이 이 소식을 듣고, 온 이스라엘 군대를 모아 거느리고, 요단강을 건너서 그들이 있는 곳에 이르러, 그들을 향하여 전열을 갖추었다. 다윗이 시리아 사람들에 맞서 진을 치니, 그들이 다윗과 맞붙어 싸웠으나, **18** 시리아는 이스라엘 앞에서 도망하고 말았다. 다윗은 시리아 병거를 모는 칠천 명과 보병 사만 명을 죽이고, 소박 사령관도 쳐서 죽였다. **19** 하닷에셀의 부하들은 자기들이 이스라엘에게 패한 것을 알고서, 다윗과 화해한 뒤에, 그를 섬겼다. 그 뒤로는 시리아가 다시는 암몬 사람을 도우려 하지 않았다.

에셀과 다윗의 군대 사이의 싸움은 이전에도 있었다는 점에서(18:3-8) 암몬과의 전투 한 번으로 끝날 싸움이 아니라고 요압이 판단했을 수 있습니다. 실제로 이 사건 이후 다윗은 온 이스라엘 군대를 소집해 제대로 전투를 치러 승리했습니다 (17-19절). 암몬과의 전쟁은 이후 20장에서도 이어집니다.

{ 제20장 }

다윗의 랍바 점령 (삼하 12:26-31)

1 그다음 해 봄에, 왕들이 출전하는 때가 되자, 요압이 병력을 이끌고 나가서 암몬 사람의 땅을 무찌르고, 더 가서 랍바를 포위하였다. 그러나 다윗은 예루살렘에 머물러 있었다. 요압이 랍바를 쳐서 함락시켰다. 2 다윗이 암몬 왕의 머리에서 금관을 벗겨왔는데, 달아보니 그 무게가 금 한 달란트나 나갔고, 금관에는 보석이 박혀 있었다. 다윗은 그 금관을 가져다가, 자기가 썼다. 다윗은 그 도성에서 아주 많은 전리품을 약탈하였으며, 3 그 도성에 사는 백성도 끌어다가, 톱질과 곡괭이질과 도끼질을 시켰다. 다윗은 암몬 사람의 모든 성읍에 이와 똑같이 한 뒤에, 모든 군인을 거느리고 예루살렘으로 돌아왔다.

블레셋 거인과 싸우다 (삼하 21:15-22)

4 ○ 그 뒤에 게셀에서 블레셋 사람과 전쟁이 벌어졌다. 그때

'왕들이 출전하는 때'(1절)가 따로 있다는 게 어색합니다. 전쟁은 아무 때고 조건이 가장 잘 맞는 시기를 골라 시작하는 법 아닌가요? 팔레스타인의 겨울은 춥고 우기이기도 해서 전쟁하기에 적합하지 않았습니다. 이 기간은 힘을 모으고 전쟁을 준비하는 시기였을 것입니다. 마침내 봄이 오고 '왕들이 출전하는 때'가 되면, 여기저기 사신들이 오가고, 곳곳에서 전쟁이 벌어지기도 했을 것입니다. 암몬의 도발로 시작된 상황은 시리아와 암몬의 연합으로 이어졌고, 다윗의 군대는 일차적으로 큰 승리를 거두었습니다. 그러나 암몬 자체에 대한 싸움은 곧바로 이어지지 않았고, 해가 바뀌어 봄이 되면서 본격적으로 암몬 정벌이 시작되었습니다.

에 후사 사람 십브개가 거인족의 자손 십배를 쳐 죽이자, 블
레셋 사람이 항복하였다.

5 ㅇ 또 블레셋 사람과 전쟁이 벌어졌다. 야일의 아들 엘하난
이 가드 사람 골리앗의 아우 라흐미를 죽였는데, 라흐미의 창
자루는 베틀 앞다리같이 굵었다.

6 ㅇ 또 가드에서 전쟁이 벌어졌을 때에, 거인이 하나 나타났
는데, 그는 손가락 발가락이 각각 여섯 개씩 모두 스물넷이었
다. 이 사람도 거인족의 자손 가운데 하나이다. 7 그가 이스
라엘을 조롱하므로, 다윗의 형 시므아의 아들 요나단이 그를
쳐 죽였다.

8 ㅇ 이들은 모두 가드에서 태어난 거인족의 자손인데, 다윗
과 그 부하들에게 모두 죽었다.

**늘 군대를 이끌고 전장을 누비던 다윗이 암몬 정벌에는 동행하지 않습니다(1절). 무
슨 특별한 사정이 생긴 걸까요?** 다윗이 직접 군대를 이끌었던 경우가 많지만, 에돔
공격을 아비새가 막은 것이나(18:12), 암몬—시리아 연합군에 요압과 아비새가 맞선
것처럼(19:8–15), 다윗의 장군들이 앞장선 경우도 있습니다. 20장 4절부터 언급되는
다윗 군대의 승리 역시 다윗의 부하들의 용맹을 열거합니다. 이를 생각하면 '왕들이
출전하는 때'에 다윗은 예루살렘에 머물러 있음에도, 그의 부하 장군들을 통해 이스
라엘이 곳곳에서 승리하고 있음을 역대지가 강조해 보여준다고 할 수 있습니다. 반
면 사무엘기하 11장은 요압이 이끄는 이스라엘이 전쟁에 나섰으나 다윗은 예루살렘
에 머물렀다는 같은 내용을 다루지만, 다윗이 목욕하는 밧세바를 보면서 범죄를 저
지르는 사건을 자세하게 보여줍니다. 사무엘기하는 다윗의 추악하고 어두운 면을
그대로 드러내지만, 역대지는 이미 사무엘기하의 사건을 알고 있는 독자들을 향해
다윗 군대의 승리에 초점을 맞춥니다. 이를 통해 하나님을 경외하는 다윗의 승리를
증언합니다. 역대지 저자는 이것으로 다윗의 전쟁 이야기를 마무리하고, 다음 장부
터는 역대지의 또 다른 중요한 초점인 성전 건축 이야기를 길게 다룹니다.

{ 제21장 }

다윗의 인구조사 (삼하 24:1–25)

1 사탄이 이스라엘을 치려고 일어나서, 다윗을 부추겨, 이스라엘의 인구를 조사하게 하였다. 2 그래서 다윗은 요압과 군 사령관들에게 지시하였다. "어서 브엘세바에서부터 단에 이르기까지, 이스라엘의 인구를 조사하여, 그들의 수를 나에게 알려주시오."

3 ○ 그러자 요압이 말하였다. "주님께서 그의 백성을, 지금보다 백 배나 더 불어나게 하여주시기를 원합니다. 높으신 임금님, 백성 모두가 다 임금님의 종들이 아닙니까? 그런데 어찌하여 임금님께서 이런 일을 명하십니까? 어찌하여 임금님께서는 이스라엘을 벌 받게 하시려고 하십니까?" 4 그러나 요압은, 더 이상 왕을 설득시킬 수 없었으므로, 물러나와

사탄이 다윗을 부추겼다는(1절) 성경의 묘사가 수상합니다. 다윗의 책임을 절반쯤 사탄에게 슬쩍 떠넘기는 느낌이 듭니다. 21장의 내용은 사무엘기하 24장과 겹칩니다. 역대지 저자는 사무엘기하의 내용을 잘 알고 있으면서, 자신이 얻은 자료와 관점에 따라 내용을 수정하기도 했습니다. 사무엘기하 24장 1절은 다윗을 충동하신 이가 주님이라고 이야기하는데, 역대지는 사탄이 한 일로 바꿨습니다. 역대지 저자에게는 사람이 죄를 짓도록 충동하는 존재가 사탄이었습니다. 그렇다 할지라도 이 사태의 책임을 사탄에게 넘길 수는 없습니다. 사탄이 충동할 수 있는 근거는 이미 다윗 안에 죄악이 존재했기 때문입니다. 그렇기에 나중에 다윗은 사탄 핑계를 대지 않고 자신이 죄를 지었다고 고백합니다(8, 17절). 이 사태로 인해 사탄은 어떤 처벌이나 징계를 받지 않습니다. 처벌을 받는 것은 오직 사람입니다. 사탄은 변화나 성숙의 대상이 아니며, 오직 사람만이 변화와 성숙의 대상이기 때문입니다. 하나님의 징계는 성숙을 위한 것이지, 없애버리기 위한 것이 아닙니다.

서 온 이스라엘을 두루 돌아다닌 다음에 예루살렘으로 돌아왔다. **5** 요압이 다윗에게 백성의 수를 보고하였다. 칼을 빼서 다룰 수 있는 사람이 온 이스라엘에는 백십만이 있고, 유다에는 사십칠만이 있었다. **6** 그러나 요압은 왕의 명령을 못마땅하게 여겨, 레위와 베냐민은 이 조사에 포함시키지 않았다.

7 ○ 하나님께서 이 일을 악하게 보시고, 이스라엘을 치셨다. **8** 그래서 다윗이 하나님께 자백하였다. "내가 이런 일을 하여, 큰 죄를 지었습니다. 그러나 이제, 이 종의 죄를 용서해주시기를 빕니다. 참으로 내가 너무나도 어리석은 일을 하였습니다."

9 ○ 주님께서 다윗의 선견자 갓에게 말씀하셨다. **10** "너는 다윗에게 가서 전하여라. '나 주가 말한다. 내가 너에게 세 가지를 제안하겠으니, 너는 그 가운데서 하나를 택하여라. 그러면 내가 너에게 그대로 처리하겠다.'"

11 ○ 갓이 다윗에게 가서 말하였다. "주님께서 말씀하십니다. '너는 선택하여라. **12** 삼 년 동안 기근이 들게 할 것인지, 원수의 칼을 피하여 석 달 동안 쫓겨 다닐 것인지, 아니면 주님의 칼, 곧 전염병이 사흘 동안 이 땅에 퍼지게 하여, 주님의 천사

브엘세바와 단은(2절) 어떤 곳이기에 이 둘을 지목해 인구조사의 범위를 설명합니까? 브엘세바는 유다의 가장 남쪽에 위치한 도시이고, 단은 이스라엘의 가장 북쪽에 있는 도시입니다. 그러다 보니 '브엘세바에서 단까지'는 이스라엘 전체를 가리키는 관용구로 자주 사용되곤 했습니다(삿 20:1; 삼상 3:20; 삼하 3:10; 17:11; 24:2, 15; 왕상 4:25; 대하 30:5). 우리나라로 치면 '백두에서 한라까지'에 해당합니다. 이집트 전역을 가리킬 때는 '믹돌에서부터 수에네까지'(겔 29:10; 30:6)라는 표현이 쓰입니다. '데만에서부터 드단까지'는 아마도 에돔 전역을 가리키는 표현일 것입니다(겔 25:13).

가 이스라엘 온 지역을 멸하게 할 것인지를 선택하여라.' 이제 임금님께서는, 나를 임금님께 보내신 분에게 내가 무엇이라고 보고하면 좋을지, 결정하여주십시오."

13 ○ 그러자 다윗이 갓에게 대답하였다. "괴롭기 그지없습니다. 그래도 주님은 자비가 많은 분이시니, 차라리 내가 그의 손에 벌을 받겠습니다. 사람의 손에 벌을 받고 싶지는 않습니다."

14 ○ 그리하여 주님께서 이스라엘에 전염병을 내리시니, 이스라엘 사람이 칠만 명이나 쓰러졌다. 15 하나님께서는 예루살렘을 멸망시키려고 천사를 보내셨다. 그러나 주님께서는, 천사가 예루살렘을 멸망시키는 것을 보시고서, 재앙 내리신 것을 뉘우치시고, 사정없이 죽이고 있는 그 천사에게 "그만하면 됐다. 이제 너의 손을 거두어라" 하고 명하셨다. 그때에 주님의 천사는 여부스 사람 오르난의 타작마당 곁에 서 있었다.

16 ○ 다윗이 눈을 들어보니, 주님의 천사가 하늘과 땅 사이에

요압은 무슨 속셈으로 레위와 베냐민 가문을 인구조사에서 빼버렸습니까?(6절) 이런 행위가 어떻게 다윗에 대한 불만의 표현이 될 수 있습니까? 사무엘기하 24장에는 요압이 다윗의 조치에 불만을 품었지만 레위와 베냐민을 뺐다는 기록은 없는데, 역대지는 이 두 지파를 세지 않았다고 전합니다. 레위 지파는 성막과 제사 관련 일에 종사했기 때문에 '칼을 빼서 다룰 수 있는 사람' 숫자에서 제외했을 것입니다. 베냐민 지파를 뺀 이유는 알기 어려운데, 모세 시절에 세워진 성막을 보존한 기브온 산당이 베냐민 지파에 속한 지역이었기에 베냐민 지파를 뺀 것일 수도 있습니다. 결국 주 하나님께 드리는 제사와 관련된 지파를 인구조사에서 제외한 셈이 됩니다. 왕의 명령에 대해 신하 된 자가 항의할 뿐 아니라 왕의 의도와 달리 인구를 축소해 보고했다는 점은 꽤 놀랍기도 합니다. 역대지는 이 나라가 왕이 절대왕권을 휘둘러 제 마음대로 할 수 있는 나라가 아니었음을 보여줍니다.

서서, 칼을 빼어 손에 들고 예루살렘을 겨누고 있었다. 그래서 다윗은 장로들과 함께 굵은 베옷을 입고, 얼굴을 땅에 대고 엎드렸다. 17 그때에 다윗이 하나님께 아뢰었다. "이 백성의 인구를 조사하도록 지시한 사람은 바로 내가 아닙니까? 바로 내가 죄를 짓고 이런 엄청난 악을 저지른 사람입니다. 백성은 양 떼일 뿐입니다. 그들에게야 무슨 잘못이 있습니까? 주 나의 하나님! 나와 내 집안을 치시고, 제발 주님의 백성에게서는 전염병을 거두어주십시오."

18 ○ 주님의 천사가 갓을 시켜, 다윗에게 이르기를 "여부스 사람 오르난의 타작마당으로 올라가서 주님의 제단을 쌓아야 한다" 하였다. 19 다윗은, 갓이 주님의 이름으로 명령한 말씀을 따라서, 그곳으로 올라갔다. 20 그때에 오르난은 밀을 타작하고 있었다. 오르난은 뒤로 돌이키다가 천사를 보고, 그의 네 아들과 함께 숨었다. 21 그러나 다윗이 오르난에게 다가가자, 오르난이 바라보고 있다가 다윗인 것을 알아보고, 타작마당에서 나와, 얼굴을 땅에 대고 다윗에게 절하였다. 22 다윗이 오

하나님이 다윗의 인구조사를 악하게 보는(7절) 이유는 무엇입니까? 왕권에 의해 시행되는 인구조사는 언제나 세금을 인구수대로 거두기 위한 목적, 그리고 정확한 통계에 따라 국가 공사를 부과하고 동원하기 위한 목적, 마지막으로는 징병과 군사력 확인을 위한 목적으로 이루어졌습니다. 특히 다윗의 인구조사는 '칼을 빼서 다룰 수 있는 사람'(5절)의 수를 세었다는 점에서, 군사력과 연관된 목적으로 볼 수 있습니다. 역대지가 이미 충분히 보여주었듯이, 이스라엘의 승리는 군사의 숫자가 아니라 주 하나님께 달려 있습니다. 인구조사는 다윗의 불안을 반영하는 것이기도 하고, 지금까지 자신이 성취한 것에 대한 오만함을 반영하는 것이기도 합니다. 이스라엘은 다윗 개인의 나라가 아니라 하나님께서 지키고 인도하신 나라입니다. 그런데 하나님의 도우심으로 여러 전쟁에서 승리한 다윗은 이제 인구조사를 통해 이 나라가 자신의 나라인 것으로 확인하고 싶었던 것일 수도 있습니다.

르난에게 말하였다. "이 타작마당을 나에게 파시오. 충분한 값을 지불하겠소. 내가 주님의 제단을 여기에 쌓으려 하오. 그러면 전염병이 백성에게서 그칠 것이오."

23 ○ 오르난이 다윗에게 말하였다. "임금님, 그냥 가지십시오. 높으신 임금님께서 좋게 여기시는 대로 하십시오. 보십시오, 제가, 소는 번제물로, 타작 기구는 땔감으로, 밀은 소제물로, 모두 드리겠습니다."

24 ○ 그러나 다윗 왕은 오르난에게 말하였다. "그렇게 해서는 안 되오. 내가 반드시 충분한 값을 내고 사겠소. 그리고 주님께 드릴 것인데, 내가 값을 내지도 않고, 그대의 물건을 그냥 가져가는 일은 하지 않겠소. 또 거저 얻은 것으로 번제를 드리지도 않겠소." 25 그래서 다윗은 그 터 값으로 금 육백 세겔을 오르난에게 주고, 26 거기에서 주님께 제단을 쌓아, 번제와 화목제를 드리고 주님께 아뢰었다. 그러자 주님께서는 하늘로부터 불을 번제단 위에 내려서 응답하셨다.

27 ○ 그리고 주님께서 천사에게 명하셔서, 그의 칼을 칼집에 꽂게 하셨다. 28 그때에 다윗은, 주님께서 여부스 사람 오르난의 타작마당에서 그에게 응답하여주심을 보고, 거기에

죄는 다윗이 지었는데 벌은 왜 백성들이 받습니까? 전염병으로 희생된 7만 명의 백성들은(14절) 무슨 죄가 있습니까? 3년의 기근이나 석 달간 적군에게 쫓겨 다니는 일은 긴 기간도 기간이지만, 하나님께서 인도하신 나라 전체에 크나큰 영향을 미칠 것입니다. 다윗은 사람의 손이 아니라 하나님의 손으로부터 나오는 심판을 선택했습니다. 그러나 결국 그로 인해 7만 명의 사람이 죽게 되었습니다. 다만 다윗은 하나님께서 자비로우신 분이심을 기억하면서 전염병 중에도 하나님의 자비를 기대했고, 하나님께서는 더 많은 사람이 죽기 전에 재앙을 멈추셨습니다. 다윗은 변명하거나 책임을 전가하지 않고, 자신이 죄를 지었음을 고백하며 자신과 자신의 집을

서 제사를 드렸다. **29** 그때에, 모세가 광야에서 만든 주님의 성막과 번제단이 기브온 산당에 있었으나, **30** 다윗은 주님의 천사의 칼이 무서워, 그 앞으로 가서 하나님께 예배를 드릴 수 없었다.

벌하시기를 구합니다(8, 17절). 왕이라는 핑계로 오만하게 굴지 않고, 자신의 모든 것을 내려놓고 다만 하나님의 자비를 구하는 다윗의 태도는 인구조사를 명령했던 처음과는 확연히 달라졌습니다. 이 사건은 같은 죄라 할지라도 한 나라를 다스리는 왕의 오만과 불신이 훨씬 더 많은 사람들에게 영향을 미친다는 것을 보여줍니다. 7만 명이나 되는 사람들이 죽은 일은 우리로서는 도무지 이해하기 어렵습니다. 다만 하나님은 의로우시며 자비하시니 하나님의 뜻이 있으리라 여길 따름입니다. 본문의 초점은 어디까지나 다윗의 오만을 책망하는 것, 그리고 다윗이 즉각 잘못을 인정하고 돌이켰다는 것에 있습니다.

{ 제22장 }

1 그때에 다윗이 말하였다. "바로 이곳이 주 하나님의 성전이요, 이곳이 이스라엘의 번제단이다."

성전 건축 준비

2 ○ 다윗은 이스라엘 땅에 있는 외국인을 불러 모으고, 석수들을 시켜서, 하나님의 성전을 지을 네모난 돌을 다듬도록 명령하였다. 3 그는 또 대문의 문짝에 쓸 못과 꺾쇠를 만들 철을 무게를 달 수 없을 만큼 준비하고, 놋쇠도 무게를 달 수 없을 만큼 많이 준비하고, 4 또 백향목을 셀 수 없을 만큼 준비하였다. 이 백향목은, 시돈 사람과 두로 사람이 다윗에게 운반하여온 것이다. 5 다윗은 이런 혼잣말을 하였다. "나의 아들 솔로몬이 어리고 연약한데, 주님을 위하여 건축할 성전은

다윗이 말하는 '이곳'(1절)은 어디입니까? 오르난의 타작마당이라면, 거기다 성전을 짓겠다는 뜻입니까? 그렇습니다. 온 땅에 내려진 재앙으로 인해 다윗은 오르난의 타작마당에서 하나님의 명령대로 제사를 드렸고, 하나님께서는 하늘로부터 불을 내려 응답하셨습니다(21:26). 그리고 재앙을 내리던 천사는 그 칼을 칼집에 꽂았습니다(21:27). 사람들이 제사를 드리자 하나님께서 불을 내려 제물을 태우신 사건은 레위기 9장에서 대제사장으로 처음 세워진 아론이 앞장서서 온 이스라엘 백성을 대신해 제사를 드렸을 때 일어난 사건이기도 합니다. 역대지는 다윗의 인구조사에서 비롯된 이 사건에 관해 하나님께서 하나님께 예배하며 제사드릴 장소로 오르난의 타작마당을 택하셨다고 여겼고, 다윗의 말은 그것을 보여줍니다. 다윗의 죄악으로 시작된 상황이었지만, 하나님께서 그 백성 가운데 거하시는 성전 터를 확정하는 것으로 마무리되는 이 본문은 사람의 죄악에도 마침내 그것을 영화롭고 좋은 것으로 바꾸시는 하나님의 행하심과 은혜를 잘 보여줍니다.

아주 웅장하여, 그 화려한 명성을 온 세상에 떨쳐야 하니, 내가 성전 건축 준비를 해두어야 하겠다.” 그래서 그는 죽기 전에 준비를 많이 하였다.

6 ○ 그런 다음에, 다윗이 그의 아들 솔로몬을 불러서, 주 이스라엘의 하나님을 모실 성전을 지으라고 부탁하였다. 7 다윗이 아들 솔로몬에게 말하였다. “아들아, 나는 주 나의 하나님의 이름을 위하여 성전을 지으려고 하였다. 8 그러나 주님께서 나에게 말씀하셨다. ‘너는 많은 피를 흘려가며 큰 전쟁을 치렀으니, 나의 이름을 위하여 성전을 건축할 수 없다. 너는 내 앞에서 많은 피를 땅에 흘렸기 때문이다. 9 보아라, 너에게 한 아들이 태어날 것인데, 그는 평안을 누리는 사람이 될 것이다. 내가 사방에 있는 그의 모든 적으로부터, 평안을 누리도록 해주겠다. 그러므로 그의 이름을 솔로몬이라 지어라. 그가 사는 날 동안, 내가 이스라엘에 평화와 안정을 줄 것이다. 10 그가 내 이름을 위하여 성전을 건축할 것이다. 그는 내 아들이 되고,

직접 지을 수도 없고, 공사 과정이나 완공을 지켜볼 수도 없는 성전을 위해 지극 정성을 들이는(2–4절) 이유는 무엇입니까? 역대지 저자는 예루살렘에 세워지는 성전이 다윗과 솔로몬 두 사람에 의해 준비되고 완성되었다는 점을 알리고자 합니다. 다윗이 솔로몬을 불러서 마지막 당부를 하는 이 본문의 핵심은 정치나 경제, 군사적 상황에 대한 것이 아니라, 오직 성전 건축입니다. 이를 위해 다윗은 솔로몬에게 “강하라, 굳건하라, 두려워 말라, 겁내지 말라”(13절) 권합니다. 이러한 당부는 여호수아가 처음 이스라엘을 이끌게 되었을 때 하나님께서 이르신 권면과 비슷합니다(수 1:1–9). 모세의 권위가 여호수아에게로 옮겨지고, 이제 다윗의 권위는 솔로몬에게 옮겨집니다. 역대지 저자는 다윗이 모세처럼 이스라엘의 신앙과 제사 제도의 기틀을 마련한 사람이라는 점을 강조합니다. 다윗과 솔로몬의 가장 중요한 치적으로 성전 건축을 위한 준비와 건설을 제시하면서, 이스라엘이 그 무엇보다도 하나님을 예배하고 제사하는 백성임을 부각시키고 있습니다.

나는 그의 아버지가 되어, 이스라엘을 다스리는 그의 왕위가 영원히 흔들리지 않고 튼튼히 서게 해줄 것이다.'

11 ○ 내 아들아, 이제 주님께서 너와 함께하셔서, 주님께서 너를 두고 말씀하신 대로, 주 너의 하나님의 성전을 무사히 건축하기를 바란다. 12 그리고 부디 주님께서 너에게 지혜와 판단력을 주셔서, 네가 주 하나님의 율법을 지키며, 이스라엘을 잘 다스릴 수 있도록 해주시기를 바란다. 13 네가 주님께서 모세를 시켜 이스라엘에게 명하신 율례와 규례를 지키면, 성공할 것이다. 강하고 굳건하여라. 두려워하지 말고, 겁내지 말아라. 14 내가 주님의 성전을 지으려고, 금 십만 달란트와, 은 백만 달란트를 준비하고, 놋과 쇠는 너무 많아서 그 무게를 다 달 수 없을 만큼 준비하고, 나무와 돌도 힘들여 준비하였다. 그러나 네가 여기에 더 보태야 할 것이다. 15 너에게는 많은 일꾼이 있다. 채석공과 석수와 목수와 또 모든 것을 능숙히 다룰 줄 아는 만능 기능공들이 있다. 16 금과 은과 놋과

나라를 세우기 위해 피를 흘려가며 싸웠다는 사실이(8절) 어떻게 성전을 짓지 못할 사유가 될 수 있습니까? 앞서 다윗이 성전을 짓고자 했으나 하나님께서 나단 예언자를 통해 이를 막으셨다고 전했던 역대지는 이제 22장에서 그 구체적인 사유로 다윗이 치렀던 많은 전쟁과 그로 인해 흘린 피를 언급합니다. 다윗이 치렀던 전쟁과 대조적으로 제시되는 것이 그의 아들 솔로몬입니다. 솔로몬의 시대는 모든 적들로부터 평안을 누리는 시대이고, 역대지 저자는 솔로몬이라는 이름 역시 '평화'를 의미하는 '샬롬'에서 비롯되었다고 알려줍니다. 솔로몬의 시대는 '평화와 안정의 시대'입니다(9절). 다윗의 전쟁은 이스라엘을 위해 필요했으니, 무조건 나쁘다 하기는 어렵습니다. 다윗에게는 다윗의 역할이 있고, 솔로몬에게는 솔로몬의 역할이 있을 것입니다. 다만 역대지에서 하나님께서는 하나님의 성전은 '평화'의 상징임을 분명히 알려주십니다. 역대지는 성전을 이용해 전쟁하고 자기 이익을 확장시키는 일은 있을 수 없으며, 성전은 어디까지 평화를 상징하는 장소라고 증언합니다.

쇠가 무수히 많으니, 일어나서 일을 시작하여라. 주님께서 너와 함께하시기를 빈다."

17 ○ 그런 다음에, 다윗은 이스라엘 모든 지도자에게 그의 아들 솔로몬을 도우라고 당부하였다. **18** "주 당신들의 하나님께서 당신들과 함께 계셔서, 당신들에게 사방으로 평화를 주시지 않았습니까? 그리고 이 땅 주민을 나에게 넘겨주어, 이 땅 사람들을 주님과 그의 백성 앞에 굴복시키셨습니다. **19** 이제 당신들은 마음과 정성을 다하여 주 당신들의 하나님을 찾고, 일어나서 주 하나님의 성전을 건축하십시오. 그래서 주님의 언약궤와 하나님의 거룩한 기구들을 옮겨와서, 주님의 이름을 위하여 건축한 성전에 들여놓도록 하십시오."

{ 제23장 }

1 다윗은 나이를 많이 먹어서 늙었을 때에, 아들 솔로몬을 이
스라엘의 왕으로 세웠다.

레위 사람의 일

2 ○ 다윗 왕은 이스라엘 모든 지도자와 제사장과 레위 사람
을 불러 모았다. **3** 서른 살이 넘은 레위 사람의 인구를 조사
하였는데, 남자의 수가 모두 삼만 팔천 명이었다. **4** 이 가운
데 이만 사천 명은 주님의 성전 일을 맡은 사람이고, 육천 명
은 서기관과 재판관이고, **5** 사천 명은 문지기이고, 나머지 사
천 명은, 다윗이 찬양하는 데 쓰려고 만든 악기로 주님을 찬
양하는 사람이다.

6 ○ 다윗은 레위의 자손 게르손과 고핫과 므라리를, 족속을

인구조사 때문에 혼쭐이 났는데도 왜 다윗은 다시 레위 자손의 숫자를 헤아리는 (3절) 걸까요? 다윗의 인구조사는 '칼을 빼서 다룰 수 있는 사람', 즉 군사적 목적의 인구조사였다는 점에서 이스라엘을 지키시는 분이 하나님이심을 생각하지 않은 잘못된 조처였습니다. 반면 레위인은 전쟁에 동원되는 사람이 아니라, 주 하나님을 위해 성전에서 봉사하고 성전과 연관된 여러 직무를 맡는 사람들입니다. 모든 레위 인이 고르게 직무를 나누어 맡고 수행해야 한다는 점에서 전체의 숫자를 제대로 파악하는 일은 중요합니다. 제사장과 레위인을 다루는 내용이 27장까지 이어지는데, 여기에 "공평하게"(24:5), "가문의 종가이든 가장 작은 집이든, 공평하게"(24:31), "대가나 초보자나, 스승이나 배우는 사람이나, 구별을 두지 않았다"(25:8), "큰 가 문이나 작은 가문을 가리지 않고"(26:13) 같은 표현이 반복됩니다. 그래서 제사장과 레위 자손에 대한 파악은 차별하거나 배제하기 위해서가 아니라, 누구라도 함께 성 전 일을 맡기 위해서 필요했음을 잘 보여줍니다.

따라 갈래별로 나누었다.

7 ○ 게르손 족속에는 라단과 시므이가 있다. 8 라단의 아들은 족장 여히엘과 세담과 요엘, 이렇게 세 사람이다. 9 시므이의 아들은 슬로밋과 하시엘과 하란, 이렇게 세 사람이고, 이들 모두가 라단 가문의 족장이다. 10 또 시므이의 아들은 야핫과 시나와 여우스와 브리아이다. 이 네 사람도 시므이의 아들이다. 11 야핫은 족장이고, 그다음은 시사이다. 여우스와 브리아는 아들이 많지 않아서, 한 집안, 한 갈래로 간주되었다.

12 ○ 고핫의 아들은 아므람과 이스할과 헤브론과 웃시엘, 이렇게 네 사람이다. 13 아므람의 아들은 아론과 모세이다. 아론을 성별하였는데, 그와 그의 아들들은, 가장 거룩한 물건들을 영원히 거룩하게 맡아서, 주님 앞에서 분향하여 섬기며, 영원히 주님의 이름으로 복을 빌게 하려고 성별하였다. 14 하나님의 사람 모세의 아들들은 레위 지파에 등록되어 있다. 15 모세의 아들은 게르솜과 엘리에셀이다. 16 게르솜의 아들 가운데

문을 지키는 데 필요한 인원만 4천 명이라니(5절), 믿어지지 않습니다. 문지기들은 정말 문을 지키는 일만 했습니까? 문지기의 숫자도 놀랍지만, 성전 일을 수행하는 이들이 24,000명이라는 것도 놀랍습니다. 이스라엘이 광야에 머무르던 시절 인구조사에서, 태어난 지 한 달이 넘은 모든 레위인이 22,273명(민 3:43) 혹은 23,000명(민 26:62)이었던 것에 비하면, 30세 이상의 레위인이 모두 38,000명이라는 역대지의 숫자는 확실히 큽니다. 이러한 경향은 요압이 파악했던 이스라엘 모든 지파의 숫자에서도 볼 수 있습니다(대상 21:5). 구약성경에 나오는 숫자를 오늘날 그대로 받아들이기는 어렵습니다. 그저 믿으면 될 일이기도 하지만, 이러한 큰 숫자는 하나님께서 이스라엘을 번성하게 하셨음을 상징적으로 보여주는 장치로 이해할 수도 있습니다. 레위 자손의 경우, 이 숫자가 전부 투입되어 직무를 수행하지는 않았을 것입니다. 24-27장으로 볼 때 제사장, 성전 성가대, 문지기는 24개의 집단으로 나눠 돌아가면서 그 직무를 수행한 것으로 추측됩니다.

서 스브엘은 족장이다. 17 엘리에셀의 아들 가운데서는 르하뱌가 족장이다. 엘리에셀에게는 다른 아들이 없었지만, 르하뱌에게는 아들이 아주 많았다.

18 ○ 이스할의 아들 가운데서 족장은 슬로밋이다. 19 헤브론의 아들 가운데서 족장은 여리야이고, 그다음은 아마랴이고, 셋째는 야하시엘이고, 넷째는 여가므암이다. 20 웃시엘의 아들 가운데서 족장은 미가이고, 그다음은 잇시야이다.

21 ○ 므라리의 아들은 마흘리와 무시이다. 마흘리의 아들로는 엘르아살과 기스가 있다. 22 엘르아살은 아들은 없이 딸들만 남겨두고 죽었다. 그래서 그의 조카인 기스의 아들들이 그의 딸들에게 장가들었다. 23 또 무시의 아들로는 마흘리와 에델과 여레못, 이렇게 세 사람이 있다.

24 ○ 이들은, 각자의 가문별로 인구를 조사하여 이름이 기록된 레위의 자손으로서, 주님의 성전에서 섬기는 일을 하는 스무 살이 넘은 각 가문의 족장들이다.

25 ○ 다윗이 말하였다. "주 이스라엘의 하나님께서 그의 백

다윗 사후에 레위 가문 사람들의 숫자를 다시 파악하면서 조사 연령을 스무 살로 낮춘(27절) 까닭은 무엇입니까? 레위인이 언제부터 자신의 직무를 시작하는가에 대해 구약성경에 기록된 내용이 조금씩 다릅니다(민 4:3, 23, 30; 대상 23:3에는 30세 이상으로, 민 8:24에는 25세부터, 대상 23:24, 27; 대하 31:17; 라 3:8에는 20세 이상으로 기록). 서로 모순처럼 보이는 이 진술들이 모두 구약성경 안에 존재한다는 것은 고대 이스라엘에서 레위인의 직무 시작 연령이 고정적이지 않았음을 의미합니다. 특히 역대지상 23장은 예루살렘 성전이 세워진 사건과 연관해 레위인의 직무 시작 연령의 변화를 보여줍니다. 이전에는 성막의 이동에 따라 레위인이 모든 물건을 메고 날라야 하기에 어느 정도 나이가 필요했지만, 예루살렘 성전을 건축한 이후에는 더 이상 물건을 메고 나를 필요가 없어졌으니 직무 시작 연령이 20세로 낮아졌을 수 있습니다.

성에게 평안을 주시고, 예루살렘에 영원히 계실 것이므로, **26** 레위 사람이 다시는 성막과 그를 섬기는 모든 기구를 멜 필요가 없다." **27** 다윗의 유언에 따라 스무 살이 넘은 레위 자손을 조사하였다. **28** 그들의 임무는 아론의 자손을 도와 주님의 성전과 뜰과 방을 보살피고 모든 거룩한 물건을 깨끗이 닦는 일, 곧 하나님의 성전에서 섬기는 일과, **29** 또 상 위에 늘 차려놓는 빵과, 곡식제물의 밀가루와, 누룩을 넣지 않고 만든 빵을 냄비로 굽는 일과, 반죽하는 일과, 저울질을 하고 자로 재는 모든 일을 맡았다. **30** 또 아침저녁으로 주님께 감사와 찬송을 드리며, **31** 안식일과 초하루와 절기에 주님께 번제를 드리되, 규례에 따라 정한 수대로, 거르지 않고 항상 주님 앞에 드리는 일을 맡았다. **32** 이렇게 그들은 회막과 성소를 보살피는 책임과, 그들의 친족 아론 자손을 도와 주님의 성전에서 섬기는 책임을 맡았다.

{ 제24장 }

제사장이 맡은 일

1 아론 자손의 갈래는 다음과 같다. 아론의 아들은 나답과 아비후와 엘르아살과 이다말이다. **2** 나답과 아비후는, 아버지보다 먼저 죽었다. 그들에게는 아들이 없었으므로, 엘르아살과 이다말이 제사장이 되었다. **3** 다윗은, 엘르아살의 자손 사독과 이다말의 자손 아히멜렉과 함께 아론 자손의 갈래를 만들어서, 그들이 할 일에 따라 직무를 맡겼다. **4** 엘르아살 자손 가운데서 족장이 될 만한 사람이 이다말 자손에서보다 더 많았으므로, 엘르아살 자손을 그 가문을 따라 열여섯 명의 족장으로, 그리고 이다말 자손은 그 가문을 따라 여덟 명의 족장으로 나누었다. **5** 성전에서 하나님의 일을 할 지도자들이 엘르아살 자손과 이다말 자손 가운데 모두 다 있으므로, 이 두 가문을 제비 뽑아, 공평하게 갈래를 나누었다. **6** 레위 사람 느다넬의 아들 서기관 스마야가, 왕과 지도자들과 제사장 사독과 아비아달의 아들 아히멜렉과 제사장과 레위 사

제사를 주관하고 지원할 조직을 정교하게 짜는 모습이 기이합니다. 이스라엘 민족에게 '제사'는 어떤 의미이기에 이렇게 공을 들입니까? 이스라엘 열두 지파 가운데 레위 지파는 아예 다른 생업을 가지지 않았고, 경작지도 받지 않되, 오직 성전 관련 일만 맡았습니다. 그리고 레위 지파 가운데서도 아론 자손만이 제사장을 맡았고, 나머지 레위 지파 사람들은 성전의 다른 여러 직무들을 각각 나누어 담당했습니다. 레위 지파의 존재, 제사장과 레위인이 맡아야 하는 일의 체계적 분류, 일을 나누어 맡는 이들에 대한 적절한 분배 등의 내용은 이스라엘의 본질이 국가가 아니라, 주 하나님을 예배하는 예배 공동체임을 분명하게 보여줍니다. 그들의 힘은 경

람 가문의 지도자들이 지켜보는 앞에서, 엘르아살과 이다말 가문 가운데서 한 집씩 제비를 뽑아, 그들의 이름을 기록하였다.

7 ○ 첫째로 제비 뽑힌 사람은 여호야립이고, 둘째는 여다야이고, 8 셋째는 하림이고, 넷째는 스오림이고, 9 다섯째는 말기야이고, 여섯째는 미야민이고, 10 일곱째는 학고스이고, 여덟째는 아비야이고, 11 아홉째는 예수아이고, 열째는 스가냐이고, 12 열한째는 엘리아십이고, 열두째는 야김이고, 13 열셋째는 훕바이고, 열넷째는 예세브압이고, 14 열다섯째는 빌가이고, 열여섯째는 임멜이고, 15 열일곱째는 헤실이고, 열여덟째는 합비세스이고, 16 열아홉째는 브다히야이고, 스무째는 여헤스겔이고, 17 스물한째는 야긴이고, 스물두째는 가물이고, 18 스물셋째는 들라야이고, 스물넷째는 마아시야이다.

19 ○ 그들은 하는 일에 따라 주님의 성전에 들어가서, 주 이스라엘의 하나님께서 그들의 조상 아론을 시켜서 지시하신 규례대로, 직무를 수행하였다.

제력이나 군사력, 행정 조직력이 아닌, 오직 주 하나님을 신뢰하고 예배하며 주님께서 명하신 규례와 명령을 행하는 것에 달려 있습니다. 이러한 무리의 존재는 사람의 능력이나 실력, 재산, 외적 조건과는 전혀 무관하게, 하나님을 신뢰하며 예배하는 이는 누구든 존립할 수 있고 승리할 수 있음을 강력하게 증언합니다. 고대 이스라엘이라는 예배 공동체는 특정 종교를 가져야 구원이 있다는 가르침이 아니라, "아무리 작고 약한 자라 할지라도 하나님을 두려워하고 신뢰하면 풍성한 삶을 살 수 있다"는 가르침을 생생하게 보여줍니다.

레위 사람 명단

20 ○ 나머지 레위 자손은, 아므람의 자손인 수바엘과 수바엘의 자손인 예드야와,

21 ○ 르하뱌의 가문에서 족장 르하뱌의 자손인 잇시야와,

22 ○ 이스할의 가문에서 슬로못과 슬로못의 자손인 야핫과,

23 ○ 헤브론의 아들 가운데서 맏아들 여리야와 둘째 아마랴와 셋째 야하시엘과 넷째 여가므암이고,

24 ○ 웃시엘의 자손인 미가와, 미가의 자손인 사밀과,

25 ○ 미가의 아우 잇시야와, 잇시야의 자손인 스가랴와,

26 ○ 므라리의 자손인 마흘리와 무시이다. 또 야아시야의 아들인 브노가 있다. **27** 므라리의 자손 야아시야 가문에 브노와, 소함과, 삭굴과, 이브리가 있고, **28** 마흘리 가문에는 엘르아살이 있다. 엘르아살에게는 아들이 없다. **29** 기스 가문에 기스의 아들 여라므엘이 있고, **30** 무시의 자손으로 마흘리와 에델과 여리못이 있다.

굳이 제비뽑기(6절) 같은 번거로운 절차를 거칠 필요가 있었을까요? 어차피 같은 임무를 맡을 텐데, 적절히 짝을 지어주면 되지 않습니까? 성전 일을 맡는다지만, 시간이 지나면서 일에 따라 사람들의 선호도가 달라질 수 있습니다. 모든 일이 다 고르게 중요한 일이지만, 선입견이나 편견 같은 것이 생겨날 수도 있습니다. 그래서 제사장과 레위 지파의 일을 배분하는 과정에 제비뽑기가 동원됩니다. 제비뽑기는 "운에 맡기자"는 의미가 아니라, "모두 소중하다"를 표현하는 방식입니다. 또한 사람의 능력이나 실력이 아닌, "누구라도 할 수 있다"를 표현하기도 합니다. "공평하게"(5절), "가문의 종가이든 가장 작은 집이든, 공평하게"(31절)라는 표현 역시 이 점을 분명히 보여줍니다. 오늘날에도 제비를 뽑아야 한다고 주장할 필요는 없지만, '모두에게 공평하게', '누구도 배제나 차별 없이'라는 제비뽑기의 정신은 여전히 매우 타당하며 중요합니다.

○ 이들이 가문별로 등록된 레위 자손이다.

31 ○ 이들도 그들의 친족인 아론 자손과 마찬가지로, 다윗 왕과 사독과 아히멜렉과 제사장과 레위 사람 가문의 족장 앞에서 제비를 뽑았다. 가문의 종가이든 가장 작은 집이든, 공평하게 제비를 뽑았다.

제사의 핵심이 규정과 절차인지, 아니면 마음인지 모르겠습니다. 19절은 의식 자체를 더 중요하게 여기는 분위기처럼 보입니다. '마음'은 제사 같은 종교적 행위의 가장 본질적이고 핵심적인 요소입니다. 하나님을 향한 우리의 믿음, 신뢰, 경외심을 표현하니까요. 그런데 이러한 마음은 하나님께서 이스라엘에게 명하신 규례와 명령에 따라 표현돼야 합니다. '형식'이라고 부를 수 있는 '규정과 절차'는 마음이라는 눈에 보이지 않는 주관적 요소를 눈에 보이는 객관적인 형태로 표현하게 합니다. 마음이 없는 형식은 무의미하되, 형식을 갖추지 않은 마음은 무질서하고 혼란스러울 것입니다. 마음이라는 본질적인 요소가 쇠퇴해버린다면, 형식은 결국 무너지고 사라질 것입니다. 반면 올바르게 지켜진 형식은 그 자체로 하나님께서 사람에게 찾으시는 내용이 무엇인지 고민하고 모색하게 합니다. 그리고 이후 세대에도 그 정신을 이어가도록 돕습니다.

{ 제25장 }

성전 찬양대

1 다윗과 군대 지도자들은, 아삽과 헤만과 여두둔의 자손들을 뽑아 세워, 수금과 거문고와 심벌즈로 신령한 노래를 부르는 직무를 맡겼다. 이 직무를 맡은 사람의 수는 다음과 같다.

2 ○ 아삽의 아들은 삭굴과 요셉과 느다냐와 아사렐라이다. 이 아삽의 아들들은 왕의 지시에 따라, 아삽의 지도를 받고 신령한 노래를 불렀다.

3 ○ 여두둔의 가문에는, 여두둔의 아들인 그달리야와 스리와 여사야와 하사뱌와 맛디디야, 이렇게 여섯이 있다. 그들은 수금을 타면서 주님께 감사하며 찬양하며 예언하는 그들의 아버지 여두둔의 지도를 받았다.

4 ○ 헤만 가문에는 헤만의 아들인 북기야와 맛다니야와 웃시엘과 스브엘과 여리못과 하나냐와 하나니와 엘리아다와 깃달디와 로맘디에셀과 요스브가사와 말로디와 호딜과 마하시

'신령한 노래를 부르는' 이들을 뽑는 일에 어째서 군대 지도자들이(1절) 나서는 걸까요? 레위인과 군대는 어울리지 않습니다. 전쟁에 참여할 수 있는 사람들의 수를 셀 때 레위인은 포함하지 않습니다(민 1:2-54; 2:32-33; 대상 21:5-6). 그런데 1절에서 '군대'로 옮겨진 히브리어는 레위인들과 연관해 성소에서의 직무 수행을 가리킬 때도 쓰입니다(민 4:3, 23절, 30절, 35절, 39절, 43절; 8:24-25). 그래서 '군대 지도자'는 '레위인의 직무 수행의 지도자'를 가리킨다고 보는 것이 맞습니다. 역대지상 15장 16절에서도 다윗이 '레위 사람의 족장들'에게 지시해 헤만, 아삽, 여두둔을 찬양대로 세웠다고 알려줍니다. 세 사람의 자손을 중심으로 모두 24개의 집단이 형성되었고, 각 집단마다 12명씩, 모두 288명의 찬양대가 세워집니다.

옷이 있다. 5 이들은 모두 왕의 선견자 헤만의 아들이다. 그의 뿔을 높이 들어주시겠다는 하나님의 말씀대로, 하나님께서는 헤만에게 열네 아들과 세 딸을 주셨다. 6 이들은 모두 그들의 아버지의 지도를 받으며 심벌즈와 거문고와 수금을 타면서, 주님의 성전에서 노래를 불렀다. 이들은 하나님의 성전에서 맡은 일을 할 때에, 왕과 아삽과 여두둔과 헤만의 지도를 받았다.

7 ○ 이들과 이들의 친족의 수는 모두 이백팔십팔 명이다. 이들은 모두 주님을 찬양하는 법을 배운, 능숙한 사람들이다.

8 ○ 이들이 제비를 뽑아서 책임을 맡을 때에는, 대가나 초보자나, 스승이나 배우는 사람이나, 구별을 두지 않았다.

9 ○ 첫째로 제비 뽑힌 사람은 아삽 가문의 요셉과 (그 아들과 형제 열두 명,) 둘째는 그달리야와 그 형제와 아들 열두 명, 10 셋째는 삭굴과 그 아들과 형제 열두 명, 11 넷째는 이스리와 그 아들과 형제 열두 명, 12 다섯째는 느다냐와 그 아들과 형제 열두 명, 13 여섯째는 북기야와 그 아들과 형제 열두 명, 14 일곱째는 여사렐라와 그 아들과 형제 열두 명, 15 여덟째는

"뿔을 높이 든다"(5절)는 말은 무슨 뜻이며, 많은 자녀를 두는 일과는 어떤 연관이 있습니까? 히브리어에서 "뿔을 높이 든다"는 표현은 대개 '존귀하게 하다, 자랑스럽게 만들다, 강하게 하다'와 같은 의미를 지닙니다. 하나님께서 누군가의 뿔을 높이 드시는 것은 하나님께서 그를 존귀하고 위대하게 세우신다는 것을 의미합니다(예, 삼상 2:1; 시 75:10; 89:17, 24; 92:10; 112:9; 애 2:17). 그래서 하나님께서 헤만의 뿔을 높이 드셨다는 것은 헤만에게 축복하셨다는 의미로 이해할 수 있고, 그 축복은 많은 자녀들로 나타났습니다. 자녀는 종종 하나님의 축복을 상징합니다(예, 시 127:3-5). 그러나 5절은 성전 성가대와 연관된 문맥이라는 점에서, "뿔을 높이 들다"가 개역개정 성경이 번역한 것처럼 말 그대로 "나팔을 불다"를 의미할 수도 있습니다.

여사야와 그 아들과 형제 열두 명, 16 아홉째는 맛다니야와 그 아들과 형제 열두 명, 17 열째는 시므이와 그 아들과 형제 열두 명, 18 열한째는 아사렐과 그 아들과 형제 열두 명, 19 열두째는 하사뱌와 그 아들과 형제 열두 명, 20 열셋째는 수바엘과 그 아들과 형제 열두 명, 21 열넷째는 맛디디야와 그 아들과 형제 열두 명, 22 열다섯째는 여레못과 그 아들과 형제 열두 명, 23 열여섯째는 하나냐와 그 아들과 형제 열두 명, 24 열일곱째는 요스브가사와 그 아들과 형제 열두 명, 25 열여덟째는 하나니와 그 아들과 형제 열두 명, 26 열아홉째는 말로디와 그 아들과 형제 열두 명, 27 스무째는 엘리아다와 그 아들과 형제 열두 명, 28 스물한째는 호딜과 그 아들과 형제 열두 명, 29 스물두째는 깃달디와 그 아들과 형제 열두 명, 30 스물셋째는 마하시옷과 그 아들과 형제 열두 명, 31 스물넷째는 로맘디에셀과 그 아들과 형제 열두 명이 뽑혔다.

성전에서 노래하는 일에 동원되는 인원이 너무 많은 게 아닐까요? 이스라엘의 예배에서 노래는 얼마나 중요한 역할을 합니까? "신령한 노래를 부르다"로 번역된 히브리어는 다른 곳에서는 늘 "예언하다"로 옮겨집니다. 5절에서 헤만은 '선견자'로 불리는데, 이 칭호는 하나님께서 나타내시는 특별한 환상을 보고 앞일을 선포하는 사람을 가리키며, 큰 범주에서 예언자의 한 형태라고 할 수 있습니다. 그런데 역대지하 29장 30절에서는 아삽, 역대지하 35장 15절에서는 여두둔이 선견자라고 불립니다. 결국 찬양대의 세 지도자는 모두 선견자로 불렸으며, 그들이 이끄는 성가대는 '신령한 노래를 부르는 이들', 즉 '예언하는 이들'입니다. 하나님의 영이 임해 예언을 하게 될 때 악기를 연주하는 경우가 허다하고(삼상 10:5; 왕하 3:15), 레위인에게 하나님의 말씀이 임하는 경우도 있습니다(예, 대하 20:14). 그러므로 고대 이스라엘에서 레위 사람으로 이루어진 성가대의 악기 연주와 노래, 찬양은 그 자체로 '예언', 즉 하나님의 말씀으로 여겨졌음을 짐작할 수 있습니다. 성전 성가대는 예언이 제도화된 경우라 볼 수 있습니다. 오늘날에도 종종 성가대의 찬양을 통해 개인이나 공동체를 향한 하나님의 뜻을 깨닫기도 합니다.

{ 제26장 }

성전 문지기

1 문지기의 갈래는 다음과 같다. 고라 가문에서는, 아삽의 자손인 고레의 아들 므셀레먀와, **2** 므셀레먀의 아들인 맏아들 스가랴와, 둘째 여디아엘과, 셋째 스바댜와, 넷째 야드니엘과, **3** 다섯째 엘람과, 여섯째 여호하난과, 일곱째 엘여호에내이다.

4 ○ 오벳에돔의 아들은, 맏아들 스마야와, 둘째 여호사밧과, 셋째 요아와, 넷째 사갈과, 다섯째 느다넬과, **5** 여섯째 암미엘과, 일곱째 잇사갈과, 여덟째 브울래대이다. 하나님께서 오벳에돔에게 이와 같이 복을 주셨다.

6 ○ 오벳에돔의 아들 스마야도 아들들을 낳았다. 그들은 용맹스러운 사람들이었으므로, 그들 가문의 지도자가 되었다. **7** 스

'갈래'(1절)라는 말은 함께 활동하는 '팀'이나 '조'와 같은 의미로 생각해도 될까요? 그렇게 생각할 수 있습니다. 레위 사람들을 처음 모았을 때부터 다윗은 레위 자손을 게르손, 고핫, 므라리에 따라 각각의 '갈래'로 나누었습니다(23:6). 이렇게 해서 제사장은 모두 24개의 갈래로 나누어 직무를 수행합니다(24:1, 7-18). 그다음 성가대로 세워진 레위인들 역시 24개의 갈래로 나누어집니다(25:9-31). 26장에서는 문지기 역시 24개의 갈래로 나뉘어 곳곳에 배치되는 것을 볼 수 있습니다(17-19절). 이렇게 갈라 배치할 때 "큰 가문이나 작은 가문을 가리지 않고" 제비를 뽑았습니다(13절). 가문에 따라 차별을 두지 않으며, 혹시라도 이권이나 권력이 개입되지 않도록 하는 제도가 제비뽑기입니다. 제비를 뽑아 배치한다는 것은 개개인의 능력이 그다지 중요하지 않다는 것을 의미하기도 합니다. 주님의 성전 일은 능력 있는 사람을 중심으로 굴러가는 것이 아니라, 누구에게든 일할 곳이 주어지고 누구라도 제 몫을 수행할 수 있습니다.

마야의 아들은 오드니와 르바엘과 오벳과 엘사밧이다. 엘사밧의 형제 엘리후와 스마갸는 유능한 사람이다.

8 ○ 이들이 모두 오벳에돔의 자손이다. 그들과 그 아들과 형제들은 맡은 일을 할 수 있는 능력을 가진 용맹스러운 사람들이다. 오벳에돔 집안에 딸린 사람은 예순두 명이다.

9 ○ 므셀레먀의 아들과 형제들도 용맹스러운 사람들이며, 모두 열여덟 명이다.

10 ○ 므라리의 자손인 호사의 아들 가운데서는 시므리가 족장이다. 시므리는 맏아들은 아니었으나, 그의 아버지가 그를 우두머리로 삼았다. 11 둘째는 힐기야이고, 셋째는 드발리야이고, 넷째는 스가랴이다. 호사의 아들과 형제는 모두 열세 명이다.

12 ○ 이 문지기 갈래의 우두머리들과 형제들 모두에게 주님의 성전을 섬기는 임무를 맡겼다. 13 그들은 큰 가문이나 작은 가문을 가리지 않고, 그들의 가문을 따라 제비를 뽑아, 각 문을 맡았다. 14 셀레먀는 동쪽 문에 뽑혔고, 그의 아들 스가랴는 슬기로운 참모인데, 사람들이 제비를 뽑은 결과 북쪽 문에 뽑혔다. 15 오벳에돔은 남쪽 문에 뽑히고, 그의 아들들은 곳간에

성전 곳간과 성물 곳간은(20절) 어떤 차이가 있습니까? 각각 무얼 보관하는 창고입니까? 성전 곳간은 성전에 속한 여러 기구와 그릇 같은 비품들, 그리고 곡식 가루, 구운 빵, 기름, 유향, 향품, 저울과 자(9:26-32; 23:26-29) 등을 보관하는 공간이었을 것입니다. '성물'은 주 하나님께 바쳐진 것들을 모두 아우르는 표현이기도 하지만, 26-28절은 특별한 경우에 사람들이 성소에 바친 것들을 가리킨다고 알려 줍니다. 그래서 당시 성소에는 다윗 왕과 다윗의 여러 신하들, 예언자 사무엘, 이전 왕이었던 사울과 그의 신하 아브넬 등이 바친 것들이 있었습니다. '성물 곳간'을 맡은 이들은 이렇게 바쳐진 물건을 잘 관리하고, 필요할 때 사용하는 역할을 수행했

뽑혔다. 16 숩빔과 호사는 서쪽 문과 올라가는 길가에 있는 살래겟 문의 문지기로 뽑혀, 두 문을 다 지켰다. 17 이렇게 하여, 레위 사람이 동쪽 문에 여섯 사람, 북쪽 문에 매일 네 사람, 남쪽 문에 매일 네 사람, 곳간에는 각각 두 사람씩, 18 서쪽 문의 회랑에 네 사람, 길가의 회랑에 두 사람이 배치되었다. 19 이들은 고라 자손과 므라리 자손의 문지기 갈래이다.

성전 관리인

20 ㅇ 레위 사람 가운데 다른 사람들은 하나님의 성전 곳간과 성물 곳간을 맡았다. 21 게르손 자손인 라단 자손 곧 게르손 사람 라단 가문의 족장은 여히엘리이다. 22 여히엘리의 아들은 세담과 그 아우 요엘이며, 이들은 주님의 성전 곳간을 맡았다. 23 ㅇ 아므람과 이스할과 헤브론과 웃시엘의 자손에서는 24 모세의 아들인 게르솜의 자손 스브엘이 곳간의 책임자이다. 25 그의 아우인 엘리에셀에게는 그의 아들 르하뱌와, 르하뱌의 아들 여사야와, 여사야의 아들 요람과, 요람의 아들 시그리와, 시그리의 아들 슬로못이 있다. 26 이 슬로못이 그의 가족

습니다. 이렇게 성소에 바친 물건을 관리하는 이가 따로 있었다는 데서, 고대 이스라엘에서는 사람들이 하나님께 바친 것들을 매우 신중하고 조심스럽게 관리했음을 짐작할 수 있습니다. 그 크기가 크건 작건, 마음을 드려 바친 것이니 결코 함부로 다루거나 쉽게 다루지 않았던 것입니다.

들과 함께 성물을 보관한 모든 곳간을 관리하였다. 이 성물은 다윗 왕과 족장들과 천부장과 백부장과 군대 지휘관들이 구별하여 바친 물건들이다. 27 그들은 전쟁에서 빼앗은 물건들을 주님의 성전 건축과 수리를 위하여 구별하여 바쳤다. 28 선견자 사무엘, 기스의 아들 사울, 넬의 아들 아브넬, 스루야의 아들 요압이 구별하여 바친 모든 성물도 슬로못과 그의 가족들이 관리하였다.

다른 레위 사람들의 직무

29 ○ 이스할 사람 그나냐와 그의 아들들은 서기관과 재판관으로서, 이스라엘의 일반 행정을 담당하였다.

30 ○ 헤브론 사람 하사뱌와 그의 형제 가운데서 유능한 사람 천칠백 명이 요단강 서쪽의 이스라엘을 관리하며, 주님의

제사를 주관하고 성전을 관리하는 일을 맡은 레위 가문 사람들에게 일반 행정 업무까지(29절) 보게 한 목적은 무엇입니까? 이스라엘 열두 지파 가운데 레위 지파만 경작할 땅을 받지 않았습니다. 그리고 나머지 열한 지파가 땅을 경작하는 일, 그리고 외적에 맞서 전쟁하는 일을 맡습니다. 레위 지파는 온 이스라엘을 대신해 하나님을 예배하고 섬기는 성소 관련 일을 맡았다는 점에서, '공공을 위한' 지파라고 할 수 있습니다. 그렇기에 성소 관련 일뿐만 아니라 성전 바깥의 이스라엘 전체를 위한 행정적인 일도 맡게 했던 것으로 추측됩니다. 자신들 소유의 땅이 없기에, 레위인들은 지파 간에 갈등이나 문제가 생길 경우 객관적이고 중립적으로 일을 처리할 수도 있습니다. 레위인이 맡는 물품 가운데 저울과 자도 있는데(23:29), 이 역시 레위인의 중립적이고 공정한 역할을 반영합니다. 거기에 재판도 맡았습니다. 재판 역시 누군가에게 치우치지 않고 수행해야 하는 매우 중요한 일이라는 점에서, 레위인이 적임이라 할 수 있습니다. 레위인들이 성소 관련 일만이 아니라 일반 행정과 재판 업무까지 맡았다는 점은 성소 관련 일이나 행정, 재판 업무가 차등이 없으며, 모두 중요하고 거룩한 영역임을 깨닫게 합니다.

모든 일과 왕을 섬기는 일을 담당하였다. **31** 헤브론 사람의 족장은 여리야이다. 다윗이 통치한 지 사십 년이 되던 해에, 헤브론의 족보와 가문을 따라, 길르앗의 야스엘에서 사람들을 조사하여 용사를 찾아냈다. **32** 그의 친족 이천칠백 명은 용사들이며, 이들은 모두 족장이었다. 다윗 왕이 그들을 르우벤과 갓과 므낫세 반쪽 지파의 관리자로 세워, 하나님의 모든 일과 왕의 일을 담당하게 하였다.

요단강 서쪽보다 동쪽에 용사들이 더 많이 포진하고 있습니다(30, 32절). 동쪽이 군사적으로 더 중요하거나 인구가 더 많았기 때문입니까? 요단강 동쪽에 자리한 르우벤, 갓, 므낫세 절반 지파의 인구는 확실히 요단강 서쪽보다 적었습니다. 그런 점에서 더 많은 수의 레위인이 동쪽에 배치되었다는 진술은 확실히 이상합니다. 오늘 우리가 알지 못하는 어떤 이유가 있었거나, 성소와 왕궁을 비롯한 여러 시설과 사람들이 있는 서쪽 지역에 비해 상대적으로 열악한 동쪽에 더 많은 레위인을 배치한 것일 수 있습니다. 이스라엘의 모든 중요한 일들이 서쪽을 중심으로 이루어졌다는 점에서, 동쪽에 많은 레위인을 배치하도록 한 역대지의 진술은 아마도 '약한 곳일수록 더욱 세밀하게' 보완하려는 의도를 표현한 것일 수도 있습니다. 비교적 더 약하게 보이는 지체에게 더 풍성한 명예를 덧입히고 볼품없는 지체를 더 아름답게 꾸며준다는(고전 12:22-23) 원칙도 연관해 궁리해볼 만합니다.

{ 제27장 }

군대와 시민

1 이스라엘 자손 가운데서 각 갈래에 부과된 모든 일을 하면서 왕을 섬기는, 각 가문의 족장과 천부장과 백부장과 서기관의 수는 다음과 같다. 그들은 한 해에 한 달씩 번갈아가며 근무를 하였는데, 한 갈래는 이만 사천 명씩이다.

2 ○ 첫째 달에 복무할 첫째 갈래의 지휘관은 삽디엘의 아들 야소브암이며, 그의 갈래에는 이만 사천 명이 있다. 3 그는 베레스의 자손으로서, 정월에 복무하는 모든 부대 지휘관의 우두머리이다. 4 둘째 달에 복무할 둘째 갈래의 지휘관은 아호아 사람 도대이며, 그 갈래의 부지휘관은 미글롯이다. 그의 갈래에는 이만 사천 명이 있다. 5 셋째 달에 복무할 셋째 갈래의 지휘관은 여호야다의 아들 브나야이다. 그의 갈래에는 이만 사천 명이 있다. 6 바로 이 브나야가 서른 명의 용사 가운데 하나로서 서른 명을 지휘하였다. 그의 아들 암미사밧은 그 갈래의 부지휘관이다. 7 넷째 달에 복무할 넷째 갈래의 지휘

한 갈래가 복무하는 동안(1절) 다른 갈래는 무슨 일을 합니까? 진영에서 군사 훈련을 받으며 대기합니까? 다윗과 솔로몬 시대의 군대가 어떻게 운영되었는지에 관해 우리가 검토할 수 있는 자료가 극히 제한적이라 정확히 말하기는 어렵습니다. 27장 1절이 '왕을 섬기는' 지도자들을 언급한다는 점에서, 15절까지의 목록은 왕궁을 위해 배치되는 군대의 순서를 다룬 것일 수 있습니다. 그래서 다윗의 왕궁 주변을 지키는 24,000명을 제외한 나머지 군대 역시 상비군으로 존재했을 것으로 생각됩니다. 여기에서 언급되는 지휘관들은 다윗의 용사들 목록인 역대지상 11장 10–47절(또한 삼하 23:8–39)에서도 약간의 차이가 있지만 모두 찾아볼 수 있습니다.

관은 요압의 동생 아사헬이다. 그의 아들 스바댜가 부지휘관
이다. 그의 갈래에는 이만 사천 명이 있다. 8 다섯째 달에 복
무할 다섯째 갈래의 지휘관은 이스라 사람 삼훗이다. 그의 갈
래에는 이만 사천 명이 있다. 9 여섯째 달에 복무할 여섯째 갈
래의 지휘관은 드고아 사람 익게스의 아들 이라이다. 그의 갈
래에는 이만 사천 명이 있다. 10 일곱째 달에 복무할 일곱째
갈래의 지휘관은 에브라임 자손인 발론 사람 헬레스이다. 그
의 갈래에는 이만 사천 명이 있다. 11 여덟째 달에 복무할 여
덟째 갈래의 지휘관은 세라 족속에 속한 후사 사람 십브개이
다. 그의 갈래에는 이만 사천 명이 있다. 12 아홉째 달에 복무
할 아홉째 갈래의 지휘관은 베냐민 지파의 아나돗 사람 아비
에셀이다. 그의 갈래에는 이만 사천 명이 있다. 13 열째 달에
복무할 열째 갈래의 지휘관은 세라 족속에 속한 느도바 사람
마하래이다. 그의 갈래에는 이만 사천 명이 있다. 14 열한째
달에 복무할 열한째 갈래의 지휘관은 에브라임 자손인 비라

**가나안의 여러 나라를 정복해 몸집이 불어난 이스라엘을 어떻게 24,000명으로 지
킬 수 있습니까? 국방 계획이 너무 허술한 게 아닐까요?** 왕궁을 지키는 군대가
24,000명일 것으로 추측되고, 전체 군대의 숫자는 288,000명입니다. 고대 세계에
서 이 정도의 군사력이면 매우 많은 숫자일 것입니다. 그런데 24,000이라는 숫자
는 12의 배수라는 점에서, 얼마나 실제적인 숫자였는지는 확언하기 어렵습니다. 일
년이 열두 달이기도 하지만, 이스라엘은 '열두 지파'에서 비롯됩니다(2:1-2). 그래서
이 군대의 숫자는 정확한 통계라기보다는, '온 이스라엘'이 함께 참여했음을 상징하
는 숫자였을 것입니다. 레위인과 제사장에 대한 명단과 통계 이후에 '온 이스라엘'
로 이루어진 군대의 통계와 명단이 이어지는 역대지의 배열은 다윗의 세상을 하나
님을 예배하는 공동체로 그려갑니다. 성전 건축을 위한 기본 준비와 더불어 성전
제사 제도를 확립하고 이스라엘 전체의 틀을 마련하는 것, 이 모든 것이 다윗으로
부터 비롯되었다는 점을 역대지는 전하고자 합니다.

돈 사람 브나야이다. 그의 갈래에는 이만 사천 명이 있다. 15 열두째 달에 복무할 열두째 갈래의 지휘관은 옷니엘 자손의 느도바 사람 헬대이다. 그의 갈래에는 이만 사천 명이 있다.

각 지파의 영도자들

16 ○ 이스라엘 각 지파의 영도자들은 다음과 같다. 르우벤 지파의 영도자는 시그리의 아들 엘리에셀이고, 시므온 지파의 영도자는 마아가의 아들 스바댜이고, 17 레위 지파의 영도자는 그무엘의 아들 하사뱌이고, 아론 지파의 영도자는 사독이고, 18 유다 지파의 영도자는 다윗의 형 엘리후이고, 잇사갈 지파의 영도자는 미가엘의 아들 오므리이고, 19 스불론 지파의 영도자는 오바댜의 아들 이스마야이고, 납달리 지파의 영도자는 아스리엘의 아들 여레못이고, 20 에브라임 지파의 영도자는 아사시야의 아들 호세아이고, 므낫세 반쪽 지파의 영도자는 브

16-22절에 적힌 이스라엘 지파들의 명단이 수상합니다. 아셀 지파와 갓 지파는 사라지고, 듣도 보도 못했던 아론 지파가 등장합니다. 역대지상 2장 1-2절에 야곱, 즉 이스라엘의 열두 아들의 이름을 언급합니다. 그다음부터 열두 지파의 족보와 명단을 8장까지 길게 다루지만, 주로 유다 지파와 레위 지파에 상당한 분량을 할애했고, 단 지파와 스불론 지파는 빠졌습니다. 12장에서는 다윗의 군대에 합류한 이스라엘 열두 지파 출신을 열거하는데, 여기에는 열두 지파 모두 언급되었습니다. 반면 27장 16-22절에서는 레위 지파를 레위 자손과 아론 자손으로 구분하고, 므낫세 지파를 동쪽과 서쪽의 절반씩 별개로 언급하되, 갓과 아셀은 언급하지 않았습니다. 이미 역대지는 레위 지파 중에서 아론 자손이 제사장의 직무를 수행하고 나머지 레위 자손은 제사장과 더불어 성소 관련 여러 일을 수행하는 것으로 구분했습니다. 므낫세 지파가 둘로 다루어진 것을 고려하면, 결국 16-22절은 모두 12개의 이름이 나열되었습니다. 이처럼 명단이 나올 때마다 의도하는 것은 '온 이스라엘'입니다.

다야의 아들 요엘이고, 21 길르앗에 있는 므낫세 반쪽 지파의 영도자는 스가랴의 아들 잇도이고, 베냐민 지파의 영도자는 아브넬의 아들 야아시엘이고, 22 단 지파의 영도자는 여로함의 아들 아사렐이다. 이들이 이스라엘 각 지파의 영도자이다.

23 ○ 주님께서 이스라엘 사람을 하늘의 별만큼 많게 해주겠다고 약속하셨기 때문에, 다윗이 스무 살 이하의 사람 숫자는 조사하지 않았다. 24 스루야의 아들 요압이 인구조사를 시작하였으나, 이 일 때문에 주님께서 이스라엘에게 진노하셨으므로 끝마치지 못하였다. 그래서 인구조사 결과가 다윗 왕의 실록에 기록되지 못하였다.

왕실 재산 관리자

25 ○ 아디엘의 아들 아스마웻은 왕의 곳간을 맡고, 웃시야의 아들 요나단은 들녘과 성읍과 마을과 요새에 있는 곳간을 맡았다. 26 글룹의 아들 에스리는 밭에서 일하는 농민을 관리

이스마엘 사람과 하갈 사람은(30-31절) 야곱의 첩과 서자의 후손인가요? 그렇다면 다윗의 재산을 외부인에게 맡겨 관리했다는 뜻입니까? 이스마엘은 아브라함이 이집트 여인 하갈과의 사이에 낳은 아들입니다. 하갈 사람과 하갈 사이의 연관은 더 이상 추측할 수 있는 것이 전혀 없습니다. 시편 83편 6절에 이스라엘을 대적하는 세력으로 하갈 사람이 에돔, 이스마엘, 모압과 함께 언급된다는 점에서, 요단 강 동편의 아라비아 지역 사람으로 여겨집니다. 이스마엘과 하갈은 이방인임이 분명하지만, 다윗의 용사들 중에는 이방인들이 많았습니다. 암몬 사람 셀렉(11:39), 헷 사람 우리야(11:41), 모압 사람 이드마(11:46)가 있고, '하그리의 아들 밉할'(11:38)에서 하그리는 하갈 사람을 의미합니다. 그래서 다윗의 재산을 관리하는 신하들 가운데 이방 출신이 있다는 점은 낯설지 않습니다. 이들의 존재는 핏줄이 아니라, 누구와 함께하고 무엇을 위해 살아가는가가 본질적으로 중요하다는 점을 잘 보여줍니다.

하였다. 27 라마 사람 시므이는 포도원을 관리하고, 스밤 사람 삽디는 포도원에서 포도주 곳간을 관리하였다. 28 게델 사람 바알하난은 평야의 올리브나무와 뽕나무를 관리하고, 요아스는 기름 곳간을 관리하였다. 29 샤론 사람 시드래는 샤론에서 기르는 소 떼를 관리하고, 아들래의 아들 사밧은 골짜기에 있는 소 떼를 관리하였다. 30 이스마엘 사람 오빌은 낙타를 관리하고, 메로놋 사람 예드야는 나귀를 관리하고, 31 하갈 사람 야시스는 양 떼를 관리하였다. 이들이 다윗 왕의 재산을 관리하는 사람들이다.

다윗의 개인 고문

32 ○ 다윗의 삼촌 요나단은 고문이며 서기관이다. 그는 사리에 밝은 사람이다. 학모니의 아들 여히엘은 왕자들을 돌보았다. 33 아히도벨은 왕의 고문이고, 아렉 사람 후새는 왕의 친구가 되었다. 34 브나야의 아들 여호야다와 아비아달은 아히도벨의 후임자가 되고, 요압은 왕의 군대 총사령관이 되었다.

'왕의 친구'(33절)는 어떤 역할을 합니까? 후새를 콕 찍어 '친구'로 기록한 배경은 무엇입니까? '왕의 친구'라는 표현은 솔로몬의 신하들 목록에서도 나옵니다(왕상 4:5). 아렉 사람 후새는 다른 곳에서도 왕의 친구로 불립니다(삼하 15:37; 16:16). 동시에 그는 왕을 섬기는 종으로도 표현됩니다(삼하 15:34; 16:19). 그래서 다윗과 요나단 사이 같은 친구와는 완전히 다르다는 것을 알 수 있습니다. 반란을 일으킨 왕 시므리는 이전 왕이던 바아사의 모든 세력을 제거하되, 그의 '친구'도 제거합니다(왕상 16:11). 이삭과 우호적인 계약을 맺으려고 찾아온 블레셋 왕 아비멜렉은 '친구'와 군 사령관을 같이 데려옵니다(창 26:26). 이상의 근거들을 볼 때 '왕의 친구'는 왕의 측근 중 한 사람으로, 왕에게 조언하며 왕을 섬기는 고위 관리를 가리킨다고 볼 수 있습니다. 32–33절은 모두 다윗의 측근으로서 조언자 그룹을 소개합니다.

{ 제28장 }

다윗이 성전 건축을 지시하다

1 다윗이 이스라엘의 모든 지도자, 곧 각 지파의 지도자와, 왕을 섬기는 여러 갈래의 지휘관과, 천부장과, 백부장과, 왕과 왕자의 재산과 가축을 관리하는 사람과, 환관과, 무사와, 모든 전쟁 용사를 예루살렘으로 불러 모았다.

2 ○ 다윗 왕이 일어서서 이렇게 말하였다. "나의 형제자매인 백성 여러분, 나의 말을 들으십시오. 나는 우리 하나님의 발판이라 할 수 있는 주님의 언약궤를 모실 성전을 지으려고 준비를 하여왔습니다. 3 그러나 하나님께서는 나에게 '너는 군인으로서 많은 피를 흘렸으므로, 나의 이름을 위하여 성전을 건축할 수 없다' 하고 말씀하셨습니다. 4 주 이스라엘의 하나님께

7절은 계명과 규례를 '힘써 지키지 않으면' 아무리 '선택'을 받았더라도 아무 소용이 없다는 뜻입니까? 그렇다면 선택은 무슨 의미가 있습니까? 5절은 솔로몬이 다스릴 나라를 '주님의 나라'로 표현합니다. 그렇다면 솔로몬 같은 왕은 제멋대로 할 수 있는 자신의 나라가 아닌, '주님의 나라'를 다스리는 책임을 맡은 것입니다. 8절에서는 백성들을 두고 '주님의 회중'이라고 부르기도 합니다. 권세와 부귀영화를 누리라고 왕을 세우신 것이 아니라, 주님의 나라를 위해 주님의 회중을 다스리도록 세우신 것입니다. 이 일을 하도록 선택하셨습니다. 그래서 솔로몬과 같은 왕은 주님의 나라를 어떻게 다스릴 것인지 유념해야 하고, 주님의 계명과 규례를 잘 알고 열심히 지켜야(8절) 합니다. "하나님을 바로 알고, 온전한 마음과 기쁜 마음으로, 정성을 다하여 섬기도록 하라"(9절) 역시 같은 의미입니다. 하나님께서 자신을 선택하셨음을 굳게 믿고 온 마음으로 하나님의 계명과 규례를 행할 때, 하나님께서는 그 왕위와 나라가 영원하게 하실 것입니다. 하나님의 선택을 믿는 믿음, 그리고 하나님께서 주신 약속은 하나님의 계명과 규례를 따라 살아가는 삶의 실천이 수반될 때, 비로소 현실이 되고 성취됩니다. 믿음은 행위로 성취됩니다.

서 나의 아버지의 온 가문에서 나를 왕으로 택하여, 이스라엘을 길이길이 다스리도록 하셨습니다. 주님께서는 유다를 영도자로 택하시고, 유다 지파의 가문 가운데서 우리 아버지의 가문을 택하셨으며, 우리 아버지의 아들 가운데서 기꺼이 나를 온 이스라엘의 왕으로 삼으셨습니다. 5 또 주님께서는 나에게 여러 아들을 주시고, 그 모든 아들 가운데서 나의 아들 솔로몬을 택하여, 주님의 나라 왕좌에 앉아 이스라엘을 다스리게 하시고, 6 나에게 이렇게 말씀하셨습니다. '너의 아들 솔로몬, 그가 나의 성전을 짓고 뜰을 만들 것이다. 내가 그를 나의 아들로 삼으려고 선택하였으니, 나는 그의 아버지가 될 것이다. 7 그가 지금처럼 나의 계명과 나의 규례를 힘써 지키면, 나는 그의 나라를 길이길이 굳게 세워줄 것이다.'

8 ○ 이제 여러분은 온 이스라엘, 곧 주님의 회중이 보는 앞에서, 그리고 우리의 하나님이 들으시는 가운데서, 주 당신들의 하나님의 모든 계명을 열심히 따르고 지키십시오. 그러면 이 아름다운 땅을 차지할 수 있을 것이고, 이 땅을 당신들의 자손에게 길이길이 물려줄 수 있을 것입니다."

9 ○ "나의 아들 솔로몬아, 너는 네 아버지의 하나님을 바로 알

고, 온전한 마음과 기쁜 마음으로, 정성을 다하여 섬기도록 하여라. 주님께서는 모든 사람의 마음을 살피시고, 모든 생각과 의도를 헤아리신다. 네가 그를 찾으면 너를 만나주시겠지만, 네가 그를 버리면 그도 너를 영원히 버리실 것이다. 10 주님께서 성소가 될 성전을 짓게 하시려고 너를 택하신 사실을 명심하고, 힘을 내어 일을 하여라."

11 ○ 다윗이 현관과 건물과 곳간과 다락방과 내실과 속죄판 등의 설계도를 그의 아들 솔로몬에게 주었다. 12 또 그가 영감으로 받은 모든 것 곧 하나님의 성전 뜰과 주위의 모든 방과 하나님의 성전 곳간과 성물 곳간의 설계도를 주었다. 13 또 제사장과 레위 사람의 갈래와, 주님의 성전에서 예배드리는 모든 일과, 예배에 쓰는 모든 기구도 설명하여주었다. 14 또 모든 예배에 쓸 여러 금기구를 만드는 데 필요한 금의 무게와, 모든 예배에 쓰는 여러 은기구를 만드는 데 필요한 은의 무게와, 15 또 금등잔대와 금등잔의 무게와, 각 등잔대와 그 등잔의 무게와, 은등잔대도 마찬가지로 각 등잔대와 그 등잔의 무게를, 그 등잔대의 용도에 따라 알려주었다. 16 또 상 위에 늘 차려놓는 빵과, 차려놓는 상을 만드는 데 필요한 금의 무게와,

다(11-18절). 이를 통해 그는 다윗의 설계도와 솔로몬의 수고를 통해 지어진 성전이 주 하나님께로부터 비롯되었음을 증언하고자 합니다. 오늘날 기독교인들이 꿈이나 환상으로 하나님의 말씀을 들었다고 표현하는 것 또한, 자신이 깨달은 것이 자신만의 지혜가 아니라 하나님께서 주신 생각임을 표현하기 위한 의도이기도 합니다. 그러나 다윗이 '영감으로' 받아 하나님의 손이 친히 써서 알리신 성전이라 할지라도, 하나님께서는 처음부터 성전 짓기를 요구하지 않으셨으며, 이렇게 화려하게 건축된 성전은 결국 완전히 파괴되고 맙니다. 이를 생각하면, 우리가 하나님께 받았다는 생각 역시 언제나 틀릴 수 있다는 것을 유념해야 합니다.

은상을 만드는 데에 필요한 은의 무게도 알려주었다. **17** 또 고기를 건질 때에 쓰는 갈고리와, 대접과 주전자를 만드는 데 필요한 순금과, 금잔 곧 각 잔을 만드는 데 필요한 금의 무게와, 은잔 곧 각 은잔을 만드는 데 필요한 은의 무게도 알려주었다. **18** 또 분향단을 만드는 데 필요한 정련된 금의 무게와, 수레 곧 날개를 펴서 주님의 언약궤를 덮고 있는 그룹을 금으로 만드는 데 필요한 설계도도 알려주었다. **19** 다윗이 말하였다. "이 모든 설계에 관한 것은 주님께서 친히 손으로 써서 나에게 알려주셨다."

20 ○ 다윗은 또 그의 아들 솔로몬에게 말하였다. "너는 힘을 내고, 담대하게 일을 해나가거라. 두려워하지 말고 염려하지 말아라. 네가 주님의 성전 예배에 쓸 것들을 다 완성하기까지, 주 하나님, 나의 하나님이 너와 함께 계시며, 너를 떠나지 않으시며, 너를 버리지 않으실 것이다. **21** 그리고 제사장과 레위 사람의 갈래들이 하나님의 성전 예배에 관한 모든 일을 도울 것이며, 온갖 일에 능숙한 기술자들이 자원하여 너를 도울 것이며, 지도자들과 모든 백성이 너의 명령을 따를 것이다."

{ 제29장 }

성전 건축에 쓸 예물

1 다윗이 온 회중에게 말하였다. "하나님께서 유일하게 선택하신 나의 아들 솔로몬은, 아직 어리고 경험도 부족합니다. 그런데 이 공사는 너무나 큽니다. 이 성전은 사람의 집이 아니고, 주 하나님의 성전이기 때문입니다. 2 나는 온 힘을 기울여, 내 하나님의 성전을 지으려고 준비하였습니다. 곧 금기구들을 만들 금과, 은기구들을 만들 은과, 동기구들을 만들 동과, 철기구들을 만들 철과, 목재 기구들을 만들 목재와, 마노와 박을 보석과 꾸밀 보석과 여러 색깔의 돌과 그 밖의 여러 보석과 대리석을 많이 준비하였습니다. 3 또 내가 하나님의 성전을 사모하므로, 내가 성전을 지으려고 준비한 이 모든 것 밖에, 나에게 있는 금과 은도 내 하나님의 성전을 짓는 데에 바쳤습니다.

후계자가 어리고 미숙할수록 치켜세워서 아무도 그 자리를 넘보지 못하게 해야 할 텐데, 다윗은 정반대로 행동합니다(1절). 왜 이러는지 모르겠습니다. 솔로몬이 어리고 미숙하다는 표현은 22장 5절에도 나와서, 22-29장을 한 덩어리로 묶어줍니다. 22장 5절과 29장 1절 모두 성전 건축과 연관해 솔로몬의 부족함을 언급합니다. 이를 위해 다윗은 먼저 레위인과 제사장, 관원들의 직제를 정비했고(23-27장), 백성과 솔로몬에게 당부를 남겼으며(28:1-10), 솔로몬에게 각종 설계도를 넘겨줬고(28:11-21), 이제 온 백성 앞에서 다시 한번 성전 건축에 힘을 모을 것을 당부합니다. 그래서 앞장서서 자신이 가진 재물을 성전 건축을 위해 바치면서 백성들에게 함께할 것을 촉구합니다(29:1-5). 백성들을 대표하는 모든 지도자들도 그에 호응해 즐거이 자신의 재물을 바칩니다(29:6-9). 새로이 왕이 될 이가 부족함이 있겠지만, 이전 세대가 잘 준비하고 스스로 즐거이 참여함으로 힘을 모으면, 성전 건축과 같은 큰일이라 할지라도 능히 이루어갈 수 있음을 22-29장이 보여줍니다.

4 오빌의 금 삼천 달란트와, 정련된 은 칠천 달란트를 바쳐 성전의 벽을 입히며, 5 금기구와 은기구를 만들며, 기술공이 손으로 만드는 모든 일에 쓰게 하였습니다. 오늘 기꺼이 주님께 예물을 바칠 분은 안 계십니까?"

6 ○ 그러자 각 가문의 장들과 이스라엘 각 지파의 족장과 천부장과 백부장과 왕실 업무 관리자들이 기꺼이 바쳤다. 7 그들이 하나님의 성전 건축에 쓰도록, 금 오천 달란트와, 금 만 다릭과, 은 만 달란트와, 동 만 팔천 달란트와, 쇠 십만 달란트를 바쳤다. 8 또 보석이 있는 사람은 저마다, 게르손 사람 여히엘이 관리하는 주님의 성전 곳간에 가져다 바쳤다. 9 그들이 기꺼이 주님께 예물을 바쳤으므로, 그들이 이렇게 기꺼이 바치게 된 것을, 백성도 기뻐하고, 다윗 왕도 크게 기뻐하였다.

다윗의 감사 기도

10 ○ 그래서 다윗이 온 회중 앞에서 주님을 찬양하였다.

'다릭'(7절)은 무얼 세는 단위입니까? 잘 쓰지 않던 생소한 단위를 갑자기 꺼내 사용한 이유는 무엇입니까? 다릭은 무게를 세는 단위이면서, 페르시아 시대인 주전 6세기 후반에 도입된 화폐 단위이기도 합니다. 구약성경에서 다릭이 언급되는 본문은 모두 6세기 후반을 배경으로 한 에스라기와 느헤미야기입니다(스 2:69; 8:27; 느 7:70-72). 그래서 역대지상 29장 7절에 쓰인 '다릭'은 이 본문의 배경인 다윗 시대와는 맞지 않습니다. 물론 역사적인 기록으로는 남아 있지 않더라도 고대의 다윗 시대에 '다릭'이라는 단위가 쓰였다고 주장할 수는 있지만, 달리 근거가 없는 한 그렇게 보기는 어렵습니다. 그래서 이 구절은 역대지 저자가 자신의 시대에 쓰이는 단위를 본문에 표현한 것으로 보는 것이 자연스럽습니다. 그렇다면 역대지는 페르시아 시대의 작품임을 알 수 있습니다. 구약성경을 읽을 때, 본문이 다루는 시기와 본문이 기록된 시기를 구분하는 것은 중요합니다.

○ "주 우리 조상 이스라엘의 하나님, 길이길이 찬양을 받아주십시오! 11 주님, 위대함과 능력과 영광과 승리와 존귀가 모두 주님의 것입니다. 하늘과 땅에 있는 모든 것이 다 주님의 것입니다. 그리고 이 나라도 주님의 것입니다. 주님께서는 만물의 머리 되신 분으로 높임을 받아주십시오!

12 ○ 부와 존귀가 주님께로부터 나오고, 주님께서 만물을 다스리시며, 주님의 손에 권세와 능력이 있으시니, 사람이 위대하고 강하게 되는 것도 주님의 손에 달렸습니다. 13 우리 하나님, 우리가 지금 주님께 감사하고, 주님의 영광스러운 이름을 찬양합니다.

14 ○ 제가 무엇이며, 저의 백성이 무엇이기에, 우리가 이렇듯이 기쁜 마음으로 바칠 힘을 주셨습니까? 모든 것을 주님께서 주셨으므로, 우리가 주님의 손에서 받은 것을 주님께 바쳤을 뿐입니다. 15 주님 앞에서 우리는, 우리의 모든 조상처럼,

이미 정착해서 굳건한 왕국을 세운 다윗이 '나그네와 임시 거주민'을 자처하는(15절) 속내가 궁금합니다. 10–19절에 있는 다윗의 마지막 기도는 온통 중요한 내용으로 가득합니다. 위대함과 능력과 영광과 존귀, 나라가 주님의 것이라는 11절은 예수님께서 가르쳐주신 기도, 즉 주기도문의 마지막 문장(마 6:13)이 유래한 본문입니다. 주님께서는 사람을 위대하게도 하시고, 강하게도 하십니다(12절). 다윗과 함께하는 이들은 '나그네'나 '임시 거주민', '그림자' 같은 존재, 곧 없어져버리는 약한 존재에 불과합니다. 그러나 나라와 권세를 지니신 주님께서 다윗과 백성들에게 힘을 주셔서 기쁜 마음으로 바치게 하셨고, 하나님의 일에 참여하게 하셨습니다. 그렇기에 '어리고 미숙한' 솔로몬이라 해도, 강하게 하시고 위대하게 하시는 하나님께 순종하면 능히 성전 건축을 수행할 수 있을 것입니다. 다윗의 마지막 기도는 능력이 사람에게 달린 것이 아니라, 하나님께 있다는 것을 잘 보여줍니다. 또한 성전 건축은 그저 거대하고 웅장한 건축으로 종교심을 과시하려는 행동이 아니라, 나그네 같은 자, 작은 자를 들어 하나님의 일에 참여하게 하시며 풍성하게 하신 사건임을 잘 보여줍니다.

나그네와 임시 거주민에 불과하며, 우리가 세상에 사는 날이 마치 그림자와 같아서, 의지할 곳이 없습니다. 16 주 우리 하나님, 우리가 주님의 거룩한 이름을 위하여 주님의 성전을 건축하려고 준비한 이 모든 물건은, 다 주님의 손에서 받은 것이니, 모두 다 주님의 것입니다. 17 나의 하나님, 주님께서는 사람의 마음을 헤아리시고, 정직한 사람을 두고 기뻐하시는 줄을 제가 압니다. 나는 정직한 마음으로 기꺼이 이 모든 것을 바쳤습니다. 이제 여기에 있는 주님의 백성이 주님께 기꺼이 바치는 것을 보니, 저도 마음이 기쁩니다. 18 주, 우리 조상 아브라함과 이삭과 이스라엘의 하나님, 주님의 백성이 마음 가운데 품은 이러한 생각이 언제까지나 계속되도록 지켜주시고, 그들의 마음이 항상 주님을 향하게 해주십시오. 19 또 나의 아들 솔로몬에게 온전한 마음을 주셔서, 주님의 계명과 법도와 율례를 지키고, 이 모든 일을 할 수 있게 하시며, 내가 준비한 것으로 성전을 건축하게 해주십시오.”

20 ○ 그리고 다윗은 온 회중에게 “주 당신들의 하나님을 찬양하십시오” 하고 말하였다. 그러자 온 회중이 조상의 하나님 주님을 찬양하고, 주님과 왕에게 무릎을 꿇고 경배하였다.

솔로몬을 왕으로 삼으면서 ‘다시’(22절)라고 합니다. 이번이 두 번째라면 처음은 언제입니까? 왜 같은 절차를 두 번 밟습니까? 역대지는 하나님께서 솔로몬을 다윗의 뒤를 이을 왕으로 택하셨다고 증언합니다(22:9-10; 28:5). 그리고 다윗은 나이 많아 늙었을 때 솔로몬을 왕으로 삼았습니다(23:1). 성전 건축을 중심으로 다윗이 백성들에게 권면하며 마지막 기도를 드렸고, 온 백성은 기뻐하며 하나님께 제사드리고 하나님을 찬양했습니다. 그에 이어 주 하나님을 예배하는 온 공동체는 솔로몬을 왕으로 삼고 그에게 기름을 부었습니다. 하나님께서 택하시고 다윗이 왕으로 세웠던 솔로몬이 이제 온 백성에 의해 왕으로 추대되는 이 장면에 역대지는 ‘다시’라

21 ○ 그다음 날 백성이 주님께 제사를 드리고 또 번제를 드렸다. 수소 천 마리와 숫양 천 마리와 어린 양 천 마리와 부어 드리는 제물 등의 풍성한 제물로 온 이스라엘을 위하여 제사를 드렸다. 22 그날에, 그들은 주님 앞에서 먹고 마시며, 크게 기뻐하였다.

○ 그리고 그들은 다윗의 아들 솔로몬을 다시 왕으로 삼아 그에게 기름을 부어, 주님께서 쓰실 지도자가 되게 하고, 사독에게 기름을 부어 제사장으로 세웠다. 23 솔로몬이 그의 아버지 다윗의 뒤를 이어, 주님께서 허락하신 왕좌에 앉아 왕이 되었다. 그가 잘 다스렸으므로, 온 이스라엘이 그에게 순종하였다. 24 그리고 모든 지도자와 용사와 다윗의 다른 아들들까지도 솔로몬 왕에게 복종하였다. 25 주님께서, 온 이스라엘의 눈에 띄도록 솔로몬을 크게 높여주시고, 그 이전의 어떤 이스라엘 왕도 누리지 못한 왕국의 영화를 그에게 베풀어주셨다.

다윗 통치의 요약

26 ○ 이새의 아들 다윗이 온 이스라엘의 왕이 되어 27 이스라

는 표현을 사용했습니다. 하나님께서 택하셨다는 것으로 충분할 수 있지만, 이렇게 온 백성의 추대와 인정으로 마무리됩니다. 하나님의 택하심과 사람의 인정은 이렇게 서로 결합됩니다. 하나님의 택하심만을 내세울 것이 아니라, 자연스러운 과정을 통해 백성의 인정을 받는 것도 매우 중요합니다.

엘을 다스린 기간은 마흔 해이다. 헤브론에서 일곱 해를 다스리고, 예루살렘에서 서른세 해를 다스렸다. 28 그가 백발이 되도록 부와 영화를 누리다가, 수명이 다하여 죽으니, 그의 아들 솔로몬이 그의 뒤를 이어 왕위에 올랐다. 29 다윗 왕의 역사는 처음부터 끝까지, 선견자 사무엘의 기록과 선지자 나단의 기록과 선견자 갓의 기록에 다 올라 있는데, 30 그의 통치와 무용담 및 그와 이스라엘과 세상 모든 나라가 겪은 그 시대의 역사가 기록되어 있다.

하나님은 인간의 제한된 관념으로 설명되지 않는 분이다.

그분은 우리의 이해력에 정면으로 맞서신다.

이론상으로 그분은 지금 여기에 계시지 않는 것 같다.

그분은 너무나도 먼 바깥 그분의 세계에 피해 계신다.

그분에게 이르는 모든 문이 전부 닫혀 있는 것만 같다.

기도는 하나님과 인간의 영혼이 만나는 그 문을 여는 것이다.

기도는 그분에게나 우리에게나 하나의 도달(到達)이다.

_ 아브라함 요수아 헤셸, 〈헤셸의 슬기로운 말들〉 중에서

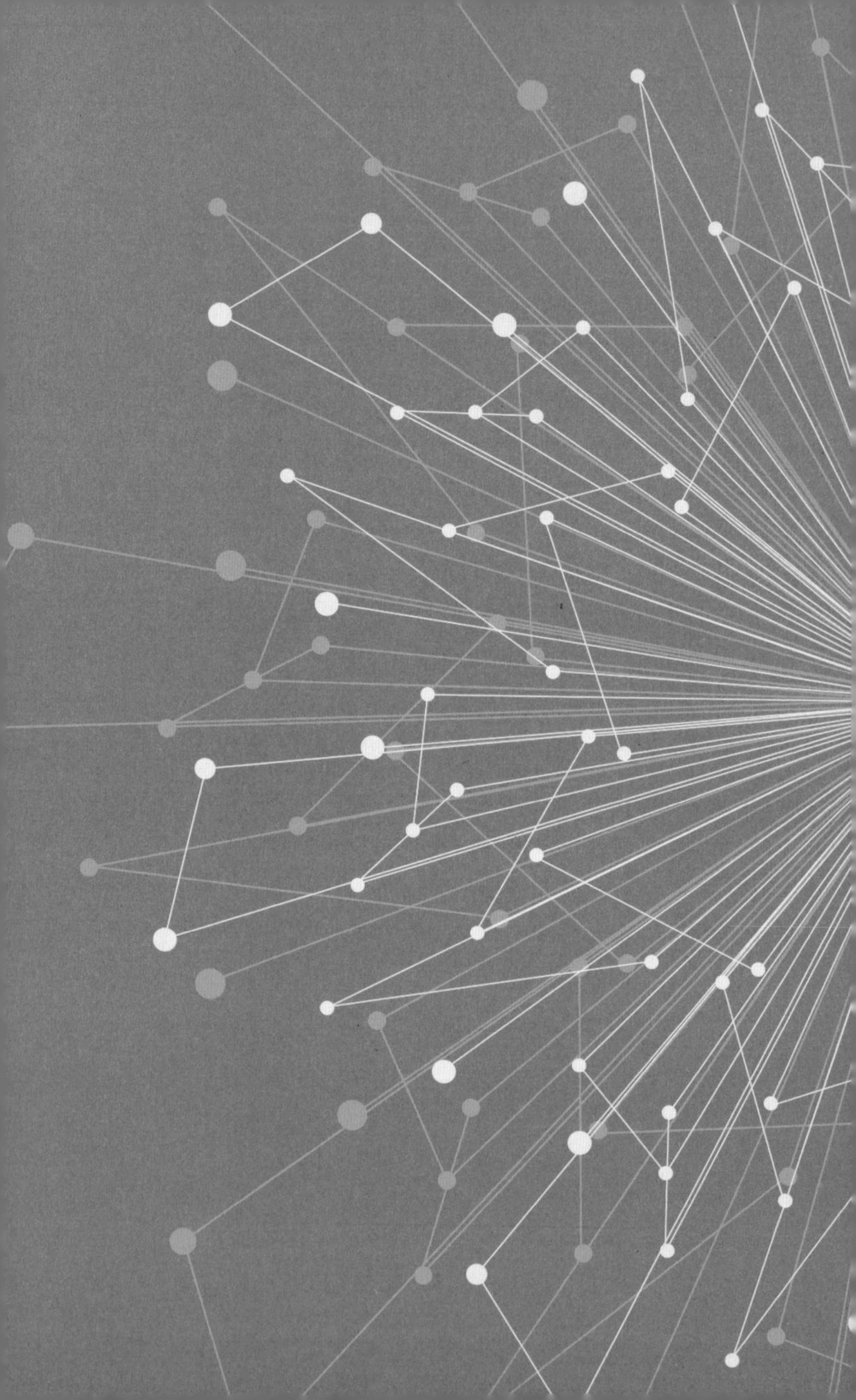

역대지하

2 Chronicles

{ 제1장 }

솔로몬 왕이 지혜를 구하다 (왕상 3:1–15)

1 다윗의 아들 솔로몬은, 자기의 왕위를 튼튼히 굳혔다. 주 하나님께서 그와 함께 계시며, 그를 크게 높여주셨다.

2 ○ 솔로몬은 온 이스라엘, 곧 천부장과 백부장과 재판관들과 온 이스라엘의 지도자들과 각 가문의 족장들을 불렀다. 3 솔로몬은 온 회중을 데리고 기브온에 있는 산당으로 갔는데, 거기에는 하나님의 회막, 곧 주님의 종 모세가 광야에서 만든 회막이 있었다. 4 그러나 하나님의 궤는, 다윗이 일찍이 예루살렘에 궤를 모실 장막을 치고, 기럇여아림에서 그리로 올려다 두었다. 5 다만 훌의 손자요 우리의 아들인 브살렐이 만든 놋제단은, 기브온에 있는 주님의 성막 앞에 있었다. 그래서 솔로몬은 회중과 함께 그리로 나아간 것이다. 6 솔로몬은 거기 주님 앞, 곧

솔로몬은 어째서 하나님의 임재를 상징하는 궤가 있는 예루살렘의 장막(4절) 대신, 기브온의 산당으로 가서(5절) 제사를 드립니까? 역대지상 16장 39–42절은 기브온 산당이 여전히 기능하고 있음을 보여줍니다. 오래도록 기럇여아림에 있었던 하나님의 궤는 다윗에 의해 예루살렘으로 옮겨졌지만, 기브온 산당에는 긴 세월 동안 전해 내려온 오래된 성막이 여전히 있었습니다. 심지어 이 산당은 모세 시대에 만들어진 것으로, 당시 브살렐이 만든 놋제단도 그곳에 있었다고 합니다(5절). 예루살렘에 궤를 모신 다윗은 예루살렘에서는 아삽이 직무를 수행하게 했고, 기브온 산당에서는 사독이 제사장 직무를, 그리고 헤만과 여두둔이 하나님을 노래하고 찬송하는 일을 수행하도록 했습니다. 그래서 솔로몬이 온 회중의 지도자들과 더불어 통치를 시작하려 할 때, 이들과 함께 큰 규모의 제사를 드리기 위해 기브온 산당으로 나아갔던 것입니다. 열왕기는 이 부분에 비판의 여지가 있는 반면(왕상 3:2–3), 역대지는 솔로몬의 기브온 산당 방문이 합당하고 합법적인 예배였음을 증언합니다.

회막 앞에 있는 놋제단으로 올라가, 번제물 천 마리를 바쳤다.
7 ○ 그날 밤 하나님께서 솔로몬에게 나타나셔서 "내가 너에게
무엇을 주기를 바라느냐? 나에게 구하여라" 하고 말씀하셨다.
8 ○ 솔로몬이 하나님께 여쭈었다. "주님께서 나의 아버지 다
윗에게 큰 은혜를 베푸셨고, 또한 나로 하여금 아버지의 뒤를
이어 왕이 되게 하셨습니다. 9 주 하나님, 이제 나의 아버지 다
윗에게 하신 말씀을 그대로 이루어주십시오. 주님께서 나를
땅의 티끌같이 많은 백성의 왕으로 삼으셨으니, 10 이제 지혜
와 지식을 나에게 주셔서, 이 백성을 인도하게 하여주십시오.
이렇게 많은 주님의 백성을 누가 다스릴 수 있겠습니까?"
11 ○ 하나님께서 솔로몬에게 말씀하셨다. "너의 소원이 그것
이구나. 부와 재물과 영화를 달라고 하지 않고, 너를 미워하는
자들의 목숨을 달라고 하지도 않고, 오래 살도록 해달라고 하
지도 않고, 오직 내가 너를 왕으로 삼아 맡긴 내 백성을 다스
릴, 지혜와 지식을 달라고 하니, 12 내가 지혜와 지식을 너에
게 줄 뿐만 아니라, 부와 재물과 영화도 주겠다. 이런 왕은 네

솔로몬이 그대로 이뤄지길 기도했던 '다윗에게 하신 말씀'(9절)의 핵심은 무엇입니까? 하나님의 궤를 둘러싼 내용은 역대지상 13-17장에서 다루는데, 성막과 제단이 있는 기브온 산당, 궤를 안치한 예루살렘의 장막, 이렇게 두 가지를 확실히 하는 것으로 마무리되었습니다. 그에 이어 하나님의 궤를 모실 집을 세우고자 했던 다윗을 향해 하나님께서는 다윗의 집안을 왕조로 세우고 그의 아들을 후계자로 세워 나라를 튼튼하게 하겠다고 약속하셨습니다(대상 17:10-14). 다윗을 향한 축복의 말씀은 많은 부분이 다윗에 이어 세워질 그의 아들에게 초점이 맞춰져 있습니다. 역대지하 1장에서 솔로몬이 언급하는 것은 바로 이러한 내용을 가리킨다고 볼 수 있습니다. 다윗에게 약속하셨던 대로, 이제 다윗의 뒤를 이은 솔로몬의 나라를 튼튼하게 세워주시기를 솔로몬이 기도합니다. 솔로몬은 이를 위해 가장 필요한 것이 올바르게 재판하는 지혜라고 생각했습니다.

앞에도 없었고, 네 뒤에도 다시 없을 것이다."

솔로몬의 부귀영화(왕상 10:26-29)

13 ○ 그런 다음에, 솔로몬은 기브온 산당에 있는 회막에서 떠나, 예루살렘으로 돌아와서, 이스라엘을 다스렸다. 14 솔로몬이 병거와 기병을 모으니, 병거가 천사백 대, 기병이 만 이천 명에 이르렀다. 솔로몬은 그들을 병거 주둔성과 왕이 있는 예루살렘에다가 나누어 배치하였다. 15 왕의 덕분에 예루살렘에는 은과 금이 돌처럼 흔하였고, 백향목은 세펠라 평원 지대의 뽕나무만큼이나 많았다. 16 솔로몬은 말들을 이집트와 구에에서 수입하였는데, 왕실 무역상들을 시켜 구에에서 사들였다. 17 병거도 이집트에서 사들였는데, 값은 병거 한 대에 은 육백

솔로몬의 부귀영화를 설명하는 대목에 병거를 사고팔았던 이야기가 태반인(14-17절) 까닭이 궁금합니다. 신명기는 임금이 이집트로부터 말과 병거를 들여오는 일을 강력하게 규탄합니다(신 17:16). 신명기 저자에게 이러한 행동은 하나님을 경외하지 않고 사람들의 무력과 군사력을 의지하려는 행태였습니다. 반면 역대지에서는 솔로몬이 이집트나 다른 곳에서 사들인 병거와 말은 그가 다스리는 나라의 강성함을 보여주는 근거로 사용됩니다. 하나의 현상이지만 저자의 관점에 따라 다른 평가가 가능하다는 것을 솔로몬의 부귀에 대한 열왕기와 역대지의 진술에서 확인할 수 있습니다. 두 진술은 서로 모순된다기보다는, 보는 시각에 따라 특정한 면을 부각시켜 후대의 독자와 청중에게 올바른 삶을 교훈하려는 목적으로 이해할 수 있습니다. 역대지의 서술은 솔로몬의 시대가 하나님께서 다윗에게 약속하셨던 말씀의 성취임을 보이고자 합니다. 아울러 부와 재물과 영화를 구할 수 있었던 솔로몬이 백성을 바르게 다스리는 지혜를 구했기에 하나님께서 그에게 부와 재물까지도 주셨음을 강조하기 위해, 역대지는 솔로몬의 기브온 산당 사건 이후 곧바로 솔로몬의 강성과 부귀를 보여줍니다. 솔로몬을 추앙하려는 것이 아니라, 나라를 지키고 세우시는 분이 하나님이심을 증언하는 데 목적이 있습니다.

세겔이고, 말 한 필에 백오십 세겔이었다. 그렇게 들여와서, 그것을 헷 족의 모든 왕과 시리아 왕들에게 되팔기도 하였다.

{ 제2장 }

성전 건축을 준비하다(왕상 5:1-18)

1 솔로몬은 주님의 이름을 받들어 모실 성전과 자기의 궁전을 짓기로 작정하였다. **2** 그래서 솔로몬은 짐꾼 칠만 명, 산에서 돌을 떠낼 사람 팔만 명, 그들을 감독할 사람 삼천육백 명을 뽑았다.

3 ○ 솔로몬은 또 두로의 히람 왕에게 사람을 보내서, 다음과 같이 부탁을 하였다. "내 선친 다윗이 친히 거처할 궁을 지을 때에 임금님께서 백향목을 보내주신 것처럼, 내게도 그렇게 해주시기를 바랍니다. **4** 이제 나는 주 나의 하나님의 이름

'향이나 피워 올리려는 뜻'(6절)이란 솔로몬의 말은 하나님의 집이 아니라 자신의 신앙을 표현할 공간을 짓겠다는 뜻처럼 들립니다. 고대 세계에서 신전 건축은 언제나 강력하고 위대한 임금의 몫이었습니다. 그리고 이렇게 지어진 신전은 왕권을 더욱 강화하는 데 기여합니다. 신을 위해 신전을 짓는다지만 실제로는 신을 내세워 왕권을 강화하니까, 결국 왕권이 신전을 통제하고 이용하는 셈입니다. 솔로몬이 지은 성전 역시 솔로몬의 정통성을 뒷받침했을 것입니다. 그러나 성전 건축을 둘러싼 솔로몬의 표현은 지극히 신중하며 겸손합니다. 그는 세상의 그 어떤 건물로도 하늘에 계신 하나님을 수용하거나 모실 수 없음을 거듭 고백합니다(2:6; 6:18). 이러한 맥락에서 '향이나 피워 올리려는 뜻'이라는 표현은 솔로몬이 하나님 앞에서 다른 사람과 전혀 다를 바 없는, 한 사람의 예배자임을 강조한 것이라 볼 수 있습니다. 비슷한 고백을 하는 6장 18-19절 역시 하나님을 향해 부르짖는 기도로 이어집니다.

을 모실 성전을 지어 바치고, 그분 앞에서 향기로운 향을 사르며, 늘 빵을 차려놓으며, 안식일과 초하루와 주 우리의 하나님께서 정하여주신 절기마다, 아침저녁으로 번제물을 바치려고 합니다. 이것은 이스라엘이 언제까지나 지켜야 할 일입니다. 5 우리의 하나님은 모든 신들보다 크신 분이시므로, 내가 지을 성전도 커야 합니다. 6 하늘도, 하늘 위의 하늘마저도 그분을 모시기에 좁을 터인데, 누가 하나님을 모실 성전을 지을 수 있겠습니까? 하물며, 내가 무엇이기에 그분께 성전을 지어드릴 수 있겠습니까? 다만 그분 앞에 향이나 피워 올리려는 뜻밖에 없습니다. 7 이제 임금님께서는, 금은과 놋쇠와 쇠를 다룰 줄 알며, 자주색이나 홍색이나 청색 천을 짤 줄 알며, 조각도 할 줄 아는 기능공을 한 사람 보내주시기 바랍니다. 그러면 그가 여기 유다와 예루살렘에 있는 나의 기능공들을 데리고 일할 것입니다. 그들은 내 선친 다윗께서 훈련시켜둔 사람들입니다. 8 또 레바논에서 백향목과 잣나무와 백단목도 보내주시기 바랍니다. 임금님께서 나무를 잘 베는 기술자들을 거느리고 있음을, 내가 잘 알고 있습니다. 내 부하들도 그들과 함께 일할 것입니다. 9 내가 크고 화려한 성전을 지으려고 하니,

이스라엘 성전을 짓는데 이웃 나라 기술자를 데려오는(7, 13절) 이유를 모르겠습니다. 두로와 시돈은 백향목으로 유명한 나라였고, 이와 연관된 여러 기술로 유명했기에(예, 겔 27:3-11), 장엄한 성전을 지으려는 솔로몬 입장에서는 그들의 도움이 필요했을 것입니다. 열왕기에서 두로가 보내는 기술자 후람은 납달리 지파 사람이지만(왕상 7:13-14), 역대지에서는 단 지파 사람입니다(대하 2:13-14). 단과 납달리는 모두 라헬의 여종 빌하에게서 난 자손들이며, 두로 인근에 정착했던 지파입니다. 특히 역대지에 후람이 단 지파 출신으로 기록된 것은 광야에서 브살렐(대하 1:5)과 함께 성막 관련 물품을 도맡아 만들었던 단 지파의 오홀리압(출 31:6)과 연관

재목을 많이 준비해주시기 바랍니다. **10** 나무를 베는 벌목꾼들에게는 양곡을 주겠습니다. 밀가루 이만 섬, 보리 이만 섬, 포도주 이만 말, 기름 이만 말을 임금님의 일꾼들에게 주겠습니다."

11 ○ 두로의 히람 왕이 솔로몬에게 회신을 보냈다. "주님께서 그 백성을 사랑하셔서, 그대를 왕으로 세우시고, 그들을 다스리게 하셨습니다." **12** 히람의 글은 다음과 같이 이어졌다. "하늘과 땅을 만드신 주 이스라엘의 하나님께서는 찬양을 받으실 분입니다. 그분은 다윗 왕에게 명철과 총명을 고루 갖춘 슬기로운 아들을 주셔서, 주님께 성전을 지어 바치게 하시고, 자신의 왕국을 위하여 궁전을 짓게 하셨습니다. **13** 이제 총명을 갖춘 기능공 한 사람을 보내드리겠습니다. 이런 일의 전문가인 후람이라는 사람입니다. **14** 이 사람은 단에 사는 여자 가운데 한 여자가 낳은 아들입니다. 그의 아버지는 두로 사람입니다. 이 사람은 금은과 놋쇠와 쇠와 보석과 나무를 다룰 줄 알며, 자주색과 청색 모시와 홍색 천을 짤 줄 알며, 모든 조각을 잘합니다. 어떠한 것을 부탁받더라도 모든 모양을 다 만들어낼 수 있는 사람이니, 왕의 기능공들과, 내 상전이시며 임금님의 선왕이

지으려는 의도에서 비롯된다고 여겨집니다. 기술자 후람을 히브리어 본문에서는 '후람 아비'로 표기했는데, 이름 마지막에 '아브'라는 같은 단어가 들어간다는 점에서 '오홀리압'과 비슷하기도 합니다. 그래서 역대지는 단 지파 출신 기술자 후람을 '솔로몬 시대의 오홀리압'으로 제시하면서, 솔로몬이 짓는 성전을 광야 시절 성막과 연관 짓습니다.

신 다윗의 기능공들과, 함께 일을 하게 하십시오. 15 임금님께서 말씀하신 밀과 보리와 기름과 포도주는 내 일꾼들에게 보내 주십시오. 16 우리가 레바논에서, 임금님께 필요한 만큼 나무를 베어 뗏목으로 엮어서, 바다로 욥바까지 띄워 보낼 터이니, 그 뗏목을 예루살렘까지 운반하는 것은 임금님께서 하십시오."

성전 건축 시작(왕상 6:1-38)

17 ○ 솔로몬의 아버지 다윗이 전에 이스라엘 땅에 살던 이방인의 인구를 조사한 일이 있는데, 솔로몬이 다시 조사해보니, 그 수가 모두 십오만 삼천육백 명이었다. 18 그 가운데서 칠만 명은 짐꾼으로 뽑고, 팔만 명은 산에서 돌을 떠내게 하였다. 그리고 삼천육백 명을 뽑아서, 백성이 하는 일을 감독하게 하였다.

솔로몬의 요구에 따르는(11-16절) 히람 왕의 진심은 무엇입니까? 기꺼운 마음이었을까요, 아니면 강대국의 위세에 눌렸을 뿐일까요? 성전 건축을 위해 두로 왕과 서신을 주고받는 내용은 열왕기상 5장에도 나오는데, 거기에서는 솔로몬이 해마다 밀과 기름을 두로로 보냈다고 합니다. 두로 지역은 예로부터 유다와 이스라엘 지역에서 농산물을 비롯해 여러 산물을 수입했습니다(겔 27:17; 행 12:20). 그런 점에서 솔로몬이 두로의 백향목을 사들이고 기술자를 임대하는 일은 양국 간의 이해관계가 맞아떨어진 교류라 볼 수 있습니다. 그런데 열왕기상 5장에서는 두로 왕이 먼저 신하들을 솔로몬에게 보내는 것으로 백향목과 기술자들을 둘러싼 교류가 시작되는 반면, 역대지에서는 솔로몬의 주도로 양국의 왕래가 시작됩니다. 그리고 해마다 밀과 기름을 보냈다는 열왕기 언급과는 달리, 역대지는 대가를 한 번 치른 것으로 묘사합니다(대하 2:10). 이를 통해 역대지는 솔로몬의 이스라엘이 오직 성전 건축을 위해 일시적으로 두로와 거래했다는 점을 강조한다고 볼 수 있습니다.

1 솔로몬은 예루살렘 모리아산에 주님의 성전을 짓기 시작하였다. 그곳은 주님께서 그의 아버지 다윗에게 나타나셨던 곳이다. 본래는 여부스 사람 오르난의 타작마당으로 쓰던 곳인데 다윗이 그곳을 성전 터로 잡아놓았다. 2 성전을 짓기 시작한 때는, 솔로몬이 왕위에 오른 지 사 년째 되는 해 둘째 달 초이틀이었다. 3 솔로몬이 짓는 하나님의 성전의 규모는 다음과 같다. 옛날에 쓰던 자로, 성전의 길이가 예순 자, 너비가 스무 자이다. 4 성전 앞 현관은 길이가 성전의 너비와 같이 스무 자이고, 높이는 백스무 자인데, 현관 안벽은 순금으로 입혔다. 5 솔로몬은 또 본당 안벽에 잣나무 판자를 대고, 순금을 입히고, 그 위에 종려나무 가지와 사슬 모양을 새겼다. 6 그는 보석으로 성전을 꾸며서 화려하게 하였는데, 그 금은 바르와임에서 들여온 금이다. 7 그는 성전 안의 들보와 문지방과 벽과 문짝에 금박을 입히고, 벽에는 그룹들을 아로새겼다. 8 그는 또 지성소를 지었다. 그 길이는 성전의 너비와 같이 스무 자이고,

1자(규빗)는 45cm라고 들었습니다. 그렇다면 폭 9m, 길이 27m가 되는데(3-4절), 성전 규모가 생각보다 작다는 생각이 듭니다. 폭 9m, 길이 27m의 공간은 지성소와 성소, 그리고 현관, 총 세 부분으로 이루어졌습니다. 성전은 대부분 이러한 지성소와 성소로 이루어진 핵심 공간 외에도 제단을 두는 공간, 제사 관련 일을 수행하는 공간을 포함해 그 외의 여러 건물과 뜰로 구성되어서 훨씬 더 넓습니다. 솔로몬 성전에 대한 3장 설명은 그야말로 핵심 건물 하나만을 가리키는 것이라 그다지 커 보이지 않을 수 있습니다. 다만, 이 공간 안에 두는 물건들을 비롯해 사방을 금으로 꾸몄다는 점에서, 솔로몬 시대의 풍요로움을 엿볼 수 있습니다. 반면 솔로몬 성전보다 훨씬 큰 공간을 점유한 에스겔서의 미래 성전은 공간은 넓어도 금으로 화려하게 치장하지 않는다는 점에서 구별됩니다.

너비도 스무 자이다. 육백 달란트의 순금 금박을 내부에 입혔다. 9 못의 무게만 하여도 금 오십 세겔이 나갔다. 다락에 있는 방들도 금으로 입혔다.

10 ○ 그는 지성소 안에 두 개의 그룹 형상을 만들어놓고, 금으로 입혔다. 11 두 그룹이 날개를 편 길이를 서로 연결시키면 스무 자이다. 첫째 그룹의 한쪽 날개 길이는 다섯 자인데, 그 끝이 성전 벽에 닿고, 다른 쪽 날개 역시 그 길이가 다섯 자인데, 그것은 다른 그룹의 날개에 닿았다. 12 둘째 그룹의 한쪽 날개 길이 역시 다섯 자인데, 그 끝이 성전 벽에 닿고, 다른 쪽 날개 역시 그 길이가 다섯 자인데, 그것은 첫 번째 그룹의 날개에 닿았다. 13 이 그룹들이 날개를 편 길이를 서로 연결시키면 스무 자이다. 그룹들은 성전 본관 쪽을 바라보고 서 있었다. 14 그는 또 청색 실과 자주색 실과 홍색 실과 가는 베로 휘장을 짜고, 그 위에 그룹들의 모양을 수놓았다.

아무도 볼 수 없고 오로지 제사장만 들어갈 수 있는 지성소를 이렇게 화려하게 꾸밀(10-14절) 필요가 있을까요? 솔로몬 성전 안에 있는 성소는 곳곳에 금이 사용되었습니다. 대단히 호화롭고 사치스럽다 생각할 수 있지만, 솔로몬은 부귀로 유명했던 왕이니 정작 그에게는 그렇게 막대한 비용이 아니었을 것입니다. 그가 가진 것으로 하나님의 성전을 꾸몄다고 볼 수 있습니다. 성전을 마련할 때 금을 사용하는 까닭은 값비싼 물건이라는 의미도 있겠지만, 변하지 않는 금속, 눈부시고 찬란한 보석이라는 의미도 있습니다. 그래서 성전에 사용된 금은 하나님의 찬란한 영광과 변치 않으심을 상징한다고 볼 수 있습니다. 특히 지성소는 하나님께서 좌정하시는 곳으로 여겨지는 곳이기에, 이곳에 쓰인 금은 하나님의 함께하심, 즉 하나님의 임재와 연관됩니다. 제사장만이 들어가는 곳이라는 점에서 더더욱 이곳에 쓰인 금은 하나님의 영광스러운 임재를 상징한다고 볼 수 있습니다.

두 놋쇠 기둥(왕상 7:15–22)

15 ○ 성전 앞에는 높이 서른다섯 자짜리 기둥들을 세우고, 그것들의 꼭대기에는 다섯 자 높이의 기둥머리를 얹었다. 16 그는 또 목걸이 모양의 사슬을 만들어서 두 기둥머리에 두르고, 석류 모양 백 개를 만들어서 그 사슬에 달았다. 17 이렇게 그는 성전 본관 앞에 두 기둥을 세웠는데, 하나는 오른쪽에, 다른 하나는 왼쪽에 세웠다. 오른쪽에 세운 것은 야긴이라고 부르고, 왼쪽에 세운 것은 보아스라고 불렀다.

성전 앞에 기둥을 세우고 이름까지 붙였습니다(17절). 이 기둥은 무얼 위한 장치입니까? 성전 입구에 굉장한 기둥을 세우는 것은 솔로몬 성전만이 아니라 고대 세계에서 빈번히 볼 수 있는 방식이었습니다. 지금도 이집트의 고대 유적지에 가면 하늘을 찌를 듯 굵고 높은 기둥들을 볼 수 있습니다. 성전 입구에 세워진 기둥은 마치 성전을 지키는 문지기 같아 보이기도 합니다. 그래서 이곳은 아무나 출입할 수 없는 곳임을 표시하는 것일 수 있습니다. "그가 세우시리라"는 의미의 '야긴', 그리고 "그의 힘으로"라는 의미의 '보아스'라는 이름은 이 성전을 지탱하는 이가 다른 누구도 아닌 주 하나님이심을 증언하는 것으로 이해할 수 있습니다. 성전을 세운 솔로몬도, 성전 곳곳을 장식하는 엄청난 금도 아닌, 주 하나님이 이스라엘의 성전의 근본 토대입니다. 그래서 하나님의 가르침과 규례를 따르지 않는다면 이 성전은 삽시간에 모두 무너질 것이며, 성전의 금은 그저 외부인들의 약탈거리가 되고 말 것입니다.

{ 제4장 }

성전 안에 있는 성물들(왕상 7:23–51)

1 솔로몬이 놋으로 제단을 만들었는데, 그 길이가 스무 자이고, 너비가 스무 자이고, 높이가 열 자이다. **2** 그다음에 후람은 또 놋쇠를 부어서 바다 모양 물통을 만들었는데, 그 바다 모양 물통은, 그 지름이 열 자, 높이가 다섯 자, 둘레가 서른 자이고, 둥근 모양을 한 물통이었다. **3** 그 가장자리 아래로는 돌아가면서, 놋쇠로 만든 황소 모양이 있는데, 이것들은 놋쇠로 바다 모양 물통을 만들 때에, 두 줄로 부어서 만든 것이다. **4** 또한 열두 마리의 놋쇠 황소가 바다 모양 물통을 떠받치고 있는데, 세 마리는 북쪽을 바라보고, 세 마리는 서쪽을 바라보고, 세 마리는 남쪽을 바라보고, 세 마리는 동쪽을 바라보고 서 있는데, 등으로 바다 모형을 떠받치고 있었다. 황소는 모두 엉덩이를 안쪽으로 향하고 있었다. **5** 그 놋쇠로 된 바다 모양 물통의 두께는 손 너비만 하였다. 그 테두리는 나리꽃 봉오리 모양

제단의 길이가 스무 자로(1절), 성전의 너비와 똑같습니다. 제단을 지나치게 크게 만든 게 아닐까요? 정확하게 표현하면, 제단의 가로세로 크기는 지성소의 가로세로와 같습니다. 성전은 지성소와 본당, 현관으로 이루어집니다. 제단 윗부분으로 제사장이 올라가 제물을 태워야 했으므로 제단의 면적은 좀 더 넓을 필요가 있었을 것입니다. 그럼에도 나중에 솔로몬이 성전 봉헌 때 바친 제물의 양이 워낙 많아서 단번에 제사드릴 수 없었다는 언급이 있기도 합니다(대하 7:7). 솔로몬의 성전 건축에 대해 다루는 또 다른 본문인 열왕기(왕상 6:1–36; 7:13–50)에서는 놋제단에 대한 언급이 없습니다. 제사와 예배를 중시하는 역대지 저자로서는 제사장이 중심이 되어 제사를 드리는 놋제단을 언급할 필요가 있었을 것으로 생각됩니다.

으로, 잔의 테두리처럼 둥글게 만들었다. 그 용량은 물을 삼천 말 정도 담을 수 있는 것이었다. 6 솔로몬은 또 씻을 물을 담는 대야 열 개를 만들어서, 다섯은 오른쪽에 두고, 다섯은 왼쪽에 두어, 번제물을 씻는 데에 사용하게 하였다. 그러나 바다 모양 물통에 담긴 물은 제사장들이 씻을 물이었다.

7 ○ 그는 또 금등잔대 열 개를 규격대로 만들어서 본당 안에 두었는데, 다섯은 오른쪽에, 다섯은 왼쪽에 두었다. 8 그는 또 상 열 개를 만들어서 본당 안에 두었는데, 다섯은 오른쪽에, 다섯은 왼쪽에 두었다. 그는 또 금쟁반 백 개를 만들었다.

9 ○ 그는 또 제사장의 뜰과 큰 뜰을 만들고, 큰 뜰 대문에는 문짝들을 만들어서 달고, 놋쇠를 입혔다. 10 바다 모양 물통은 성전의 오른쪽 동남쪽 모퉁이에 두었다.

11 ○ 후람은 또 솥과 부삽과 대접을 만들었다. 이렇게 후람은, 솔로몬 왕이 하나님의 성전에다가 해놓으라고 시킨 모든 일을 마쳤다. 12 그가 만든 것들은, 기둥과, 그 두 기둥 꼭대기에 얹은 둥근 공 모양을 한 기둥머리 둘과, 그 두 기둥 꼭대기에 있는 공 모양을 한 기둥머리에 씌운 그물 두 개와, 13 기둥 꼭

열두 마리의 황소가 떠받치는 바다 모양 물통은(4절) 무엇을 위해 만들어진 것입니까? 솔로몬 성전에는 지름이 열 자, 높이는 다섯 자 되는 커다란 물통이 있었습니다. 그 외에 제사장들이 제사 때 바치는 제물을 씻기 위한 용도의 대야가 10개 있었습니다. 바다 모양 물통에 담긴 물은 제사장들이 씻을 물입니다(6절). 각각의 용도를 위해 물을 보관하는 용기를 따로 마련할 만큼, 하나님께 제사드리는 과정 전체가 신중하고 진지하게 진행되어야 함을 보여줍니다. 이 바다는 열두 마리의 황소가 떠받치는데, 이 열둘을 각각 셋씩 사방으로 배치했다는 점에서 광야 시대 이스라엘의 진영을 떠올리게 합니다(민 2장). 바다 모양 물통은 광야 시절 성막에 있었던 '놋 물두멍'과 대응됩니다. 그래서 솔로몬 성전은 광야 시절에 처음 세워졌던 성막을 모형으로 하고 있음을 알 수 있습니다.

대기에 있는 공 모양을 한 기둥머리에 씌운 각 그물에다가 두 줄로 장식한 석류 사백 개를 만들었다. 14 또 그가 만든 것은, 받침대와 받침대 위에 놓을 대야와, 15 바다 모양 물통 한 개와 그 바다 모양 물통 아래에 받쳐놓은 황소 모양 열두 개와, 16 솥과 부삽과 고기 갈고리였다. 이런 일의 전문가인 후람이 주님의 성전에서 쓸 것으로 솔로몬에게 바친 모든 기구는, 광택 나는 놋쇠로 만든 것들이었다.

17 ○ 왕은 이 기구들을, 숙곳과 스레다 사이에 있는 요단 계곡의 진흙에 부어서 만들게 하였다. 18 솔로몬이 이 모든 기구를 너무나 많이 만들었으므로, 여기에 사용된 놋쇠의 무게는 아무도 모른다.

19 ○ 솔로몬이 또 하나님의 성전 안에다가 둘 기구를 만들었으니, 곧 금제단과, 빵을 늘 차려놓는 상들과, 20 지성소 앞에 규례대로 켜놓을 순금 등잔들과, 등잔대들과, 21 순금으로 만든 꽃장식과 등잔과 부집게와, 22 순금으로 만든 심지 다듬는 집게와, 대접과, 숟가락과, 불 옮기는 그릇과, 성전 어귀, 곧 성전의 맨 안쪽 지성소의 문짝들과, 성전 본관의 문짝들이었다. 이 문짝들도 금으로 입혔다.

1 이렇게 해서, 솔로몬은 주님의 성전을 짓는 모든 일을 완성하였다. 솔로몬은 그의 아버지 다윗이 거룩하게 구별해서 바친 성물, 곧 은과 금과 모든 기구를 가져다가, 하나님의 성전 창고에 넣었다.

언약궤를 성전으로 옮기다(왕상 8:1-9)

2 ○ 솔로몬은 주님의 언약궤를 시온, 곧 '다윗 성'에서 성전으로 옮기려고, 이스라엘 장로들과 이스라엘 자손의 각 가문의 대표인 온 지파의 지도자들을 예루살렘으로 불러 모았다. 3 이스라엘의 모든 남자가 일곱째 달 절기에 왕 앞에 모였다. 4 이스라엘의 모든 장로가 모이니, 레위 사람들이 궤를 메어 옮겼다. 5 궤와 회막과 장막 안에 있는 거룩한 기구를 모두 옮겨왔는데, 제사장들과 레위 사람들이 그것을 날랐다. 6 솔로몬 왕과 왕 앞에 모인 온 이스라엘 회중이 궤 앞에서, 양과 소를, 셀

언약궤를 성전으로 옮기는 단순한 작업에 온 나라가 떠들썩한 상황이(2-5절) 낯섭니다. 이것이 그렇게 대단한 일입니까? 언약궤 옮기는 일을 둘러싼 상황은 다윗 시대에도 있었고, 그 상황 역시 성경에서 매우 상세히 다뤘습니다(대상 13장; 15:1-16:6). 궤는 하나님께서 그곳에 임하셔서 그분의 발을 올려놓는 곳으로 여겨졌고, 그래서 '하나님의 임하심', 즉 하나님의 임재를 상징합니다. 만일 하나님께서 임하시지 않고 함께하지 않으신다면, 그렇게 막대한 물자와 사람을 동원해 건축한 성전은 그저 화려한 건물에 불과할 것입니다. 성전을 특별하게 하는 것은 거기에 동원된 비용이 아니라, 그곳에 임하시는 하나님입니다. 그렇기에 하나님의 임재를 상징하는 언약궤를 성전 안으로 옮기는 일은 성전 건축 과정의 절정이자 유일한 목표라고 말할 수 있습니다.

수도 없고 기록할 수도 없을 만큼 많이 잡아서 제물로 바쳤다.
7 ○ 제사장들은 주님의 언약궤를 제자리, 곧 성전 내실 지성
소 안, 그룹들의 날개 아래에 가져다가 놓았다. 8 그룹들은
궤가 놓인 자리 위에 날개를 펼쳐서, 궤와 채의 위를 덮었다.
9 궤에서 삐죽 나온 두 개의 채는 길어서 그 끝이 지성소의 정
면에 있는 성소에서도 보였다. 그러나 성소 밖에서는 보이지
않았다. 그 채는 오늘날까지 그곳에 그대로 놓여 있다. 10 궤
속에는 호렙에서 모세가 넣어둔 두 판 말고는 아무것도 없었
다. 이 두 판은, 이스라엘 자손이 이집트에서 나온 다음에 주
님께서 호렙에서 그들과 언약을 세우실 때에, 모세가 거기에
넣은 것이다.

주님의 영광

11 ○ 제사장들이 성소에서 나올 때에, (제사장들은 갈래의 순
번을 가리지 않고, 모두가 이미 정결예식을 마치고 거기에 들

**제물은 마음을 표현하는 상징물 아닌가요? 하나님은 "기록할 수도 없을 만큼 많
이"(6절) 짐승을 잡아 바칠수록 기뻐하는 분입니까?** 제물은 정녕 마음을 표현하는
상징물입니다. 제물을 잡아 바치는 제사는 근본적으로 하나님을 예배하는 예배자
자신을 하나님께 드린다는 것을 상징합니다. 그래서 제물은 예배하는 자신을 가장
잘 표현하는 수단이기도 합니다. 일례로 다윗 시대에 하나님의 궤를 메고 올라올
때는 수송아지 일곱과 숫양 일곱 마리로 제사를 드렸습니다(대상 15:26). 반면 솔로
몬 시대에 성전을 건축하고 궤를 안치한 후에는 기록할 수 없을 만큼 많은 제물을
드렸습니다. 이것은 솔로몬 시대의 부귀를 보여줍니다. 부유하면 부유한 대로, 그
렇지 않으면 그렇지 않은 대로, 하나님께 드리는 것입니다. 그러니 솔로몬 시대에
이렇게 많은 제물을 드렸다 해서, 다윗 시대보다 더 진실하거나 하나님께서 더 기
뻐하신다고는 결코 말할 수 없습니다. 당연히 성경 또한 그렇게 말하지 않습니다.

어가 있었고, 12 노래하는 레위 사람들인 아삽과 헤만과 여두둔과 그들의 아들들과 친족들이 모두, 모시옷을 입고 심벌즈와 거문고와 수금을 들고 제단 동쪽에 늘어서고, 그들과 함께 나팔 부는 제사장 백이십 명도 함께 서 있었다.) 13 나팔 부는 사람들과 노래하는 사람들이 일제히 한목소리로 주님께 찬양과 감사를 드렸다. 나팔과 심벌즈와 그 밖의 악기가 한데 어우러지고, "주님은 선하시다. 그 인자하심이 영원하다" 하고 소리를 높여 주님을 찬양할 때에, 그 집, 곧 주님의 성전에는 구름이 가득 찼다. 14 주님의 영광이 하나님의 성전을 가득 채워서, 구름이 자욱하였으므로, 제사장들은 서서 일을 볼 수가 없었다.

언약궤에 '호렙에서 모세가 넣어둔 두 판' 외에 아무것도 없다면(10절), 다른 물건들은 어디로 갔습니까? 언약궤 안에 십계명 두 돌판, 광야에서 내렸던 만나, 아론의 싹이 난 지팡이가 들어 있다는 내용은 오직 신약성경 히브리서 9장 4절에만 등장합니다. 구약성경만으로 보자면, 아론의 지팡이는 궤 안이 아니라 '궤 앞에' 두었습니다(민 17:4, 10). 그리고 만나를 담은 항아리는 '증거판 앞에' 두었다고 기록되어 있습니다(출 16:33-34). 그래서 궤 안에 세 가지 물건이 들어 있었다는 히브리서의 진술에도 불구하고, 구약성경에서는 그에 대해 정확하게 확인할 수 없습니다. 언약궤는 주전 587년 예루살렘 성전이 파괴될 때 함께 파괴되었거나 약탈당했으리라 추측되고, 이후 완전히 사라져버립니다. 아마도 그 이후에 원래 궤 안에 세 가지 물건이 들어 있었다는 내용이 생겨나 확산되었고, 그것이 히브리서와 같은 언급에 이르렀으리라 여겨집니다.

{ 제6장 }

솔로몬의 성전 봉헌(왕상 8:12–21)

1 그런 가운데 솔로몬이 주님께 아뢰었다. "주님께서는 캄캄한 구름 속에 계시겠다고 말씀하셨습니다. 2 이제 주님께서 계시라고, 내가 이 웅장한 집을 지었습니다. 이 집은 주님께서 영원히 계실 곳입니다."

3 ○ 그런 다음에, 왕은 얼굴을 돌려, 거기에 서 있는 이스라엘 온 회중을 둘러보며, 그들에게 복을 빌어주었다. 4 그는 말하였다. ○ "주 이스라엘의 하나님을 찬양하십시오. 주님께서는 내 아버지 다윗에게 친히 말씀하신 것을 모두 그대로 이루어주셨습니다. 주님께서 말씀하시기를, 5 '내가 내 백성을 이집트 땅에서 이끌어낸 날부터 오늘에 이르기까지, 내가 내 이름을 기릴 집을 지으려고, 이스라엘 어느 지파에서 어느 성읍을 택한 일

가나안에 정착하고 나서 수백 년이 흐른 뒤에야 겨우 첫 성전을 완공했습니다. 성전이 하나님의 집이라면(1절) 더 서둘렀어야 하지 않나요? 솔로몬이 드리는 기도에서 볼 수 있는 것처럼, 성전의 본질은 이스라엘의 하나님에 대한 신뢰와 경외입니다. 또 솔로몬은 어디에서든 어떤 상황에서든 이 성전을 향해 기도하는 것을 언급합니다. 그러므로 성전의 중요한 의미 중 하나는 하나님을 신뢰하며 언제라도 하나님께 두 손 들고 기도하는 것입니다. 하나님에 대한 신뢰와 경외, 하나님께 드리는 기도는 성전이 있든지 없든지 이미 이스라엘을 다른 민족들과 구별하는 핵심적인 특징이었습니다. 다만 고대 세계에서 성전은 강력한 왕이 있을 때라야 건축할 수 있다는 점에서, 이스라엘의 성전 건축은 다윗 이래 국가의 안정과 솔로몬 시대의 부귀라는 조건과도 연관이 있습니다. 그래서 성전은 이스라엘 신앙의 유일한 표현이 아니라, 안정된 국가 체제와 더불어 외적으로 그 신앙을 표현하게 되었음을 의미한다고 볼 수 있습니다.

이 없다. 또 내 백성 이스라엘을 다스릴 영도자를 삼으려고, 어느 누구도 택한 바가 없다. 6 그러나 이제는 내 이름을 둘 곳으로 예루살렘을 택하였고, 내 백성 이스라엘을 다스릴 사람으로 다윗을 택하였다' 하셨습니다.

7 ○ 내 아버지 다윗께서는 주 이스라엘의 하나님의 이름을 기릴 성전을 지으려고 생각하셨으나, 8 주님께서 내 아버지 다윗에게 이르시기를 '네가 내 이름을 기릴 성전을 지으려는 마음을 품은 것은 아주 좋은 일이다. 9 그런데 그 집을 지을 사람은 네가 아니다. 네 몸에서 태어날 네 아들이 내 이름을 기릴 성전을 지을 것이다' 하셨습니다.

10 ○ 주님께서 말씀하신 대로, 아버지 다윗의 뒤를 이어서, 이렇게 내가 이스라엘의 왕위를 이었으며, 주 이스라엘의 하나님의 이름을 기릴 성전을 지었으니, 주님께서는 이제 그 약속을 이루셨습니다. 11 그리고 나는, 주님께서 이스라엘 자손과 더불어 세우신 언약을 넣은 궤를 여기에 옮겨다 놓았습니다."

솔로몬의 성전 봉헌 연설은(4-8절) 온통 다윗 이야기뿐입니다. 숙원 사업을 마무리한 자신의 공을 뒤로하고 다윗을 강조하는 의도는 무엇입니까? 솔로몬에게 이어진 왕조의 시작은 맨몸에서 이스라엘의 왕위까지 오른 다윗입니다. 그리고 다윗의 나라는 인간 다윗의 탁월한 능력이 아닌, 하나님께서 다윗을 택하고 그에게 주신 약속에 기반을 두고 있습니다. 다윗과 그 후손으로 이어지는 나라가 영원하리라는 약속을 역대지상 17장에서 볼 수 있습니다. 하나님께서 이러한 약속을 주신 배경에 놓인 사건이 다윗이 언약궤를 예루살렘으로 모신 것(대상 16장), 그리고 하나님을 위한 성전을 짓고자 했던 그의 마음(대상 17:1-2)이었습니다. 성전을 향한 그의 마음은 마침내 그의 아들 솔로몬에 이르러 성취되었습니다. 역대지가 제시하는 이러한 내용을 생각하면, 성전을 완공한 솔로몬이 기념 연설에서 다윗을 반복해 언급하는 것을 납득하게 됩니다. 솔로몬이 지은 성전은 하나님을 향한 다윗의 마음, 그리고 다윗과 그 후손으로 이어지는 나라에 대한 하나님의 약속의 결과입니다.

12 ○ 그런 다음에, 솔로몬은 이스라엘 온 회중이 보는 데서, 주님의 제단 앞에 서서, 두 팔을 들어 폈다. 13 솔로몬이 일찍이 놋쇠로, 길이 다섯 자, 너비 다섯 자, 높이 석 자인 대를 만들어 뜰 가운데 놓았는데, 바로 그 대에 올라가서, 이스라엘 온 회중 앞에서 무릎을 꿇고 하늘을 바라보며, 두 팔을 들어 펴고, 14 이렇게 기도하였다.

○ "주 이스라엘의 하나님, 하늘에나 땅에나, 그 어디에도 주님과 같은 하나님은 없습니다. 주님은, 온 마음을 다 기울여 주님의 뜻을 따라 사는 주님의 종들에게는, 언약을 지키시고 은혜를 베푸시는 분이십니다. 15 주님께서는 주님의 종인 내 아버지 다윗 임금에게 약속하신 것을 지키셨으며, 주님께서 친히 그에게 말씀하신 것을 오늘 이렇게 손수 이루어주셨습니다. 16 이제 주 이스라엘의 하나님, 주님께서 주님의 종인 내 아버지 다윗 임금에게 말씀하시기를 '네 자손이 저마다 길을 삼가서, 네가 내 앞에서 살아온 것같이 내 율법대로 살기만 하면, 네 자손 가운데서 이스라엘 왕위에 앉을 사람이, 내 앞에

성전의 정체는 무엇입니까? 하나님이 '실질적으로 머무는 집'입니까(2절), 아니면 그 '이름을 기리기 위한'(8, 9절) 공간입니까? 어떻게 사람이 지은 건물 안에 하나님께서 머무실 수가 있겠습니까? 솔로몬의 기도처럼 하늘, 저 하늘 위의 하늘이라도 하나님을 모시기에는 부족할 것입니다(18절). 그렇기에 하나님께는 이 땅에서 머무실 집 같은 것이 전혀 필요 없습니다. 그럼에도 하나님께서는 광야에선 성막에 거하신다 말씀하셨고, 이제는 솔로몬이 지은 성전에 거하겠다고 말씀하십니다. 솔로몬의 긴 기도에서 보듯, 그로 인해 사람들은 이 성전을 향해 기도할 수 있게 됩니다. 그러므로 하나님께서는 머무실 공간이 전혀 필요하지 않으시되, 오직 사람들로

서 끊어지지 않게 하겠다' 하고 약속하신 것을, 지켜주시기를 바랍니다. 17 이제 주 이스라엘의 하나님, 주님의 종인 다윗 임금에게 약속하신 말씀을, 주님께서 이루어주시기를 빕니다. 18 ○ 그러나 하나님, 하나님께서 사람과 함께 땅 위에 계시기를 우리가 어찌 바라겠습니까? 저 하늘, 저 하늘 위의 하늘이라도 주님을 모시기에 부족할 터인데, 내가 지은 이 성전이야 더 말해 무엇 하겠습니까? 19 그러나 주 나의 하나님, 주님의 종이 드리는 기도와 간구를 돌아보시며, 주님의 종이 주님 앞에서 부르짖으며 드리는 이 기도를 들어주십시오. 20 주님께서 낮이나 밤이나 눈을 뜨시고, 이 성전을 살펴주십시오. 이곳은 주님께서 주님의 이름을 두시겠다고 말씀하신 곳입니다. 주님의 종이 이곳을 바라보며 기도할 때에, 이 종의 기도를 들어주십시오. 21 그리고 주님의 종인 나와 주님의 백성 이스라엘이 이곳을 바라보며 기도할 때에, 그 기도를 들어주십시오. 주님께서 계시는 곳, 하늘에서 들으시고, 들으시는 대로 용서해주십시오. 22 ○ 사람이 이웃에게 죄를 짓고, 맹세를 하게 되어, 그가 이 성전 안에 있는 주님의 제단 앞에 나와서 맹세를 하거든,

하여금 하나님을 찾고 구하게 하시려고 "성전에 머무신다"고 표현하는 것입니다. 즉 '성전에 거하시는 하나님'은 사람을 향한 하나님의 따뜻한 사랑과 은혜의 표현입니다. 그런 점에서 좀 더 현실적으로는 "하나님의 이름이 성전에 있다"고 표현할 수 있습니다.

23 주님께서는 하늘에서 들으시고 주님의 종들을 심판하시되,
악행을 저지른 사람은 죄가 있다고 판결하셔서 벌을 주시고, 옳
은 일을 한 사람은 죄가 없다고 판결하셔서 그의 의로움을 밝혀
주십시오.

24 ○ 주님의 백성 이스라엘이 주님께 죄를 지어 적에게 패배
했다가도, 그들이 뉘우치고 돌아와서, 주님의 이름을 인정하
고 이 성전에서 주님께 빌며 간구하거든, 25 주님께서는 하늘
에서 들으시고, 주님의 백성 이스라엘의 죄를 용서해주십시
오. 그리고 그들과 그들의 조상들에게 주신 땅으로, 그들을 다
시 돌아오게 해주십시오.

26 ○ 또 그들이 주님께 죄를 지어서, 그 벌로 주님께서 하늘
을 닫고 비를 내려주시지 않을 때에라도, 그들이 이곳을 바라
보며 기도하고, 주님의 이름을 인정하고, 그 죄에서 돌이키거
든, 27 주님께서는 하늘에서 들으시고, 주님의 종들과 주님의

**솔로몬은 성전을 바라보며 드리는 기도를 이뤄달라고(21절) 빕니다. 물리적인 성전
이 사라진 지금, 기독교인들은 어딜 바라보며 기도해야 합니까?** 이스라엘 멸망 후
바빌로니아에 포로로 끌려가 그곳에서 살았던 다니엘은 그 먼 땅에서도 성전이 있
던 예루살렘 쪽으로 난 창문을 열고 하루 세 번 기도했습니다(단 6:10). 사실 엄밀
하게 예루살렘 방향을 맞추는 일은 거의 불가능합니다. 그런 점에서 다니엘의 기도
나 솔로몬의 기도는 어느 곳에 있든지 이스라엘의 하나님을 기억하고 하나님을 바
라보겠다는 뜻의 표현입니다. 성전을 향해 기도하겠다는 솔로몬의 기도 내용에는
죄를 지어 비가 내리지 않게 된 현실(26절), 온갖 질병과 재앙이 넘치는 현실(28절),
심지어 사로잡혀가서 유다 땅을 떠나게 된 현실(36-37절)까지 있습니다. 그러므로
성전을 향해 기도한다는 것은 특정한 방향을 향하라는 의미가 아닙니다. 그 어떤
절망적인 상황이나 앞이 보이지 않는 참혹한 현실이 닥쳐오더라도 포기하거나 체
념하거나 절망하지 말고, 다시 하나님을 향하라는 것, 즉 살아계신 하나님을 향해
온 마음을 드려 그분의 도우심과 자비를 구하라는 것입니다.

백성 이스라엘의 죄를 용서해주시고, 그들이 살아갈 올바른 길을 그들에게 가르쳐주시며, 주님의 백성에게 유산으로 주신 주님의 땅에 비를 다시 내려주십시오.

28 ○ 이 땅에 기근이 들거나, 역병이 돌거나, 곡식이 시들거나, 깜부기가 나거나, 메뚜기 떼나 누리 떼가 곡식을 갉아먹거나, 또는 적들이 이 땅으로 쳐들어와서 성읍들 가운데 어느 하나를 에워싸거나, 온갖 재앙이 내리거나, 온갖 전염병이 번질 때에, 29 주님의 백성 이스라엘 가운데 어느 한 사람이나 혹은 주님의 백성 전체가, 저마다 재앙과 고통을 깨닫고 이 성전을 바라보며 두 팔을 펴고 간절히 기도하거든, 30 주님께서는, 주님께서 계시는 곳 하늘에서 들으시고, 그들을 용서하여주십시오. 주님께서는 각 사람의 마음을 아시니, 주님께서 각 사람에게 그 행위대로 갚아주십시오. 주님만이 사람의 마음을 아십니다. 31 그렇게 하시면, 그들은, 주님께서 우리 조상에게 주신 이 땅 위에서 사는 동안, 언제나 주님을 경외하며, 주님의 길을 따라 살 것입니다.

솔로몬은 이방인까지 성전의 그늘에 두는(32-33절) 기도를 드립니다. 그동안 이방인이라면 2등 인간, 심지어 짐승 취급을 하지 않았던가요? 성전이 의미하는 것은 하나님에 대한 신뢰와 경외이며, 성전을 향하는 것은 하나님을 향해 다시 기도하고 도우심을 구하는 행위입니다. 그러니 만일 이방인이 하나님의 성전을 향해 기도한다면, 그것은 그가 하나님을 신뢰하고 그분의 도우심을 구하기 때문일 것입니다. 성전이 그저 건물이 아니라 살아계신 하나님을 상징한다면, '성전을 향하는 사람'은 이스라엘 사람이니 이방인이니 하는 구별과는 상관없이 '하나님을 신뢰하고 찾는 사람'을 의미한다는 것은 지극히 자연스러운 결론입니다. 이를 곰곰이 더 생각해보면, 결국 성경이 말하는 '이방인'은 핏줄이나 혈통의 문제가 아니라, 하나님 두려운 줄 모르고 제멋대로 행하며 다른 이를 짓밟는 사람, 하나님이 아니라 자신의 재물과 권력을 믿고 함부로 휘둘러대는 사람을 가리킨다고 할 수 있습니다.

32 ○ 그리고 또 주님의 백성 이스라엘에 속하지 아니한 이 방인이라도, 주님의 크신 이름과 강한 손과 편 팔로 하신 일을 듣고, 먼 곳에서 이리로 와서, 이 성전을 바라보며 기도하거든, 33 주님께서는, 주님께서 계시는 곳 하늘에서 들으시고, 그 이방인이 주님께 부르짖으며 간구하는 것을 그대로 다 들어주셔서, 땅 위의 모든 백성이 주님의 이름을 알게 하시고, 주님의 백성 이스라엘처럼 주님을 경외하게 하시며, 내가 지은 이 성전이 주님의 이름을 부르는 곳임을 알게 하여주십시오.

34 ○ 주님의 백성이 적과 싸우려고 전선에 나갈 때에, 주님께서 그들을 어느 곳으로 보내시든지, 그곳에서, 주님께서 선택하신 이 도성과, 내가 주님의 이름을 기리려고 지은 이 성전을 바라보며, 그들이 주님께 기도하거든, 35 주님께서는 하늘에서 그들의 기도와 간구를 들으시고, 그들의 사정을 살펴보아 주십시오.

36 ○ 죄를 짓지 아니하는 사람은 없습니다. 이 백성이 주님께 죄를 지어서, 주님께서 진노하셔서 그들을 원수에게 넘겨주시게 될 때에, 멀든지 가깝든지, 백성이 남의 나라로 사로잡혀가더라도, 37 그들이 사로잡혀간 그 땅에서라도, 마음을 돌이켜

'주님의 능력이 깃든 궤'(41절)란 무슨 뜻입니까? 궤에 초자연적인 힘이 있다는 말인가요? 궤는 다윗이 그토록 예루살렘에 모시고자 했던 물건입니다. 이 궤는 그저 하나의 물건이 아니라 주 하나님을 상징하므로, 궤를 모시려고 하는 것은 하나님을 모시고자 하는 마음이라 할 수 있습니다. 그렇기에 '능력의 궤'와 같은 표현은 이 궤가 하나님의 능력을 상징한다는 의미로 이해할 수 있습니다. 그러나 그것이 이 궤 자체에 어떤 능력이 내재되어 있다는 의미는 아닙니다. 이 궤를 이용해 자신의 욕심을 채우고자 할 때, 이 궤는 그저 상자에 불과합니다. 이스라엘은 전쟁에 승리하려고 이 궤를 들고 전쟁터에 나갔지만, 도리어 크게 패배하고 말았습니다(삼상

회개하고, 그들을 사로잡아간 사람의 땅에서 주님께 자복하여 이르기를 '우리가 죄를 지었고, 우리가 악행을 저질렀으며, 우리가 반역하였습니다' 하고 기도하거든, 38 또 그들이 자기들을 사로잡아간 사람들의 땅에서라도 마음을 다하고 정성을 다하여 주님께 회개하고, 주님께서 그들의 조상에게 주신 땅과 주님께서 선택하신 이 도성과 내가 주님의 이름을 기리려고 지은 이 성전을 바라보면서 기도하거든, 39 주님께서는, 주님께서 계시는 곳인 하늘에서, 그들의 기도와 간구를 들으시고, 그들의 사정을 살펴보아주십시오. 주님께 죄를 지은 주님의 백성을 용서하여주십시오.

40 ○ 나의 하나님, 이곳에서 사람들이 기도를 할 때마다, 주님께서 눈을 떠 살피시고, 귀를 기울여 들어주십시오. 41 주 하나님, 이제는 일어나셔서, 주님께서 쉬실 곳으로 들어가십시오. 주님의 능력이 깃든 궤와 함께 가십시오. 주 하나님, 주님을 섬기는 제사장들에게 구원의 옷을 입혀주십시오. 주님을 믿는 신도들이 복을 누리며 기뻐하게 해주십시오. 42 주 하나님, 주님께서 기름 부어 세우신 사람을 내쫓지 마시고, 주님의 종 다윗에게 베푸신 은총을 기억하여주십시오.”

4:1-11). 궤를 옮길 때는 레위인이 메고 옮겨야 할 만큼, 이 궤는 하나님의 규례에 따라 거룩하게 대해야 합니다. 그러나 사람의 욕심을 위해 이 궤를 이용하고자 하거나 궤 자체가 무엇이나 되는 양 떠받든다면, 이 궤는 더 이상 거룩한 물건이 아니게 됩니다.

{ 제7장 }

성전 봉헌(왕상 8:62-66)

1 솔로몬이 기도를 마치니, 하늘에서 불이 내려와 번제물과 제물들을 살라버렸고, 주님의 영광이 그 성전에 가득 찼다. 2 주님의 영광이 주님의 성전에 가득 찼으므로, 제사장들도 주님의 성전으로 들어갈 수가 없었다. 3 이렇게 불이 내리는 것과 주님의 영광이 성전에 가득 찬 것을 보고, 이스라엘 모든 자손은 돌을 깎아 포장한 광장에 엎드려 경배하며, 주님께 감사하여 이르기를 "주님은 선하시다. 그 인자하심이 영원하다" 하였다. 4 이렇게 한 다음에, 왕과 모든 백성이 주님 앞에 제사를 드렸다. 5 솔로몬 왕은 소 이만 이천 마리와 양 십이만 마리를 제물로 바쳤다. 이와 같이 왕과 모든 백성이 하나님의 성전을 봉헌하였다. 6 그때에 제사장들은 직분에 따라 제각기 자기 자

'주님의 영광'이 가득 찬다는(1-3절) 건 어떤 상태를 말합니까? 안개나 구름 같은 게 성전에 가득한 걸 뜻하나요? 영광이 성전에 가득 차고, 제사장이 그로 인해 성전에 들어갈 수 없었으며, 이스라엘이 "주님은 선하시다. 그 인자하심이 영원하다"라고 찬양하는 내용은 언약궤를 성전 안에 둔 후에 일어난 현상을 다룬 5장 13-14절과 대응됩니다. 그 본문에서는 "선하시고 인자하심이 영원하다"는 찬양－제사장이 성전에 들어갈 수 없음－영광이 성전에 가득함의 순으로 배열되었습니다. 차이가 있다면, 5장에는 구름이 가득했다는 표현이 나온다는 점입니다. 하늘에서 내려온 불이 제단 위의 제물을 살랐다는 내용과 하나님의 영광이 가득하다는 내용은 아론이 대제사장으로 세워지고 처음 드린 제사 이후에 벌어진 현상이기도 합니다(레 9:22-24). 아마도 '하나님의 영광'은 구름이 자욱해지거나 하늘에서 불이 내리는 것처럼, 눈으로 식별할 수 있는 어떤 현상이었다고 여겨집니다. 하나님의 영광을 더 이상 구체적으로 묘사할 수는 없지만, 하나님의 영광이 가득하다는 표현은 하나님께서 친히 그곳에 임하고 함께하심을 증언합니다.

리에 섰고, 레위 사람들도 주님을 찬양하는 악기를 잡고 섰다. 이 악기는 다윗 왕이 레위 사람들을 시켜, 주님의 인자하심이 영원함을 감사하게 하려고 만든 것이었다. 제사장들이 레위 사람들 맞은편에 서서 나팔을 부는 동안에, 온 이스라엘은 서 서 있었다.

7 ○ 솔로몬은, 자기가 만든 놋제단에, 그 많은 번제물과 곡식 제물과 기름기를 다 바칠 수가 없어서, 주님의 성전 앞뜰 한가 운데를 거룩하게 구별하고, 거기에서 번제물과 화목제의 기름 기를 드렸다.

8 ○ 그때에 또 솔로몬은 이레 동안 절기를 지켰는데, 하맛 어귀에서부터 이집트 접경을 흐르는 강에까지 이르는 넓은 지역에 사는 대단히 큰 회중인 온 이스라엘이 그와 함께 모 였다. 9 첫 이레 동안은 제단을 봉헌하였고, 둘째 이레 동안 은 절기를 지켰다. 그리고 여드레째 되는 날, 마감 성회를 열

솔로몬은 2주에 걸쳐 집회를 엽니다(8-9절). 첫 주와 둘째 주 집회는 어떤 차이가 있으며, '마감 성회'란 어떤 집회를 말합니까? 일곱째 달의 절기는 초막절 혹은 장막절을 가리킵니다. 이 절기는 열다섯째 날부터 일주일간 진행되고, 8일째에 다시 거룩한 모임을 엽니다(레 23:34-36). 이를 고려하면 제단을 봉헌하는 7일간의 축제 는 일곱째 달 8일부터 시작되었을 것이고, 이 절기가 끝나고 곧바로 초막절 절기가 시작되었으며, 9절에서 언급한 '마감 성회'는 초막절 절기 후 8일째에 열리는 모임 을 가리킨다고 볼 수 있습니다. 초막절 8일째 날이 22일이고, 그다음 날 백성들은 자신들의 집으로 돌아갔습니다. 마침내 성전을 모두 완성하고 새로 만들어진 제단 에서 첫 제사를 드릴 때 하나님의 영광과 불이 임했으니, 하나님께서 이 성전을 기 뻐하셨으며 이제 이 성전이 정식으로 작동된다고 할 수 있습니다. 이로 인한 솔로 몬과 백성들의 기쁨과 축하가 7일간의 제단 봉헌 축제로 표현되었고, 이어지는 초 막절 절기 역시 그러한 기쁨의 연장이 되었습니다. 역대지는 예배와 제사를 무척 강조합니다. 그래서 이렇게 하나님께 올바르게 나아가게 되었다는 것을 기뻐하며 두 번의 7일 축제를 여는 것은 히스기야 시대에서도 볼 수 있습니다(30:23).

었다. **10** 왕이 백성들을 그들의 장막으로 돌려보낸 것은 일곱째 달 이십삼 일이었다. 백성은, 주님께서 다윗과 솔로몬과 주님의 백성 이스라엘에게 내리신 은혜 때문에 진심으로 기뻐하며, 흐뭇한 마음으로 돌아갔다.

하나님께서 솔로몬에게 다시 나타나시다 (왕상 9:1–9)

11 ○ 솔로몬은 주님의 성전과 왕궁을 다 짓고, 주님의 성전과 그의 왕궁에 대하여 그가 마음속으로 하고자 한 모든 것을 성공적으로 다 이루었다. **12** 그때에, 주님께서 밤에 솔로몬에게 나타나셔서 말씀하셨다.

○ "내가 이제 네 기도를 듣고, 이곳을 택하여, 내가 제사를 받는 성전으로 삼았다. **13** 들어라. 내가 하늘을 닫고 비를 내리지 아니하거나, 메뚜기를 시켜 땅을 황폐하게 하거나, 나의 백성 가운데 염병이 돌게 할 때에, **14** 내 이름으로 일컫는 나

'제사'와 '기도'는(12–16절) 자주 같이 등장합니다. 무엇이 같고 어떻게 다릅니까? 제사는 하나님께 자신을 드리고자 할 때 표현할 수 있는 통로입니다. "내 전부를 하나님께 드립니다"라고 표현하고 싶을 때는 번제를, "내 삶 전반에 베푸신 은혜에 감사드립니다"라는 표현을 위해서는 화목제를, "내 잘못을 깨닫고 돌이킵니다"를 표현할 때는 속죄제를 드립니다. 레위기 1–7장은 다섯 가지의 제사를 소개하는데, 모두 하나님께 나아가 자신을 표현하는 이들을 위해 하나님께서 알리신 통로라고 이해할 수 있습니다. 반면 기도는 자신의 마음과 사정을 하나님께 아뢰는 것입니다. 감사와 기쁨을 아뢰기도 하고, 슬픔과 괴로움을 아뢰고 하나님의 도우심을 구하기도 합니다. 제사는 성전이라는 공간이 있어야 가능한 반면, 기도는 언제 어디서나 할 수 있습니다. 제사의 본질은 결국 하나님께 나아가 하나님을 찬양하고 나 자신을 드린다는 것을 의미한다는 점에서, 성전이 없는 상황에서 제사는 기도 혹은 예배, 찬양으로 이해할 수 있습니다.

의 백성이 스스로 겸손해져서, 기도하며 나를 찾고, 악한 길에서 떠나면, 내가 하늘에서 듣고 그 죄를 용서하여주며, 그 땅을 다시 번영시켜주겠다. 15 이제 이곳에서 드리는 기도를, 내가 눈을 뜨고 살필 것이며, 귀담아듣겠다. 16 내가 이제, 내 이름이 이 성전에 길이길이 머물게 하려고, 이 성전을 선택하여 거룩하게 하였으니, 내 눈길과 마음이 항상 이곳에 있을 것이다. 17 너는 내 앞에서 네 아버지 다윗처럼 살아라. 그래서 내가 네게 명한 것을 실천하고, 내가 네게 준 율례와 규례를 지켜라. 18 그러면 내가 네 아버지 다윗에게 '네 자손 가운데서 이스라엘을 다스릴 사람이 끊어지지 않게 하겠다' 하고 언약한 대로, 네 나라의 왕좌를 튼튼하게 해주겠다. 19 그러나 너희가 마음이 변하여 내가 너희에게 일러준 나의 율례와 계명을 버리고 다른 신들을 섬겨 숭배하면, 20 비록 내가 이 땅을 너희에게 주었지만, 내가 너희를 여기에서 뿌리째 뽑아버리고, 비록 내가 내 이름을 위하여 이 성전을 거룩하게

하나님은 어째서 솔로몬에게 '완전하게'가 아니라 '다윗처럼' 살라고(17절) 합니까? 다윗이라면 간음과 살인까지 저지르지 않았습니까? 솔로몬이 이미 드린 고백에서처럼 "죄를 짓지 아니하는 사람은 없습니다"(6:36). 다윗이든, 그 누구든 모두 죄를 지으며 살아갑니다. 중요한 것은 죄를 지은 이후에 언제라도 자신의 잘못을 인정하고 뉘우치며 돌이키는 것입니다. 다윗은 끔찍한 죄를 저질렀습니다. 그러나 그는 왕의 지위와 체면 따위에 얽매이지 않고, 자신의 죄를 인정하고 뉘우쳤습니다. 그렇기에 다윗은 특별합니다. 다윗처럼 높은 지위의 사람이 자신의 잘못을 선뜻 인정하고 돌이키는 사례는 정말 찾아보기 어려우니까요. 대부분은 자신의 권력과 부귀를 휘둘러서, 자신을 책망하는 이들을 도리어 제거해버리지 않습니까? '다윗 같은 삶'은 자신의 지위, 명예, 권세, 부귀, 나이에 무관하게 언제라도 자신의 잘못과 불의를 인정하고 돌이키는 삶을 의미합니다. 솔로몬과 같이 대단한 권력을 지닌 이라면 참으로 다윗처럼 걸어가는 태도가 필요할 것입니다.

구별하였지만, 이 성전도 내가 버리겠다. 그러면 너희는 모든 민족 사이에서, 한낱 속담거리가 되고 웃음거리가 되고 말 것이다.

21 ○ 이 성전이 지금은 존귀하지만, 그때가 되면, 이리로 지나가는 사람들마다 놀라서 '어찌하여 주님께서 이 땅과 이 성전을 이렇게 되게 하셨을까?' 하고 탄식할 것이다. 22 그러면서 그들은 '이스라엘 백성이 자기들을 이집트 땅으로부터 이끌어내신 주 자기 조상의 하나님을 버리고, 다른 신들에게 미혹되어, 그 신들에게 절하며, 그 신들을 섬겼으므로, 주님께서 이 온갖 재앙을 내리셨다' 하고 말할 것이다."

{ 제8장 }

솔로몬의 업적(왕상 9:10-28)

1 솔로몬이 주님의 성전과 자기의 궁전을 다 짓는 데에 스무 해가 걸렸다. 2 곧이어 솔로몬은 히람에게서 얻은 성읍들도 다시 건축하여, 거기에 이스라엘 자손을 살게 하였다. 3 솔로몬은 또 하맛소바로 가서, 그 성읍을 점령하였다. 4 그는 또 광야에 다드몰을 건축하고, 모든 양곡 저장 성읍들은 하맛에다가 건축하였다. 5 또 위 벳호론과 아래 벳호론에 성벽을 쌓고 문들을 만들어 달고 빗장을 질러, 그곳을 요새 성읍으로 만들었다. 6 또 솔로몬은 자기에게 속한 바알랏과 양곡 저장 성읍들과 병거 주둔 성읍들과 기병 주둔 성읍들을 세웠다. 그래서 솔로몬은 예루살렘과 레바논과 그가 다스리는 모든 지역 안에, 그가 계획한 모든 것을 다 만들었다.

7 ㅇ 이스라엘 자손이 아닌 헷 사람과, 아모리 사람과 브리스 사람과 히위 사람과, 여부스 사람 가운데서 살아남은 백성이

'히람에게서 얻은 성읍'(2절)이란 무얼 말합니까? 열왕기에는(왕상 9:11-13) 히람에게 주었다고 되어 있는데, 도로 찾아왔다면 너무 야박한 게 아닌가요? 열왕기와 역대지의 기록은 분명 차이가 있습니다. 두 본문 사이의 차이를 해결하기 위한 제안들이 있는데, 그중에는 솔로몬과 히람이 성을 상호 교환했다고 보는 견해도 있습니다. 어떤 이들은 열왕기상 9장 12절에서 보듯 솔로몬이 히람에게 준 성읍이 히람의 마음에 들지 않아서 히람이 바로 돌려주었을 것이라고 생각하기도 합니다. 우리에게 주어진 본문만으로는 어떻게 봐야 할지 결정하기 어렵습니다. 이런 경우에는 열왕기는 열왕기대로, 역대지는 역대지대로 그 자체의 맥락에서 보는 것이 좋습니다. 역대지 저자는 솔로몬이 이방 왕에게 영토를 주지 않았다는 점을 부각시키는 것으로 보입니다. 그에게 솔로몬은 이상적인 왕이었습니다.

있었다. 8 솔로몬은 이 사람들을 노예로 삼아 강제 노동에 동원하였다. 그들은, 이스라엘 자손이 다 멸하지 않고 그 땅에 남겨둔 사람의 자손이다. 그래서 그들은 오늘날까지도 노예로 남아 있다. 9 그러나 솔로몬은 이스라엘 사람들 가운데서는 어느 누구도, 노예로 삼아 일을 시키지 않았다. 이스라엘 사람은 솔로몬의 군인, 관리들을 통솔하는 최고 지휘관, 병거대 지휘관과 기병대가 되었다. 10 솔로몬 왕의 일을 지휘한 관리 책임자들은 이백오십 명이었다. 그들은 백성을 감독하는 권한을 가진 사람들이다.

11 ○ 솔로몬은 바로의 딸을 '다윗 성'에서 데려다가, 그가 살 궁을 따로 세우고 그 궁에서 살게 하였다. 솔로몬은, 이스라엘 왕 다윗의 궁은 주님의 궤를 모신 거룩한 곳이므로, 그의 이방인 아내가 거기에서 살아서는 안 된다고 생각한 것이다.

12 ○ 그때에 솔로몬은, 자기가 현관 앞에 세운 주님의 제단에서, 주님께 번제를 드렸다. 13 그는 안식일과 새 달과 해마다 세 번 지키는 절기인 무교절과 칠칠절과 초막절에 대하여, 모

'양곡 저장 성읍'(4절)을 두는 목적은 무엇입니까? 아직도 적의 포위를 염려해야 할 만큼 국력이 약했던 건가요? 4절은 솔로몬이 광야와 하맛에 성읍을 건축했다고 말합니다. 여기서 광야는 유다 남부 지역의 장소를, 하맛은 이스라엘 최북단 지역에 있는 도시를 가리킵니다. 그래서 다드몰과 하맛의 성읍 건축은 솔로몬 시대의 번성과 확장을 보여주는 단적인 예라 할 수 있습니다. 남쪽과 북쪽에 모두 튼튼하게 성을 쌓고 필요한 것을 저장할 수 있었으니, 솔로몬의 나라는 그야말로 부강했습니다. 특히 하맛을 거쳐 북쪽이나 북동쪽으로 나아가는 도로가 있었다는 점에서, 하맛의 확보와 개발은 당대의 왕성한 국제 교류에도 크게 이바지했을 것입니다. 하맛에 대한 언급은 이와 같은 내용을 다루는 열왕기상 9장에는 등장하지 않습니다. 그러므로 이 역시 역대지 저자가 솔로몬 시대를 이상적인 시대로 그리려는 의도에서 비롯된 언급이라 할 수 있습니다.

세가 명령한 제사의 일과를 그대로 하였다. 14 솔로몬은 또 자기의 아버지 다윗이 정한 법을 좇아, 제사장들에게는 갈래를 따라 차례대로 봉사하게 하였고, 레위 사람에게도 직책을 맡겨서, 날마다 찬송하는 일과 제사장들을 보좌하는 일을 하게 하였다. 그는 또 문지기들에게는 갈래를 따라 여러 문을 지키게 하였다. 하나님의 사람 다윗이 명령한 그대로였다. 15 제사장들과 레위 사람들은, 곳간 관리에 이르기까지 온갖 일에 있어서, 다윗 왕이 명령한 것은 어느 것 하나도 어기지 않고 따랐다.

16 ○ 이렇게 주님의 성전 기초가 놓인 날부터 시작하여 그 공사가 완성되기까지, 솔로몬의 모든 건축 공사가 잘 진행되었으니, 주님의 성전이 비로소 완공되었다.

17 ○ 그때에 솔로몬이 에돔 땅의 성읍인 에시온게벨 항구와 엘롯 항구로 갔더니, 18 히람이 신하들을 시켜서 솔로몬에게 상선들을 보내고, 바다에 노련한 부하들도 보냈다. 그들은 솔로몬의 부하들과 함께 오빌로 가서, 거기에서 금 사백오십 달란트를 실어다가 솔로몬에게 바쳤다.

'현관 앞에 세운 주님의 제단'(12절)이 수상합니다. 임금은 원하는 곳에 제단을 세우고 제사를 지내도 괜찮은가요? 성소 건물이 있고, 성소를 들어가는 입구가 현관입니다. '현관 앞에' 주님의 제단을 두었다는 것은 성소 건물이 있는 뜰에 제단을 두었다는 의미입니다. 그 뜰에 제단을 비롯해 열두 마리 황소가 떠받치는 바다도 있었습니다. 그래서 얼핏 이전과 다른 위치에 제단을 쌓은 것 같지만, 원래 제단이 있어야 할 자리에 있는 것입니다. 사실 임금의 권력은 언제나 하나님을 예배하는 성전에 막대한 영향력을 행사할 가능성이 큽니다. 훗날 앗시리아에 굴복하며 권력을 유지했던 아하스 왕은 자기 마음대로 제단을 만들기도 하고 위치도 바꿨습니다(왕하 16:10-14). 강대국에 영합한 권력이 종교를 자기 필요에 따라 통제하고 이용한 단적인 사례입니다.

{ 제9장 }

스바의 여왕이 솔로몬을 찾아오다 (왕상 10:1-13)

1 스바의 여왕이 솔로몬의 명성을 듣고, 여러 가지 어려운 질문으로 그를 시험하여보려고, 예루살렘으로 그를 찾아왔다. 그는 많은 수행원을 데리고, 또 여러 가지 향료와 많은 금과 보석들을 낙타에 싣고 왔다. 그는 솔로몬에게 이르자, 마음속에 품고 있는 온갖 것들을 다 물어보았다. 2 솔로몬은 여왕이 묻는 모든 물음에 척척 대답하였다. 솔로몬이 몰라서 여왕에게 대답하지 못한 것은 하나도 없었다. 3 스바의 여왕은, 솔로몬이 온갖 지혜를 갖추고 있는 것을 확인하고, 그가 지은 궁전을 두루 살펴보고, 4 또 왕의 상에 오른 요리와, 신하들이 둘러앉은 모습과, 그의 관리들이 일하는 모습과, 그들이 입은 제복과, 술잔을 받들어 올리는 시종들과, 그들이 입은 제복과, 주님의 성전에서 드리는 번제물을 보고 나서 넋을 잃었다.

5 ○ 여왕이 왕에게 말하였다. "임금님께서 이루신 업적과 임

 역대지는 솔로몬으로 상징되는 이스라엘의 번성을 표현하기 위해 이방 나라의 왕들을 동원합니다. 역대지하 2장에서는 두로 왕 히람이 솔로몬의 행동을 높였고(2:11-16), 이제 9장에서는 스바에서 온 여왕의 목소리로 솔로몬의 나라를 높입니다. 스바는 아라비아 반도 남서쪽 지역으로 추측되며, 지금의 예멘에 해당합니다. 그렇게 멀리 떨어져 있는 나라에서 찾아온 여왕은 솔로몬의 지혜를 칭송하고, 주 하나님께서 솔로몬을 선택하셔서 공평과 정의로 나라를 다스리게 하셨다고 증언합니다. 이 같은 증언을 통해, 하나님을 경외하고 그분의 계명과 규례를 따를 때 이스라엘이 번성을 누리고, 주변 나라들 역시 그것을 알게 될 것임을 드러냅니다.

금님의 지혜에 관한 소문을, 내가 내 나라에서 이미 들었지만, 와서 보니, 과연 들은 소문이 모두 사실입니다. 6 내가 여기 오기 전까지는 그 소문을 믿지 못하였는데, 내 눈으로 직접 확인하고 보니, 오히려 내가 들은 소문은 사실의 절반도 안 되는 것 같습니다. 임금님께서는, 내가 들은 소문보다 훨씬 뛰어나신 분이십니다. 7 임금님의 백성은 참으로 행복한 사람들입니다. 임금님 앞에 서서, 늘 임금님의 지혜를 배우는 임금님의 신하들 또한, 참으로 행복하다 아니할 수 없습니다. 8 주 임금님의 하나님께 찬양을 돌립니다. 하나님께서는 임금님을 좋아하셔서 임금님을 그의 보좌에 앉히시고, 주 하나님을 받드는 왕으로 삼으셨습니다. 임금님의 하나님께서는 이스라엘을 사랑하셔서, 그들을 영원히 굳게 세우시려고, 임금님을 그들 위에 왕으로 세우시고, 공평과 정의로 다스리게 하셨습니다.”
9 ○ 그런 다음에, 여왕은, 금 백이십 달란트와 아주 많은 향료와 보석을 왕에게 선사하였다. 솔로몬 왕은, 스바의 여왕에게서 받은 만큼, 그렇게 많은 향료를, 다시는 어느 누구에게서도 더 받아본 일이 없다.

괄호로 묶은 문장의(10-11절) 정체를 모르겠습니다. 솔로몬과 여왕의 이야기 중간에 히람의 이야기를 끼워 넣은 의도는 무엇입니까? 우리말 성경에는 괄호가 사용되었지만, 원래 히브리어 성경에는 그런 기호가 없습니다. 역대지 저자는 스바 여왕이 바친 선물에 이어, 두로 왕 히람과 함께 진행한 무역으로 얻은 귀한 것들을 배열합니다. 이를 통해 솔로몬의 나라가 이방 나라들과 우호적인 협력을 맺었고, 이 관계 안에서 풍요로운 현실을 이루고 있음을 보여준다고 할 수 있습니다. 역대지는 이방과의 단절이 아니라, 서로를 존중하고 인정하는 가운데 평화롭게 공존하는 이스라엘의 모습을 말하고자 합니다. 역대지가 기록되었다고 여겨지는 주전 5세기 말에서 4세기 초의 페르시아 시대에 이스라엘이 어떻게 존재해야 하는지 이를 통해 웅변합니다.

10 ○ (히람의 일꾼들과 솔로몬의 일꾼들도 오빌에서 금을 실어왔다. 그들은 백단목과 보석도 가져왔다. 11 왕은 이 백단목으로 주님의 성전과 왕궁의 계단을 만들고, 합창단원이 쓸 수금과 거문고를 만들었다. 이와 같은 백단목은 일찍이 유다 땅에서는 본 일이 없었다.)

12 ○ 솔로몬 왕은 스바의 여왕이 가져온 것보다 더 많이 주었을 뿐만 아니라, 여왕이 요구하는 대로, 가지고 싶어 하는 것은 모두 주었다. 여왕은 신하들과 함께 자기의 나라로 돌아갔다.

솔로몬의 부귀영화(왕상 10:14-25)

13 ○ 해마다 솔로몬에게 들어오는 금의 무게가 육백육십육 달란트나 되었다. 14 이 밖에도 관세 수입과 외국과의 무역에서 벌어들인 것이 있고, 아라비아의 모든 왕들과, 국내의 지방 장관들이 보내오는 금도 있었다. 15 솔로몬 왕은 금을 두드려 펴서 입힌 큰 방패를 이백 개나 만들었는데, 방패 하나에 들어간 금만 해도 육백 세겔이나 되었다. 16 그는 또 금을 두드려 펴서 입힌 작은 방패를 삼백 개 만들었는데, 그 방패 하나에

거푸 등장하는 '레바논 수풀 궁'(16, 20절)이란 어떤 궁궐을 말합니까? 솔로몬이 지은 별도의 궁전입니까? 역대지에는 솔로몬의 왕궁에 관한 설명이 없지만, 역대지와 같은 내용을 다루는 열왕기에서는 볼 수 있습니다. 열왕기상 7장 1–12절은 솔로몬이 자신의 것으로 지은 왕궁의 구조를 설명하는데, '레바논 수풀'로 지어서 이 궁을 '레바논 수풀 궁'으로 부릅니다(왕상 7:2). 이 궁에는 금을 입힌 크고 작은 방패들이 수백 개나 있어서, 솔로몬 시기의 부귀영화를 단적으로 보여줍니다. 그렇지만 훗날 이집트가 침략해 이것들을 약탈해갑니다(왕상 14:26; 대하 12:9). 이를 생각하면, 그 대단한 부귀는 결코 영원할 수 없다는 점을 다시금 깨닫게 됩니다.

들어간 금은 삼백 세겔이었다. 왕은 이 방패들을 '레바논 수풀 궁'에 두었다.

17 ○ 왕은 또 상아로 큰 보좌를 만들고, 겉에 순금을 입혔다. 18 그 보좌로 오르는 층계는 계단이 여섯이었으며, 보좌에 붙은 발 받침대는 금으로 만든 것이었다. 앉는 자리 양쪽에는 팔걸이가 있고, 팔걸이 양옆에는 사자 상이 하나씩 서 있었다. 19 여섯 개의 계단 양쪽에도, 각각 여섯 개씩 열두 개의 사자 상이 서 있었다. 일찍이 어느 나라에서도 이렇게는 만들지 못하였다.

20 ○ 솔로몬 왕이 마시는 데 쓰는 모든 그릇은 금으로 되어 있었고, '레바논 수풀 궁'에 있는 그릇도 모두 순금으로 만든 것이었다. 솔로몬 시대에는, 은은 귀금속 축에 들지도 못하였다. 21 왕의 배들은 히람의 일꾼들을 태우고 다시스로 다니며, 세 해마다 한 번씩 금과 은과 상아와 원숭이와 공작새들을 실

솔로몬의 부귀영화에 관한 설명이 장황합니다(13-28절). 하나님의 명령을 잘 따르면 부와 명예를 누릴 수 있다는 걸 가르치기 위한 장치입니까? 하나님의 명령을 잘 따랐는데도 부와 명예를 누리기는커녕 고난으로 가득한 삶을 살았던 이들도 성경에는 여럿 나옵니다. 그래서 성경은 하나님의 명령을 따르면 부와 명예가 있다는 것을 가르치기보다는, 하나님의 명령을 따르며 살아가는 삶이야말로 좋은 삶이요, 그 자체로 풍성한 삶임을 가르친다고 말할 수 있습니다. 역대지는 태초의 아담부터 시작해 다윗을 거쳐 남왕국 유다의 역사를 소재로 삼아, 한 나라의 흥망성쇠를 주하나님을 신뢰하는 신앙의 관점에서 서술합니다. 역대지의 저술 시기는 이미 나라가 망한 지 오래된 때입니다. 저자는 페르시아의 지배 아래 유다 땅을 중심으로 살아가는 당대의 청중과 독자를 향해, 남왕국이 번성했던 때는 하나님을 경외하며 순종했던 시기였고, 남왕국의 쇠퇴와 멸망이 하나님에 대한 거역과 맞물려 있음을 보여줍니다. 하나님을 잘 따르면 부를 누린다고 쉽게 말할 수도 있지만, 그보다는 솔로몬의 번성이 하나님으로부터 비롯되었다는 것, 그리고 하나님께 순종할 때 이방 왕들까지도 하나님의 백성을 칭송한다는 것을 가르치려는 의도입니다.

어오곤 하였다.

22 ○ 솔로몬 왕은 재산에 있어서나, 지혜에 있어서나, 이 세상의 어떤 왕보다 훨씬 뛰어났다. 23 그래서 세상의 모든 왕들은 솔로몬을 직접 만나서, 하나님께서 그의 마음속에 넣어주신 지혜의 말을 들으려고 하였다. 24 그리하여 그들은 각자, 은그릇과 금그릇과 옷과 갑옷과 향료와 말과 노새를 예물로 가지고 왔는데, 해마다 이런 사람들의 방문이 그치지 않았다.

25 ○ 병거 끄는 말을 매어두는 마구간만 하더라도, 솔로몬이 가지고 있던 것이 사천 칸이나 되었다. 기병은 만 이천 명에 이르렀다. 솔로몬은 그들을, 병거 주둔성과 왕이 있는 예루살렘에다가 나누어서 배치하였다. 26 그는 유프라테스강에서부터 블레셋 영토에 이르기까지, 또 이집트의 국경에 이르기까지 모든 왕을 다스렸다. 27 왕의 덕분에 예루살렘에는 은이 돌처럼 흔하였고, 백향목은 세펠라 평원지대의 뽕나무만큼이나 많았다. 28 솔로몬은 이집트에서 그리고 다른 모든 나라에서 군마를 사들였다.

솔로몬의 행적이 기록된 다른 책들이 있는 줄은 몰랐습니다. 29절의 도서 목록에 기재된 책들을 지금도 볼 수 있습니까? 역대지 저자는 자신의 작품을 위해 당대에 구할 수 있는 여러 자료를 활용했습니다. 이곳에서 볼 수 있는 나단, 아히야, 잇도 같은 예언자들의 책을 비롯해, 다른 예언자들의 이름으로 전해지는 책들(예, 대하 12:15; 20:34), 그리고 '유다와 이스라엘 열왕기' 같은 책도 참고했습니다(16:11). 아쉽게도 역대지나 열왕기에 언급된 그 어떤 책도 현재까지 전해지는 것은 없습니다. 그뿐 아니라, 구약성경의 내용이 기록되어 있는 고대 사본도 가장 오래된 것은 겨우 주전 2세기나 1세기의 것이 남아 있을 따름입니다. 아마도 역대지가 기록된 주전 5세기 말 혹은 4세기 초까지는 이러한 자료들이 남아 있었으나, 이후 페르시아의 멸망과 알렉산더 제국의 등장을 비롯해 여러 풍상을 겪으면서 자료들이 모두 사라진 것 같습니다.

29 ○ 솔로몬의 나머지 행적은 처음부터 끝까지, '나단 예언자의 역사책'과 '실로 사람 아히야의 예언서'와 '잇도 선견자의 묵시록', 곧 잇도가 느밧의 아들 여로보암에 대하여 쓴 책에 기록되어 있다. 30 솔로몬은 예루살렘에서 마흔 해 동안 온 이스라엘을 다스렸다. 31 솔로몬은 죽어서 그의 아버지 다윗의 성에 묻혔다. 그의 아들 르호보암이 그의 뒤를 이어 왕이 되었다.

{ 제10장 }

북쪽 지파의 반란(왕상 12:1–20)

1 온 이스라엘이 르호보암을 왕으로 세우려고 세겜에 모였으므로, 르호보암이 세겜으로 갔다. 2 느밧의 아들 여로보암이 이 소식을 들었다. 그는 솔로몬 왕을 피하여 이집트에 가 있었는데, 이 소식을 듣고 이집트에서 돌아왔다. 3 사람들이 여로보암을 불러내니, 그와 온 이스라엘이 르호보암에게 가서, 이렇게 말하였다. 4 "임금님의 아버지께서는 우리에게 무거운 멍에를 메우셨습니다. 이제 임금님께서는, 임금님의 아버지께서 우리에게 메우신 중노동과, 그가 우리에게 지우신 이 무거운 멍에를, 가볍게 해주십시오. 그러면 우리가 임금님을 섬기겠습니다."

5 ○ 르호보암이 그들에게 말하였다. "사흘 뒤에 나에게 다시 오시오." 이 말을 듣고 백성들은 돌아갔다.

6 ○ 르호보암 왕은 그의 아버지 솔로몬이 살아 있을 때에, 그

여로보암은 무슨 사연으로 솔로몬 왕을 피해 이집트에 가 있었습니까?(2절) 역대지에서는 다루지 않았지만, 같은 시대를 다룬 또 다른 책인 열왕기는 여로보암의 사연을 소개합니다. 그는 매우 뛰어난 용사였고, 솔로몬의 나라에서 여러 국가 공사를 책임진 사람이었습니다(왕상 11:28). 그런데 솔로몬이 하나님을 버리고 우상을 숭배하며 하나님의 규례를 저버리자, 하나님께서는 여로보암을 택해 새로운 왕으로 세우기로 하셨습니다(왕상 11:31–39). 하나님께서는 이러한 뜻을 예언자 아히야를 통해 여로보암에게 알리셨고, 이 사실이 알려지자 솔로몬은 자신의 왕권을 위협하는 여로보암을 죽이려고 합니다. 그래서 여로보암은 이집트로 도망쳤습니다. 이제 솔로몬은 하나님께서 지키시는 나라가 아니라 자신이 지키는 나라에서, 하나님께서 세우신 왕이 아닌 스스로 왕권을 지키려고 혈안이 된 모습을 보여줍니다.

의 아버지를 섬긴 원로들과 상의하였다. "이 백성에게 내가 어떤 대답을 하여야 할지, 경들의 충고를 듣고 싶습니다."

7 ○ 그들은 르호보암에게 이렇게 대답하였다. "임금님께서 이 백성에게 너그럽게 대해주시고, 백성을 반기셔서 그들에게 좋은 말로 대답해주시면, 이 백성은 평생 임금님의 종이 될 것입니다."

8 ○ 원로들이 이렇게 충고하였지만, 그는 원로들의 충고를 무시하고, 자기와 함께 자라 자기를 받드는 젊은 신하들과 의논하며, 9 그들에게 물었다. "백성이 나에게, 선친께서 메워주신 멍에를 가볍게 해달라고 요청하고 있소. 이 백성에게 내가 어떤 대답을 해야 할지, 그대들의 충고를 듣고 싶소."

10 ○ 왕과 함께 자라난 젊은 신하들이 그에게 말하였다. "이 백성이 임금님의 아버지께서 그들에게 메우신 무거운 멍에를 가볍게 해달라고 임금님께 요청하였습니다. 그러나 임금님께서는 이 백성에게 이렇게 말씀하십시오. '내 새끼손가락 하나

솔로몬의 실체를 모르겠습니다. 백성들에게 가혹한 노동을 강요하고 무거운 짐을 안겼다면(4절) '폭군'이라고 규탄해야 마땅한데, 왜 성경은 그를 '성군'처럼 설명합니까? 역대지 본문은 솔로몬의 모든 상황을 다루지 않고, 성전 건축을 둘러싼 역할에 집중했습니다. 그래서 솔로몬이 재위 기간 내내 지나치게 많은 국가 공사를 시행해 백성들을 무척 힘겹게 했다는 사실은 언급하지 않습니다. 그 내용은 열왕기상에서 볼 수 있습니다. 그래서 역대지는 독자와 청중이 열왕기를 알고 있다는 것을 전제하고 있음을 짐작할 수 있습니다. 다만 역대지는 르호보암의 즉위와 연관해 왕들은 백성의 멍에를 가볍게 하고, 백성을 너그럽게 대하는 것이 중요하다는 점을 명시합니다(7절). 임금이랍시고 권력을 휘두르며 백성을 억압하면, 그의 왕조는 결코 제대로 이어지기 어려울 것입니다. 결국 솔로몬의 뒤를 이은 르호보암이 솔로몬의 잘못을 제대로 바로잡지 않으면서, 솔로몬의 나라는 르호보암 대에서 곧바로 두 쪽으로 쪼개지고 맙니다.

가 내 아버지의 허리보다 굵다. **11** 내 아버지가 너희에게 무거운 멍에를 메우셨으나, 나는 이제 너희에게 그것보다 더 무거운 멍에를 메우겠다. 내 아버지께서는 너희를 가죽 채찍으로 매질하셨으나, 나는 너희를 쇠 채찍으로 치겠다' 하고 말씀하십시오."

12 ○ 왕이 백성에게 사흘 뒤에 다시 오라고 하였으므로, 여로보암과 온 백성이 사흘째 되는 날에 르호보암 앞에 나아왔다. **13** 왕은 원로들의 충고를 무시하고, 백성에게 가혹하게 대답하였다. **14** 르호보암 왕은 젊은 신하들의 충고를 따라 백성에게 이렇게 대답하였다.

○ "내 아버지가 당신들에게 무거운 멍에를 메우셨으나, 나는 이제 당신들에게 그것보다 더 무거운 멍에를 메우겠소. 내 아버지께서는 당신들을 가죽 채찍으로 매질하셨으나, 나는 당신들을 쇠 채찍으로 치겠소."

15 ○ 왕이 이처럼 백성의 요구를 들어주지 않았으니, 하나님께서 일이 그렇게 뒤틀리도록 시키셨던 것이다. 주님께서 이

신구 세대의 인식 차이가 너무 커서(7, 10-11절) 당황스럽습니다. 이스라엘은 선대의 역사가 구전과 기록으로 후대에 잘 전달되는 사회인 줄 알았습니다. 노인들은 솔로몬 시대를 지나왔기에 왕정의 객관적인 실태를 좀 더 경험하고 정리할 수 있었던 세대라고 할 수 있습니다. 그래서 권력으로 군림하거나 백성을 힘으로 누르려 하지 말고, 도리어 백성을 너그럽게 대하고 그들에게 좋은 말로 대답하라고 임금에게 촉구합니다. 그러나 솔로몬 시대의 풍요와 번영의 결실을 누리는 젊은 세대는 힘으로 군림하는 권력, 강력한 권력으로 백성을 짓누르고, 권력의 뜻대로 움직이는 나라를 추구합니다. 이 내용은 이전 세대의 경험과 연륜이 후대에 제대로 전해지지 않았음을 보여줍니다. 전해졌더라도 다음 세대는 그에 동의하지 않았던 것으로 이해할 수 있습니다. 강하고 위대한 나라를 추구한다 해서 그렇게 되는 것이 아니라, 백성을 돌아보고 백성을 섬기는 권력이야말로 진정으로 든든한 나라를 이룰 수 있습니다.

미 실로 사람 아히야를 시키셔서, 느밧의 아들 여로보암에게 하신 말씀을 이루시려는 것이었다.

16 ○ 온 이스라엘은, 왕이 그들의 요구를 전혀 듣지 않는 것을 보고 왕에게 외쳤다. "우리가 다윗에게서 받을 몫이 무엇이냐? 이새의 아들에게서는 받을 유산이 없다. 이스라엘아, 각자 자기의 장막으로 돌아가라. 다윗이여, 이제 너는 너의 집안이나 돌보아라."

○ 그런 다음에, 온 이스라엘은 각자 자기들의 장막으로 돌아갔다. 17 그러나 유다의 여러 성읍에 살고 있는 이스라엘 자손은 르호보암의 통치 아래에 남아 있었다.

18 ○ 르호보암 왕이 강제 노동 감독관 하도람을 이스라엘 자손에게 보내었더니, 이스라엘 자손이 그를 돌로 쳐서 죽였다. 그러자 르호보암 왕은 급히 수레에 올라서, 예루살렘으로 도망하였다. 19 이렇게 이스라엘은 다윗 왕조에 반역하여 오늘에 이르렀다.

{ 제11장 }

스마야의 예언 (왕상 12:21-24)

1 르호보암이 예루살렘에 이르러, 유다와 베냐민 가문에 동원령을 내려서 정병 십팔만 명을 소집하였다. 그는 이스라엘과 싸워서, 왕국을 다시 르호보암에게 돌리려고 하였다.

2 ○ 그러나 그때에, 주님께서 하나님의 사람 스마야에게 말씀하셨다. **3** "너는, 솔로몬의 아들 유다의 르호보암 왕과 유다와 베냐민 지방의 온 이스라엘에게 이 말을 전하여라. **4** '나 주가 말한다. 일이 이렇게 된 것은 내가 시킨 것이다. 너희는 올라가지 말아라. 너희의 동족과 싸우지 말고 각자 집으로 돌아가거라.'" 그들은 이러한 주님의 말씀을 듣고, 여로보암을 치러가던 길을 멈추고, 돌아섰다.

나라가 두 쪽 난 게 하나님이 시킨 일이라고요?(4절) 그럼 다윗에게 "네 자식을 후계자로 세워서, 그의 나라를 튼튼하게 하겠다"(삼하 7:12)고 했던 약속은 어찌 된 건가요? 하나님께서 배후에서 모든 것을 좌우하신다면, 사람들은 그저 대본에 따라 연기하는 연극배우나 프로그램에 따라 움직이는 로봇에 불과할 것입니다. 그리고 그런 로봇은 결코 '하나님의 형상'대로 지음받은 존재가 아닐 것입니다. 본문의 표현은, 다윗에게 약속하셨지만, 다윗이든 그 후손이든 하나님의 명령과 가르침에 따라 행하지 않는다면 반드시 그에게 하나님의 심판이 임할 것이라는 의미입니다. 솔로몬이 하나님께 순종하지 않으니, 그의 나라는 두 조각이 납니다. 이러한 하나님의 심판은 하나님께서 다윗의 나라를 버리신 결과가 아니라, 여전히 그들을 사랑하시기에 그들을 책망하신 것이며, 이를 통해 그들이 죄에서 돌이키고 바로잡기를 원하셨기 때문입니다. 하나님의 심판은 하나님의 사랑의 또 다른 표현입니다.

르호보암이 요새를 만들다

5 ○ 르호보암은 예루살렘에 자리 잡고 살면서, 유다 지방의 성읍들을 요새로 만들었다. 6 베들레헴과 에담과 드고아와 7 벳술과 소고와 아둘람과 8 가드와 마레사와 십과 9 아도라임과 라기스와 아세가와 10 소라와 아얄론과 헤브론이 그가 유다와 베냐민 지방에 세운 요새 성읍들이었다. 11 그는 이 요새 성읍들을 강화하고, 거기에 책임자를 임명하고, 양식과 기름과 술을 저장하여두었다. 12 각 성읍마다 방패와 창을 마련하여두어, 성읍들을 크게 강화하였다. 이렇게 유다와 베냐민은 르호보암의 통치하에 들어갔다.

제사장들과 레위인들이 유다로 오다

13 ○ 이스라엘 전국에 있던 제사장들과 레위 사람들이 모두

왕권을 강화해야 할 여로보암은 왜 제사장과 백성들의 반발과 이탈을 무릅쓰고 스스로 우상을 만들어 섬기게(14-17절) 했을까요? 이 부분에 관한 상세한 내용은 열왕기상 12장 26-33절에 있습니다. 새로 나라를 시작한 여로보암은 북왕국의 국민들이 계속해서 남왕국의 예루살렘에 있는 성전을 찾아가 제사드리다 보면 그들의 마음이 르호보암에게 넘어갈 수 있다고 염려했습니다. '종교적인 독립'이 없으면 진정한 독립이 없다고 생각했을 수 있습니다. 그 생각 자체가 나쁜 것은 아니고, 애초에 하나님의 예언자들을 통해 시작된 나라이기도 하니, 여로보암은 하나님의 규례를 따르는 것으로 나아갔어야 합니다. 그러나 그는 북왕국에 독자적인 성소를 마련하는 것으로 대응했습니다. 그리고 그 성소에 하나님의 상징으로 금송아지를 만들어두었고, 그로 인해 북왕국의 하나님 신앙은 금송아지를 숭배하는 종교와 뒤섞이기 시작합니다. 결국 두려움 때문에 하나님을 대신할 존재를 만들어버린 것입니다. 그의 이 조치는 두고두고 북왕국의 안정을 어지럽히는 요소가 되고 말았습니다.

자기들이 살던 지역을 떠나, 르호보암에게로 왔다. 14 레위 사람들이 목장과 소유지를 버리고 유다와 예루살렘으로 온 것은, 여로보암과 그의 아들들이 그들에게 주님을 섬기는 제사장 직분을 수행하지 못하게 하고, 15 따로 제사장들을 세워서, 여러 산당에서 숫염소 우상과 자기가 만든 송아지 우상을 섬기게 하였기 때문이다. 16 이 밖에도 이스라엘 모든 지파들 가운데서 주 이스라엘의 하나님의 뜻을 찾기로 마음을 굳힌 이들이, 주 조상의 하나님께 제사를 드리려고, 레위 사람을 따라 예루살렘에 왔다. 17 그들은 유다 나라를 강하게 하고, 솔로몬의 아들 르호보암의 왕권을 확고하게 하여주었다. 그러나 그것은 삼 년 동안뿐이었다. 르호보암이 다윗과 솔로몬의 본을 받아 산 것이 삼 년 동안이었기 때문이다.

르호보암의 가족

18 ○ 르호보암은 마할랏을 아내로 맞이하였다. 마할랏은 아버지 여리못과 어머니 아비하일 사이에서 태어난 딸이다. 그의 아버지 여리못은 다윗의 아들이고, 그의 어머니 아비하일

신앙 때문에 고향을 떠나 예루살렘을 찾았던 이들이 고작 3년 만에 변심합니다(17절). 이스라엘 백성들의 신앙이 지나치게 허약한 게 아닌가요? 굳건하게 신앙을 지키고자 찾아왔더라도, 르호보암이 다스리는 세상 전체가 하나님께 그다지 귀 기울이지 않는 상황이 되었다면, 개인의 노력과 뜻도 약화되기 마련일 겁니다. 북왕국이 갈라져나간 이후, 르호보암은 오만하게 군림하기보다는 나라를 든든히 하기 위해 무엇을 해야 하는지 고민하며 행하는 모습을 보였습니다. 이 시기에 북쪽에서 대거 내려온 이들 역시 르호보암의 정책과 방향을 지지해주는 신호였을 것입니다. 그러나 그로 인해 나라가 강해지자, 곧바로 르호보암은 다윗과 솔로몬이 주 하나

은 이새의 아들인 엘리압의 딸이다. 19 마할랏과의 사이에서 세 아들 여우스와 스마랴와 사함이 태어났다. 20 그 뒤에 르호보암은 압살롬의 딸 마아가를 아내로 맞아들였는데, 마아가와의 사이에서는 아비야와 앗대와 시사와 슬로밋이 태어났다. 21 르호보암은 아내 열여덟 명과 첩 예순 명을 거느렸고, 그들에게서 아들 스물여덟 명과 딸 육십 명을 보았지만, 그는 다른 아내들이나 첩들보다 압살롬의 딸 마아가를 더욱 사랑하였다. 22 르호보암은 마아가의 아들 아비야를 자기의 후계자로 삼을 생각이었으므로, 왕자들 가운데서 서열을 가장 높게 하였다. 23 르호보암은 슬기롭게도, 자기 아들들에게 유다와 베냐민 전 지역과 요새 성읍들을 나누어 맡기고, 양식도 넉넉하게 대어주었으며, 아내들도 많이 얻어주었다.

님을 경외하며 걸어갔던 길을 떠나버립니다. 편안하고 안정되면 하나님을 잊거나, 정의와 진리를 버리고 제 욕심대로 사는 경우를 주변에서도 허다하게 볼 수 있지 않습니까? 르호보암 역시 그 길로 갔고, 북쪽에서 내려온 이들을 비롯해 허다한 이들이 그 길로 갑니다. 왕정의 위험성은 여기에서도 볼 수 있습니다. 왕의 잘못된 선택은 그저 개인의 문제로 그치지 않고, 나라 전체를 위태롭게 만듭니다.

{ 제12장 }

이집트의 유다 침략(왕상 14:25-28)

1 르호보암은 왕위가 튼튼해지고 세력이 커지자, 주님의 율법을 저버렸다. 온 이스라엘도 그를 본받게 되었다. 2 그들이 주님께 범죄한 결과로, 르호보암 왕이 즉위한 지 오 년째 되던 해에, 이집트의 시삭 왕이 예루살렘을 치러 올라왔다. 3 그는 병거 천이백 대, 기병 육만 명, 거기에다가 이루 헤아릴 수 없이 많은 리비아와 숩과 에티오피아 군대를 이끌고 이집트에서 쳐들어왔다. 4 시삭은 유다 지방의 요새 성읍들을 점령하고, 예루살렘까지 진군하여왔다.

5 ○ 그때에 유다 지도자들이 시삭에게 쫓겨 예루살렘에 모여 있었는데, 스마야 예언자가 르호보암과 지도자들을 찾아와서

뉘우침의 고백이 이상합니다. 어째서 "저희 잘못을 용서해주세요"가 아니라 "주님께서는 공의로우십니다"(6절)라고 합니까? '공의롭다'로 번역된 히브리어는 기본적으로 '올바른 관계'를 가리킵니다. 이전에 이들은 하나님의 율법을 저버리고 하나님을 떠났으나, 이제 이집트 왕의 침공으로 극심한 어려움에 처하면서 이 상황이 하나님을 버린 자신들의 행동으로 인한 하나님의 심판임을 깨달았습니다. 그렇기에 그들은 현재 겪는 참상을 불평하거나 원망하지 않고, 하나님의 행하심이 지극히 타당하다고 고백합니다. 이것을 담아낸 표현이 "주님은 공의로우십니다"입니다. 즉 "주님은 우리에게 올바르게 행하셨습니다"라는 의미이고, 그렇기에 이 고백은 6절 앞부분에 있는 "자신들의 잘못을 뉘우치다"와 실질적으로 동의어라고 할 수 있습니다. 뉘우치기 위해서는 잘못을 인정하는 것, 그리고 현재의 참상이 자신들의 죄악 때문임을 인정하는 것이 필요하니까요. 앞서 솔로몬이 성전 완공 후 하나님께 드린 기도 중에는 죄로 인해 자신들에게 재앙이 임했을 때 스스로 잘못을 뉘우치고 하나님을 찾으면, 하나님께서 죄를 용서하고 그 땅을 회복해주시기를 구하는 내용이 있습니다(7:14). 이 주제는 역대지하에서 줄기차게 되풀이됩니다.

말하였다. "주님께서 이렇게 말씀하십니다. '너희가 나를 버렸으니, 나도 너희를 버려, 시삭의 손에 내주겠다.'"

6 ○ 그러자 이스라엘 지도자들과 왕은 자신들의 잘못을 뉘우치고 "주님께서는 공의로우십니다" 하고 고백하였다.

7 ○ 주님께서는, 그들이 이렇게 잘못을 뉘우치는 것을 보시고, 다시 스마야에게 말씀을 내리셨다. "이렇게 잘못을 뉘우치니, 내가 그들을 멸하지는 않겠으나, 그들이 구원을 받기는 해도 아주 가까스로 구원을 받게 하겠다. 내가 내 분노를, 시삭을 시켜서 예루살렘에 다 쏟지는 않겠으나, 8 그들이 시삭의 종이 되어보아야, 나를 섬기는 것과 세상 나라들을 섬기는 것이 어떻게 다른지 깨닫게 될 것이다."

9 ○ 이집트의 시삭 왕이 예루살렘을 치러 올라와서, 주님의 성전 보물과 왕실 보물을 하나도 남기지 않고 다 털어갔다. 솔로몬이 만든 금방패들도 가져갔다. 10 그래서 르호보암 왕은 금방패 대신에 놋방패들을 만들어서, 대궐 문을 지키는 경호 책임자들에게 주었다. 11 왕이 주님의 성전에 들어갈 때마다

이집트에 너무 허무하게 패했다는 느낌이 듭니다. 르호보암은 즉위하자마자 주요 도시들을 요새화하며 국방을 강화하지 않았던가요?(11:5) 르호보암이 지난 3년가량 해냈던 국방력 강화(11:5–12)를 생각하면, 12장의 패배는 정말 그다지 어울리지 않는 것 같습니다. 역대지가 가진 뚜렷한 관점은 이런 부분에서 두드러집니다. 역대지는 하나님의 백성의 평안이 국방력 강화나 경제적 풍요, 주변 나라들과의 든든한 동맹 관계 확립에 달렸다고 보지 않습니다. 사실 국력이 과연 어느 정도 강해져야 나라를 지킬 수 있는지, 얼마나 많고 강한 주변 나라들과 동맹을 맺어야 제대로 된 평안이 올 수 있는지 따지자면 끝도 없을 것입니다. 역대지는 주 하나님을 예배하고 그분의 명령과 규례에 순종해 나라 안팎에서 행하는 것이 평안의 근본이요, 토대라고 증언합니다. 모든 역사를 세세히 다루기보다는 필요에 따라 훌쩍 넘어가면서, 불순종의 결과는 패배와 굴욕임을 명확히 드러내고자 합니다.

경호원들은 그 놋방패를 들고 가서 경호하다가, 다시 경호실로 가져오곤 하였다. 12 르호보암이 잘못을 뉘우쳤기 때문에, 주님께서는 그에게서 진노를 거두시고, 그를 완전히 멸하지는 않으셨다. 그래서 유다 나라는 형편이 좋아졌다.

르호보암의 통치 개요

13 ○ 이렇게 하여, 르호보암 왕은 예루살렘에서 세력을 굳혀 왕의 직무를 수행하였다. 르호보암이 왕위에 올랐을 때에, 그는, 마흔한 살이었다. 그는 주님께서 이스라엘 모든 지파 가운데서 택하여 당신의 이름을 두신 도성 예루살렘에서 십칠 년간 다스렸다. 르호보암의 어머니 나아마는 암몬 사람이다. 14 르호보암은 주님의 뜻을 찾는 일에 마음을 쓰지 않고, 악한 일을 하였다.

15 ○ 르호보암의 행적은 처음부터 끝까지, '스마야 예언자의 역사책'과 '잇도 선견자의 역사책'에 기록되어 있다. 르호보암

르호보암 어머니의 이름을 또렷이 기록한(13절) 의도가 궁금합니다. 보통은 아버지의 이름을 따서 아무개의 아들 누구라고 하지 않습니까? 고대 세계는 오늘날과 달리 일부일처제가 당연한 문화가 아니었습니다. 특히 왕들은 매우 많은 아내를 두기도 했습니다. 다윗에게도 여러 아내가 있었고(삼하 3:2-5; 대상 3:1-5), 심지어 솔로몬은 1천 명이나 되는 아내를 거느렸습니다(왕상 11:3). 그렇다면 솔로몬을 비롯한 왕들의 자식을 구분하는 최우선 기준은 그의 어머니일 것입니다. 로호보암의 어머니는 나아마로, 암몬 사람이었습니다. 솔로몬은 무수히 많은 이방 여인을 아내로 취했고, 암몬 사람 나아마도 그중 한 사람이었습니다. 암몬 사람 나아마에 대한 언급은 13절에 바로 이어지는 14절의 내용과 무관하지 않을 것입니다. 이방 여인이라는 것 자체가 문제가 아니라, 그로 인해 주 하나님을 떠나 이방의 우상을 향하는 것이 문제라고 할 수 있습니다.

과 여로보암은 사는 날 동안, 그들은 늘 싸웠다. **16** 르호보암이 죽어서 '다윗 성'에 안장되자, 그의 아들 아비야가 그의 뒤를 이어 왕이 되었다.

{ 제13장 }

아비야와 여로보암의 전쟁 (왕상 15:1-8)

1 여로보암 왕 십팔 년에 아비야가 유다의 왕이 되었다. **2** 그는 예루살렘에서 세 해 동안 다스렸다. 그의 어머니는 기브아 사람 우리엘의 딸, 미가야이다.

○ 아비야와 여로보암 사이에 전쟁이 벌어졌다. **3** 아비야는 전쟁에 용감한 군인 사십만을 뽑아 싸우러 나갔고, 여로보암 역시 정예 군인 팔십만을 뽑아서 맞섰다.

4 ○ 아비야가 에브라임 산간지역에 있는 스마라임산 위에 서서 소리쳤다. "여로보암과 온 이스라엘은 내가 하는 말을

'소금으로 파기될 수 없는 언약'(5절)이란 무슨 뜻입니까? 레위기 2장 13절에 따르면 하나님께 소제를 드릴 때는 제물에 소금을 쳐야 합니다. 이때 소금은 '하나님의 언약의 소금'이라 칭합니다. 부패를 막는 소금의 역할을 생각할 때, 하나님의 언약의 소금이라는 표현은 '영원히 변치 않는 언약'을 의미한다고 볼 수 있습니다. 민수기 18장 19절은 이스라엘이 하나님께 바친 거룩한 제물은 영원히 제사장 몫이라고 규정하면서 이를 '소금 언약'이라고 표현합니다. 이 '소금 언약'은 역대지하 13장 5절에서 '소금으로 파기될 수 없는 언약'으로 번역되었습니다. 우리말 표현으로 인해 다소 혼란스러울 수 있지만, 간단히 '소금 언약'으로 표현할 수 있고, '영원히 변치 않는 언약'이라는 의미로 이해할 수 있습니다.

들어라. 5 주 이스라엘의 하나님께서 다윗과 소금으로 파기
될 수 없는 언약을 맺으시고, 이스라엘을 다윗이 다스릴 나라
로 영원히 그와 그의 자손에게 주신 것을, 너희들이 모를 리
가 없을 것이다. 6 그런데 다윗의 아들 솔로몬의 신하였던 느
밧의 아들 여로보암이 일어나서, 자기 임금에게 반역하였다.
7 건달과 불량배들이 여로보암 주변으로 몰려들어, 솔로몬의
아들 르호보암을 대적하였다. 그때에 르호보암은 아직 어리
고 마음도 약하여, 그들을 막아낼 힘이 없었다. 8 너희는 수도
많고, 또 여로보암이 너희의 신이라고 만들어준 금송아지들
이 너희와 함께 있다고 해서, 지금 다윗의 자손이 맡아 다스
리는 주님의 나라를 감히 대적하고 있다. 9 너희는 아론의 자
손인 주님의 제사장들뿐 아니라 레위 사람들까지 내쫓고, 이
방 나라의 백성들이 하듯이, 너희 마음대로 제사장들을 임명
하지 않았느냐? 누구든지 수송아지 한 마리와 숫양 일곱 마리
만 끌고 와서 성직을 맡겠다고 하면, 허수아비 신의 제사장이
되는 것이 아니냐?
10 ○ 그러나 우리에게는 주님만이 우리의 하나님이다. 우리

앞에서는(11:17) 유다의 신앙이 금방 흐트러졌다고 했는데, 13장 10-12절은 성실하
게 하나님을 섬기는 것처럼 이야기합니다. 어느 편이 사실입니까? 르호보암 시대
에는 하나님을 온전히 따르지 않고 흐트러졌지만, 아비야 왕 시대에 대해 역대지는
주 하나님을 잘 따르며 올바르게 예배했던 시기로 표현합니다. 어느 한 시기의 불
순종이 그다음 시기와 그 이후를 전부 규정하는 것은 아닐 겁니다. 언제든 하나님
께로 돌이키고 순종할 때, 하나님께서는 그들에게 은혜를 베푸실 것입니다. 과거에
매여 현재를 체념하거나 포기할 것이 아니라, 어느 때든 지금 이 순간 하나님을 신
뢰하며 믿음으로 나아가는 것이 중요합니다. 아비야는 아버지 때의 불순종을 넘어
서서, 지금 그들이 '주님께서 정하여주신 법도'(11절)를 따라 살아가고 있다는 점을
기억하며, 여로보암 왕에게 용기 있게 맞섭니다.

는 그를 저버리지 않았다. 주님을 섬기는 제사장들은 다 아론의 자손이다. 레위 사람들도 자기들의 직무를 수행하고 있다. 11 그들은 날마다 아침저녁으로 주님께 번제를 드리고, 향을 피워 드리고, 깨끗한 상에 빵을 차려놓고, 금등잔대에는 저녁마다 불을 밝힌다. 이렇게 우리는 주님께서 정하여주신 법도를 지키고 있다. 그러나 너희는 그 법도를 저버렸다. 12 똑똑히 보아라, 하나님은 우리와 함께 계신다. 그가 우리의 우두머리이시다. 그의 제사장들은 너희를 공격할 때에 불려고, 비상 나팔을 들고 서 있다. 이스라엘 자손아, 너희 주 조상의 하나님과 싸울 생각은 하지 말아라. 이길 수 없는 싸움이 아니겠느냐?"

13 ○ 그러나 여로보암은 이미 복병에게, 유다 군 뒤로 돌아가 있다가 뒤에서 나오라고 지시하여두었다. 복병이 매복하는 동안, 중심 공격 부대는 유다 군과 정면에서 대치하고 있었다. 14 유다 군이 둘러보니, 앞뒤에서 공격을 받고 있는 것이 아닌가! 그래서 그들은 주님께 부르짖고, 제사장들은 나팔

전쟁터에서 제사장이 나팔을 부는(12, 14절) 행동에는 어떤 의미가 있습니까? 이스라엘이 이집트를 탈출해 가나안 땅을 향해 광야 길을 걸을 때, 하나님께서는 아론의 자손 제사장들로 나팔을 불게 하셨습니다(민 10:8). 온 이스라엘이 모이는 총회를 소집할 때도, 혹은 여정을 출발할 때도, 그리고 경축일에 모일 때도 나팔을 불었지만(민 10:2, 7절, 10절), 이스라엘이 대적들과 맞서는 전쟁 상황에서도 제사장들은 나팔을 불었습니다(민 10:9). 하나님께서는 이들이 부는 나팔 소리를 들으시고 이스라엘을 기억하며 원수들에게서 구해주실 것이라 약속하셨습니다. 여로보암의 군대와 맞서면서 지금 아비야가 제사장들이 전쟁에서 부는 나팔을 언급한 것은 민수기의 그 약속을 따라 하나님께서 그들과 함께하셔서 그들을 싸움에서 승리하게 하실 것임을 선포하기 위해서입니다. 아비야와 유다가 하나님께 순종하며 하나님께서 함께하시는 공동체임을 선언하기 위해서입니다.

을 불었다. 15 유다 군이 함성을 지르고, 하나님께서 여로보암과 온 이스라엘을 아비야와 유다 군 앞에서 치시니, 16 이스라엘 군이 유다 군 앞에서 도망하였다. 하나님께서 이처럼 이스라엘 군을 유다 군의 손에 붙이셨으므로 17 아비야와 그의 군대가 이스라엘 군을 크게 무찔렀다. 이스라엘에서 뽑혀 온 정예병 가운데에 죽어 쓰러진 병사가 오십만 명이나 되었다. 18 이렇게 이스라엘 군이 항복하고 유다 군이 이긴 것은, 유다가 주 조상의 하나님을 의지하였기 때문이다.

19 ○ 아비야는 여로보암을 뒤쫓아가서, 그의 성읍들, 곧 베델과 그 주변 마을들, 여사나와 그 주변 마을들, 에브론과 그 주변 마을들을 빼앗았다. 20 여로보암은 아비야 생전에 다시 힘을 회복하지 못하고, 주님께 벌을 받아서 죽고 말았다.

21 ○ 그러나 아비야는 더 강해졌다. 그는 아내 열넷을 두었으며, 아들 스물둘과 딸 열여섯을 낳았다. 22 아비야 통치 때의 다른 사건들과 그의 치적과 언행은 '잇도 예언자의 역사책'에 기록되어 있다.

{ 제14장 }

유다 왕 아사의 통치

1 아비야가 죽어서, 그의 조상들과 함께 잠드니, '다윗 성'에 장사하였고, 그의 아들 아사가 그의 뒤를 이어 왕이 되었다. 아사가 다스리던 십 년 동안은 나라가 조용하였다. 2 아사는 주 그의 하나님이 보시기에 좋은 일, 올바른 일을 하였다. 3 이방 제단과 산당을 없애고, 석상을 깨뜨리고, 아세라 목상을 부수었다. 4 그는 또 유다 백성에게 명령을 내려서, 주 조상들의 하나님의 뜻을 찾고 하나님의 율법과 명령을 실천하게 하였으며, 5 또 유다의 모든 성읍에서 산당과 태양상을 없애버렸다. 그의 통치 아래 나라는 조용하였다. 6 주님께서 아사에게 평안을 주셨으므로 나라가 조용하였고, 여러 해 동안 아무도 그에

하나님이 참이라면 다른 종교를 이토록 처참하게 짓밟을(3–5절) 필요가 있을까요? 진리는 결국 승리하는 법이잖아요. 역대지에서 빈번하게 볼 수 있는 "주님께서 하셨다"는 식의 표현은 역대지 저자가 기록한 글입니다. 겉보기로는 고대의 다른 나라나 민족들과 다를 바 없이, 이스라엘은 대적과 전쟁해서 이기기도 하고 지기도 했습니다. 그 사건들을 역대지와 구약성경은 이스라엘이 하나님께 순종할 때 하나님께서 이기게 하셨고, 하나님께 불순종할 때는 이방 나라를 들어 자신들을 심판하셨다고 깨닫고 고백하며 그렇게 표현합니다. 하나님께서 어떤 분이신지를 알고 이해했다면, 그분의 뜻에 합당하게 행하며 살아가는 것이 중요합니다. 그럴 때 사람들은 하나님의 백성으로 배우고 성장할 것입니다. 그렇지 않고 매번 하나님께서 친히 개입해 행하신다면, 사람은 아무 능력도 지혜도 없는, 그저 꼭두각시나 기계 같은 존재일 것입니다. 하나님께서 참이심을 알았기에, 사람 스스로 그들 가운데 있는 우상을 제거하고 부수는 일이 꼭 필요합니다. 이렇게 하나님 한 분을 예배할 때, 하나님께서 자신들을 도우신다고 믿고 용기 있게 행할 수 있습니다.

게 싸움을 걸어오지 않았다. 그래서 아사는 유다 지방에 요새 성읍들을 만들 수 있었다. **7** 그는 유다 백성에게 말하였다. "이 성읍들을 다시 세웁시다. 성벽을 둘러쌓고, 탑과 성문과 빗장을 만듭시다. 우리가 주 하나님을 찾았으므로, 주님께서 사방으로 우리에게 평안을 주셨습니다." 그래서 그들은 성읍들을 세우기 시작하여, 일을 잘 마쳤다. **8** 아사에게는 방패와 창으로 무장한 유다 출신 군인 삼십만이 있었고, 작은 방패와 활로 무장한 베냐민 출신 군인 이십팔만이 있었다. 그들은 모두 용감한 정예병이었다.

9 ○ 에티오피아 사람 세라가 유다를 치려고, 백만 대군에 병거 삼백 대를 이끌고 쳐들어와서, 마레사에 이르렀다. **10** 아사가 그를 맞아 싸우려고 나아가, 마레사의 스바다 골짜기에 진을 치고, **11** 주 그의 하나님께 부르짖었다. "주님, 주님께서 돕고자 하실 때에는, 숫자가 많고 적음이나 힘이 세고 약함을 문제 삼지 않으십니다. 우리가 주님을 의지하고, 주님의 이름으로 이 무리를 물리치러 왔으니, 주 우리의 하나님, 우리를 도

 결국 현실의 전쟁을 치러야 하는 것은 사람입니다. 구약성경에서 정말 초자연적인 기적이 일어나는 일도 때로 있지만, 그것은 극히 드뭅니다. 대부분은 사람이 자신의 힘으로 최선을 다할 때 승리를 경험할 수 있고, 그러고 나서야 이 전쟁을 하나님의 도우심으로 이겼다고 깨닫고 고백하게 됩니다. 아무것도 하지 않았는데 승리하는 경험도 있을 수 있지만, 그런 일이 반복되면 사람은 그야말로 매우 무능한 존재가 되고 말 것입니다. 할 수 있는 대로 최선을 다하며, 성벽도 쌓고 방비도 든든히 하는 것이 꼭 필요합니다. 그리고 승리를 경험했을 때 자신의 힘이나 능력이 아니라, 하나님의 도우심이었음을 고백하는 이들이 신앙인입니다. 그들은 '능력'이 전부라는 '능력주의' 같은 거짓된 사고가 아닌, "우리에게 있는 모든 것이 하나님의 은혜"임을 고백하는 이들입니다.

와주십시오. 주님, 주님은 우리의 하나님이십니다. 인간이 주님을 이기지 못하도록 해주십시오!"

12 ○ 주님께서 에티오피아 군을 아사와 유다 군 앞에서 치시니, 에티오피아 군이 도망쳤다. 13 아사와 그를 따르는 군대가 그랄에 이르기까지, 에티오피아 군대를 추격하며 무찔렀다. 에티오피아 군은 주님 앞에서와 주님의 군대 앞에서 패망하고 말았으므로, 한 사람도 살아남지 못하였다. 유다 군은 대단히 많은 전리품을 얻었다. 14 주님께서 그랄 주변의 모든 성읍 백성들을 두렵게 하시니, 유다 군이 그 모든 성읍을 치고 약탈하였다. 그 성읍들 안에는 전리품으로 가져갈 물건들이 많이 있었다. 15 또 가축들을 지키는 자들의 장막을 덮쳐서 많은 양과 낙타를 사로잡았다. 그런 다음에야 예루살렘으로 돌아왔다.

아사는 에티오피아와의 전쟁을 '하나님과 인간의 싸움'으로 규정합니다(11절). 지나친 비약으로 느껴집니다. 역대지가 전하는 이 전쟁은 에티오피아의 압도적인 군대와, 그보다 훨씬 적은 군사력을 지닌 아사의 군대 사이의 싸움입니다. 언제든 힘이 약한 나라는 강대국에 굴복하고, 강대국은 온갖 패악을 저지르는 것이 예나 지금이나 한 치도 바뀌지 않는 현실입니다. 그러나 아사는 결코 강대국에 굴복하지 않겠다면서, 오직 하나님의 도우심을 구하며 적은 무리를 이끌고 전쟁에 나섰습니다. 그는 최선을 다해 준비했고, 그럼에도 상대방의 전력에는 미치지 못하지만, 하나님을 신뢰하고 하나님께서 행하시기를 구하며 나아갑니다. 그렇기에 기독교 신앙은 강하고 힘 있는 세력을 지지하지 않으며, 약하고 보잘것없다 해도 굴하지 않고 강한 세력에게 맞서는 힘으로 표현됩니다. 약하더라도 하나님을 의지하는 가난한 이들, 힘없는 이들, 하나님께서는 그들을 위해 싸우러 나오십니다.

{ 제15장 }

아사의 개혁

1 하나님의 영이 오뎃의 아들 아사랴에게 내리니, 2 그가 아사 앞에 나아가서 다음과 같이 말하였다. "아사 임금님과 온 유다와 베냐민은, 제가 하는 말을 들으십시오. 임금님과 백성이 주님을 떠나지 않는 한, 주님께서도 임금님과 백성을 떠나지 않으실 것입니다. 임금님과 백성이 그를 찾으면, 그가 만나주실 것입니다. 그러나 임금님과 백성이 그를 버리면, 주님께서도 임금님과 백성을 버리실 것입니다. 3 이스라엘은 오랫동안 참 하나님이 없이 지내왔습니다. 가르치는 제사장도 없었고 율법도 없었습니다. 4 그러나 이스라엘이 어려운 일을 만나서, 주 이스라엘의 하나님께 돌아와 그를 찾으면, 주님께서는 그들을 만나주셨습니다. 5 그때에는 세상이 하도 어지러워서, 땅 위에 사는 모든 백성이 마음 놓고 평안히 나들이도 못하였습니다.

거듭되는 배신에도 불구하고 일단 돌아오기만 하면 받아주는 하나님의 의중이 궁금합니다(4절). 어째서 순종하는 민족을 새로 선택하지 않는 거죠? 구약성경을 읽다 보면, 하나님께서 왜 이렇게 이스라엘을 향해 길이 참으시는지 놀라게 되고 궁금한 마음을 품게 됩니다. 결론적으로 역대지나 다른 구약성경에서도 볼 수 있듯이, 이스라엘이 괜찮은 백성이라서가 절대 아닙니다. 이스라엘이 이렇게 자주 불순종하고, 거듭 신앙을 저버리는데도 하나님께서 이들을 사랑하며 기다리시는 모습을 통해, 하나님의 사랑이 이스라엘의 탁월함 때문이 아님을 알 수 있습니다. 그래서 구약성경 속 이스라엘을 향한 하나님의 사랑은 이스라엘뿐 아니라 온 인류를 향한 하나님의 사랑을 보여주는 모델이라고 할 수 있습니다. 누구라도 하나님 앞에 나아올 수 있고, 하나님께서는 자신의 백성을 결코 포기하시지 않는다는 것을 모든 사람을 향해 증언하는 것입니다.

6 나라와 나라가, 성읍과 성읍이 서로 치고 무찌르는 판이었습니다. 이것은 하나님께서 사람들이 온갖 고난 속에서 고통을 받도록 버려두셨기 때문이었습니다. 7 그러나 임금님과 백성은 기운을 내십시오. 낙심하지 마십시오. 임금님과 백성이 하는 수고에는 상급이 따를 것입니다."

8 ○ 아사는 이 모든 말, 곧 오뎃의 아들 아사랴 예언자가 전하여주는 예언을 듣고, 용기를 내어, 유다와 베냐민 온 지방과 에브라임 산간지역의 점령지역 성읍에서 역겨운 물건들을 없애버렸다. 그는 또 주님의 성전 현관 앞에 있는 주님의 제단을 보수하였다.

9 ○ 그는 또 유다와 베냐민의 모든 백성을 불러 모으고, 그들에게로 와서 함께 살고 있는, 에브라임과 므낫세와 시므온 지파 소속의 백성도 모두 불러 모았다. 주 하나님께서 아사와 함께 계시는 것을 보고, 이스라엘에서도 많은 사람들이 아사에게로 모여들었다. 10 그들이 예루살렘에 모인 것은 아사 왕 십오 년이 되던 해 세 번째 달이었다. 11 그날 그들은 그들이 가져온 전리품 가운데서 소 칠백 마리와 양 칠천 마리를 주님

'역겨운 물건'(8절)이란 구체적으로 무얼 가리키는 말입니까? '역겨운 물건'이라 번역된 표현은 구약성경에서 대부분 '우상'을 가리킬 때 쓰이는 말입니다. 하나님 앞에 있을 수 없는 것을 가리키는 '부정하다' 혹은 '가증하다' 같은 의미에서 비롯된 표현입니다. 사람들이 절하고 떠받드는 우상 형태의 신상을 비롯해, 하나님께 향해야 할 마음을 흩트리고 빼앗아가는 온갖 형태의 것들을 모두 싸잡아 이르는 표현이라 할 수 있습니다. 물건 자체가 조잡하게 만들어졌다거나 사람들에게 불쾌감을 불러일으켜서 저런 이름이 붙은 것이 아니라, 거룩하신 한 분 하나님께 향할 찬양과 신뢰를 어지럽게 만들기 때문에 저런 이름이 붙었습니다. 그래서 사람들이 보기에는 무척 그럴싸하게 만들어진 조각상이나 아름다운 물건이었을 수도 있습니다.

께 희생제물로 잡아 바치며, 12 마음을 다하고 정성을 다하여 주 조상의 하나님만을 찾기로 하는 언약을 맺었다. 13 주 이스라엘의 하나님을 찾지 아니하는 자는, 젊은 사람이든지 나이 많은 사람이든지, 남자든지 여자든지 가릴 것 없이, 누구든지 다 죽이기로 하였다. 14 사람들은 함성과 쇠나팔 소리와 뿔나팔 소리가 울려 퍼지는 가운데, 주님께 큰 소리로 맹세하였다. 15 온 유다 백성은 이러한 맹세를 하는 것이 기쁘기만 하였다. 그들은 마음을 다해 맹세하고, 정성을 다해 주님을 찾았으므로, 주님께서 그들을 만나주셨고, 사방으로 그들에게 평안을 주셨다.

16 ○ 아사 왕은 자기의 할머니 마아가가 혐오스러운 아세라 목상을 만들었다고 해서, 태후의 자리에서 물러나게 하였다. 아사는 자기의 할머니가 만든 혐오스러운 우상을 토막 내어 가루로 만들어서, 기드론 냇가에서 불살라버렸다. 17 그렇다고 산당이 모두 제거된 것은 아니었지만, 주님을 사모하는 아사의 마음은 평생 한결같았다. 18 아사는 자기의 아버지와 자

할머니를 태후 자리에서 몰아낼 만큼 강력한 정책을 펼쳤는데도(16절) 산당이 다 제거되지 않은(17절) 이유는 무엇입니까? 산당은 고대 중동 지역에서 각자의 신을 예배하는 종교적 장소였습니다. 솔로몬 시대에 성전이 세워지기 전까지, 이스라엘 역시 산당에서 주 하나님을 예배했습니다. 산당이 당대의 흔한 종교적 장소이다 보니, 산당에서 하나님 예배와 우상숭배가 뒤엉키는 일이 자주 발생하기도 했습니다. 그래서 시간이 흘러 히스기야 시대에 산당을 제거하려는 노력이 이루어졌고(31:1), 요시야 왕 때 이르러 이 일이 제대로 진행되었습니다(34:3-7). 역대지는 요시야 이전의 왕들, 예를 들어 아사 왕이나 여호사밧 왕이 산당을 제거했다고도 하고(14:3, 5; 17:6), 제거하지 못했다고도 전합니다(15:17; 20:33). 그러나 열왕기는 이 왕들이 산당을 제거하지 않았다고 전합니다(왕상 15:14; 22:43). 이처럼 열왕기는 요시야 개혁의 핵심이 '산당 제거'임을 명확하게 드러내면서(왕하 23:4-20), 이 개혁을 진행

신이 거룩하게 구별하여 바친, 은과 금과 그릇들을 하나님의 성전에 들여놓았다. **19** 이때부터 아사 왕 삼십오 년까지 전쟁이 없었다.

한 이유는 요시야가 성전에서 발견한 율법책 때문이었다고 알려줍니다(23:1-3). 그래서 '산당 제거'에 대해 열왕기의 설명이 좀 더 논리적으로 타당하다고 여겨집니다. 그렇다면 서로 충돌되어 보이는 역대지의 진술은 개혁의 상징으로 '산당 제거'를 말하되, 최종적으로는 아사 왕이 '산당 제거'를 제대로 해내지 못했음을 표현한다고 볼 수 있습니다. 아사처럼 개혁적인 임금이 왜 산당을 제거하지 않았을까 생각해보면, 아마도 요시야 이전까지는 산당이 지닌 폐해를 충분히 인식하지 못했기 때문이라고 볼 수 있습니다. 요시야 시대를 지나 남왕국의 멸망과 바빌로니아 포로 사건을 거친 후 다시 고국에 돌아와 예루살렘을 중심으로 살아가던 역대지 저자로서는 요시야 이전 시기에 산당을 제거하지 않은 것이 납득할 수 없는 일이었기에 본문과 같이 표현했을 것입니다.

{ 제16장 }

이스라엘과의 충돌(왕상 15:17-22)

1 아사 왕 삼십육 년에 이스라엘 왕 바아사가, 유다를 치러 올라와서, 라마를 건축하고, 어느 누구도 유다의 아사 왕에게 왕래하지 못하게 하였다. 2 그러자 아사는 주님의 성전 창고와 왕실 창고의 모든 은과 금을 모아서, 다마스쿠스에 있는 시리아의 벤하닷 왕에게 보내며 말하였다. 3 "나의 아버지와 그대의 아버지가 서로 동맹을 맺었듯이, 나와 그대도 서로 동맹을 맺도록 합시다. 여기 그대에게 은과 금을 보냅니다. 부디 오셔서 이스라엘의 바아사 왕과 맺은 동맹을 파기하시고, 그가 여

피를 흘리지 않고 외교적인 전략으로 적을 물리쳤다면 칭찬받을 일이 아닐까요? 하나니가 쏟아낸 질책의(7-9절) 핵심은 무엇입니까? 역대지는 역사를 정확한 정보에 근거해 객관적으로 진술하기보다는, 역사를 소재로 사람의 순종과 하나님의 깊으심을 증언하는 데 목적이 있는 책입니다. 백만 대군을 거느린 에티오피아 군대가 침략하자, 아사는 오직 하나님의 도우심을 구하며 부르짖었고 그로 인해 주님께서 승리하게 하셨다는 내용이 14장에 기록되어 있습니다(14:9-15). 15장에서는 아사랴가 등장해 왕에게 오직 주님을 찾으라고 촉구하며 왕을 격려했고, 혼란스러운 상황에서도 왕은 그로 인해 용기를 냈다고 전합니다. 반면 북왕국 바아사의 침략 앞에서 아사는 즉시 시리아의 도움을 구했고, 그로 인해 하나님께 책망을 들었습니다. 나란히 놓인 14-16장 내용을 통해, 역대지는 하나님을 찾고 신뢰하는 것이야말로 하나님의 백성이 살 수 있고, 스스로를 지키며 보존할 수 있는 길임을 증언합니다. 이 같은 내용은 하나님의 백성이 누구라도 무찌를 수 있는 강력한 상태가 아니라, 도리어 너무나 약해서 언제라도 강한 외부 세력에게 짓밟힐 수 있었던 독자와 청중의 시대를 반영합니다. 역대지의 기록 목적은 하나님을 의지해 온 세상을 모두 정복하게 하는 것이 아닙니다. 아무리 약한 상태라 해도 하나님을 의지해야 하며 하나님께서 꼭 지키실 것임을 가르치는 데 목적이 있습니다.

기에서 떠나게 하여주십시오.”

4 ○ 벤하닷은 아사 왕의 청을 받아들여, 자기의 군사령관들을 보내서, 이욘과 단과 아벨마임과 납달리의 양곡 저장 성읍을 치게 하였다. 5 바아사가 이 소문을 듣고는, 라마 건축을 멈추고, 그 공사를 포기하였다. 6 그러자 아사 왕은 온 유다 백성을 불러서, 바아사가 라마를 건축할 때에 쓰던 돌과 목재를 가져오게 하였다. 아사 왕은 이것으로 게바와 미스바를 보수하였다.

선견자 하나니

7 ○ 그 무렵 하나니 선견자가 유다의 아사 왕에게 와서 말하였다. “임금님께서 시리아 왕을 의지하시고, 주 임금님의 하나님을 의지하지 않으셨으므로, 이제 시리아 왕의 군대는 임금님의 손에서 벗어나버렸습니다. 8 에티오피아 군과 리비아 군이 강한 군대가 아니었습니까? 병거도 군마도 헤아릴 수 없이

“백성들 가운데서도 얼마를 학대했다”(10절)는 건 무슨 뜻입니까? 이들은 무얼 잘 못했습니까? 이 내용이 아사 왕이 하나니를 옥에 가둔 내용에 이어진다는 점에서, 두 사건은 서로 연결되었다고 볼 수 있습니다. 하나님의 말씀을 전한 하나니를 왕이 옥에 가둔 사건으로 인해 아마도 어떤 이들이 왕을 규탄했을 것입니다. 그렇게 하나님을 의지했던 왕은 완전히 돌아서서, 이제는 하나님의 말씀을 전하는 선견자를 박해하며 옥에 가두고, 선견자에 동조하는 이들까지 강력하게 압제합니다. 왕권을 비판하는 소리를 거부하고 억압하는 일은 고대에나 지금이나 빈번히 벌어집니다. 왕권의 남용을 비판한 예언자를 왕이 억압한 이 사건은 성경에서 이러한 내용을 보여주는 첫 사건입니다. 이후로도 무수한 예언자들이 권력에 의해 죽임을 당하고 옥에 갇힙니다. 높은 자리와 권력을 얻고서도 하나님의 뜻에 따르는 것은 극히 어려운 일입니다.

많지 않았습니까? 그러나 임금님께서 주님을 의지하시니까, 주님께서 그들을 임금님의 손에 붙이지 않으셨습니까? 9 주님께서는 그 눈으로 온 땅을 두루 살피셔서, 전심전력으로 주님께 매달리는 이들을 힘 있게 해주십니다. 이번 일에, 임금님께서는 어리석게 행동하셨습니다. 이제부터 임금님께서는 전쟁에 휘말리실 것입니다." 10 아사는 선견자의 이 말에 화를 참을 수가 없어서, 그를 감옥에 가두어버렸다. 그만큼 화가 치밀어 올랐던 것이다. 그때에 아사는 백성들 가운데서도 얼마를 학대하였다.

아사의 통치가 끝나다(왕상 15:23-24)

11 ○ 아사의 행적은 처음부터 끝까지 '유다와 이스라엘 열왕기'에 기록되어 있다. 12 아사가 왕이 된 지 삼십구 년이 되던 해에, 발에 병이 나서 위독하게 되었다. 그렇게 아플 때에도 그는 주님을 찾지 아니하고, 의사들을 찾았다. 13 아사가 죽어서 그의 조상과 함께 잠드니, 그가 왕이 된 지 사십일 년이 되던 해였다. 14 사람들은 그를 '다윗 성'에 장사하였다. 그 무덤

환자가 의사를 찾는 건 당연한데, 마치 특별한 사건인 양 역사에 기록한 이유는 무엇입니까?(12절) 역대지의 신학에 따르면, 개인이나 국가에 닥쳐오는 사건이나 재앙은 사람들로 하여금 하나님을 찾고 구하게 하는 계기입니다. 그래서 이방 왕이 쳐들어올 때 그저 군사적 대비만을 하거나 이웃 나라와 동맹을 확인할 것이 아니라, 먼저 하나님의 뜻을 찾고 하나님의 도우심을 구하라고 역대지는 촉구합니다. 그러나 아사는 하나님을 찾지 않고 시리아의 도움을 구했고, 이를 비판하는 선견자를 옥에 가두기까지 했습니다. 그 뒤 그에게 질병이 찾아왔으니, 이 사건을 통해 그는 하나님 앞에서 자신의 죄악을 인정하고, 권력을 제멋대로 휘두른 것을 회개했어야 합

은 아사가 미리 파둔 곳이다. 사람들은 향 제조법대로 만든 온
갖 향을 가득 쌓은 침상에 그를 눕혀서 장사하고, 그의 죽음을
애도하려고 큰 불을 밝혔다.

니다. 그러나 왕은 끝까지 하나님을 찾지 않습니다. 역대지는 왕이라 할지라도, 제
아무리 권력을 지닌 이라 할지라도, 하나님의 심판을 피할 수 없음을 증언합니다.
그렇다고 이 본문이 아플 때 병원이나 의사의 도움을 받지 말라는 뜻은 전혀 아닙
니다. 아사의 사례를 통해 독자와 청중에게 언제든 하나님의 도우심을 구하고 하나
님의 선하신 뜻을 찾으라고, 강하고 힘센 나라나 사람에게 의지하지 말라고 촉구합
니다.

{ 제17장 }

여호사밧이 유다의 왕이 되다

1 아사의 아들 여호사밧이 그의 뒤를 이어 왕이 되었다. 그는 이스라엘의 침략을 막으려고 국방을 튼튼하게 하였다. 2 그는 요새화된 유다의 모든 성읍에 군대를 배치하였고, 유다 전국과 그의 아버지 아사가 정복한 에브라임 여러 성읍에 수비대를 배치하였다. 3 여호사밧이 왕이 되면서부터, 그의 조상 다윗이 걸어간 그 길을 따랐으므로, 주님께서 여호사밧과 함께 계셨다. 여호사밧은 바알 신들을 찾지 아니하고, 4 다만 그의 아버지가 섬긴 하나님을 찾으며, 그 하나님의 계명을 따라 살고, 이스라엘 사람의 행위를 따르지 않았으므로, 5 주님께서는 여호사밧이 다스리는 나라를 굳건하게 해주셨다. 온 유다 백성이 여호사밧에게 선물을 바치니, 그의 부귀와 영광이 대단하였다. 6 그는 오직 주님께서 지시하신 대로 살기로 다짐하

히브리 민족이라면 이미 율법을 잘 알고 있을 텐데, 왜 따로 사람들을 보내 가르쳤습니까?(7-9절) 오늘날과 같이 출판이 일상화되어 누구든 원하면 성경책을 구입할 수 있고, 인터넷으로도 언제든 성경을 읽을 수 있는 세상이라도, 성경의 내용을 잘 알지 못하는 기독교인은 매우 많습니다. 역대지 본문의 배경인 여호사밧 시대나, 역대지 작품이 등장한 주전 5-4세기에 살았던 일반인들은 '출판되어 누구나 읽을 수 있는 책' 같은 것을 거의 접할 수 없었습니다. 글로 기록된 율법은 극히 일부의 사람들만 보고 읽을 수 있었고, 대부분의 내용은 입에서 입으로 전해졌습니다. 그렇기에 여호사밧의 조치는 하나님의 율법을 잘 알고 있는 이들을 나라 곳곳으로 파견해서 백성들을 가르치고 그 의미를 풀이해 알리도록 한 것입니다. 여호사밧의 조치는 나라의 안정과 평안이 주님의 율법을 올바르게 알고 따르는 데 있음을 분명히 보여줍니다.

고, 유다에서 산당과 아세라 목상을 없애버렸다.

7 ○ 그는 왕이 된 지 삼 년째 되는 해에, 지도자들인 벤하일과 오바댜와 스가랴와 느다넬과 미가야를 유다 여러 성읍에 보내어, 백성을 가르치게 하였다. 8 그들과 함께 레위 사람들, 곧 스마야와 느다냐와 스바댜와 아사헬과 스미라못과 여호나단과 아도니야와 도비야와 도바도니야, 이런 레위 사람들을 보내고, 또 그들과 함께 제사장 엘리사마와 여호람을 보냈다. 9 그들은 주님의 율법책을 가지고 유다 전국을 돌면서 백성을 가르쳤다. 그들은 유다의 모든 성읍을 다 돌면서 백성을 가르쳤다.

여호사밧의 위대성

10 ○ 유다의 주위에 있는 모든 나라는 유다를 보호하시는 주님이 두려워서, 감히 여호사밧에게 싸움을 걸지 못하였다. 11 어떤 블레셋 사람들은 여호사밧에게 조공으로 예물을 바쳤고, 아라비아 사람들은 짐승 떼, 곧 숫양 칠천칠백 마리와 숫

아라비아 사람들이 바친 조공품의 숫자가 독특합니다. 굳이 7,700이란 숫자를 맞춘 (11절) 특별한 뜻이 있습니까? 구약성경에서 숫자 7은 하나님의 완전하심, 하나님의 뜻을 표현하는 상징적인 장치로 자주 사용됩니다. 아라비아 사람들이 바친 조공품 수량에 숫자 7이 중복되어 쓰인 것 역시 상징적인 의미를 지닌다고 볼 수 있습니다. 10-11절은 여호사밧 시대에 주변 모든 나라들이 여호사밧의 유다를 두려워했고, 유다에 막대한 조공품을 바치면서 평화로운 관계를 유지하고자 애썼음을 증언합니다. 특히 아라비아가 바친 조공품의 숫자를 통해, 이러한 평화가 주 하나님께로부터 말미암은 것임을 말한다고 볼 수 있습니다. 평화는 군사력이나 경제력이 아닌, 오직 주 하나님을 경외하며 주 하나님의 계명과 규례를 올바르게 알고 행하는 것에서 비롯된다는 것을 역대지는 이렇게 선언합니다.

염소 칠천칠백 마리를 바쳤다. 12 여호사밧은 세력이 점점 커졌다. 그는 유다 안에 요새들을 세우고, 양곡 저장 성읍들을 세웠다. 13 이렇게 그는 유다 여러 성읍에 많은 일을 하여놓았고, 예루살렘에는 전투 병력과 용사들을 배치하였다. 14 가문별로 병적에 오른 수는 다음과 같다. 유다 가문에 속한 천부장 가운데서는 천부장 아드나가 으뜸이 되어, 용사 삼십만 명을 거느렸고, 15 다음으로는 여호하난이 이십팔만 명을 거느렸고, 16 그다음으로는 주님을 위하여 자원하여 나선 시그리의 아들 아마샤가 용사 이십만 명을 거느렸다. 17 베냐민 가문에서는 용장 엘리아다가 활과 방패를 잡은 사람 이십만 명을 거느렸고, 18 다음으로는 여호사밧이 무장한 병사 십팔만을 거느렸다. 19 이들은 모두 왕을 모시는 군인들이었다. 왕은 이 밖에도 유다 전역 요새에다가 군인들을 배치하였다.

하나님의 계명을 따라 살면 하나님이 나라를 굳건하게 해준다던데요(4-5절). 그렇다면 굳이 116만 대군을 거느릴(14-18절) 필요가 있을까요? 오히려 군비를 축소하는 편이 믿음의 표현일 수 있지 않습니까? 하나님께서 지키실 것을 믿고 아무런 방비를 하지 않는 태도는 하나님의 도우심을 믿고 평소에 공부하지 않는 것, 하나님의 도우심을 믿고 직장에도 다니지 않으며 열심히 일하지 않는 것에 비교할 수 있습니다. 하나님의 도우심은 이를 믿고 구하는 사람이 아무것도 하지 않는 태도로 이어지지 않습니다. 하나님을 신뢰하며 강대국에 굴복하거나 의지하지 않는 것, 나보다 강하고 대단한 사람들에게 굴복하지 않는 것, 그리고 약하고 부족할지라도 자신이 할 수 있는 일을 행하며 차근차근 걸어가는 것으로 연결됩니다. 100만이 넘는 군대라고 제시되어 있지만, 이들의 힘의 근원은 결코 군사의 숫자는 아닐 것입니다. 저 숫자가 말하고 싶은 것은 그들이 하나님을 신뢰하며 자신들이 할 수 있는 대로 스스로를 튼튼하게 준비했다는 것입니다.

{ 제18장 }

예언자 미가야가 아합 왕에게 경고하다 (왕상 22:1-28)

1 여호사밧은 재물을 많이 모으고, 큰 영예를 얻었다. 그는 아합 가문과 혼인의 유대를 맺었다. 2 몇 해 뒤에 여호사밧이 사마리아로 가서 아합을 방문하니, 아합이 여호사밧과 그를 수행하는 사람들을 대접하려고 많은 양과 소를 잡았다. 아합은 여호사밧에게 함께 길르앗 라못을 치러 올라가자고 제안하였다. 3 이스라엘의 아합 왕이 유다의 여호사밧 왕에게 물었다. "길르앗의 라못을 치러 나와 함께 올라가시겠습니까?" 여호사밧이 대답하였다. "내 생각이 바로 임금님의 생각이고, 내가 통솔하는 군대가 곧 임금님의 군대입니다. 우리는 임금님과 함께 싸우러 나가겠습니다." 4 그러면서도 여호사밧은 이스라엘 왕에게 말하였다. "그러나 먼저 주님의 뜻을 알아봄이 좋을

예언은(9절) 어떤 행위를 가리킵니까? 점술이나 신탁과 비슷한 개념으로 생각해도 될까요? 고대 중동 세계에서 점술이나 신탁은 모두 다가올 앞일에 관해 이야기한다는 점에서 공통됩니다. 구약성경에 등장하는 예언자 역시 앞일의 길흉을 말한다는 점에서 크게는 이들과 같은 집단이라고 볼 수 있습니다. 그러나 구약성경에서 예언자의 가장 중요한 직무는 "앞일 말하기"보다는 "주님의 말씀을 대신 전달하는 것"에 있습니다. 주님의 가르침에 순종하면 미래에 좋은 일이 있을 것이고, 불순종하면 재앙이 닥칠 것이라는 예언자의 선포는 언뜻 앞일을 말하는 것 같지만, 실제로는 주님의 뜻에 따라 살아가는 현재를 강조한다고 볼 수 있습니다. 그래서 앞날의 좋은 일을 기대한다면, 손바닥에 글자를 쓰고 집의 위치를 물어 정하는 등의 어떤 특정한 행동을 하는 것이 아니라, 일상에서 하나님을 경외하고 하나님의 말씀을 따라 실천하는 것이 가장 중요합니다. 그 점에서 예언은 점술이나 신탁과 확연하게 구별됩니다.

듯합니다." 5 그러자 이스라엘 왕은 사백 명이나 되는 예언자들을 모아놓고 그들에게 물었다. "우리가 길르앗의 라못을 치러 올라가는 것이 좋겠소, 아니면 그만두는 것이 좋겠소?" 그러자 예언자들이 대답하였다. "올라가십시오. 하나님께서 그 성을 임금님의 손에 넘겨주실 것입니다."

6 ○ 여호사밧이 물었다. "우리가 물어볼 만한 주님의 예언자가 여기에 또 없습니까?" 7 이스라엘 왕이 여호사밧에게 대답하였다. "주님의 뜻을 물어볼 만한 사람으로서 이믈라의 아들 미가야라고 하는 예언자가 있기는 합니다만, 나는 그를 싫어합니다. 그는 한 번도 나에게 무엇인가 길한 것을 예언한 적이 없고, 언제나 흉한 것만을 예언하곤 합니다." 여호사밧이 다시 제안하였다. "임금께서 예언자를 두고 그렇게 말씀하시면 안 됩니다." 8 그러자 이스라엘 왕은 한 신하를 불러서 명령하였다. "이믈라의 아들 미가야를 속히 데려오너라."

9 ○ 그때에 이스라엘 왕과 유다의 여호사밧 왕은 왕복을 입고 사마리아 성문 어귀 타작마당에 마련된 보좌에 앉아 있었고, 예

400명이나 되는 예언자들이 한목소리를 내는데, 왜 여호사밧은 다른 예언자를 찾습니까?(6절) 왕이 즉각 이 예언자 집단을 모을 수 있었다는 점에서, 이들은 왕실 가까이에 언제든 대기하고 있는 일종의 '왕실 예언자'였을 것입니다. 왕이 거느리고 돌보는 집단이기에, 그들이 전하는 승리 예언을 여호사밧으로서는 믿기 어려웠을 겁니다. 권력에 붙어 유지되는 이들이 권력을 거스르는 말을 하기는 어려운 법이니까요. 여호사밧의 아버지 아사 왕은 특출한 이였지만, 재위 말년에 그는 하나님보다는 아람 왕을 의지했고, 하나니 선견자는 그러한 왕을 강력하게 규탄했습니다(16:7-9). 그러자 아사는 하나니를 옥에 가뒀고, 이후 왕은 중한 병으로 죽고 말았습니다. 이러한 과정을 지켜봤을 여호사밧은 하나님의 뜻을 전하는 예언자가 어떤 존재인지 좀 더 깊이 깨달았을 것입니다. 그로서는 400명의 한결같은 예언이 실상 아합 왕과 왕권에 대한 아첨이라 생각했을 겁니다.

언자들은 모두 그 두 왕 앞에서 예언을 하고 있었다. 10 그 예언자들 가운데서 그나아나의 아들 시드기야는 자신이 만든 철 뿔들을 가지고 나와서 말하였다. "주님께서 이렇게 말씀하십니다. '너 아합은 철로 만든 이 뿔을 가지고 시리아 사람들을 찌르되, 그들이 모두 파멸될 때까지 그렇게 할 것이다' 하십니다." 11 그러자 다른 예언자들도 모두 그와 같은 예언을 하며 말하였다. "길르앗의 라못으로 진군하십시오. 승리는 임금님의 것입니다. 주님께서 이미 그 성을 임금님의 손에 넘기셨습니다."

12 ○ 미가야를 데리러 간 신하가 미가야에게 말하였다. "이것 보십시오, 다른 예언자들이 모두 하나같이 왕의 승리를 예언하였으니, 예언자께서도 그들이 한 것같이 왕의 승리를 예언하시는 것이 좋을 것이오." 13 미가야가 대답하였다. "주님께서 살아계심을 두고 맹세하지만, 나는 다만 내 하나님께서 말씀하신 것만을 말하겠습니다." 14 그가 왕 앞에 나오자, 왕이

어떻게 시드기야와 미가야의 답이 다를 수 있습니까?(10, 16절) 하나님이 예언자마다 다른 답을 줄 수도 있습니까? 권력의 그늘에서 살아가는 것은 동서고금을 막론하고 꽤 많은 것을 보장합니다. 아합은 미가야가 늘상 흉한 내용만 말한다고 생각했지만, 거꾸로 아합이 처음에 부른 400명과 시드기야 같은 예언자들은 언제나 왕에게 길한 내용만 말했을 것입니다. 어쩌면 시드기야와 400명은 처음엔 주님께서 그들에게 알리시는 말씀을 전했을 것입니다. 그러나 왕권의 보호와 혜택 아래 살면서 어느 순간부터는 왕이 원하는 대답을 했을 것이고, 시간이 지나면서 그렇게 왕이 원하는 대로 답하는 것이 하나님의 뜻이라는 강한 확신까지 가지게 되었을 겁니다. 시드기야는 아합에게 승리를 예언하고, 자신과 뜻이 다른 미가야의 뺨을 때리면서도, 자신이 거짓말을 하고 있고 주님의 뜻과는 무관하다는 생각을 전혀 하지 않았을 것입니다. 스스로 주님의 영을 따른다 확신하지만, 주님의 영과는 무관한 시드기야의 모습은 오늘날에도 여러 교회와 기독교인들에게서 볼 수 있습니다.

그에게 물었다. "미가야는 대답하시오. 우리가 길르앗의 라못을 치러 올라가는 것이 좋겠소, 아니면 내가 그만두는 것이 좋겠소?" 미가야가 대답하였다. "올라가십시오. 승리는 임금님의 것입니다. 그들은 이미 임금님의 손에 넘어온 것이나 다름없습니다." 15 그러나 왕이 그에게 다시 말하였다. "그대가 주님의 이름으로 나에게 말을 할 때에는 진실을 말해야 한다고 누차 일렀는데, 내가 얼마나 더 똑같은 말을 되풀이해야 하겠소?"

16 ○ 미가야가 대답하였다. "내가 보니, 온 이스라엘이 이 산 저 산에 흩어져 있습니다. 마치 목자 없는 양 떼 같습니다. 주님께서 말씀하시기를 '이들에게는 인도자가 없다. 제각기 집으로 평안히 돌아가게 하여라' 하십니다." 17 이스라엘 왕이 여호사밧에게 말하였다. "보십시오, 그는 나에게 늘 길한 것은 예언하지 않고, 흉한 것만을 예언한다고 말씀드리지 않았습니까?" 18 미가야가 말을 계속하였다. "그러므로 이제 주님의 말씀을 들으십시오. 내가 보니, 주님께서 보좌에 앉으시고, 그 좌우에는 하늘의 모든 군대가 둘러서 있는데, 19 주님께서 물으십니다. '누가 이스라엘의 아합 왕을 꾀어내어, 그로 하여금

21세기를 살아가는 우리는 하나님의 뜻을 어디서, 어떻게 물어야 합니까? 이 시대의 예언자는 누구입니까? 하나님의 뜻을 알 수 있는 가장 중요한 방편은 하나님의 말씀인 성경, 그리고 그 말씀을 함께 나누며 살아가는 신앙 공동체입니다. 성경을 읽으며 하나님의 뜻을 찾고, 자신이 깨달은 것을 공동체와 함께 나누고 확인하는 것이 중요합니다. 그러나 아합과 여호사밧의 예에서 보듯, 왕권은 자신의 욕망을 뒷받침하는 수단으로 예언을 동원하곤 합니다. 왕권에게 평화를 전하는 예언자와 맞닥뜨렸던 예레미야 예언자는 선배 예언자들이 '전쟁과 기근과 염병', 즉 하나님의 심판을 전했고, 혹시라도 평화를 전한 경우에는 그 예언이 성취된 후에야 진

길르앗의 라못으로 올라가게 하여 거기에서 죽게 하겠느냐?'
그러자 그들은 이렇게 하자, 또는 저렇게 하자, 저마다 자기들
의 의견을 말하는데, 20 한 영이 주님 앞에 나서서 말합니다.
'내가 가서 그를 꾀어내겠습니다.' 그러자 주님께서 그에게 물
으십니다. '어떻게 그를 꾀어내겠느냐?' 21 그러자 그가 대답합
니다. '내가 가서 아합의 모든 예언자들이 모두 거짓말을 하도
록 시키겠습니다.' 그러자 주님께서 말씀하십니다. '그를 꾀어
라. 틀림없이 성공할 것이다. 가서 곧 그렇게 하여라' 22 그러
므로 이제 보십시오, 이미 주님께서 거짓말하는 영을, 여기에
있는 임금님의 예언자들의 입에 들어가게 하셨으니, 주님께서
는 임금님께 재앙을 선언하신 것입니다."

23 ○ 그러자 그나아나의 아들 시드기야가 다가와서, 미가야
의 뺨을 때리며 말하였다. "주님의 영이 언제 나를 떠나서, 어
느 길로 너에게 건너가서 말씀하시더냐?" 24 미가야가 대답하
였다. "네가 골방으로 들어가 숨는 바로 그날에, 너는 모든 것
을 알게 될 것이다."

25 ○ 이스라엘 왕이 명령하였다. "미가야를 잡아서, 아몬 성
주와 요아스 왕자에게로 끌고 가도록 하여라. 26 그리고 내가

정한 예언자로 인정받았다고 정리합니다(렘 28:8–9). 그에 따르면, 기본적으로 예
언자는 권력을 향해 심판을 전했다는 것입니다. 그래서 스스로 하나님의 뜻이라 깨
달았고 공동체 안에서까지 확인받은 것 같더라도, 권력과 힘과 부귀를 하나님께서
강력히 경고하신다는 점에 비춰보는 태도가 중요합니다. 주님께서는 가장 낮은 곳
에서 섬기는 자가 되라고 말씀하셨습니다. 그러니 하나님의 뜻을 분별하는 일은 공
동체나 우리 사회에서 가장 약한 이들의 관점에서 평가해야 한다고 좀 더 구체적으
로 말할 수 있습니다. 그런 점에서 우리 사회의 가장 약한 자들이야말로 우리 시대
의 예언자에 비견될 수 있습니다.

명령하는 것이니, 이 자를 감옥에 가두고, 내가 평안히 돌아올 때까지 빵과 물을 죽지 않을 만큼만 먹이라고 하여라.”

27 ○ 미가야가 말하였다. “임금님께서 정말로 평안히 돌아오실 수 있다면, 주님께서 나를 시켜서 이런 말씀을 하지 않으셨을 것입니다.” 미가야는 한마디 덧붙였다. “여기에 있는 모든 백성은, 내 말을 잘 기억하여두시오!”

아합의 죽음 (왕상 22:29-35)

28 ○ 이스라엘의 아합 왕과 유다의 여호사밧 왕은 시리아와 싸우려고 길르앗의 라못으로 올라갔다. 29 이스라엘의 아합 왕이 여호사밧에게 말하였다. “나는 변장을 하고 싸움터로 들어갈 터이니, 임금님께서는 왕복을 그대로 입고 나가십시오.” 그런 다음에, 이스라엘 왕은 변장을 하였고, 그들은 싸움터로 들어갔다.

상반된 의견이 제시됐는데도 두 왕은 전쟁터로 나갑니다(28절). 예언자들을 불러 하나님의 뜻을 물었던 건 그저 형식적인 제스처였습니까? 왕들이 예언자에게 하늘의 뜻을 묻지만, 자신이 하고자 하는 일을 하늘도 지지한다는 뒷받침이 필요했을 뿐이지, 실제로는 하늘의 뜻에 따라 행할 마음이 조금도 없는 경우가 허다합니다. 여호사밧의 아버지 아사 역시 선견자의 경고를 가볍게 무시했고, 도리어 그를 옥에 가두기도 했습니다(16:10). 대부분의 사람들이 왕처럼 최고 권력을 얻은 이들을 하늘이 택하고 세웠다는 식으로 칭송합니다. 그러나 예언자는 왕이라 할지라도 하나님 앞에 서 있는 한 사람에 불과하다는 시각으로 거침없이 그들을 고발하고 심판을 선포했기에, 왕권과 예언자들은 자주 충돌했습니다. 예언자의 선포를 거부하고 박해하기로는 남왕국이나 북왕국이 그리 차이가 없었습니다. 근본적으로 가장 높은 지위인 왕위에 오른 이들이 스스로를 굽혀 하나님의 말씀에 복종하는 것은 극히 어려운 일입니다. 그래서 왕은 하나님과 공존하기 어렵습니다.

30 ○ 시리아 왕은 자기와 함께 있는 병거대 지휘관들에게 말하였다. "귀관들은 작은 자나 큰 자를 상대하여 싸우지 말고, 오직 이스라엘 왕만 공격하시오." **31** 병거대 지휘관들이 여호사밧을 보고 "저 자가 이스라엘 왕이다" 하며, 그와 싸우려고 달려들었다. 여호사밧이 기겁을 하여 소리를 쳤다. 주님께서 그를 도우셨다. 하나님께서 그들을 그에게서 떠나가게 하신 것이다. **32** 병거대 지휘관들은, 그가 이스라엘 왕이 아님을 알고, 그를 추적하기를 그만두고 돌아섰다. **33** 그런데 한 군인이 무심코 활을 당긴 것이 이스라엘 왕을 명중시켰다. 화살이 갑옷 가슴막이 이음새 사이를 뚫고 들어간 것이다. 왕은 자기의 병거를 모는 부하에게 말하였다. "돌아서서, 이 싸움터에서 빠져나가자. 내가 부상을 입었다." **34** 그러나 그날은 특히 싸움이 격렬하였으므로, 이스라엘 왕은 시리아 군대를 맞이하여 그의 병거 안에서 저녁때까지 겨우 힘을 지탱하다가, 해거름에 죽고 말았다.

싸움터에 나가는 아합이 변장을 했던(29절) 까닭은 무엇입니까? 전쟁에 나선 아합이 죽을 것이라는 미가야의 예언을 듣고 아합은 분노했습니다. 그래서 미가야를 옥에 가둬두고, 자신이 무사히 돌아온 다음에 그의 예언이 틀렸다는 것을 모든 이들 앞에 드러내고자 했습니다. 아마도 아합 또한 미가야의 예언이 자신에게 늘 흉한 것뿐이었지만, 들어맞았다는 사실을 인식하고 있었을 겁니다. 그렇기에 아예 변장을 하고 전쟁에 참여했을 것입니다. 왕이라면 집중 공격과 견제를 받을 테지만, 왕의 옷이 아닌 일반 복장으로 참전한다면 상대의 공격을 덜 받을 것이니까요. 미가야의 예언이 들어맞을까 봐 두렵기도 했고, 전쟁터에서 무사히 돌아와서 미가야의 예언이 틀렸음을 입증하고자 하는 의도로, 아합은 변장을 택했습니다. 그러나 옷이 바뀐다고 해서 언제나 하나님께 불순종하고 거역했던 그의 삶이 바뀔 수는 없었습니다. 상대방 군사가 "무심코 활을 당긴 것이" 변장한 아합을 명중시켜 그는 죽고 맙니다. 어떻게 사람이 하나님의 시선을 피할 수가 있을까요?

{ 제19장 }

한 예언자가 여호사밧을 규탄하다

1 유다의 여호사밧 왕이 예루살렘에 있는 그의 궁으로 무사히 돌아왔을 때에, 2 하나니의 아들 예후 선견자가 나가서, 왕을 찾아가서 말하였다. "임금님께서는, 악한 자를 돕고 주님을 싫어하는 자들의 편을 드는 것이 옳다고 생각하십니까? 임금님께서 그렇게 하셨으므로 주님의 진노가 임금님께 내릴 것입니다. 3 그러나 임금님께서는 선한 일도 하셨습니다. 아세라 목상을 이 땅에서 없애버리시고, 마음을 오로지 하나님 찾는 일에 쏟으신 일도 있으십니다."

여호사밧의 개혁

4 ○ 여호사밧은 예루살렘에 살면서, 브엘세바에서부터 에브

아합의 나쁜 평판을 모르지 않았을 텐데, 어째서 여호사밧은 함께 전쟁에 나갈 만큼 친밀한 관계를 맺었습니까?(2절) 여호사밧의 아버지 아사가 겪었던 어려움 가운데 하나는 북왕국의 침략입니다(16:1). 당시 북왕국은 남왕국보다 훨씬 강력한 나라였던 것으로 추측됩니다. 그러니 남왕국의 여호사밧이 아합 가문과 결혼 동맹을 맺는 일은 남왕국의 안전과 연관된 중요한 외교정책의 일환이었을 것입니다. 이에 대해 선견자 예후는 단호하게 그의 선택이 잘못된 것이라고 고발합니다. 역대지는 아사와 여호사밧의 사례를 모두 다루면서, 독자와 청중을 향해 어떤 어려움이 닥치더라도 오직 주 하나님을 신뢰하라고 말합니다. 하나님 한 분을 신뢰한다는 것은 그저 종교적인 감정에 국한되지 않고, 이처럼 나라 전체의 명운과도 연관됩니다. 하나님을 신뢰하는 신앙은 성전이나 교회 안에서 판가름 나지 않고, 복잡하고도 어려운 외교나 경제 현실, 일상의 삶에서 드러납니다.

라임 산간지역에 이르기까지 민정을 살피러 다녔으며, 백성들을 주 그들의 조상의 하나님께 돌아오게 하였다. 5 그는 또 온 유다의 요새화된 성읍에 재판관들을 임명하여 세우고, 6 그들에게 말하였다. "그대들은 맡은 일을 할 때에 삼가 조심하여 하시오. 그대들이 하는 재판은 단순히 사람을 기쁘게 하는 것이 아니라, 그대들이 재판할 때에 그대들과 함께 계시는 주님을 기쁘시게 하는 것임을 명심하시오. 7 주님을 두려워하는 일이 한순간이라도 그대들에게서 떠나지 않도록 하시오. 주 우리의 하나님께서는 불의하지도 않으시며, 치우침도 없으시며, 뇌물을 받지도 않으시니, 재판할 때에 삼가 조심하여 하도록 하시오."

8 ○ 이 밖에 예루살렘에서도 여호사밧이 레위인들과 제사장들과 이스라엘 가문의 족장들 가운데서 사람을 뽑아 재판관으로 임명하여, 주님의 법을 어긴 경우를 포함하여, 예루살렘에 사는 모든 주민의 송사를 재판하게 하였다. 9 그는 재판관들에게 다음과 같은 명령을 내렸다. "그대들은 이 일을, 주님을 두려워하는 마음으로, 성실하게, 온 마음을 다하여 수행해야 하

'주님의 법을 어긴 경우'까지 재판한다고요?(8절) 신과 한 인간 사이의 관계인 신앙이 어떻게 재판의 대상이 될 수 있습니까? 하나님에 대한 신앙은 마음이나 양심 속에 존재하는 것이되, 그 신앙을 표현하는 방식으로 이런저런 가르침과 규칙들이 존재합니다. 그래서 본문이 언급하는 '주님의 법'은 주님께서 그 백성 이스라엘에게 명하신 여러 규례와 법도를 가리킵니다. 하나님을 어떻게 따르며 순종해야 하는지, 일상에서 절기를 어떻게 지킬 것이며 이웃과 어떻게 살아가야 하는지에 관한 여러 규례와 법도들이 있었고, 이스라엘은 이를 올바르게 지켜야 합니다. 이를 어겼을 경우, 재판에 회부되어 처벌받았습니다. 재판이 필요한 까닭은 하나님의 규례를 실제로 지키지 않은 것인지 아니면 어떤 오해나 누명을 쓴 것인지 판가름해야 하기 때문입니다.

오. **10** 어느 성읍에서든지, 동포가 사람을 죽이거나, 법이나 계명이나 율례나 규례를 어겨서 재판관들에게 송사를 제기해 오면, 재판관들은 그들에게 경고하여 주님께 범죄하지 않도록 하시오. 그렇지 않으면, 주님의 진노가 그대들 재판관들 그대들의 동포에게 내릴 것이오. 내가 시킨 대로 하면, 그대들에게 죄가 없을 것이오. **11** 주님께 예배드리는 모든 문제는, 아마랴 대제사장이 최종 권위를 가지고 결정을 내릴 것이며, 왕에게 속한 모든 문제에 관련된 것은, 유다 지파의 우두머리 이스마엘의 아들 스바댜가 최종 권위를 가지고 결정을 내릴 것이오. 레위 사람들은 법정에서 결정된 사항들이 실행되는 것을 감독하는 관리의 책임을 질 것이오. 용기를 내어 이 모든 지시를 잘 실행하시오. 주님께서는 공의를 이루는 사람들의 편을 드신다는 것을 명심하시오."

여호사밧이 '공정한 재판제도'를 확립하는 일에 이토록 신경을 쓴 이유는 무엇입니까? 왕이라면 군사력과 경제력을 키우는 일이 가장 급한 과제가 아닐까요? 군사력과 경제력이 강성하다 해도 그 안에서 살아가는 이들의 현실 가운데 억울하고 부당한 일이 가득하다면, 그 나라의 평화는 온통 거짓일 겁니다. 사람은 떡으로만 사는 존재가 아니니까요. 도리어 구약성경은 군사력보다는 공동체 내부의 정의로운 현실을 훨씬 강조합니다. 공동체 안에 정의가 실현되고 있다면, 나라를 지키는 일은 공동체 모두의 관심이 될 것이기 때문입니다. 그리고 하나님의 규례를 따를 때 하나님께서 안전과 평화를 주신다는 것 역시 구약성경의 근본적인 신앙이기도 합니다. 부강한 나라를 건설하는 것이 목표가 아니라, 정의로운 나라, 누구라도 안전하게 살 수 있고 누구라도 억울하거나 부당한 일을 겪지 않는 나라가 구약성경이 말하는 나라의 존재 이유라고 볼 수 있습니다. 여호사밧이 마음을 다해 하나님을 찾았다는 언급(3절)에 이어 그의 사법 개혁을 다루는 19장의 전개는 이 점을 명확하게 보여줍니다. 이어지는 20장에서 볼 수 있는 군사적 위기의 극복은 논리적으로 19장 사법 개혁의 자연스러운 결론입니다.

제20장

에돔과의 전쟁

1 얼마 뒤에, 모압 자손과 암몬 자손이 마온 사람들과 결탁하여, 여호사밧에게 맞서서 싸움을 걸어왔다. 2 전령들이 와서 여호사밧에게 보고하였다. "큰 부대가 사해 건너편 에돔에서 임금님을 치러 왔습니다. 그들은 이미 하사손다말 곧 엔게디에 쳐들어왔습니다." 3 이에 놀란 여호사밧은, 주님께서 인도하여주실 것을 비는 기도를 드리고, 온 유다 백성에게 금식령을 내렸다. 4 백성이 유다 각 성읍에서 예루살렘으로 모여, 주님의 뜻을 찾았다. 5 여호사밧이 주님의 성전 새 뜰 앞에 모인 유다와 예루살렘 회중 가운데 서서, 6 이렇게 기도하였다. "주 우리 조상의 하나님, 주님은 하늘에 계시는 하나님이 아니십니까? 세계 만민의 모든 나라를 다스리는 분이 아니십니

적들의 침입 소식을 들은 임금은 곧바로 '금식'을 명합니다(3절). 싸움에 대비해 잘 먹여도 모자랄 판에 어째서 굶으라고 명령하는 걸까요?　역대지는 역사라는 소재로 하나님을 올바르게 예배하는 것을 가르치는 책입니다. 그래서 이스라엘을 국가 혹은 나라로 다루기보다는, 예배 공동체로 여깁니다. 그렇기에 전쟁을 비롯한 위기 상황에 직면했을 때 그 상황을 타개할 수 있는 길은 오직 주 하나님께 돌이키고 그분이 명하신 규례를 따라 살아가는 것임을, 역사의 여러 순간을 통해 보이고자 합니다. 사건이 일어났을 때 곧바로 기록한 책이 아니라, 왕정기로부터 최소 150년이 흐른 뒤 지난 역사의 순간을 활용해 오직 하나님을 예배할 것을 전하는 책입니다. 당연히 실제 현실에서는 여러 대응과 준비가 필요합니다. 역대지는 그런 준비가 필요 없다고 말하는 것이 아니라, 예배 공동체의 올바른 도리에 초점을 맞춥니다. 그렇기에 매우 버거운 전쟁을 목전에 둔 공동체가 해야 할 일은 하나님 한 분만을 신뢰하는 것이며, 그 표시가 자신의 모든 힘을 다 빼는 금식입니다.

까? 권세와 능력이 주님께 있으니, 아무도 주님께 맞설 사람이 없습니다. 7 우리 하나님, 주님께서는 전에 이 땅에 사는 사람들을 주님의 백성 이스라엘 앞에서 쫓아내시고, 그 땅을 주님의 벗 아브라함의 자손에게 길이 주신 분이 아니십니까? 8 그래서 우리는 이 땅에 살면서 주님의 이름을 빛내려고, 한 성소를 지어 바치고, 이렇게 다짐한 바 있습니다. 9 '전쟁이나 전염병이나 기근과 같은 재난이 닥쳐온다면, 하나님 앞, 곧 주님의 이름을 빛내는 이 성전 앞에 모여 서서, 재난 가운데서 주님께 부르짖겠고, 그러면 주님께서 들으시고 구원하여주실 것이다' 하고 말하였습니다.

10 ○ 이제 보십시오, 암몬 자손과 모압 자손과 세일산에 사는 사람들이 우리를 저렇게 공격하여왔습니다. 옛적에 이스라엘이 이집트에서 나올 때에, 주님께서는 이스라엘이 그들의 땅으로 들어가는 것을 허락하지 않으셨습니다. 그리하여 우리 조상은 그들을 멸망시키지 않고 돌아와야만 했습니다. 11 그런데 이제 그들이 우리에게 앙갚음을 하는 것을 보십시오. 주님

'세일산에 사는 사람들'(10, 23절)이란 어떤 이들을 가리킵니까? 이들은 왜 이스라엘을 적으로 돌렸습니까? '세일산'은 사해 동남쪽에 있는 에돔에 속한 지역입니다. 그래서 종종 에돔을 가리키는 또 다른 이름처럼 쓰입니다. 2절은 여호사밧의 유다에 쳐들어온 이들을 두고 에돔에서 진격해왔다고 표현하기도 했습니다. 에돔의 뿌리는 이스라엘의 뿌리인 야곱과 형제간이었던 에서입니다. 에서와 야곱 사이가 그러했듯이, 에돔과 이스라엘 역시 매우 오래된 적대 관계이기도 했습니다. 서로 인접한 나라다 보니, 힘의 크기에 따라 이스라엘과 모압, 암몬, 에돔 사이에는 전쟁이 빈번하게 일어났습니다. 특히 예루살렘이 마침내 멸망할 때 에돔은 예루살렘의 멸망을 방관하며 조롱했고(옵 1:10-14), 그로 인해 구약성경의 여러 곳에서 에돔이 저지른 짓을 폭력으로 규탄하며 심판을 선포합니다(사 34:5-12; 겔 25:12-14; 35:5; 욜 3:19; 암 1:11-12).

께서 우리에게 유산으로 주신 주님의 땅에서, 우리를 쫓아내려 하고 있습니다. 12 우리 편을 드시는 하나님, 그들에게 벌을 내리지 않으시렵니까? 우리를 치러 온 저 큰 대군을 대적할 능력이 우리에게는 없고, 어찌할 바도 알지 못하고, 이렇게 주님만 바라보고 있을 뿐입니다."

13 ○ 유다 모든 백성은 아녀자들까지도 모두 주님 앞에 나와서 있었다. 14 그때에 마침 회중 가운데는, 야하시엘이라는 레위 사람이 있었는데, 그에게 주님의 영이 내리셨다. 그의 아버지는 스가랴이고 할아버지는 브나야이고 증조는 여이엘이고 고조는 맛다니야이다. 15 그가 이렇게 말하였다. "온 유다와 예루살렘에 사는 사람들과 여호사밧 임금님은 들으시기 바랍니다. 주님께서 여러분에게 말씀하십니다. '적군이 아무리 많다 하여도, 너희들은 두려워하거나 겁내지 말아라. 이 전쟁은 너희가 하는 것이 아니라, 나 하나님이 맡아 하는 것이다. 16 너희는 내일 그들을 마주하여 내려가라. 적군은 시스 고개로 올라올 것이다. 여루엘 들 맞은편에서 너희가 그들을

목숨이 오가는 전쟁터에 노래하는 사람들을 뽑아 앞세운(21절) 건 무얼 노린 전략입니까? 전쟁을 목전에 두고 하나님만 의지하며 기도했을 때, 레위 사람 야하시엘을 통해 주신 하나님의 응답은 "이 전쟁은 하나님께서 싸우실 전쟁이니, 오직 하나님을 신뢰하라"였습니다(17절). 이 장의 첫 번째 질문에서도 언급했듯이, 역대지는 예배 공동체로서의 이스라엘을 그립니다. 그렇기에 하나님께서 이 어려운 싸움의 승리를 가져다주겠다 선언하셨다면, 예배 공동체인 이스라엘이 할 일은 오직 그분이 행하시는 큰 구원을 기뻐하고 노래하며 드높이는 것입니다. 야하시엘의 말을 들은 이들은 하나님을 찬양했고, 여호사밧과 이스라엘은 다음 날 전쟁터에서도 찬양하며 노래하는 이들을 앞장세웠습니다. 앞으로도 전쟁할 때마다 찬양하는 이를 앞세우라는 지시가 아니라, 우리의 모든 싸움과 모든 일의 근본은 주 하나님께 있음을 굳게 신뢰하라는 것. 그것이 찬양하는 이들을 앞세운 목적입니다.

만날 것이다. **17** 이 전쟁에서는 너희가 싸울 것이 없다. 너희는 대열만 정비하고 굳게 서서, 나 주가 너희에게 승리를 가져다 주는 것을 보아라. 유다와 예루살렘아, 너희는 두려워하지 말아라. 겁내지 말아라. 내일 적들을 맞아 싸우러 나가거라. 나 주가 너희와 함께 있겠다.'"

18 ○ 여호사밧이 몸을 굽혀 얼굴을 땅에 대니, 온 유다 백성과 예루살렘 주민도 주님 앞에 엎드려 경배하고, **19** 고핫 자손과 고라 자손에게 속한 레위 사람들은, 서서 목소리를 높여, 주 이스라엘의 하나님을 찬양하였다.

20 ○ 백성은 다음 날 아침 일찍 일어나서, 드고아 들로 나갔다. 나갈 때에, 여호사밧이 나서서 격려하였다. "유다와 예루살렘 주민은 내가 하는 말을 들으십시오. 주 우리의 하나님을 믿어야만 흔들리지 않습니다. 주님께서 보내신 예언자들을 신뢰하십시오. 우리는 반드시 이깁니다." **21** 여호사밧은 백성들과 의논한 다음에, 노래하는 사람들을 뽑아 거룩한 예복을 입히고, 군대 앞에서 행진하게 하였다. 그는 또 노래하는 사람들이

하나님이 동원한 '복병'의(22절) 정체는 무엇입니까? 하나님이 부리는 군대라면, 천사를 일컫는 말인가요? 역대지는 모든 내용을 다 진술하지 않고 오직 신앙의 원칙으로 지난 전쟁 이야기를 풀어가는 책이니, 이 내용만으로 당대의 전쟁을 재구성하기는 거의 불가능합니다. 아마도 이러한 복병은 여호사밧 군대가 미리 준비한 소규모 부대였을 가능성이 큽니다. 그러나 상대방보다 훨씬 적은 수의 군사력을 지녔으면서 복병까지 따로 떼어둔다면, 실제로는 승리하기 쉽지 않을 것입니다. 그럼에도 불구하고 이들이 준비한 복병이 상대방에게 큰 충격과 혼란을 불러일으켰다고 역대지는 전합니다. 특히 이 복병으로 인해 연합군이던 암몬과 모압, 에돔 군대 사이에 서로에 대한 불신이 극대화되었고, 결국 이들은 자기들끼리 싸우는 자중지란으로 인해 완전히 패망했습니다. 실제 상황이 어떻게 전개되었는지 알기 어렵지만, 역대지는 이러한 승리가 오직 주 하나님께로부터 말미암았다고 증언합니다.

"주님께 감사하여라. 그의 인자하심이 영원하다" 하면서, 주님을 찬양하게 하였다.

22 ○ 노래하는 사람들이 그렇게 노래를 부르니, 주님께서 복병을 시켜서 유다를 치러 온 암몬 자손과 모압 자손과 세일산에서 온 사람들을 치게 하셔서, 그들을 대파하셨다. 23 오히려 암몬 자손과 모압 자손이 짝이 되어서, 세일산에서 온 사람들을 모조리 쳐 죽이는 것이 아닌가! 세일산에서 온 사람들을 쳐 죽인 다음에는, 암몬 자손과 모압 자손이 서로 쳐 죽였다. 24 유다 사람들이 들판이 내려다보이는 망대에 이르러서 보니, 적군이 하나도 살아남지 못하고, 모두 주검이 되어 땅에 엎어져 있었다.

25 ○ 여호사밧이 백성을 데리고 가서, 전리품을 거두어들였다. 전리품 가운데는 상당히 많은 물건과 옷과 귀중품이 있었다. 그래서 각자가 마음껏 탈취하였는데, 전리품이 너무 많아서 운반할 수가 없었다. 전리품이 이처럼 많아서, 그것을 다 거두어들이는 데에 사흘이나 걸렸다. 26 나흘째 되던 날에, 그

"적들이 서로 쳐서 하나도 남김없이 다 죽었다"(23-24절)는 상식을 넘어서는 설명을 어떻게 받아들여야 합니까? 이 책의 기자가 전달하려는 메시지는 무엇입니까? 이 전쟁을 위해 여호사밧의 유다 군대는 전쟁 훈련을 하거나 성채를 단단히 방비하거나 공격을 위한 군사 작전을 치밀하게 세운 일은 없었던 것처럼 보입니다. 오직 그들이 한 일은 하나님을 신뢰하며 하나님께서 베푸실 구원을 찬양하는 것이었습니다. 막상 전쟁이 벌어졌어도, 침략군은 그들의 진영 안에서 자중지란으로 완전히 자멸하고 말았습니다. 적들이 하나도 남김없이 다 죽었다는 진술은 이제 그들이 유다에 조금도 맞설 수 없음을 강조하는 표현일 것입니다. 이제 유다에 남은 일은 적들의 물자를 마음껏 노략하는 것이었습니다. 그래서 이 전쟁은 "승패가 오직 하나님께 있다"는 것, 그리고 "그들이 얻은 구원은 그들의 실력이나 노력으로 말미암은 것이 아니라 오직 하나님을 믿는 믿음으로 말미암았다"는 것을 증언합니다.

들은 브라가 골짜기에 모여서, 거기서 주님을 찬양하였다. 오늘날도 사람들은 그곳을 '찬양 (브라가) 골짜기'라고 부른다. 27 유다와 예루살렘 모든 사람이 여호사밧을 앞세우고, 기쁨에 넘쳐 예루살렘으로 개선하였다. 이것은 주님께서 원수들을 쳐서 이겨서, 유다 백성을 기쁘게 해주셨기 때문이다. 28 사람들은 거문고와 수금과 나팔을 합주하며, 예루살렘에 이르러, 주님의 성전으로 나아갔다. 29 이방 모든 나라가 주님께서 이스라엘의 원수들을 치셨다는 소문을 듣고, 하나님을 두려워하였다. 30 여호사밧이 다스리는 동안 나라가 태평하였다. 하나님께서 사방으로 그에게 평안함을 주셨기 때문이다.

여호사밧의 통치가 끝나다 (왕상 22:41-50)

31 ○ 여호사밧은 유다의 왕이 되었을 때에 서른다섯 살이었다. 그는 예루살렘에서 스물다섯 해 동안 다스렸다. 그의 어머니 아수바는 실히의 딸이다. 32 여호사밧은 자기의 아버지 아사가 걸

인간은 날마다 크고 작은 두려운 일들과 맞닥뜨립니다. 그때마다 기독교인은 가만히 앉아(17절) 하나님의 개입을 기다려야 합니까? 사실 여호사밧 군대도 '제자리를 지키고' 서 있지만은 않았습니다. 그들은 하나님께 금식하며 부르짖기도 했고, 하나님을 신뢰하며 눈앞의 위험에도 불구하고 하나님을 찬양했으며, 적들을 맞아 내려가고(16절), 광야로 나아가기도 했습니다(20절). 역대지는 이를 통해 자신의 능력이나 실력 때문에 포기하거나 체념하거나 절망하지 말고, 모든 상황 속에서 하나님을 신뢰할 것을 독자에게 권합니다. 당연히 우리는 우리가 할 수 있는 대로 준비도 하고 대비도 해야 합니다. 그러나 역대지 본문은 승리가 우리 자신에게 달린 것이 아니라 하나님께 달렸음을 가르치면서, 세상이 결코 강한 자들의 것이 아님을 알려줍니다. 제아무리 약해도 하나님을 신뢰하며 올바른 가치와 정의를 끝까지 포기하지 않아야 한다고 역대지는 가르쳐줍니다.

어간 길에서 벗어나지 아니하고, 그 길을 그대로 걸어, 주님께서 보시기에 정직하게 행하였으나, 33 산당만은 헐어버리지 않아서, 백성이 조상의 하나님만을 섬기게 하지는 못하였다.

34 ○ 여호사밧의 나머지 역사는 처음부터 끝까지 '하나니의 아들 예후의 역사책'에 다 기록되었고, 그것은 '이스라엘 열왕기'에 올랐다.

35 ○ 한번은 유다의 여호사밧 왕과 이스라엘의 아하시야 왕 사이에 동맹을 맺은 일이 있었는데, 아하시야는 악행을 많이 저지른 왕이었다. 36 아하시야의 권유로 여호사밧이 다시스를 왕래할 상선을 만들었다. 배를 만든 곳은 에시온게벨이었다. 37 그때에 마레사 사람 도다와후의 아들 엘리에셀이 여호사밧에게 와서 "임금님께서 아하시야와 동맹을 맺으셨으므로, 주님께서 임금님이 만드신 상선을 부수실 것입니다" 하고 예언하였다. 그의 말대로, 그 배는 부서져서 다시스로 가지 못하였다.

{ 제21장 }

1 여호사밧이 세상을 떠나서 그의 조상에게로 가니, '다윗 성'에 있는 왕실 묘지에 장사하였다. 그의 아들 여호람이 그의 뒤를 이어 왕이 되었다.

유다 왕 여호람(왕하 8:17-24)

2 ○ 여호사밧의 아들 여호람에게는 아우들이 있었다. 그의 아우 아사랴와 여히엘과 스가랴와 아사랴와 미가엘과 스바댜는, 모두 이스라엘의 여호사밧 왕이 낳은 아들이었다. 3 여호람의 아버지 여호사밧은, 여호람의 아우들에게는, 은금과 보물과 요새화된 유다의 성읍들을 후하게 선물로 주었고, 여호람은 맏아들이었으므로 왕의 자리를 내주었다. 4 그러나 여호람은, 아버지의 뒤를 이어 왕위에 올라 세력을 굳히자, 자기 아우들을 모두 죽이고, 이스라엘 지도자들 얼마도 함께 칼로

다윗의 후손들 쪽에서 먼저 약속을 깼는데 어째서 하나님은 이토록 약속을 지키려 애씁니까?(7절) 본래 약속이란 상호적인 것 아닌가요? 쌍방이 맺은 약속이기에 한쪽이 깨뜨리면 사실 그 약속은 무너진 것입니다. 분명 하나님께서는 다윗과 언약을 맺을 때 그 왕위가 다윗의 후손에게 영원히 이어질 것이라 하셨지만, 다윗의 자손인 유다 왕들의 불순종으로 인해 그 약속은 근원부터 흔들릴 수밖에 없었습니다. 역대지는 지난 역사를 서술하면서 하나님께서 약속을 깨뜨린 다윗의 후손들을 당장에 벌하고 그 나라를 심판하셨어야 하는데, 다윗과의 약속을 기억하셔서 그 나라를 지키셨다고 해석합니다. 그래서 다윗과 맺은 언약에 대한 하나님의 행하심은 우리의 죄악과 불순종에도 불구하고 사람을 불쌍히 여기고 돌보시는 하나님의 사랑과 은혜를 상징합니다. 얼핏 다윗에 대한 편애처럼 보이지만, 실상 이를 통해 말하고자 하는 것은 하나님 백성에 대한 하나님의 사랑과 은혜입니다.

쳐 죽였다.

5 ○ 여호람이 왕이 되었을 때에, 그는 서른두 살이었다. 그는 예루살렘에서 여덟 해 동안 다스렸다. 6 그는 아합의 딸을 아내로 맞아들였기 때문에, 아합 가문이 한 대로 곧 이스라엘 왕들이 간 길을 갔다. 이와 같이 하여, 그는 주님께서 보시기에 악한 일을 하였다. 7 그러나 주님께서는 다윗 왕가를 멸망시키려고 하지 않으셨다. 일찍이 주님께서 그의 종 다윗과 언약을 맺으시고, 다윗과 그 자손에게서 왕조의 등불이 영원히 꺼지지 않게 하시겠다고 약속하셨기 때문이다.

8 ○ 여호람이 다스리는 동안에, 에돔이 유다에 반기를 들고, 자기들의 왕을 따로 세웠다. 9 여호람은 지휘관들을 이끌고 병거대를 모두 출동시켰다가, 병거대 지휘관들과 함께 에돔 군대에게 포위를 당하고 말았다. 그러나 밤에 에돔 군대의 포위망을 뚫고 빠져나왔다. 10 이와 같이, 에돔은 유다에 반역하

"예루살렘 주민들에게 음행을 하게 했다"(11절)는 말뜻을 모르겠습니다. 임금이 백성들에게 은밀하고 사적인 행위를 강요했다는 말입니까? '음행하다'는 기본적으로 성적으로 문란하게 행하는 것을 가리킵니다. 그런데 주전 8세기 예언자들은 이 표현으로 성적인 죄악을 다루기보다는, 주 하나님을 떠난 이스라엘을 고발합니다. 예언자들은 하나님과 그 백성의 관계를 부부에 비유했습니다. 남편이신 하나님께서는 그 아내 이스라엘에게 충실하셨으나, 아내인 이스라엘은 남편을 버리고 다른 남자, 즉 다른 신들이나 다른 강대국들을 쫓아갔으니, 이를 두고 '음행을 했다'고 고발합니다. 음행이라는 주제로 이스라엘의 죄악을 표현한 대표적인 예언자가 호세아이고(호 1-3장), 예레미야 역시 이 주제를 사용해 유다를 격렬하게 규탄합니다(렘 3:1-10). 에스겔 같은 예언자는 아예 남북 이스라엘의 온 역사가 '음행'으로 가득했다고 매우 선정적인 이미지를 동원해 고발하기도 합니다(겔 16장, 23장). 여호람이 사방에 세운 산당은 예루살렘 사람들이 하나님만을 찾지 않고 자꾸 다른 신들을 찾아 기웃거리게 만들었으니, 그는 백성들을 음행하게 한 것입니다.

여 그 지배를 벗어나 오늘날까지 이르렀고, 립나 성읍이 반란을 일으켜 여호람의 지배에서 벗어난 것도 같은 무렵이다. 그가 이런 변을 당한 것은 주 조상의 하나님을 저버렸기 때문이다. 11 그는 또 유다의 여러 산에 산당을 세우고, 예루살렘 주민에게 음행을 하게 하였고, 유다 백성을 그릇된 길로 가게 하였다.

12 ○ 그래서 엘리야 예언자가 그에게 다음과 같은 글을 보냈다. ○ "임금님의 조상 다윗의 주 하나님께서 이렇게 말씀하십니다. '네가, 유다 왕 네 아버지 여호사밧이 가던 길과 네 할아버지 아사가 가던 길을 따르지 아니하고, 13 오히려 이스라엘 왕들이 걷던 길을 따라가고 있다. 유다와 예루살렘 주민으로 음행을 하게 하기를, 마치 아합 왕가가 하듯 하였다. 또 너는 네 아버지 집에서 난 자식들, 곧 너보다 착한 아우들을 죽였다. 14 이제 나 주가 네 백성과 네 자식들과 네 아내들과 네 모든 재산에 큰 재앙을 내리겠다. 15 또 너는 창자에 중병이 들고, 그 병이 날로 더 악화되어, 마침내 창자가 빠져나올 것이다.'"

북쪽 이스라엘의 예언자인 엘리야가 남쪽 유다의 임금을 꾸짖는 상황이(12-15절) 어색합니다. 예언자는 국적을 초월해 활동합니까? 엘리야가 북왕국에서 활동한 예언자인 것은 분명하기에, 역대지에 실린 엘리야의 편지는 꽤 특이합니다. 역대지와 마찬가지로 왕정기를 다루는 열왕기에서는 엘리야의 이 같은 편지나 남왕국과 연관한 활동에 대해 아무런 정보도 알려주지 않습니다(왕하 8:16-24). 이스라엘과 유다가 본디 하나의 뿌리에서 비롯되었으며, 주 하나님을 믿고 따르는 하나의 신앙에서 출발했으니, 두 나라의 사이가 그리 멀지 않았다고 할 수 있습니다. 적어도 역대지 저자는 엘리야의 이름으로 남왕국 유다의 왕에게 책망과 심판 선포의 편지를 보내는 일이 충분히 가능하다고 여긴 것으로 볼 수 있습니다. 엘리야의 편지에 담긴 내용은 하나님을 거역하고 악을 행한 이들을 하나님께서는 반드시 심판하실 것이라는 역대지 전체의 주제와 일치합니다.

16 ㅇ 주님께서는 또 블레셋 사람과 에티오피아에 인접하여 사는 아라비아 사람들의 마음을 부추겨, 여호람을 치게 하셨다. 17 그들이 유다로 쳐올라와서 왕궁의 모든 재물을 탈취하였고, 여호람의 아들들과 아내들까지 잡아갔다. 막내아들 아하시야 이외에는 아무도 남겨두지 않았다.

18 ㅇ 이런 일이 있은 뒤에, 주님께서 여호람에게 벌을 내리셔서, 그의 창자에 불치의 병이 들게 하셨다. 19 그는 오랫동안, 이 불치의 병으로 꼬박 두 해를 앓다가, 창자가 몸 밖으로 빠져나와서, 심한 통증에 시달리다가 죽고 말았다. 백성은, 왕들이 죽으면 으레 향을 피웠으나, 여호람에게만은 향을 피우지 않았다.

20 ㅇ 여호람이 왕이 되었을 때에, 그는 서른두 살이었다. 그는 예루살렘에서 여덟 해 동안 다스리다가, 그의 죽음을 슬프게 여기는 사람도 없이 세상을 떠났다. 사람들이 그를 '다윗 성'에 묻기는 하였으나, 왕실 묘지에 장사하지는 않았다.

{ 제22장 }

유다 왕 아하시야(왕하 8:25-29; 9:21-28)

1 예루살렘 사람들이 여호람의 막내아들 아하시야를 왕으로 삼아, 왕위를 잇게 하였다. 전에 아라비아 사람들과 함께 진영에 쳐들어왔던 침략군들에게 아하시야의 형들이 다 학살당하였으므로, 여호람의 아들 아하시야가 유다의 왕이 되었다. 2 아하시야가 왕이 되었을 때에, 그는, 스물두 살이었다. 그는 예루살렘에서 한 해밖에 다스리지 못하였다. 그의 어머니 아달랴는 오므리의 손녀이다. 3 아하시야 역시 아합 가문의 길을 따라가지 않을 수 없었다. 그의 어머니가 그를 꾀어, 악을 행하게 하였기 때문이다. 4 그는 아합 가문을 따라 주님 앞에서 악을 행하였다. 그는 아버지가 죽은 다음에 아합 가문 사람들의 의견을 따라 다스리다가, 그만 망하고 말았다. 5 그는 아합 가문 사람들의 의견을 따라, 이스라엘의 아합의 아들 요람 왕과 함께 시리아의 하사엘 왕을 맞아 싸우려고, 길르앗의 라못으로 올라갔다. 그 싸움에서 시리아 군인이 요람을 쳐서 부상

아라비아 침략군이 여호람의 아들들을 다 잡아가면서 막내 아하시야만 살려둔(1절) 이유는 무엇입니까? 본문에 더 자세한 설명이 없어 정확하게 파악하기는 어렵습니다. 다만 21장 2-3절에서 보듯, 여호사밧 왕은 왕위를 이을 아들 여호람을 제외하고 나머지 아들들을 유다 곳곳에 흩었습니다. 그렇다면 여호람 왕 역시 자신의 여러 아들들을 유다 곳곳에 흩었을 수 있습니다. 블레셋과 아라비아 연합군의 공격이 예루살렘을 함락시킨 것인지 본문만으로는 불명확합니다. 같은 시기를 다룬 열왕기하 8장 16-24절에서도 여호람 시기에 예루살렘이 함락되었다는 내용은 없습니다. 그래서 아마도 유다를 공격한 세력이 유다 전역을 휩쓸며 여호람의 아들들인

을 입혔다. 6 요람은, 시리아의 하사엘 왕과 라마에서 싸울 때
에 입은 부상을 치료하려고, 이스르엘로 돌아갔다. 그때에 아
합의 아들 요람이 병이 들었으므로, 유다의 여호람 왕의 아들
아하시야가 문병을 하려고 이스르엘로 내려갔다.

7 ○ 아하시야는 요람에게 문병을 갔다가 오히려 해를 입게
되었다. 이것은 이미 하나님께서 일을 그렇게 꾸미셨기 때문
이다. 아하시야가 병문안을 하러 갔다가, 뜻밖에도 요람과 함
께 나가서, 님시의 아들 예후와 맞닥뜨리게 되었다. 예후는 이
미 주님께서 아합 왕가를 멸망시키시려고 기름 부어 뽑아 세
운 사람이었다. 8 예후는 아합 왕가를 징벌하면서, 유다 군대
의 지휘관들과, 아하시야를 섬기는 조카들까지, 닥치는 대로
죽였다. 9 아하시야는 사마리아로 가서 숨어 있었으나, 예후가
그를 찾아나섰다. 마침 예후의 부하들이 아하시야를 붙잡아
예후에게로 데리고 왔다. 예후가 그를 죽이니, 사람들은 "그가
마음을 다하여 주님만 찾은 여호사밧의 아들이었다" 하면서,
그를 묻어주었다.

○ 그러고 나니, 아하시야의 가문에는 왕국을 지켜갈 만한 능
력을 가진 사람이 아무도 없었다.

왕족들을 약탈하고 사로잡아 끌고 갔으리라 짐작됩니다. 막내아들인 아하시야가
살아남은 것은 그야말로 운이 좋았다고 해야 할 것입니다. 그리고 하나님께서는 다
윗의 후손을 멸망시키시지는 않고 그 등불이 꺼지지 않게 하겠다고 약속하셨으니
(21:7), 아하시야가 살아남은 것은 여호람과 다윗 가문의 죄악에도 불구하고 하나님
께서 그들을 돌보시기 때문이라 할 수 있습니다.

유다의 여왕 아달랴(왕하 11:1-3)

10 ○ 아하시야의 어머니 아달랴는 자기 아들이 죽는 것을 보고, 유다 집의 왕족을 다 죽이기 시작하였다. **11** 그러나 왕자들이 살해되는 가운데서도, 왕의 딸 여호세바가 아하시야의 아들 요아스를 몰래 빼내어, 유모와 함께 침실에 숨겨서, 아달랴에게서 화를 면하게 하였으므로, 아달랴가 요아스는 죽이지 못하였다. 여호세바는 여호람 왕의 딸이요, 여호야다 제사장의 아내이다. 아하시야에게는 누이가 되는 사람이다. **12** 요아스는 그들과 함께 여섯 해 동안을 하나님의 성전에 숨어 지냈으며, 그동안에, 나라는 아달랴가 다스렸다.

서둘러 새 왕을 세우고 상황을 수습해야 할 시점에, 아달랴는 왜 왕족들을 모두 잡아 죽입니까?(10절) 아달랴는 아합의 딸이고(21:6), 하나님을 두려워하지 않는 아합 가문의 길을 고스란히 따르는 인물이었습니다. 여호람이 악을 행하게 된 것, 그리고 여호람의 아들 아하시야가 악을 행하게 된 것 모두, 역대지는 아달랴에게서 비롯되었다고 전합니다(21:6; 22:3). 하나님을 두려워하지 않는 아달랴는 아들 아하시야의 죽음 소식을 듣고서, 곧바로 왕위를 이을 가능성이 있는 다른 왕족을 전부 죽여버립니다. 그것은 자기가 스스로 왕위에 올라 권력을 장악하고자 했기 때문입니다. 남북 이스라엘을 통틀어 여성으로서 왕권을 장악한 이는 오직 아달랴 한 사람뿐입니다. 오로지 남성들로만 이루어지던 이스라엘 왕권에 여성이 한 시기를 지배했다는 점은 무척 인상적이지만, 역대지 저자가 전하는 아달랴 시대는 하나님 경외와는 거리가 먼, 폭력적 권력 찬탈의 시대였습니다. 그 누구든 자기의 권력을 탐하는 자는 가족이나 친척일지라도 오직 제거 대상일 뿐임을 아달랴의 권력 찬탈이 보여줍니다.

{ 제23장 }

아달랴에 대한 반란(왕하 11:4-16)

1 여섯 해를 기다린 여호야다 제사장은, 일곱째 해가 되자, 드디어 용기 있게 결단을 내리고, 군대 지휘관들인 백부장들, 곧 여로함의 아들 아사랴와, 여호하난의 아들 이스마엘과, 오벳의 아들 아사랴와, 아다야의 아들 마아세야와, 시그리의 아들 엘리사밧과 밀약을 맺었다. 2 이들 백부장들은 유다의 모든 성읍으로 돌아다니며, 레위 사람들과 이스라엘 각 가문의 족장들을 모아서, 예루살렘으로 데리고 왔다.

3 ○ 그들이 모두 하나님의 성전에 모여, 왕의 아들 요아스와 언약을 세웠다. 여호야다가 그들에게 말하였다. "여기에 왕세자가 계십니다. 이 분이 왕이 되셔야 합니다. 이것은 다윗 자손이 왕이 되어야 한다는 주님의 약속을 따르는 것입니다. 4 이제 여러분이 하여야 할 일을 말하겠습니다. 이번 안식일에

아달랴의 만행은 이미 다 드러났는데 여호야다 제사장은 왜 즉시 행동에 나서지 않고 여섯 해씩이나 기다립니까?(1절) 아달랴가 정적을 전부 제거하고 권력을 잡았으니 누구라도 당장 그와 맞서기는 어려웠을 것입니다. 아달랴를 제거하려면 다른 대안을 제시해야 하는데, 당시 여호야다가 빼돌린 요아스 왕자는 겨우 한 살이었으니, 이 갓난아기를 대안으로 세울 순 없는 노릇이었을 겁니다. 어느 시기든지 권력을 잡은 이들에게 맞서려면 그만한 대의명분과 그를 뒷받침할 힘이 필요합니다. 나중에 여호야다가 혁명에 성공한 다음 곧바로 아달랴가 세웠던 바알 신전을 허문 행동은 그의 거사에서 내세운 명분의 핵심이라 할 수 있습니다. 하나님을 믿는 신앙의 회복이라는 명분은 확고하니, 이제 혁명을 일으킬 세력에게 필요한 것은 권력에 맞설 수 있는 힘이었습니다. 이를 기르고 준비하는 데 필요한 시간이 6년이었다 볼 수 있습니다.

맡은 일을 하러 오는 당번 제사장들과 레위 사람들은, 여기 성전에 도착하여, 삼분의 일은 성전 문을 지키고, 5 또 삼분의 일은 왕궁을 지키고, 나머지는 '기초문'을 지키십시오. 일반 백성은 주님의 성전 뜰로 모입니다. 6 그날 일을 맡은 제사장들과 그들을 돕는 레위 사람들 말고는, 어느 누구도 성전 안으로 들어오지 못합니다. 거룩하게 구별된 제사장들과 레위 사람들만 주님의 성전 안으로 들어오고, 그 밖의 일반 백성은 주님께서 지시하신 대로 성전 밖에 서 있어야 합니다. 7 레위 사람들은 제각기 병기를 들고 왕을 호위하십시오. 임금님께서 드나드실 때에는 반드시 경호하도록 하십시오. 그리고 어느 누구라도 이 성전 안으로 들어오려고 하면 모두 죽여야 합니다."

8 ○ 레위 사람들과 모든 유다 사람들은, 여호야다가 명령한 것을 그대로 다 하였다. 여호야다 제사장이 안식일에 맡은 일을 끝낸 사람들마저 집으로 돌아가지 못하게 붙들어두었으므로, 지휘관들은 안식일 당번인 사람들과 비번인 사람들을 다 데리고 있었다. 9 여호야다 제사장이 백부장들에게 창과 크고 작은 방패들을 나누어주었다. 그것들은 다윗 왕의 것으로서,

정치인이나 군인이 아닌 제사장이 거사의 중심에 설 수밖에 없었던(1절) 사연이 있었습니까? 아달랴가 왕족의 모든 후예를 제거할 때 유일하게 살아남은 이가 갓난 아기였던 요아스입니다. 요아스를 무사히 빼돌린 이는 여호람 왕의 딸인 여호세바였고, 그는 제사장 여호야다의 아내입니다. 제사장은 아무나 출입할 수 없는 성전을 책임지는 이였으니, 여호야다는 이곳에서 요아스를 무사히 지킬 수 있었을 것입니다. 왕권이 지나치게 강할 때 그나마 왕권을 견제할 수 있는 곳이 성전과 제사장일 겁니다. 특히 왕권이 바알 숭배로 대표되는 우상숭배와 연결되었을 때, 주 하나님을 섬기는 신앙의 주된 공간인 성전은 권력을 지닌 이들의 수하가 되어 도리어 우상숭배의 현장이 되기도 하고, 여호야다 제사장처럼 성전 세력이 권력에 맞서 저항하는 중심이 되기도 했습니다.

하나님의 성전 안에 간직되어 있던 것들이었다. **10** 그는 또 일반 백성에게도 무기를 들려, 성전 남쪽에서 북쪽 끝에 이르기까지 전 지역에 그들을 배치시키고, 제단 근처에서나 성전 안에서 왕을 경호하게 하였다. **11** 그런 다음에, 여호야다와 그의 아들들이 요아스 왕세자를 데리고 와서, 그에게 왕관을 씌우고, 왕의 직무를 규정한 규례서를 그에게 주고, 기름을 부어 왕으로 삼고 "임금님 만세!" 하고 외쳤다. **12** 아달랴가, 백성들이 뛰어다니며 왕을 찬양하는 소리를 듣고, 주님의 성전에 모여 있는 백성에게로 가서, **13** 보니, 왕이 성전 어귀 기둥 곁에 서 있고, 관리들과 나팔수들이 왕을 모시고 서 있으며, 나라의 모든 백성이 기뻐하며 나팔을 불고 있고, 성전 성가대원들이 각종 악기로 찬양을 인도하고 있었다. 아달랴는 분을 참지 못하고 옷을 찢으며 "반역이다! 반역이다!" 하고 외쳤다.

14 ○ 그때에 여호야다 제사장이 군대를 거느린 백부장들을 불러내어, 그들에게 명령을 내렸다. "저 여자를 대열 밖으로

거사의 결정적 현장인 성전에 제사장과 레위인만 들이는(6절) 이유는 무엇입니까? 최대한 많은 인원이 모여야 유리하지 않을까요? 성전에서의 직무 수행을 위해 제사장들과 레위 사람들은 정해진 순서에 따라 들어오고 나갑니다. 그렇기에 성전을 중심으로 적지 않은 수의 무리가 모이는 것이 자연스러워 보였을 수 있습니다. 아달랴를 중심으로 한 권력에 맞서 혁명을 일으키는 것이기에, 이들은 매우 세심하게 거사를 진행해야 했고, 제사장들의 임무 교대 시간은 그에 딱 알맞은 상황이었을 겁니다. 같은 내용을 다루는 열왕기하 11장에서는 여호야다를 도와 거사를 성공시키는 이들로 '가리 사람의 백부장들과 호위병의 백부장들'을 언급하지만(왕하 11:4), 역대지는 백부장들도 언급하되 열왕기에서 백부장이 했던 역할을 제사장들과 레위 사람들이 해내는 것으로 설명합니다(4절). 하나님을 예배하는 공동체로서의 이스라엘이라는 역대지의 줄기찬 관점을 여기에서도 볼 수 있습니다. 이들은 혁명을 일으키는 세력이면서 동시에 하나님에 대한 예배를 회복하는 자들이라는 것입니다.

끌어내시오. 저 여자를 따르는 사람도 모두 칼로 쳐 죽이시
오." 여호야다는 주님의 성전 안에서는 그 여자를 죽이지 말라
고 하였다.

15 ○ 그래서 그들은 그 여자를 이끌고 왕궁 '말의 문' 어귀로
들어가, 거기에서 그 여자를 처형하였다.

여호야다의 개혁 (왕하 11:17-20)

16 ○ 그런 다음에 여호야다는, 자신과 백성과 왕이 주님의 백
성이 되는 언약을 세웠다. 17 그렇게 하고 난 다음에, 모든 백
성이 바알 신전으로 몰려가서, 그 신전을 허물고, 제단들을 뒤
엎고, 신상들을 완전히 부수어버렸다. 또 그들은 거기 제단 앞
에서 바알의 맛단 제사장을 죽였다. 18 여호야다는 주님의 성
전을 돌보는 일을 정하여, 그것을 레위 사람 제사장들이 관리
하도록 맡겼다. 모세의 율법에 기록된 대로, 주님께 번제를 드
리고 즐거운 노래로 주님을 찬양하는 이러한 일들은, 본래 다

'부정한 사람'(19절)이란 어떤 이들을 가리킵니까? '부정하다'라는 표현은 철저히 제
사 체계와 연관된 개념입니다. 레위기 11-15장에 따르면, 동물이나 사람의 사체와
닿은 경우, 그리고 나병과 출산, 유출병(새번역 성경은 성기에서 고름을 흘리는 것
으로 번역)을 겪고 있는 이들은 부정합니다. 부정하다 해서 잘못되었다거나 틀렸다
는 의미는 전혀 아니고, 다만 부정한 동안에는 거룩하신 하나님의 성전에 출입할 수
없습니다. 하나님을 경외하고 올바르게 예배하는 공동체라면 자신의 상태를 잘 살
펴서 부정 여부를 돌아보겠지만, 그러한 신앙이 약해졌다면 스스로를 돌보는 일에
무뎌질 것입니다. 여호야다가 이끄는 혁명은 단순히 권력 획득을 위한 싸움이 아니
라, 하나님에 대한 올바른 예배를 회복하기 위한 싸움입니다. 그래서 여호야다는 아
달랴를 몰아내자 곧바로 바알 신전을 허물고, 성전이 제대로 작동하도록 조치하되,
성전 출입구마다 문지기를 두어 부정한 사람이 함부로 드나들지 못하도록 합니다.

윗이 성전 안에서 일하는 레위 사람 제사장들에게 맡긴 임무였다. 19 여호야다는 또한 주님의 성전 문마다 문지기를 두어, 부정한 사람은 아무도 들어오지 못하게 하였다.

20 ○ 여호야다는 백부장들과 귀족들과 백성의 지도자들과 그 땅의 모든 백성들과 함께, 왕을 호위하여 주님의 성전에서 데리고 나와서, 윗문을 지나 왕궁으로 가서, 왕을 왕좌에 앉히니, 21 그 땅의 모든 백성들이 기뻐하였다. 아달랴가 살해된 뒤로, 도성은 평온을 되찾았다.

{ 제24장 }

유다 왕 요아스 (왕하 12:1–16)

1 요아스가 왕이 되었을 때에, 그는 일곱 살이었다. 그는 예루살렘에서 마흔 해 동안 다스렸다. 그의 어머니 시비아는 브엘세바 사람이다. 2 여호야다 제사장이 살아 있는 동안에는, 요아스가 주님 보시기에 올바르게 다스렸다. 3 여호야다는 왕에게 두 아내를 추천하였다. 왕과 그 두 아내 사이에서 아들딸들이 태어났다.

4 ○ 얼마 뒤에 요아스는 주님의 성전을 새롭게 단장할 마음이 생겨서, 5 제사장들과 레위 사람들을 불러 다음과 같이 지시하였다. "유다의 여러 성읍으로 두루 다니면서, 모든 이스라엘 사람들에게서 해마다 돈을 거두어, 하나님의 성전을 보수하도록 하시오. 지체하지 말고, 곧 실시하시오." 그러나 레위 사람

여호야다 제사장이 이처럼 앞장서서 요아스의 혼인을 서두르는(3절) 속내는 무엇입니까? 고대 세계에서 결혼의 가장 큰 목적은 자녀를 낳는 것입니다. 많은 자녀를 얻는 일은 그 자체로 하나님께서 내리시는 축복으로 여겨졌습니다. 여호람이 왕이 되었을 때, 그는 자신의 아우들을 모두 죽였습니다(21:4). 여호람이 낳은 아들들 역시 아하시야를 제외하고 모두 아라비아 사람들에게 죽었고(21:17), 아하시야가 북왕국 왕 요람과 합세해 길르앗 라못 전투에 참여했을 때 아하시야의 친척들이 예후에게 죽었습니다(22:8). 아하시야 이후 아달랴가 권력을 획득하면서 유다 왕실의 후손을 전부 죽였을 때 요아스만 겨우 살아남았습니다(22:10–11). 세 대에 걸쳐 유다 왕실과 연관된 이들이 거의 대부분 제거된 셈입니다. 여호야다가 굳이 요아스의 아내를 두 사람이나 세웠다는 언급은 이러한 현실에 대한 반응으로 이해할 수 있습니다. 하나님께서 다윗 가문을 축복하신 대로 이 왕가에 자손들이 넘치게 하시기를 여호야다가 원했던 것으로 생각할 수 있습니다.

들이 곧바로 움직이지 아니하자, 6 왕이 여호야다 대제사장을 불러 추궁하였다. "대제사장은 왜 레위 사람들에게 유다와 예루살렘에서 세금을 거두어들이라고 요구하지 않았소? 그 세금은 주님의 종 모세와 이스라엘 회중이 증거의 장막을 위하여 백성에게 부과한 것이 아니오?"

7 ○ 그 사악한 여인 아달랴가 자기 아들들을 시켜서, 하나님의 성전을 부수고 들어가게 하였고, 또 그 안에 있던 성물들까지 꺼내다가 바알에게 바치게 하였기 때문에, 성전 보수를 서둘러야만 하였다.

8 ○ 왕은 명령을 내려서, 궤 하나를 만들어 주님의 성전 문 밖에 놓게 하고, 9 유다와 예루살렘에 선포하여, 하나님의 종 모세가 광야에서 이스라엘이 바치도록 정한 세금을 주님께 드리도록 하였다. 10 지도자들과 백성이 모두 기꺼이 돈을 가지고 와서, 궤가 가득 찰 때까지 거기에 돈을 던져넣었다. 11 궤가 차면, 레위 사람들이 그 궤를 왕궁 관리들에게로 가지고 갔는

여호야다는 하나님을 충성스럽게 섬겼지만, 성전 보수하는 일에는 소극적인 태도를 보입니다(6절). 무슨 특별한 사정이 있었습니까? 역대지는 여호야다가 살아 있는 동안에는 요아스가 하나님 보시기에 올바르게 행하다가 여호야다가 죽은 이후 악을 행했다고 전합니다. 이로 보건대 주님의 성전을 보수하는 일을 둘러싼 요아스의 태도는 하나님에 대한 그의 진실한 열심을 반영한다고 볼 수 있습니다. 같은 내용을 다루는 열왕기하 12장에서는 성전에 모인 헌금을 두고 왕과 제사장 사이에 어떤 갈등을 엿볼 수 있는 반면, 역대지 본문은 성전 보수에 대해 요아스의 열심이 좀 더 진지하고 열렬했다고 증언합니다. 아달랴가 하나님의 성전을 훼손한 것을 언급한 부분은 열왕기에는 없는 내용인데, 이 구절 역시 요아스의 열심을 보여줍니다. 요아스는 성전 보수를 위한 기금을 제사장이나 레위인을 거치지 않고 백성들이 직접 헌금할 수 있도록 틀을 마련했고, 이렇게 모인 기금은 오직 성전 보수를 위해서만 쓰도록 했습니다.

데, 거기에 많은 액수의 돈이 찬 것을 그들에게 보여주면, 왕실 서기관과 대제사장의 관리가 와서, 그 궤의 돈을 계산하였다. 그러고 나면, 레위 사람들은 다시 그 궤를 성전 밖 제자리에 가져다 놓곤 하였다.

12 ○ 왕과 여호야다가 그 돈을 주님의 성전 공사 감독관들에게 넘겨주면, 그들은 주님의 성전을 새롭게 단장할 석수와 목수를 고용하고, 주님의 성전을 보수할 기능공들, 곧 쇠나 놋쇠를 다룰 기술자들도 고용하였다.

13 ○ 일을 맡은 사람들이 부지런히 일을 하는 데다가, 그들이 하는 일마저도 잘 진전이 되어서, 주님의 성전은 본래의 설계대로 견고하게 세워졌다. 14 공사를 맡은 사람들이 공사를 마친 뒤에, 남은 돈을 왕과 여호야다에게 가져오니, 왕이 그것으로 주님의 성전에서 쓸 기구, 곧 예배 때에 쓸 기구와, 번제를 드릴 때에 쓸 기구와, 숟가락과 금그릇이나 은그릇을 마련하게 하였다.

'모세가 광야에서 이스라엘이 바치도록 정한 세금'(9절)이란 어떤 세금입니까? 이스라엘의 모든 백성은 스무 살이 넘으면 자신의 생명을 대신해 성소에 반 세겔을 드리도록 규정되어 있습니다(출 30:12-16). 레위 지파는 오직 성소 일을 위해 구별되었고, 나머지 모든 지파는 그 대신 반 세겔을 내는 것입니다. 이렇게 모인 반 세겔은 이스라엘 가운데 거하시는 하나님의 거처인 성소를 위해 사용되었습니다. 역대지 본문에서 언급하는 것은 이 반 세겔을 가리킨다고 볼 수 있습니다. 그러나 광야 길을 걷는 동안 그들과 함께하시는 하나님을 위한 성소를 짓는 일은 반 세겔 외에도, 모든 이스라엘 백성이 자발적으로 드린 온갖 예물로도 이루어졌습니다(출 25:2; 35:5-9, 20-29). 이렇게 모인 금과 은은 성소 건축과 성소 안의 여러 물건을 만드는 비용으로 사용됐습니다(출 38:24-31).

여호야다의 정책이 뒤집히다

○ 여호야다가 살아 있는 동안에는 주님의 성전에서 번제를 드리는 일이 끊이지 않았다. 15 여호야다가 늙어 나이가 차서 죽으니, 그가 세상에서 누린 햇수는 백삼십 년이었다. 16 그가 평생 이스라엘 백성과 하나님과 성전을 위하여 좋은 일을 하였다고 해서, 사람들은 그를 '다윗 성' 왕실 묘지에 안장하였다. 17 ○ 여호야다 제사장이 죽으니, 유다 지도자들이 왕을 부추겨서 자기들의 말을 듣도록 하였다. 18 백성은 주 조상의 하나님의 성전을 버리고 아세라 목상과 우상을 섬기기 시작하였다. 이러한 죄 때문에 유다와 예루살렘에 하나님의 진노가 내렸다. 19 주님께서는 백성을 주님께로 돌이키도록 경고하시려고 예언자들을 보내셨지만, 백성은 예언자의 말 듣기를 거절하였다. 20 여호야다 제사장의 아들 스가랴가 하나님의 영에 감동이 되어, 백성 앞에 나서서 말하였다. "나 하나님이 말한다. 어찌하여 너희가 주님의 명을 거역하느냐? 너희가 형통하

성전을 보수하는 데 기꺼이 돈을 내던(10절) 유다 지도자들의 태도가 갑자기 변한 (17절) 이유는 무엇입니까? 여호야다처럼 하나님을 향한 신실한 믿음을 지닌 이들이 왕의 바로 곁에 있다는 것은 온 나라와 공동체에 영향을 미칠 것입니다. 그리고 요아스 왕 역시 하나님께 열심이 있었기에, 이 기풍이 온 나라에 가득했을 것입니다. 문제는 시간이 지나면서 힘겹고 어렵던 시기에 품었던 뜻이 퇴색하곤 한다는 점입니다. 여호야다의 죽음으로 상징되는 한 시대가 끝난 이후, 사람들 속에 숨겨져 있던 온갖 욕망이 솟구쳤습니다. 이런 일은 고대에나 지금에나 변함이 없습니다. 유다의 지도자들은 이제 자신들의 권력과 욕망을 막을 이가 없다 생각했고, 여호야다가 사라지면서 오로지 자신의 권력을 휘두를 수 있게 된 왕 역시 유다 지도자들과 이해관계가 맞아떨어졌을 것입니다. 사실 이스라엘의 역사 전체가 이 같은 흐름의 반복이라 할 수 있습니다.

지 못할 것이다. 너희가 주님을 버렸으니, 주님께서도 너희를 버리셨다." 21 그러나 사람들은 그를 없앨 음모를 꾸몄고, 드디어 왕의 명령에 따라, 주님의 성전 뜰에서 그를 돌로 쳐 죽였다. 22 이렇듯 요아스 왕은, 스가랴의 아버지 여호야다가 자기에게 보인 그 충성을 생각하지 않고, 그의 아들을 죽였다. 스가랴는 죽으면서 "주님께서 이 일을 굽어보시고, 갚아주십시오" 하고 외쳤다.

요아스의 통치가 끝남

23 ○ 해가 바뀔 무렵에, 시리아 군대가 요아스를 치러 진군하였다. 그들은 유다와 예루살렘을 점령하고, 백성의 지도자들을 죽이고, 노략한 물건은 다마스쿠스에 있는 자기들의 왕에게로 보냈다. 24 시리아 군대는 수가 얼마 되지 않았다. 그러나 주님께서는 유다 백성이 주 조상의 하나님을 버린 것을 못마땅하게 여기셔서, 그 적은 수의 시리아 군대가 유다의 대군

'열왕기 주석'(27절)은 어떤 책입니까? 구약성경 열왕기와는 어떤 차이가 있습니까?
'주석'이라는 말은 구약성경에서 이 본문을 포함해 두 번만 쓰인 매우 드문 표현입니다(13:22; 24:27). 이에 해당하는 히브리어 '미드라쉬'는 주전 2세기 이래 널리 쓰이는 표현으로, '해석'이나 '풀이'를 뜻합니다. 이 표현은 대개 주전 2세기 이후의 문헌에서 구약성경 본문 가운데 서로 충돌되거나 연관되는 내용에 대한 해석을 가리킵니다. 본문 속의 '열왕기'는 역대지 저자가 참고한 자료를 가리킵니다. 요아스의 아들들의 이야기, 요아스가 받은 중대한 경책, 성전을 보수한 사적 등 27절에서 언급하는 내용은 지금의 열왕기에서는 거의 찾아볼 수 없습니다. 그래서 본문에서 말하는 열왕기는 오늘날 구약성경의 열왕기와는 다른 책이라 볼 수 있습니다. 열왕기에서는 열왕기 저자가 참고한 자료로 빈번하게 '역대지'를 언급하는데(예, 왕하 20:20; 21:25 등), 이 역시 지금 우리가 보는 역대지와는 다른 책입니다.

과 싸워 이기게 하셨다. 이렇게 요아스에게 심판이 내렸던 것이다. **25** 시리아 군대는 요아스에게 심한 타격을 입히고 물러갔다. 요아스의 신복들은, 요아스가 여호야다의 아들 스가랴 제사장을 죽인 일에 반감을 품고, 요아스가 잠을 자고 있는 동안에 그를 죽이고 말았다. 요아스는 이렇게 죽고 말았다. 그는 '다윗 성'에 묻히기는 하였으나, 왕실 묘지에 안장되지는 못하였다. **26** 요아스에게 반란을 일으킨 사람은, 암몬 여인 시므앗의 아들 사밧과 모압 여인 시므릿의 아들 여호사밧이다. **27** 요아스의 아들들의 이야기와, 요아스가 중대한 경책을 받은 것과, 하나님의 성전을 보수한 사적은, 모두 '열왕기 주석'에 기록되어 있다. 그의 아들 아마샤가 그의 뒤를 이어 왕이 되었다.

{ 제25장 }

유다 왕 아마샤(왕하 14:2-6)

1 아마샤가 왕이 되었을 때에, 그는 스물다섯 살이었다. 그는 예루살렘에서 스물아홉 해 동안 다스렸다. 그의 어머니 여호앗단은 예루살렘 사람이다. 2 그는 주님께서 보시기에 올바른 일을 하였으나, 마음을 다하여 하지는 않았다. 3 왕권을 확고하게 장악한 뒤에, 그는 부왕을 살해한 신하들을 처형하였으나, 4 처형받은 신하의 자녀는 죽이지 않았으니, 그것은 그가 모세의 책, 곧 율법에 기록된 말씀을 따른 것이었다. 거기에는 "아버지가 자녀 대신에 처형받아서는 안 되고, 또 자녀가 아버지 대신에 처형받아서도 안 된다. 오직 각 사람은 자신이 지은 죄에 따라 처형받아야 한다" 하고 말씀하신 주님의 명령이 있다.

율법이 연좌제를 금지한(4절) 배경은 무엇입니까? 과거에는 온 집안을 파멸시켜 반역을 다스리는 게 일반적이지 않았던가요? 구약성경에서는 죄로 인해 그 가족과 자손을 진멸하는 사례를 종종 볼 수 있습니다(수 7:24; 왕하 9:26). 반면 이 본문에서 인용하는 신명기 24장 16절은 부모의 죄를 자녀에게 묻지 말아야 한다고 명확하게 규정합니다. 구약성경 안에 서로 충돌되어 보이는 두 가지 내용이 모두 있는 것입니다. 하나님께서는 이랬다저랬다 하는 분이 아니므로(만일 하나님께서 그렇게 하시는 분이라면 신뢰의 대상이 되기 어려울 것입니다), 죄로 인해 자손을 멸하는 본문은 죄가 얼마나 심각하고 큰일인지를 강조하는 목적으로 이해하는 것이 맞을 겁니다. 반면, 현재의 참상을 조상들의 죄 탓이라고 보는 경향에 대해 신명기 24장 16절 같은 본문은 조상을 탓하지 말고 우리 세대의 잘못을 진지하게 돌아볼 것을 촉구합니다. 예레미야와 에스겔 역시 그런 측면을 강조합니다(렘 31:29-31; 겔 18:2-4, 19-24). 역대지 본문은 아마샤가 부왕의 암살에 대한 책임을 범죄자의 후손에게 묻지 않았던 일을 아마샤의 올바른 통치를 보여주는 사례로 소개합니다. 아마샤는 율법에 순종하며 그의 통치를 시작했습니다.

5 ○ 아마샤는 유다 지파와 베냐민 지파 사람들을 그들이 소속된 가문별로 군대 단위로 조직하고, 그들 위에 군대 지휘관인 천부장과 백부장을 임명하여 세웠다. 이 군대 조직에 편성된 사람들은 스무 살 이상 된 남자들로서, 모두 삼십만 명이나 되었다. 이 사람들은 창과 방패로 무장하고, 전쟁터에 나갈 수 있는 장정들이었다. 6 이 밖에도 그는 은 백 달란트를 주고, 북왕국 이스라엘에서 용감한 군인 십만 명을 고용하였다. 7 그러나 어떤 하나님의 사람이 아마샤에게 가서 말하였다. "임금님, 임금님께서는 이스라엘 군대를 데리고 가지 마십시오. 주님께서는 북왕국 이스라엘, 곧 에브라임 자손과 함께 계시지 않으십니다. 8 그런데도 임금님께서 북 이스라엘 군대를 데리고 출동하시거든, 힘써 싸워보십시오. 하나님께서는 임금님이 대적

어떻게 북왕국 이스라엘의 군인을 사올 생각을(6절) 할 수 있습니까? 이처럼 어리석은 결정을 하게 된 동기는 무엇입니까? 본문은 아마샤가 이스라엘 용병 10만을 고용했다고 전합니다. 유다와 베냐민의 군대 숫자가 총 30만이었으니, 용병 10만은 결코 적은 수가 아닙니다. 승리를 확실히 하기 위해 아마도 아마샤는 북왕국 용병을 고용하는 결정을 내렸을 겁니다. 당대 북왕국은 남왕국보다 훨씬 강력한 나라였기에, 북왕국 군인은 용맹하고 실력 있는 용병으로 알려졌을 것입니다. 막상 큰일을 앞두면 누구든 불안할 수밖에 없고, 그래서 든든하고 확실한 방책을 마련하는 데 몰두하기 마련입니다. 아마샤의 행동은 내면의 불안과 이기려는 욕망을 반영합니다. 하나님을 신뢰한다는 것은 그저 종교적인 어떤 행동이 아니라, 이처럼 구체적인 현실에서 드러납니다. 우리가 할 수 있는 것을 하되, 우리의 안심과 평온의 근거가 우리가 준비해둔 것인지, 아니면 하나님인지 돌아보고 살피는 일이 중요합니다. 불안 때문에 초조할 수 있지만, 하나님 앞에서 자신과 공동체를 정직하게 돌아보는 일은 반드시 필요합니다.

들 앞에서 엎어지게 하실 것입니다. 하나님께서는 임금님을, 이기게도 하실 수 있고, 지게도 하실 수 있습니다."

9 ○ 아마샤가 하나님의 사람에게 물었다. "북 이스라엘 군인을 고용하느라고 지불한 은 백 달란트는 어떻게 하면 좋겠습니까?" 하나님의 사람이 대답하였다. "주님께서는 그것보다 더 많은 것을 임금님께 주실 수 있습니다." 10 그래서 아마샤는 에브라임에서 온 군인들을 그들의 고향으로 돌려보냈다. 그들은 유다 사람에 대하여 몹시 불쾌하게 생각하면서, 고향으로 돌아갔다.

11 ○ 아마샤는 용기를 내어 출병하였다. '소금 계곡'에 이르러서, 세일 자손 만 명을 죽였다. 12 유다 군대가 또 별도로 만 명을 산 채로 붙잡아서, 절벽 위로 끌고 올라가, 그 밑으로 떨어뜨리자, 그들의 몸이 으스러졌다.

13 ○ 그러는 동안에 아마샤가 전쟁에 함께 데리고 출동하지 않고 되돌려보낸 북 이스라엘 군인들은, 사마리아와 벳호론 사이에 있는 유다의 여러 마을을 약탈하고, 사람을 삼천 명이나 죽이고, 물건도 많이 약탈하였다. 14 아마샤는 에돔 사람들을 학살하고 돌아올 때에, 세일 자손의 신상들을 가져와서 자

정복한 나라의 신상을 가져와 섬기는(14절) 심리를 모르겠습니다. 아마샤의 기행입니까, 아니면 당시의 문화입니까? 아마도 에돔의 신상이 초라하고 별것 아닌 규모였다면 왕이 굳이 가져오지 않았을 것입니다. 에돔에게 승리했으면서도 그 신상들을 가져왔다는 것은 아마샤가 신상의 규모나 모양에 마음이 끌렸음을 보여줍니다. 또한 이스라엘의 하나님은 그 어떤 신상이나 조각상으로 표현되지 않는 분이기에, 유다와 이스라엘은 늘 눈으로 볼 수 있는 조각상이나 신상에 마음을 빼앗기곤 했습니다. 왕이 자신의 군대를 준비하고도 북왕국 용병을 더 고용했던 점을 고려하면, 이미 예루살렘 성전에서 하나님을 예배하고 있지만 에돔의 그럴듯한 신상을 가져

기의 신으로 모시고, 그것들 앞에 경배하며 분향하였다. **15** 이 일로 주님께서 아마샤에게 크게 진노하셔서 예언자 한 사람을 보내시니, 그가 가서 아마샤에게 말하였다. "이 신들은 자기들을 섬기는 그 백성들을 임금님의 손에서 건져내지도 못하였는데, 임금님께서는 이 신들에게 비시니 어찌 된 일입니까?"

16 ○ 예언자가 이렇게 말머리를 꺼내는데, 왕이 그의 말을 가로막으면서, "우리가 언제 너를 왕의 고문으로 추대하였느냐? 맞아 죽지 않으려거든 그쳐라!" 하고 호통을 쳤다.

○ 그러자 예언자는 이렇게 말하고 그쳤다. "임금님께서 나의 충고를 받지 않고 이렇게 하시는 것을 보니, 하나님께서 임금님을 망하게 하시기로 결심하셨다는 것을 이제 알 것 같습니다."

이스라엘과의 전쟁 (왕하 14:8-20)

17 ○ 유다 왕 아마샤가 참모들과 함께 이스라엘에 대항할 모의를 하고, 예후의 손자요 여호아하스의 아들인 이스라엘의 여호아스 왕에게 전령을 보내어서, 서로 직접 만나 힘을 겨

와 그 신들에게도 예배한다면 추가적으로 도움이 될 것이라고 왕이 생각했을 수도 있습니다. '정성'을 가장 중요한 것으로 여기는 종교는 언제나 '더 많이', '더 정성스럽게', '더 자주'를 강조하게 되고, 아마샤의 행동 역시 그와 멀지 않다 싶습니다. 정성보다 훨씬 중요한 것은 누구를 예배하는가입니다. 이스라엘의 하나님은 인간의 정성에 따라 움직이는 분이 아닙니다. 우리는 그분을 향한 진실한 신뢰로 나아가야 합니다.

루어보자고 제안하였다. 18 이스라엘의 여호아스 왕은 유다
의 아마샤 왕에게 사람을 보내어서 회답하였다. "레바논의
가시나무가 레바논의 백향목에게 전갈을 보내어서 백향목의
딸을 며느리로 달라고 청혼하는 것을 보고, 레바논의 들짐승
이 지나가다가 그 가시나무를 짓밟은 일이 있습니다. 19 당
신은 에돔을 쳐부수었다는 것을 스스로 대견스럽게 여겨 자
랑하면서, 건방지게 우쭐대지만, 차라리 당신 궁전에 그대로
머물러 있으면 별 탈이 없을 터인데, 어찌하여 당신은 당신
자신과 유다를 함께 멸망시킬 화근을 스스로 불러들이고 있
습니까?"
20 ○ 그가 이렇게 말하여도 아마샤는 들으려 하지 않았다.
그러나 이것은 하나님께서 하신 일이다. 유다 사람들이 에
돔 신들의 뜻을 물으므로, 하나님께서 유다 사람들을 여호아
스의 손에 넘겨주시려고, 아마샤의 마음을 그렇게 만든 것이
다. 21 이스라엘의 여호아스 왕이 올라와서, 유다의 아마샤 왕
을 맞아 유다의 벳세메스에서 대치하였다. 22 그러나 유다 군

여호아스가 보낸 회답이 '거부'의 의사를 담았다는 건 알겠는데, 백향목과 가시나무 비유의(18절) 의미가 분명치 않습니다. 가시나무는 남을 찌르기만 하는 천한 나무를 상징하고, 백향목은 가장 귀하고 좋은 나무를 상징합니다(삿 9:7-15). 여기서 레바논의 가시나무는 남왕국의 아마샤를, 레바논의 백향목은 북왕국의 여호아스를 상징합니다. 에돔에게 승리한 뒤 교만해진 아마샤는 누구든 이길 수 있을 거라 생각하며 북왕국을 향해 오만하게 말하지만, 북왕국 여호아스는 남왕국이 레바논의 들짐승에게 짓밟히는 가시나무 꼴이 될 것이라고 화답합니다. 자신의 수준과 실력을 제대로 알지도 못한 채 스스로 대단한 양 착각하지만, 실제 현실에서는 자신의 수준이 금방 드러나고 말 것이라는 의미의 우화로 이해할 수 있습니다. 하나님으로 말미암아 이겼음에도 마치 자신의 실력과 힘으로 이긴 양 착각하는 이들에게 수치의 순간이 순식간에 닥쳐올 것입니다.

대는 이스라엘 군대에게 패하여, 뿔뿔이 흩어져 자기들의 집으로 도망가고 말았다. 23 이스라엘의 여호아스 왕은 벳세메스에서 아하시야의 손자요 요아스의 아들인 유다의 아마샤 왕을 사로잡아서, 예루살렘으로 들어왔다. 그는 예루살렘 성벽을, 에브라임 문에서부터 성 모퉁이 문에 이르기까지 사백 자 길이의 성벽을 허물어버렸다. 24 그는 또 하나님의 성전 안에서 오벳에돔이 지키고 있는 모든 금과 은과 그릇들을 약탈하고, 왕궁의 보물 창고를 약탈하고, 사람까지 볼모로 잡아서 사마리아로 돌아갔다.

25 ○ 유다의 요아스의 아들 아마샤 왕은 이스라엘의 여호아하스의 아들 여호아스 왕이 죽은 뒤에도 열다섯 해를 더 살았다. 26 아마샤가 다스리던 기간에 일어난 다른 사건들은, 처음부터 끝까지 '유다와 이스라엘의 열왕기'에 기록되어 있다. 27 아마샤가 주님을 따르다가 등지고 돌아선 뒤에, 예루살렘에서 반란이 일어나자, 아마샤는 라기스로 도망하였다. 그러

이스라엘 임금 여호아스는 어째서 아마샤를 사로잡고 예루살렘에 입성하고도(23절), 통일을 완성하는 대신 곧바로 철수해버립니까? 열왕기와 역대지는 르호보암 시기에 이스라엘이 남북의 두 나라로 갈라진 일이 하나님으로부터 비롯되었다고 여겼습니다. 그래서 르호보암 왕이 군대를 모아 북왕국 세력을 공격하고자 했을 때도 하나님께서는 자신의 종을 보내 그를 막으셨습니다(대하 11:1-4). 그 이래, 남북 왕국은 빈번히 서로 분쟁을 겪지만, 상대 나라를 완전히 멸망시키지는 않습니다. 사실 북왕국이나 남왕국 모두 그 힘이 강성할 때 주변 나라와의 전쟁에서 자주 승리하지만, 상대 나라를 완전히 멸망시키고 강제로 통합하는 일은 하지 않는 것을 열왕기나 역대지에서 볼 수 있습니다. 이러한 모습은 이스라엘과 유다를 포함해 모든 나라는 제각각 주어진 몫이 있다고 여기는 사고에서 비롯되었을 것입니다. 하나님께서 함께하신다고 무한정 영토를 확장하는 것을 구약성경은 결코 지지하지 않습니다. 다른 나라를 멸망시키는 일은 오만과 교만의 상징이며, 결국 하나님의 심판을 받게 됩니다.

나 반란을 일으킨 사람들은 라기스에까지 사람을 보내어, 거기에서 그를 죽였고, 28 그의 주검을 말에 싣고 와서, 그의 조상들과 함께 '다윗 성'에 장사하였다.

 아마샤의 아버지 요아스 역시 신하들의 반역으로 제거당했고, 다윗 성에 묻히되 왕실 묘지에는 묻히지 못했습니다(24:25). 요아스 왕의 할아버지인 여호람 역시 다윗 성에 장사되었지만, 왕실 묘지에 묻히지 못했습니다(21:20). 요아스의 아들 아마샤도 신하들이 일으킨 반란으로 제거되었는데, 다윗 성에 묻혔다는 언급만 있습니다. 히브리어 본문에는 "유다의 성읍에 묻혔다"고 나오는데, 여기서 '유다의 성읍'은 예루살렘을 가리키는 것으로 보입니다(왕하 14:20). 아마 그도 왕실 묘지에는 묻히지 못한 것 같습니다. 그러므로 장사되었으나 왕실 묘지에 묻히지 못하는 것은 지극한 불명예라고 할 수 있습니다. 일례로 요아스의 집권을 도왔던 제사장 여호야다는 왕이 아니었음에도 왕실 묘지에 묻혔습니다(24:16).

{ 제26장 }

유다 왕 웃시야(왕하 14:21-22; 15:1-7)

1 유다의 온 백성은 웃시야를 왕으로 삼아, 그의 아버지 아마샤의 뒤를 잇게 하였다. 그가 왕이 되었을 때에, 그는 열여섯 살이었다. 2 아마샤 왕이 죽은 뒤에, 웃시야는 엘랏을 재건하여 유다에 귀속시켰다.

3 ○ 웃시야가 왕이 되었을 때에, 그는 열여섯 살이었다. 그는 예루살렘에서 쉰두 해 동안 다스렸다. 그의 어머니 여골리아는, 예루살렘 태생이다. 4 그는 자기의 아버지 아마샤가 한 모든 일을 본받아서, 주님께서 보시기에 올바른 일을 하였다. 5 그의 곁에는 하나님을 경외하도록 가르쳐주는 스가랴가 있었는데, 스가랴가 살아 있는 동안, 웃시야는 하나님의 뜻을 찾았다. 그가 주님의 뜻을 찾는 동안은, 하나님께서 그가 하는

도대체 어디를 봐서 아마샤가 "주님께서 보시기에 올바른 일을 하였다"(4절)는 건가요? 아마샤에 대해 이미 역대지는 주님 보시기에 올바른 일을 했다고 평가했습니다(25:2). 사실 구체적으로 어떻게 올바른 일을 했다는 것인지는 25장에서 잘 드러나지 않습니다. 그나마 언급된 내용은 세일 자손과의 전쟁에서 하나님의 사람이 이르는 말을 귀담아들었다는 것입니다(25:7-10). 가장 높은 왕의 지위에 오른 이가 이름도 소개되지 않은 하나님의 사람이 하는 말을 귀담아듣는 것은 결코 쉬운 일이 아닐 겁니다. 심지어 주권을 가진 국민에 의해 선출된 정치인들조차 국민의 소리를 무시하고 제멋대로 권력을 행사하는 경우가 오늘날에도 허다합니다. 그렇다면 수천 년 전 고대 왕정 체제에서 이름 없는 예언자의 소리를 따라 자신을 바꾸는 것은 "주님 보시기에 올바른 일을 하였다"는 평가를 듣기에 충분하다고 볼 수 있습니다. 그리고 이런 행동은 갑자기 나오는 것이 아니라는 점을 미루어 보건대, 아마샤가 주님 보시기에 올바르게 살고자 했음을 짐작할 수 있습니다.

일마다 잘되게 하여주셨다.

6 ○ 웃시야가 전쟁을 일으켜 블레셋과 싸우고, 가드 성과 야브네 성과 아스돗 성의 성벽들을 헐고, 아스돗 땅과 블레셋 지역 안에 성읍들을 세웠다. 7 그는 하나님의 도움을 받아서, 블레셋 사람과 구르바알에 사는 아라비아 사람과 마온 사람을 쳤다. 8 암몬 사람이 웃시야에게 조공을 바쳤다. 웃시야가 매우 강하게 되었으므로, 그의 이름이 저 멀리 이집트 땅에까지 퍼졌다.

9 ○ 웃시야는 예루살렘의 '성 모퉁이 문'과 '골짜기 문'과 '성 굽이', 이 세 곳에 망대를 세우고, 그곳을 요새로 만들었다. 10 그에게는 기르는 가축이 많았다. 언덕 지대와 평지에는 농부들을 배치시켰고, 산간지방에는 포도원을 가꾸는 농부도 두었다. 그는 농사를 좋아하여서 벌판에도 곳곳에 망대를 세우고, 여러 곳에 물웅덩이도 팠다.

11 ○ 웃시야에게는, 언제든지 나가서 싸울 수 있는 큰 규모의 군대가 있었다. 여이엘 병적 기록관과 마아세야 병무담당 비서관이 이들을 징집하여 병적에 올렸다. 이 두 사람은 왕의 직

 웃시야는 블레셋의 주요 지점들을 공략하고, 그곳에 있던 성벽을 허물고 대신 도시를 건설했습니다. "성읍을 세웠다"는 것은 유다 백성을 그곳으로 이주시켜 정착하게 했다는 의미로 이해할 수 있습니다. 블레셋 땅에 사는 블레셋 사람들을 모두 죽여 없애버리지 않는 이상, 그곳에 존재하는 성벽은 언제라도 블레셋 사람들이 다시 점령해 사용하는 근거지가 될 수 있습니다. 유다 군대를 이곳에 주둔시킬 수도 있지만, 유다로부터 떨어진 곳에 주둔군을 두면서까지 지키기는 어려웠을 것이라 짐작됩니다. 그래서 블레셋 세력이 다시 강성해져서 이곳을 기반으로 할 수 있는 군사 요새로서의 성격은 확실하게 제거하되, 정착지로서의 기능을 수행하도록 바꾼 것이 웃시야의 정책이라 할 수 있습니다.

속 지휘관 가운데 한 사람인 하나냐의 지휘를 맡았다. 12 그 군
대에는 이천육백 명의 장교가 있고, 13 그들의 밑에도, 왕의
명령이 떨어지면 언제라도 대적과 싸워 이길 수 있는 삼십만
칠천오백 명의 군인들이 있었다. 14 웃시야는 이 군대를 방패
와 창과 투구와 갑옷과 활과 무릿매로 무장시켰다. 15 예루살
렘에는 무기제조 기술자들을 두어 새로운 무기를 고안하여 만
들게 하였으니, 그 무기는 망대와 성곽 모서리 위에 설치하여
활과 큰 돌을 쏘아 날리는 것이었다. 그의 명성이 사방으로 퍼
졌고, 하나님께서 그를 도우셨으므로, 그는 매우 강한 왕이 되
었다.

웃시야가 벌을 받다

16 ○ 웃시야 왕은 힘이 세어지면서 교만하게 되더니, 드디어
악한 일을 저지르고 말았다. 주님의 성전 안에 있는 분향단에
다가 분향을 하려고 그리로 들어간 것이다. 이것은 주 하나님

**전쟁과 역모를 겪으면서 초토화된 나라를(25장) 웃시야가 비교적 짧은 기간에 극도
로 부흥시킨(15절) 비결은 무엇입니까?** 역대지는 웃시야 시대 '부국강병'의 원인
을, 그가 하나님의 뜻을 가르치는 스가랴를 따르며 하나님의 뜻을 찾았고 주님 보
시기에 올바른 일을 행했기 때문이라고 판단합니다. 그래서 웃시야의 모든 승리를
두고 하나님께서 도우셨다고 표현합니다(7, 15절). 이러한 표현과 더불어 6-15절에
서는 웃시야가 블레셋, 아라비아, 마온, 암몬과 전쟁을 벌여 승리하며 외부적으로
세력을 확장했고, 내부적으로는 예루살렘에 망대를 여럿 세워 요새화했으며, 유다
곳곳에 농사를 장려했고, 군대 징집 체계를 정비했으며, 새로운 무기를 개발하는
일에도 힘썼다고 나옵니다. 웃시야 스스로 나라를 튼튼하게 하려고 안팎으로 노력
했음을 알 수 있습니다. 이 모든 노력과 하나님의 뜻을 찾는 것이 결합되어, '하나
님의 도우심'으로 인해 대단한 부흥을 이루어냈다고 볼 수 있습니다.

께 죄를 짓는 일이었다. 17 아사랴 제사장이, 용감하고 힘이 센 주님의 제사장 팔십 명을 데리고 왕의 뒤를 따라 들어가면서, 18 웃시야 왕을 말렸다. 제사장들이 외쳤다. "웃시야 임금님께 서는 들으십시오. 주님께 분향하는 일은 왕이 할 일이 아닙니 다. 분향하는 일은, 이 직무를 수행하도록 거룩하게 구별된 제 사장들, 곧 아론의 혈통을 이어받은 제사장들만이 할 수 있는 일입니다. 이 거룩한 곳에서 어서 물러나시기 바랍니다. 왕이 범죄하였으니 주 하나님께 높임을 받지 못할 것입니다."

19 ○ 웃시야는 성전 안 분향단 옆에 서서 향로를 들고 막 분향 하려다가 이 말을 듣고 화를 냈다. 그가 제사장들에게 화를 낼 때에 그의 이마에 나병이 생겼다. 20 아사랴 대제사장과 다른 제사장들이 그를 살펴보고 그의 이마에 나병이 생긴 것을 확 인하고, 그를 곧 그곳에서 쫓아냈다. 주님께서 웃시야를 재앙 으로 치셨으므로 그는 급히 나갔다.

21 ○ 그는 죽는 날까지 나병을 앓았다. 주님의 성전을 출입하 는 것도 허용되지 않았으므로, 나병 환자인 그는 별궁에 격리 되어 여생을 보냈다. 왕자 요담이 왕실을 관리하며 나라의 백 성을 다스렸다.

성전의 예배 규정을 몰랐을 리 없는 웃시야가 한사코 직접 분향을 고집한(18-19절) 이유는 무엇입니까? 15절은 웃시야가 매우 강한 왕이 되었다고 전하고, 16절에서 는 웃시야 왕의 힘이 세졌다고 언급합니다. 우리말로는 '매우 강한', '힘이 세짐'으 로 각각 다르게 번역되었지만, 히브리어로는 같은 단어가 쓰였습니다. 하나님의 놀 라운 도우심으로 웃시야가 강해졌는데, 어느덧 웃시야는 자신이 하나님께 무척이 나 특별한 사람이라 여기게 되었다고 볼 수 있습니다. 그래서 제사장의 직무인 분 향까지도 하나님께서 돕는 특별한 사람인 자신이 직접 할 수 있다고 생각하는 데까 지 이르렀을 것입니다. 자신의 능력과 성취에 도취돼서 마치 자신이 하나님을 가장

22 ○ 웃시야의 통치 기간에 있었던 다른 사건들은, 초기의 것에서부터 후대의 것에 이르기까지, 아모스의 아들 예언자 이사야가 기록하여두었다. **23** 웃시야가 죽어서 그의 조상과 함께 잠드니, 그가 나병 환자였다고 해서, 왕실 묘지에 장사하지 않고, 왕가에 속한 변두리 땅에 장사하였다. 왕자 요담이 아버지의 뒤를 이어서 왕이 되었다.

잘 알고 하나님과 가장 가깝다고 여기며 오만해지는 이들의 추태는 동서고금 어디에서나 발견할 수 있습니다. 웃시야는 결국 나병에 걸리는데, 구약성경에서 나병은 죽은 자와 마찬가지의 상태로 여기는 질병입니다. 자신이 마치 무엇이나 되는 양 오만해진 웃시야는 살았으나 죽은 자와 마찬가지인 상태가 됩니다. 교만은 참으로 사람을 죽음으로 이끕니다.

{ 제27장 }

유다 왕 요담(왕하 15:32-38)

1 요담이 왕이 되었을 때에, 그는 스물다섯 살이었다. 그는 예루살렘에서 열여섯 해 동안 다스렸다. 그의 어머니 여루사는 사독의 딸이다. 2 그는 아버지 웃시야가 한 것을 그대로 본받아서, 주님께서 보시기에 올바른 일을 하였으나, 그의 아버지와는 달리, 주님의 성전에는 들어가지 않았다. 그러나 백성은 계속하여 악한 일을 저질렀다.

3 ○ 그는 주님의 성전의 '북쪽 문'을 만들어 세웠고, 오벨 성벽도 더 연장하여 쌓았다. 4 유다의 산간지방에는 성읍들을 건축하고, 산림지역에는 요새를 만들고 망대를 세웠다. 5 더욱이 그는 암몬 자손의 왕들과 싸워서 이겼다. 그해에 암몬 자손은 은 백 달란트와, 밀 만 석과 보리 만 석을 조공으로 바쳤고, 그 다음 해에도, 또 삼 년째 되는 해에도, 암몬 자손은 같은 양으로 조공을 바쳤다. 6 요담은, 주 그의 하나님 앞에서 바른길을 걸으며 살았으므로 점점 강해졌다. 7 요담이 다스리던 기간에

백성들이 저지른 악한 일은(2절) 구체적으로 어떤 행위들을 가리킵니까? 그에 대한 자세한 내용은 본문에 소개되어 있지 않습니다. 주목할 부분은 "악한 일을 저질렀다"고 번역된 히브리어 표현이 웃시야 왕이 오만해진 것을 가리킬 때도 쓰였다 (26:16)는 점입니다. 나라가 강성하고 부유해진 것은 하나님의 도우심 때문인데, 이를 두고 웃시야는 오만해져서 악한 일을 저질렀고, 백성들 역시 마찬가지였습니다. 그런 점에서 백성들이 저지른 악한 일은 웃시야의 오만함에 견주어 생각할 수 있습니다. 자신들이 누리는 부유함과 강함으로 인해, 유다의 온 백성들 가운데 교만함이 퍼져나갔을 것입니다. 교만함은 반드시 자신을 대단하게 여기는 것, 그리고 그

생긴 다른 사건들, 그가 전쟁에 나가 싸운 것과 그의 행적들
은, '이스라엘과 유다 열왕기'에 기록되어 있다. 8 그가 왕이 되
었을 때에, 그는 스물다섯 살이었다. 그는 예루살렘에서 열여
섯 해 동안 다스렸다. 9 요담이 죽어서 그의 조상과 함께 잠드
니, '다윗 성'에 장사하였다. 그의 아들 아하스가 그의 뒤를 이
어 왕이 되었다.

렇지 못한 다른 이들을 무시하고 짓밟으며 함부로 대하는 것과 연결되기 마련입니
다. 웃시야의 통치를 이사야 선지자가 기록했다는 내용이 있는데(26:22), 그 기록은
아니지만 이사야서 1장에서는 웃시야와 요담 이래의 유다를 '타락한 자식들'이라
책망합니다(사 1:4). 여기에서 '타락하다'라는 표현은 역대지에서 '악한 일을 저지르
다'로 옮겨진 말입니다. 이사야서는 유다 백성들이 자신들의 부귀에 도취되었다고
고발하며(사 3:6–9), 그들이 뇌물을 좋아하고 고아와 과부 같은 가난하고 힘겨운
이들을 짓밟았다고 규탄합니다(사 1:23; 3:14–15). 역대지하 본문이 말하는 '백성들
이 저지른 악한 일'은 이사야서를 통해 짐작해볼 수 있습니다.

{ 제28장 }

유다 왕 아하스 (왕하 16:1-4)

1 아하스가 왕이 되었을 때에, 그는 스무 살이었다. 그는 예루살렘에서 열여섯 해 동안 다스렸다. 그러나 그는 주님께서 보시기에 올바른 일을 하지 않았다. 그는 그의 조상 다윗이 한 대로 하지 않았다. 2 오히려 그는 이스라엘의 왕들이 걸어간 길을 걸어갔고, 심지어 바알 신상들을 부어 만들기까지 하였다. 3 '힌놈의 아들 골짜기'에서 분향을 하고, 자기 아들을 불에 태워 제물로 바쳤다. 이것은 주님께서 이스라엘 자손이 보는 앞에서 쫓아내신 이방 민족들의 역겨운 풍속을 본받는 행위였다. 4 그는 직접 산당과 언덕과 모든 푸른 나무 아래에서 제물을 잡아, 이방 신에게 제사를 지내고 분향하였다.

시리아와 이스라엘의 전쟁 (왕하 16:5)

5 ○ 그리하여 주 그의 하나님께서 그를 시리아 왕의 손에 넘

'아들을 불에 태우는'(3절) 제물을 요구했던 이방 신은 어떤 신이었습니까? 아들을 불태워 바치는 제사는 구약성경에서 주로 '몰렉'이라는 이방 신과 연관됩니다. 그러나 신을 감동시켜서 원하는 바를 얻기 위해 자신이 가지고 있는 가장 귀한 것을 극진한 정성으로 바쳐야 한다는 생각은 대부분의 종교에 존재합니다. 자녀를 신에게 제물로 바치는 행위 역시 가장 귀한 것을 드린다는 생각의 연장선상에 있으며, 고대 중동 지역에서 이 같은 자녀 인신 제사는 빈번했습니다. 아브라함이 모리아산에서 아들 이삭을 하나님께 바쳤던 사건도(창 22장) 이와 연관되는데, 이 사건은 정말로 아들을 바치려는 아브라함을 하나님께서 마지막 순간에 황급히 막으시는 것

기시니, 시리아 왕이 그를 치고, 그의 군대를 많이 사로잡아 다마스쿠스로 이끌고 갔다. 또 주님께서 그를 이스라엘 왕의 손에 넘기시니, 이스라엘 왕이 그를 크게 쳐서, 수많은 사람들을 죽였다. 6 이스라엘의 르말리야의 아들 베가 왕이 유다에서 하루 동안에 용사들을 십이만 명이나 죽였다. 유다 사람들이 조상의 주 하나님을 버렸기 때문이다. 7 에브라임의 용사 시그리가 마아세야 왕자와 아스리감 궁내대신과 엘가나 총리대신을 죽였다. 8 이스라엘 군대는 그들의 동족인 유다 사람들을, 아내들과 아이들까지 합쳐 무려 이십만 명이나 사로잡고, 물건도 많이 약탈하여 사마리아로 가져갔다.

예언자 오뎃

9 ○ 사마리아에 오뎃이라고 하는 주님의 예언자가 있었는데, 그가, 사마리아로 개선하는 군대를 마중하러 나가서, 그들을 보고 말하였다. "주 당신들의 조상의 하나님께서 유다 백성에게 진노하셔서, 그들을 당신들의 손에 붙이신 것은 사실이오. 하지만 당신들이 살기가 등등하여 그들을 살육하고, 10 그것

으로 마무리됩니다. 구약성경은 이런 방식의 제사를 엄격하게 금지했습니다(예, 레 20:1–5). 그리고 예언자 미가는 내 몸의 열매, 즉 자식까지라도 하나님께 바치겠다는 이들을 향해 하나님께서 정말 원하시는 것은 극진한 정성이 아니라, 정의를 행하고 사람을 불쌍히 여기며, 겸손하게 하나님과 함께 걷는 것이라고 선언합니다 (미 6:6–8).

으로 성이 차지 않아서, 유다와 예루살렘의 남녀들까지 노예로 삼을 작정을 하고 있소. 당신들도 주 하나님을 거역하는 죄를 지었다는 것을 알아야 하오. 11 당신들은 이제 내가 하는 말을 들으시오. 당신들이 잡아온 이 포로들은 바로 당신들의 형제자매이니, 곧 풀어주어 돌아가게 하시오. 그렇게 하지 않으면, 주님께서 진노하셔서 당장 당신들을 벌하실 것이오.”

12 ○ 에브라임 자손의 지도자 네 사람, 곧 요하난의 아들 아사랴와 므실레못의 아들 베레갸와 살룸의 아들 여히스기야와 하들래의 아들 아마사가 역시 싸우고 개선하는 군대를 막아서서 13 그들에게 말하였다. “이 포로들을 이리로 끌어들이지 마시오. 이런 일을 저질렀기 때문에, 우리가 모두 주님 앞에서 죄인이 되었소. 당신들은 우리의 죄와 허물을 더욱 많게 하였소. 우리의 허물이 이렇게 많아져서, 우리 이스라엘이 주님의 진노를 피할 수 없게 되었소.” 14 무장한 군인들이 이 말을 듣고,

 북왕국와 남왕국은 비록 두 개의 나라로 존재했지만, 한 하나님을 섬기는 하나의 뿌리에서 비롯된 형제입니다. 두 나라 사이에 빈번하게 전쟁이 일어났고, 전쟁이 벌어지면 수많은 사람이 죽기 마련이지만, 오뎃 같은 예언자들을 비롯해 여러 사람들은 서로에게 선을 넘는 짓을 행하는 것을 강력하게 반대했습니다. 같은 동족이요 형제이면서 상대방을 포로로 끌고 와 종으로 삼는 것은 하나님의 가르침에 어긋난다고 여겼기 때문입니다. 유다의 잘못으로 인해 하나님께서 유다를 이스라엘의 손에 넘기셨지만, 이스라엘이 선을 넘어 유다를 짓밟고 유다 사람들을 종으로 끌고 온다면 그것은 명확히 하나님의 뜻을 거스르는 짓이라는 뜻입니다. 오뎃과 여러 지도자들의 말에서 우리는 '약자에 대한 긍휼'을 엿볼 수 있습니다. 서로 죽고 죽이는 전쟁이라는 현실과 하나님의 뜻을 구하고 악을 행하지 않으려는 노력은 참으로 쉽지 않은 줄타기로 보이지만, 결코 포기하지 않아야 하는 노력이라고 할 수 있습니다.

포로와 전리품을 백성과 지도자들에게 넘겼다. 15 사람들이 위의 네 지도자들에게, 포로를 돌보아주도록 임무를 맡기니, 그 네 사람이 전리품을 풀어서, 헐벗은 이들을 입히고, 맨발로 걸어온 이들에게 신을 신기고, 먹을 것과 마실 것을 가져다주고, 상처를 입은 이들에게는 기름을 발라 치료하여주고, 환자들은 나귀에 태워 모두 종려나무 성 여리고로 데리고 가서, 그들의 친척에게 넘겨주고, 사마리아로 되돌아왔다.

아하스가 앗시리아에 구원을 요청함(왕하 16:7-9)

16 ○ 한번은 유다 왕 아하스가 앗시리아의 왕에게 사신을 보내어 도움을 청한 일이 있다. 17 에돔 사람이 다시 와서, 유다를 치고, 백성을 사로잡아갔으며, 18 블레셋 사람도 유다의 평지와 남방 성읍들을 침략하여, 벳세메스와 아얄론과 그데롯을 점령하고, 소고를 포함한 그 주변 성읍들과 딤나와 김소와 그 인근 마을들을 점령하고, 거기에 정착하였기 때문이다.

이스라엘에도 하나님을 두려워하며 좇는 이들이 있었습니다(12-13절). 그런데도 왜 하나님은 유다 쪽에만 정통성을 부여합니까? 하나님께서 유다에만 정통성을 부여하신다기보다는, 역대지가 유다에 초점을 두고 서술했다고 표현하는 것이 좀 더 맞겠습니다. 가령 열왕기 같은 책은 북왕국과 남왕국을 함께 다루면서 두 왕국 모두 하나님을 거역한 불순종으로 인해 멸망했다고 서술합니다. 반면 역대지는 남왕국 유다에 집중해 역사를 서술하지만, 12-13절 내용은 북왕국에도 하나님을 경외하는 이들이 있음을 보여줍니다. 역대지가 기록되던 시기에 유대 땅에서 살아가는 사람들은 남왕국 유다로부터 이어지는 이들이었기에, 역대지는 남왕국에 초점을 두고 역사를 서술합니다. 편의상 역사라고 부를 수는 있지만, 역사를 소재로 하나님을 올바르게 예배하며 살아가는 신앙 공동체를 증언하고 권고하는 것이 이 책의 목적입니다.

19 이스라엘의 아하스 왕이 백성을 부추기어 주님께 크게 범죄하였으므로, 주님께서 유다를 낮추셨던 것이다. 20 앗시리아의 디글랏빌레셀 왕이 오기는 왔으나, 아하스를 돕기는커녕 도리어 그를 쳐서 곤경에 빠뜨렸다. 21 아하스가 주님의 성전과 자기의 왕궁과 대신들의 집에서 보물을 꺼내어 앗시리아의 왕에게 바쳤으나, 별 효과가 없었다.

아하스의 죄

22 ○ 사태가 이렇게 악화되었는데도, 아하스 왕은 주님께 더욱 범죄하여, 23 자기를 친 다마스쿠스 사람들이 섬기는 신들에게 제사를 지내면서 "시리아 왕들이 섬긴 신들이 그 왕들을 도왔으니, 나도 그 신들에게 제사를 드리면, 그 신들이 나를 돕겠지" 하고 생각하였다. 그러나 이러한 일이 오히려 아하스와 온 이스라엘을 망하게 하였다. 24 그뿐만 아니라, 아하스는 하나님의 성전 안에 있는 기구를 거두어다가 부수고, 또 주

유다와 이스라엘 백성들 사이의 기본 정서를 모르겠습니다. 원수를 대하는 적대감입니까, 아니면 한 핏줄이라는 동포애입니까? 역대지와 열왕기 같은 역사책은 사건의 현장 바로 그 순간에 기록되고 전해진 것이 아닙니다. 그 사건으로부터 적지 않은 시간이 흐른 후에 과거의 사건들을 '하나님에 대한 경외와 순종'이라는 시각으로 되돌아보며 기록한 글입니다. 열왕기는 남북 왕국을, 역대지는 남왕국을 서술 대상으로 삼지만, 중요한 것은 주 하나님을 경외하는 백성으로 살아가는 삶이라는 기준입니다. 남왕국과 북왕국은 같은 혈통으로 연결되어 있지만, 이보다 더 중요한 점은 같은 주 하나님을 섬기는 백성으로 연결되어 있다는 것입니다. 핏줄의 보존이 중요한 것이 아니라, 하나님에 대한 올바른 순종의 삶이 중요합니다. 그래서 동족을 포로로 삼지 않는 행위는 혈통에 대한 애착보다는, 약한 자에 대한 긍휼의 측면에서 보는 것이 더 타당하다고 생각합니다.

님의 성전으로 드나드는 문들을 닫아걸고, 예루살렘 이곳저곳
에 제단을 쌓고, 25 유다의 각 성읍에 산당을 세우고, 다른 신
들에게 분향하여, 조상 때부터 섬겨온 주 하나님을 진노케 하
였다.

26 ○ 이것 말고도, 아하스가 한 모든 일과 행위는, 처음부터
끝까지, '유다와 이스라엘 열왕기'에 기록되어 있다. 27 아하
스가 그의 조상과 함께 잠드니, 그를 왕실 묘지에 장사하지 않
고, 예루살렘 성 안에 장사했다. 그의 아들 히스기야가 그의
뒤를 이어 왕이 되었다.

유다 왕 아하스를 '이스라엘의 아하스 왕'(19절)이라고 표현한 의도는 무엇입니까?
23절과 27절에서도 아하스의 이름과 '이스라엘'이 결합되어 있습니다. 여기뿐 아니
라, 역대지하에서는 종종 남왕국 유다를 '이스라엘'이라 표현합니다(12:1; 21:2). 역대
지가 기록된 주전 5세기 말에서 4세기 초를 살았던 저자는 유다야말로 다윗 이래
통일 이스라엘의 합법적인 계승자로 여겼다고 생각할 수 있습니다. 아하스의 잘못
된 통치는 온 나라를 위태롭게 만들었습니다. 유다가 이스라엘을 계승했다는 것은
그저 이름으로 인정받는 것이 아니라, 그에 걸맞은 행동으로 드러납니다. '이스라엘
의 아하스 왕'이라는 거창한 언급은 그로 인해 유다에 임한 재앙과 무척이나 대조
적입니다.

{ 제29장 }

유다 왕 히스기야 (왕하 18:1-3)

1 히스기야가 왕이 되었을 때에, 그는 스물다섯 살이었다. 그는 예루살렘에서 스물아홉 해 동안 다스렸다. 그의 어머니 아비야는 스가랴의 딸이다. 2 그는 조상 다윗이 한 모든 것을 그대로 본받아, 주님께서 보시기에 올바른 일을 하였다.

성전 정화

3 ㅇ 그는 왕이 되던 그 첫해 첫째 달에, 닫혔던 주님의 성전 문들을 다시 열고 수리하였다. 4 그는 또 제사장들과 레위 사람들을 성전 동쪽 뜰에 모으고, 5 그들에게 말하였다. "레위

나라가 피폐해졌는데 성전부터 수리하는(3절) 히스기야의 조처가 부당해 보입니다. 백성들의 끼니 먼저 챙겼어야 하지 않을까요? 구약성경에 실린 책들은 기본적으로 주 하나님을 믿는 신앙의 토대 위에서 어떻게 살아가는지를 다룹니다. 특히 역대지는 하나님을 예배하는 예배 공동체를 강조하기 위해 이스라엘의 역사를 소재로 삼았습니다. 그래서 일어난 모든 일을 기술하거나 상황의 모든 측면을 다루는 것이 아니라, 오직 하나님 예배라는 측면에서 역사의 장면들을 새로 서술합니다. 이 같은 관점은 지나치게 종교적인 것으로 보일 수도 있습니다. 그러나 강한 나라든 약한 나라든, 능력이 많은 사람이든 그렇지 못한 사람이든, 누구라도 하나님을 올바르게 예배하며 순종할 때 하나님의 지키심과 도우심을 경험하게 된다는 것을 강조합니다. 그래서 이것은 능력이나 실력, 재능의 차별 없이 모든 이를 위한 복된 소식입니다. 역대지는 히스기야 시대를 넉 장에 걸쳐 다루는데, 앞의 석 장은 모두 히스기야의 예배 개혁에 집중합니다. 하나님 앞에 올바르게 설 때, 공동체의 안전과 평화를 지켜낼 수 있음을 강조하기 위한 서술이라 할 수 있습니다.

사람들은 나의 말을 잘 들으시오. 이제 그대들 자신을 먼저 성결하게 하고, 또 그대들의 조상이 섬긴 주 하나님의 성전을 성결하게 하여, 더러운 것을 성소에서 말끔히 없애도록 하시오. **6** 우리의 조상이 죄를 지어, 주 우리의 하나님 앞에서 악한 일을 하였소. 그들은 하나님을 버리고 얼굴을 돌이켜서, 주님께서 거하시는 성소를 등지고 말았소. **7** 그뿐만 아니라, 성전으로 드나드는 현관 앞 문들을 닫아걸고, 등불도 끄고, 분향도 하지 않고, 성소에서 이스라엘의 하나님께 번제를 드리지도 않았소. **8** 이러한 까닭으로, 주님께서 유다와 예루살렘에 대해 진노하셔서, 우리를 두려움과 놀람과 비웃음거리가 되게 하셨다는 것은, 여러분이 직접 보아서 알고 있는 사실이오. **9** 조상들이 칼에 맞아 죽고, 우리의 자식들과 아내들이 사로잡혀갔소. **10** 이제 나는, 주 이스라엘의 하나님께서 그 맹렬한 진노를 우리에게서 거두시기를 바라며, 하나님과 언약을 세우기로 결심하였소. **11** 여러분, 시간을 낭비하지 않도록 하시오. 주님께서는 여러분을 선택하셔서, 주님께 분향하게 하시고, 백성

"하나님과 언약을 세운다"는(10절) 말은 무슨 뜻입니까? 새로 계약서라도 쓴다는 얘깁니까? 하나님과 이스라엘의 관계는 둘 사이에 맺은 언약 혹은 계약으로 시작했습니다. 이집트에서 종살이하던 이스라엘을 하나님께서 건져내셨고, 그 이후에 하나님과 이스라엘은 서로 언약을 맺어 주님은 이스라엘의 하나님이 되시고, 이스라엘은 그분의 백성이 되기로 약속합니다. 하나님의 백성으로 살아가는 삶의 내용으로 하나님께서 주신 것이 하나님의 율법입니다. 이후로 이스라엘은 역사의 고비마다 하나님과의 언약을 새로이 합니다. 이 같은 '언약 갱신'은 현재 자신들이 겪는 참상이 하나님의 율법을 어겼기 때문이라는 반성에서 비롯한 것으로, 이제 다시 하나님의 율법에 따라 하나님을 온전히 섬기며 예배하고 살아가겠다는 결단을 표현합니다. 10절에서 히스기야는 레위인들을 향해 하나님과 언약을 새로이 하며, 충성되게 하나님을 섬기기로 결단하자고 촉구합니다.

을 인도하여 주님께 예배드리게 하셨소.”

12 ○ 레위 사람들이 나서니, 고핫의 자손 가운데서는 아마새의 아들 마핫과 아사랴의 아들 요엘이 나왔고, 므라리의 자손 가운데서는 압디의 아들 기스와 여할렐렐의 아들 아사랴가 나왔고, 게르손 자손 가운데서는 심마의 아들 요아와 요아의 아들 에덴이 나왔고, 13 엘리사반의 자손 가운데서는 시므리와 여우엘이 나왔고, 아삽의 자손 가운데서는 스가랴와 맛다니야가 나왔고, 14 헤만의 자손 가운데서는 여후엘과 시므이가 나왔고, 여두둔의 자손 가운데서는 스마야와 웃시엘이 나왔다.

15 ○ 이들이 동료 레위 사람들을 모아 성결예식을 하고, 왕이 그들에게 명령한 대로 성전 안으로 들어가서, 주님의 율법에 따라 주님의 성전을 깨끗하게 하였다. 16 제사장들이 주님의 성전을 깨끗하게 하려고 그 안으로 들어가서, 주님의 성전 안에 있는 모든 더러운 것들을 주님의 성전의 뜰로 끌어내어 놓으면, 레위 사람들이 그것들을 성 밖 기드론 골짜기로 가져다

성전을 치우는 일은 먼지를 쓸고 닦는 수준과 달랐습니까? '주님의 성전 안에 있는 모든 더러운 것들'(16절)이란 무얼 가리킵니까? 아하스 시대에 그토록 맹렬하게 온갖 우상을 섬기고 다른 신들을 예배했으니, 그와 연관된 온갖 물품들이 성전 안 이곳저곳에 있었을 것입니다. 강하고 힘 있다 싶은 온갖 신들에게 정성을 다하려는 우상숭배는 필연적으로 온갖 물건들을 더 갖추게 만들기 마련입니다. 불안과 욕망이 이런 우상숭배의 온상일 것입니다. 히스기야는 이 더러운 것들을 전부 끌어내 불태워버리게 합니다. 아하스가 저지른 짓을 단적으로 표현한 말이 “성전 문을 닫았다”라면(28:24), 히스기야의 개혁을 알리는 첫 표현이 “그가 성전의 문을 열었다”입니다(29:3). 성전 안이 온통 더럽혀졌다 하더라도 다시 문을 열고 그 안에 있는 것들을 청소하는 행위는 이제라도 하나님을 향하겠다는, 하나님을 구하고 찾겠다는 결심이요 선언입니다. 신약성경 요한계시록의 한 구절은 예수님을 우리의 문을 열라고 문 밖에 서서 두드리시는 분으로 표현합니다(계 3:20).

버렸다.

17 ○ 첫째 달 초하루에 성전을 성결하게 하는 일을 시작하여, 여드렛날에는 주님의 성전 어귀에 이르렀으며, 또 여드레 동안 주님의 성전을 성결하게 하는 일을 하여, 첫째 달 십육 일에 일을 다 마쳤다.

성전 재봉헌

18 ○ 레위 사람들이 히스기야 왕에게 돌아가서, 다음과 같이 보고하였다. "주님의 성전 전체와, 번제단과 거기에 딸린 모든 기구와, 거룩한 빵을 차리는 상과, 거기에 딸린 모든 기구를, 깨끗하게 하였습니다. 19 아하스 왕께서 왕위에 계시면서 죄를 범할 때에 버린 모든 기구를, 제자리에 가져다 놓고, 다시 봉헌하였습니다. 그 모든 기구를 주님의 단 앞에 가져다 놓았습니다."

속죄 제물을 잡기 전에 왕과 회중들이 그 위에 손을 얹는(23절) 건 무슨 의미를 지닌 행동입니까? 제물의 머리에 손을 얹는 안수는 이제부터 이 제물이 하나님께 나아온 우리 자신을 대신한다는 표현으로 이해할 수 있습니다. 예배자가 만약 가난하다면 비둘기를, 형편이 괜찮다면 양이나 염소, 소를 제물로 바쳤습니다. 예배자의 형편에 따라 제물의 종류가 달라진다는 점은 그 제물이 예배자 자신을 상징하고 대신한다는 것을 잘 보여줍니다. 그렇기에 반드시 모든 이들이 제물에 안수해야 합니다. 왕도 해야 하고, 회중 전체를 대표하는 이들도 해야 합니다. 왕이건, 백성이건, 그 누구라도 하나님 앞에 나아와 하나님의 도우심을 구하는 일에는 예외가 없습니다. 숫염소를 비롯한 제물 수십 마리로 어떻게 왕과 온 회중의 죄가 용서될 수 있을까요? 그래서 왕과 온 회중이 안수한 제물로 드리는 제사는 사람을 향한 하나님의 은혜의 통로임을 알 수 있습니다. 이 제사를 받으신 하나님께서는 그들을 용서하고 축복하실 것입니다.

20 ○ 히스기야 왕은, 다음 날 아침에 일찍 일어나서, 도성에 있는 대신들을 불러 모아, 주님의 성전으로 올라갔다. 21 왕가의 죄와 유다 백성의 죄를 속죄받으려고, 그는 황소 일곱 마리와 숫양 일곱 마리와 어린 양 일곱 마리와 숫염소 일곱 마리를 끌어다가, 속죄제물을 삼고, 아론의 혈통을 이어받은 제사장들에게 명령하여, 주님의 단에 드리게 하였다. 22 사람들이 먼저 황소를 잡으니, 제사장들이 그 피를 받아 제단에 뿌리고, 다음에는 숫양을 잡아 그 피를 제단에 뿌리고, 다음에 어린 양을 잡아 그 피를 제단에 뿌렸다. 23 마지막으로, 속죄제물로 드릴 숫염소를 왕과 회중 앞으로 끌어오니, 그들이 그 위에 손을 얹고, 24 제사장들이 제물을 잡아, 그 피를 속죄제물로 제단에 부어서, 온 이스라엘의 죄를 속죄하였으니, 이것은, 번제와 속죄제를 드려서, 온 이스라엘을 속하라는 어명이 있었기 때문이었다.

25 ○ 왕은, 주님께서 다윗 왕에게 지시하신 대로, 레위 사람들을 시켜서, 주님의 성전에서 심벌즈와 거문고와 수금을 연주하게 하였다. 이것은 주님께서 다윗 왕의 선견자 갓과 나단 예언자를 시켜서, 다윗 왕에게 명령하신 것이었다. 26 그리하

회중이 가져온 제물의 양이(32–33절) 지나치게 많습니다. 백성들이 갑자기 이토록 열심을 내는 이유는 무엇입니까? 한편으로 사람이라는 존재는 언제든 하나님을 거역하고 떠나며 불순종하지만, 다른 한편으로는 언제든 하나님께로 나아오며 진리를 따라 살기도 합니다. 아하스 시대는 온통 하나님을 거역하고, 허황된 우상과 앗시리아 같은 열방에 의존했던 시대였습니다. 그러나 아하스에 이어 왕이 된 히스기야는 포기하거나 체념하지 않고, 지금 할 수 있는 대로 하나님께 나아가기를 촉구합니다. 닫혔던 성전 문을 열고, 그 안에 있는 더러운 모든 것을 끄집어내 태우며, 차근차근 개혁 작업을 진행합니다. 히스기야와 레위 사람들로부터 시작된 이 열심

여 레위 사람들은 다윗이 만든 악기를 잡고, 제사장들은 나팔을 잡았다. 27 히스기야가 번제를 제단에 드리라고 명령하니, 번제가 시작되는 것과 함께, 주님께 드리는 찬양과, 나팔 소리와 이스라엘의 다윗 왕이 만든 악기 연주 소리가 울려 퍼졌다. 28 온 회중이 함께 예배를 드렸다. 번제를 다 드리기까지 노래하는 사람들은 노래를 부르고, 나팔 부는 사람들은 나팔을 불었다. 29 제사를 마친 다음에, 왕과 온 회중이 다 엎드려 경배하였다. 30 그렇게 하고 난 다음에, 히스기야 왕과 대신들이 레위 사람들을 시켜서, 다윗과 아삽 선견자가 지은 시로 주님을 찬송하게 하니, 그들은 즐거운 마음으로 찬송하고, 몸을 굽혀 경배하였다.

31 ○ 히스기야가 나서서 "이제 제사장들이 몸을 깨끗하게 하여서, 주님께 거룩하게 구별되었습니다. 그러므로 백성들은 가까이 나아와, 제물과 감사제물을 주님의 성전으로 가지고 오십시오" 하고 선포하니, 드디어 회중이 제물과 감사제물을 가져왔다. 더러는 그들의 마음에 내키는 대로 번제물을 가져오기도 하였다. 32 회중이 가져온 번제물의 수는, 수소가 칠십 마리, 숫양이 백 마리, 어린 양이 이백 마리였다. 이것은 다 주

과 열정은 온 백성들에게 확산되었습니다. 지난 시절의 죄악이 심히 크지만 거기에 매여 있지 않고 다시 하나님을 예배했을 때, 예배가 주는 기쁨과 그 예배에서 부른 찬양이 온 백성의 마음을 뜨겁게 움직였을 것입니다. 강요나 억지가 아니라, 하나님께 나아가고 하나님을 예배하는 기쁨이 백성들로 하여금 풍성하게 자원하도록 했습니다.

님께 번제물로 드리는 것이었다. 33 번제물과는 달리 구별하여 드린 제물은, 소가 육백 마리, 양이 삼천 마리였다. 34 그런데 번제로 바칠 짐승을 다 잡아 가죽을 벗기기에는 제사장의 수가 너무 모자라서, 이 일을 끝낼 때까지, 성결예식을 마친 제사장들이 보강될 때까지, 제사장들의 친족인 레위 사람들이 제물 잡는 일을 거들었다. 사실, 자신들의 성결을 지키는 일에는, 제사장들보다는 레위 사람들이 더욱 성실하였다. 35 제사장들은, 제물을 다 태워 바치는 번제물도 바쳐야 할 뿐 아니라, 이 밖에도 화목제물로 바치는 기름기도 태워 바쳐야 하였다. 번제와 함께 드리는, 부어 드리는 제사도 제사장들이 맡아서 하였다.

○ 이렇게 하여, 주님의 성전에서 예배를 드리는 일이 다시 시작되었다. 36 일이 이렇듯이 갑작스럽게 되었어도, 하나님이 백성을 도우셔서 잘되도록 하셨으므로, 히스기야와 백성이 함께 기뻐하였다.

"제사장들보다 레위 사람들이 성결을 더 열심히 지켰다"는(34절) 설명은 어떤 상황을 이야기합니까? 역대지가 하나님을 섬기는 예배 공동체를 강조한다는 점을 여러 번 짚어봤습니다. 성전을 중심으로 한 예배 공동체에서 제사장이 성전에서의 제사 업무를 맡는 이들이었다면, 레위인들은 그 외의 다양한 관련 업무들, 예를 들어 성가대라든지 문지기와 같은 직무를 전부 수행하는 이들이었습니다. 그래서 역대지는 다윗이 처음 제사장과 레위인의 직무를 제정한 이래(대상 23-26장) 레위 사람들의 역할을 매우 강조합니다. 역대지에 따르면 레위 사람들은 백성들을 돕는 재판 관리의 역할을 맡기도 하고(대하 19:11), 하나님의 말씀을 전하는 예언자 역할을 하기도 합니다(20:14-17). 이런 맥락에서 히스기야가 제사장과 레위 사람을 모은 후 '레위 사람들'을 향해 연설하는 점을 이해할 수 있습니다(29:4-5). 히스기야의 개혁에서 제사장 역시 그 역할이 막중했음을 고려하면(29:16, 21-24), 34절은 레위 사람들이 당시에 대단히 헌신적이었음을 강조하는 표현으로 이해할 수 있습니다.

제30장

유월절 준비

1 히스기야는 온 이스라엘과 유다에 전갈을 보내고, 에브라임과 므낫세에는 각각 특별히 편지를 보내서, 예루살렘에 있는 주님의 성전에서 이스라엘의 하나님이신 주님을 기리며 유월절을 지키도록, 오라고 초청하였다. 2 왕이 대신들과 예루살렘의 온 회중과 더불어 의논하여, 둘째 달에 유월절을 지키기로 한 것이다. 3 이처럼 유월절을 한 달이나 늦추어 지키기로 한 것은, 성결예식을 치른 제사장도 부족한 데다가, 백성도 예루살렘에 많이 모이지 못하였으므로, 본래 정해진 첫째 달에 지킬 수 없었기 때문이다. 4 왕과 온 회중이 이 계획을 좋게 여겼으므로, 5 왕은 브엘세바에서 단에 이르기까지 이스라엘 전역에 명령을 선포하여, 모두 함께 예루살렘으로 와서, 주 이스라엘의 하나님 앞에서 유월절을 지키도록 하였다. 그들은 참으로 오랫동안, 율법에 기록된 절차대로 유월절을 지키는 것을 실천하지 못했던 것이다. 6 파발꾼들이 왕과 대신들의 편지를

히스기야 왕은 에브라임과 므낫세에게 따로 편지를 씁니다(1절). 이 두 지파의 세력이 특별히 더 컸던 걸까요? 남왕국이 유다 지파로 대표된다면, 에브라임과 므낫세는 북왕국을 대표하는 지파들입니다. 북왕국은 남왕국보다 훨씬 더 많은 지파로 이루어졌기에 이스라엘의 명맥을 이었다는 의미에서 '이스라엘'이라 불리기도 했지만, 자주 에브라임이라 불리기도 했습니다. 6-7절과 9절에 따르면 히스기야 당시에 북왕국은 이미 앗시리아에게 멸망해 많은 이들이 포로로 끌려갔고, 그로부터 남겨진 이들이 살고 있었습니다. 그래서 히스기야의 편지는 북왕국 지역에 남아 있는 이스라엘 사람들도 유월절 준수에 참여하도록 초대한 것임을 알 수 있습니다.

받아 가지고, 어명을 따라, 온 이스라엘과 유다에 두루 다니며, 다음과 같이 선포하였다.

○ "이스라엘 자손은 들으라, 백성들은 아브라함과 이삭과 이스라엘을 돌보신 주 하나님께로 돌아오라. 그러면 주님께서도 남아 있는 백성들, 곧 앗시리아 왕의 손에서 벗어난 당신들에게로 돌아오실 것이다. 7 당신들은 조상이나 동포를 닮지 말아라. 그들이 주 조상의 하나님께 범죄하였으므로, 주님께서 그들을 멸망하도록 버려두신 것을, 당신들은 직접 보았다. 8 당신들은 목이 곧은 조상과 같이 고집을 부리지 말고, 주님께로 돌아오라. 당신들은, 하나님께서 영원히 거룩하게 하신 성전으로 들어가서, 주 당신들의 하나님을 섬겨라. 그래야만 주님께서 당신들에게서 진노를 거두실 것이다. 9 당신들이 주님께로 돌아오면, 당신들의 친족과 아이들을 사로잡아간 자들이 당신들의 동포에게 자비를 베풀어서, 그들을 이 땅으로 돌려보낼 것이다. 주 당신들의 하나님은 은혜로우시고 자비로우신

이스라엘은 이미 멸망한 것으로 보입니다(7절). 여기서는 이렇게 중요한 역사적 사실을 왜 비중 있게 다루지 않습니까? 이미 멸망한 북왕국의 사람들에게도 편지를 보내 유월절에 함께 참여하도록 한 것은 갈라졌던 온 이스라엘의 통합과 회복에 대한 히스기야의 지향을 보여줍니다. 이렇게 초대한다고 해서 모든 이들이 참석하지는 않았지만(10–11절), 히스기야 시대의 유월절은 온 이스라엘의 통합과 회복이 시작되었음을 보여주는 사건이라 할 수 있습니다. 그리고 '나라'보다 중요한 것은 주 하나님을 예배하는 예배 공동체라는 역대지의 일관된 시각을 고려하면, 함께 모여 하나님을 예배하고 유월절을 지키는 공동체야말로 '온 이스라엘'이라 볼 수 있습니다. 역대지가 기록되는 주전 5세기에서 4세기에도 이스라엘은 페르시아의 식민지여서 나라 자체가 없었지만, 함께 하나님을 예배할 수 있는 공동체였습니다. 그래서 역대지는 열왕기에서는 찾아볼 수 없는, 히스기야의 대대적인 유월절 준수를 매우 상세하게 다뤘습니다.

분이시므로, 당신들이 그에게로 돌아오기만 하면, 당신들을
외면하지 않으실 것이다.”

10 ○ 파발꾼들이 에브라임과 므낫세 지방의 각 성읍으로 두
루 다니며, 멀리 스불론에까지 가서 이렇게 알렸으나, 사람들
은 파발꾼들을 비웃고, 놀려대기까지 하였다. 11 다만 아셀과
므낫세와 스불론 사람들 가운데서, 몇몇 사람이 겸손하게 말
을 듣고 예루살렘으로 왔다. 12 하나님이 또한, 유다에서도 역
사하셔서, 왕과 대신들이 주님의 말씀대로 전한 그 명령을 유
다 사람들이 한마음으로 따르도록 감동시키셨다.

유월절을 성대히 지키다

13 ○ 둘째 달에 백성이 무교절을 지키려고 예루살렘에 모였
는데, 그 수가 심히 많아서 큰 무리를 이루었다. 14 그들은 먼
저, 예루살렘 도성에 있는, 희생제사를 지내던 제단들과, 향을
피우던 분향단들을 모두 뜯어내어 기드론 냇가에 가져다 버렸

**유월절을 지키려고 모였다더니 갑자기 절기 이름이 무교절로 바뀌었습니다(13절).
어떻게 된 일인가요?** 유월절은 첫째 달 열네 번째 날 저녁부터 하루 동안 지키는
절기이고, 무교절은 열다섯 번째 날 저녁부터 일주일간 지키는 절기입니다. 유월절
은 어린 양 한 마리를 함께 잡아먹으며 하나님께서 이집트에서 이스라엘 백성의 생
명을 구원하신 것을 기념하는 절기이고(출 12:1-14, 21-28, 43-51), 무교절 역시 이
집트에서 인도해내신 하나님을 기억하고 기념하는 절기입니다(출 12:15-20; 13:1-
10). 날짜가 인접해 있어서 유월절과 무교절은 역대지 본문을 비롯한 성경 여러 곳
에서 마치 하나의 절기인 것처럼 통합되어 있기도 합니다. 두 절기 모두 하나님께
서 전적으로 은혜를 베푸셔서 이스라엘을 지키고 인도하신 것을 기념하는 절기입
니다. 하나님의 백성의 시작은 이처럼 그들을 향해 하나님께서 베푸신 전적인 은혜
로 말미암습니다.

다. 15 둘째 달 열나흗날에, 사람들이 유월절 양을 잡았다. 미처 부정을 벗지 못하여 부끄러워하던 제사장들과 레위 사람들은 부정을 씻는 예식을 한 다음에 번제물을 주님의 성전으로 가져왔다. 16 그들은 하나님의 사람 모세의 율법에 기록된 대로, 규례를 따라서 각자의 위치에 섰다. 제사장들은 레위 사람들이 건네준 피를 받아 뿌렸다. 17 회중 가운데서 많은 사람이 성결예식을 치르지 못하였으므로, 레위 사람들은 부정한 사람들을 깨끗하게 하려고, 유월절 양을 잡아서, 그러한 사람들을 데리고 주님 앞에서 성결예식을 행하였다. 18 그러나 에브라임과 므낫세와 잇사갈과 스불론에서 온 많은 사람들이, 자신들을 깨끗하게 하지 않은 채로 유월절 양을 먹어서, 기록된 규례를 어겼다. 그래서 히스기야가 그들을 두고 기도하였다. "선하신 주님, 용서하여주십시오. 19 비록 그들이 성소의 성결예식대로 스스로 깨끗하게 하지 못하였어도, 그들이 마음을 다

유월절을 제대로 지키기 위해 신실한 마음으로 달려온 이들이 중요한 규례를 어길 수밖에 없었던(18절) 내막은 무엇입니까? 유월절과 무교절은 한 해의 첫째 달에 지키는 절기입니다. 히스기야가 앞장선 유월절 준수는 이미 그 출발부터 제 날짜에 맞게 행할 수 없었습니다(1-2절). 날짜를 한 달 뒤로 미루게 된 까닭은 유월절 제사를 진행할 제사장들의 준비 부족과 백성들이 모두 모이지 못했기 때문입니다. 한편 막상 둘째 달에 유월절을 지키려고 할 때도 충분히 다 준비하지 못해 규례를 어기는 상황까지 발생했습니다(18절). 그런 점에서 본문은 하나님께 예배하기에는 여러 면에서 부족한 공동체의 모습을 반영합니다. 그럼에도 히스기야와 공동체는 그러한 이들을 정죄하고 책망하며 배제하기보다는, 하나님의 용서와 은혜를 구하면서 어떻게든 참여한 모든 이들이 진심으로 유월절을 지키고 누릴 수 있도록 애씁니다. 상황에 따라 유월절을 한 달 늦춰 지키는 일은 이미 민수기 율법 규정에도 언급되어 있습니다(민 9:9-11). 하나님께서 명하신 절기와 율법 준수는 부족한 이들을 정죄하기 위한 것이 아니라, 부족함에도 불구하고 하나님께 나아와 함께 예배하며 경축하기 위한 것임을 확인할 수 있습니다.

하여 하나님, 곧 조상 때부터 섬긴 주 하나님께 정성껏 예배를 드렸으니, 용서하여주십시오." 20 주님께서 히스기야의 기도를 들으시고, 백성의 아픈 마음을 고쳐주셨다. 21 예루살렘에 모인 이스라엘 자손은 크게 기뻐하면서 이레 동안 무교절을 지켰고, 그 기간에 레위 사람들과 제사장들은 날마다 주님을 찬양하며, 웅장한 소리를 내는 악기로 주님을 찬양하였다. 22 히스기야는 모든 레위 사람이 주님을 섬기는 일을 능숙하게 하는 것을 보고, 그들을 격려하여주었다.

두 번째 축제

○ 이렇게 이레 동안 주 조상의 하나님을 찬송하며 제사를 드린 다음에, 23 온 회중은 다시 이레 동안의 절기를 지키기로 결정하고, 이레 동안 절기를 즐겁게 지켰다. 24 유다의 히스기야 왕은 수송아지 천 마리와 양 칠천 마리를 회중에게 주고,

대신들이 백성들에게 준 송아지와 양은(24절) 무슨 용도입니까? 제물입니까, 아니면 축제용입니까? 히스기야와 대신들이 내어놓은 가축들은 유월절과 무교절 절기 동안 드리는 번제와 화목제 제사를 위한 제물이라고 추측됩니다. 번제물은 전부를 태워 드리는 제사지만, 화목제물은 기름 부위만을 태우고 나머지 고기 부위는 제사에 참여한 예배자들이 함께 나눠 먹습니다. 그런 점에서 왕과 대신들이 내어놓은 막대한 제물은 이 절기에 참여한 모든 이들을 위한 잔치 음식이기도 합니다. 그래서 이어지는 25-26절은 유다와 이스라엘의 모든 회중은 물론 그 땅에 살고 있는 외국인들까지도 크게 즐거워했고, 온 도성이 기쁨으로 가득 찼다고 전합니다. 하나님을 향한 하나님의 백성의 예배는 이처럼 자신들만이 아니라 그들과 함께 살아가는 이들까지도 즐겁게 합니다. 이 같은 본문은 오늘날 교회의 기쁨이 과연 세상의 기쁨이기도 한지, 오늘 우리 교회는 도리어 독선적이며 세상에 폐만 끼치고 있는 것은 아닌지 되돌아보게 합니다.

대신들은 수송아지 천 마리와 양 만 마리를 회중에게 주었다. 제사장들도 많은 수가 성결예식을 치렀다. 25 유다 온 회중과 제사장들과 레위 사람들과 이스라엘에서 온 모든 회중과 이스라엘 땅에서 온 외국인 나그네와 유다에 사는 외국인 나그네가 다 함께 즐거워하였다. 26 다윗 왕의 아들 솔로몬의 날부터 이제까지 이런 일이 없었으므로, 예루살렘 장안이 온통 기쁨으로 가득 찼다. 27 레위인 제사장들이 일어나 백성을 축복하니, 그 축복의 말이 하나님께 이르렀고, 그들의 기도가 주님께서 계신 거룩한 곳, 하늘에까지 이르렀다.

{ 제31장 }

히스기야의 종교 개혁

1 거기에 있던 모든 이스라엘 사람들은 이 모든 일을 마치고 나서, 각각 유다의 여러 성읍으로 돌아다니며 기둥 석상을 산산이 부수고, 아세라 목상을 찍어버리고, 유다와 베냐민과 에브라임과 므낫세 온 땅에서 산당과 제단을 하나도 남기지 않고 없앤 다음에, 각자의 고향, 자기들의 유산이 있는 곳으로 돌아갔다.

2 ○ 히스기야는 레위 사람들과 제사장들을 갈래를 따라 다시 조직하여, 각자에게 특수한 임무를 맡겼다. 제사장들과 레위 사람들은 각자 맡은 임무에 따라, 번제를 드리는 일, 화목제를 드리는 일, 성전 예배에 참석하는 일, 주님의 성전 여러 곳에서 찬양과 감사의 노래를 부르는 일을 하였다. 3 왕도 자기의 가축 떼 가운데서, 아침저녁으로 드리는 번제에 쓸 짐승을 바치게 하고, 또 안식일과 초하루와 기타 절기의 번제에 쓸 짐승

이스라엘의 달 구분 방법이 어색합니다. 셋째 달은(7절) 무얼 기준으로 셋째입니까?
구약성경에 등장하는 고대 이스라엘은 그들 나름의 달력을 지니는데, 그들이 이집트를 탈출한 시기를 한 해의 첫째 달로 삼았습니다(출 12:1-2). 그래서 첫째 달에는 이집트에서의 탈출과 하나님의 구원을 기억하고 기념하는 유월절과 무교절을 지켰습니다. 구약성경에서 첫째 달은 니산이라 불리며, 양력으로는 3-4월에 해당합니다. 1년에 열두 달이 있다는 점에서 태양력을 따르고 있지만, 한 달의 흐름은 달의 움직임을 따랐습니다. 그래서 달이 새로 시작하는 날을 한 달의 첫날, 초하루로 삼았습니다. 이렇게 태양력과 태음력이 결합된 형태인지라, 고대 이스라엘의 달력 체계는 태양태음력이라 말할 수 있습니다.

을 바치게 하였으니, 모두 율법에 규정된 대로 하였다.
4 ○ 그는, 제사장들과 레위 사람들이 주님의 율법을 지키는 일에만 전념할 수 있게 하려고, 예루살렘에 사는 백성에게 명령을 내려서, 제사장들과 레위 사람들의 몫을 가져오게 하였다. 5 왕이 명령을 내리니, 유다에 와서 사는 이스라엘 자손이 곡식과 포도주와 기름과 꿀과 각종 농산물의 첫 수확을 넉넉히 가져왔고, 모든 것의 십일조를 많이 가져왔다. 6 유다의 여러 성읍에 사는 이스라엘 자손과 유다 자손도 소와 양의 십일조를 가져왔고, 주 하나님께 거룩하게 구별하여 드릴 물건의 십일조를 가져왔다. 이렇게 가져온 것을 차곡차곡 더미가 되도록 쌓았다. 7 셋째 달에 쌓기 시작하여, 일을 끝낸 것이 일곱째 달이었다. 8 히스기야와 대신들이 와서, 이 더미를 보고서, 주님을 찬양하고, 백성을 칭찬하였다. 9 히스기야 왕이 제사장들과 레위 사람들에게 예물 더미에 대하여 묻자, 10 사독의 자손인 아사랴 대제사장이 왕에게 대답하였다. "백성이 주님의 성전에 예물을 드리기 시작하면서부터, 우리는 먹을 것을 넉넉하게 공급받았을 뿐 아니라, 남은 것이 이렇게 많습니다. 남

7절의 의미가 분명치 않습니다. 십일조가 너무 많이 들어와서 다섯 달 동안이나 쌓아야 했다는 뜻입니까? 유대 달력으로 첫째 달 중순의 무교절부터 보리 추수가 시작됩니다. 보리 추수 첫 열매를 하나님의 전에 드린 뒤, 50일째가 되면 추수한 밀로 빵을 만들어 성전에 바쳐야 했는데, 이 절기를 맥추절 혹은 칠칠절이라고 부릅니다. 맥추절이 있는 달이 셋째 달이니, 셋째 달은 보리와 밀의 추수가 마무리되는 시점이라 할 수 있습니다. 일곱째 달 중순에는 초막절이 있는데, 이때는 포도 수확을 마무리하면서 유대의 모든 농사가 끝나고 수확을 저장하는 시기입니다. 7절에서 셋째 달부터 일곱째 달까지 수확의 십일조를 가져왔다는 것은 보리와 밀의 수확에서부터 포도 수확에 이르기까지 고대 이스라엘의 모든 농사의 수확을 가져왔음을 보여줍니다.

은 것이 이렇게 많이 쌓인 것은, 주님께서 그의 백성에게 복을 베푸신 까닭인 줄로 압니다.”

11 ○ 히스기야가 주님의 성전 안에 방을 마련하도록 명령을 내리니, 곧 방을 마련하고, 12 모든 예물과 십일조와 거룩한 물건들을 각 방으로 날라다가, 정확하게 보관하였다. 이 일을 책임진 사람은 레위 사람 고나냐이고, 부책임자는 그의 아우 시므이이다. 이 두 사람의 지시를 받으며 함께 일할 사람으로 는, 13 여히엘과 아사시야와 나핫과 아사헬과 여리못과 요사 밧과 엘리엘과 이스마갸와 마핫과 브나야가 임명되었다. 히스 기야 왕과, 하나님의 성전을 관리하는 아사랴가, 레위 사람 열 명에게 이런 일을 맡겼다. 14 또 성전 ‘동쪽 문’을 지키는 레위 사람 임나의 아들 고레는, 백성이 하나님께 즐거이 드리는 예 물을 받아서 주님께 드리는 일과, 가장 거룩한 것을 제사장들 에게 나누어주는 일을 맡았다. 15 고레의 지시를 받아 함께 일 할 사람들로는 에덴과 미냐민과 예수아와 스마야와 아마랴와 스가냐가 임명되었다. 그들은 제사장들이 사는 성읍으로 다니

16절은 ‘성전 책임을 수행하는 남자들’에게는 모든 남자들에게 나눠준 몫 외에 한 몫을 더 주었다는 뜻입니까? 세 살 이상의 어린아이들에게 몫이 주어진다는 언급 (16, 18절)은 이곳에서만 볼 수 있기에 더 정확히 말하기는 어렵습니다. 오늘날로 보 자면 일종의 기본소득을 모든 레위인에게 어린 시절부터 나눠준 것이라 볼 수 있 습니다. 아울러 레위인들은 20세 이상부터 성전에서 직무를 맡았고, 자신의 직무에 따라 일정한 몫을 지급받았습니다. 기본적으로 백성들이 드리는 수확의 첫 열매와 가축의 처음 난 것은 제사장의 몫이었고(민 18:8-15), 백성들이 바친 십일조는 레 위인의 몫이었습니다(민 18:21-24). 레위인들은 자신들이 받은 몫의 십일조를 따로 떼었고, 그 십일조는 제사장의 몫이 됩니다(민 18:25-28). 히스기야는 제사장과 레 위인의 역할과 몫을 정비했고, 그들이 생계를 염려하지 않고 하나님의 성전에서 일 하는 것과 하나님을 섬기는 것에 전념하도록 했습니다.

면서, 동료 레위 사람들에게, 임무에 따라 공정하게 먹을 몫을 나누어주었다. 16 세 살 이상으로, 족보에 기록된 모든 남자들 외에도, 날마다 주님의 성전에 순서에 따라 들어가서, 책임을 수행하는 남자들에게도 몫을 나누어주었다. 17 가문별로 족보에 기록된 제사장들과, 그들의 갈래에 따라 임무를 맡은, 스무 살이 넘은 레위 사람들에게도 몫을 나누어주었다. 18 또 족보에 기록된 온 회중의 자녀와, 아내가 딸린 식구들에게도, 먹을 몫을 나누어주었다. 그들 또한 언제라도 필요하면, 그들의 신성한 임무를 수행할 준비를 하고 있어야 하기 때문이다. 19 아론의 자손에게 할당된 성읍과 거기에 딸린 목장에 살고 있는 제사장들도 있었는데, 이들 제사장 가문의 모든 남자들과, 레위 사람으로 등록된 남자들에게도 먹을 몫을 나누어주었다.

20 ○ 히스기야는 유다 전역에서 이렇게 하였다. 그는 주 하나님 앞에서 선하고 정직하고 진실하게 일을 처리하였다. 21 그는 하나님의 성전을 관리하는 일이나, 율법을 지키는 일이나, 하나님을 섬기는 일이나, 하는 일마다 최선을 다하였으므로, 하는 일마다 잘되었다.

<h1 style="text-align:center">{ 제32장 }</h1>

앗시리아 군대가 예루살렘을 위협하다

(왕하 18:13-37; 19:14-19, 35-37; 사 36:1-22; 37:8-38)

1 히스기야 왕이 이렇게 하나님을 성실하게 섬기고 난 뒤에, 앗시리아의 산헤립 왕이 유다로 쳐들어왔다. 산헤립은 요새화된 성읍들을 공격하여 점령할 수 있을 것이라고 생각하고 진을 쳤다. 2 히스기야는 산헤립이 결국은 예루살렘까지 칠 것을 알고, 3 대신들과 장군들을 불러서, 성 밖에 있는 물줄기를 메워버릴 것을 의논하였다. 그들은 왕의 계획을 지지하였다. 4 많은 인원을 동원하여, 모든 샘과 들판으로 흘러나가는 물줄기를 막았다. 앗시리아의 왕들이 진군하여오더라도 물을 얻지 못하게 할 생각이었다. 5 히스기야는 힘을 내어 무너진 성벽을 다시 쌓고, 망대들도 높이 쌓고, 성벽 밖에다 또 한

상당한 보화를 공물로 바쳤던 히스기야의 행적을(왕하 18:13-37) 생략하고, 오직 하나님만 믿고 싸운 것처럼 적은(7절) 저자의 속내는 무엇입니까? 역대지는 이미 열왕기라는 기록이 존재하는 시대에 열왕기의 내용을 참고하면서 작성한 글입니다. 열왕기가 남북 이스라엘이 어떻게 멸망에 이르렀는가를 비판적으로 되돌아보며 정리한 글이라면, 역대지는 우리가 회복하고 견지해야 할 신앙 공동체의 모습은 무엇인가에 초점을 두고 기록한 글입니다. 그래서 두 권의 책은 서로 모순되며 충돌되는 책이 아니라, 서로를 보완하며 올바른 신앙 공동체를 위해 기여하는 책입니다. 히스기야의 부끄러운 모습이 열왕기에 기록된 반면, 역대지는 히스기야 시대를 종교개혁의 시대로 묘사합니다. 29장부터 31장까지 석 장에 걸쳐 히스기야가 진행한 개혁 조치를 서술하고, 이제 32장은 "히스기야 왕이 이렇게 하나님을 성실하게 섬기고 난 뒤에"로 시작합니다. 당연히 이어지는 내용은 히스기야의 승리입니다. 승리의 비결은 하나님을 올바르고 성실하게 섬기는 것에 있음을 이러한 역사 서술을 통해 당대의 독자들에게 전하고 있습니다.

겹으로 성벽을 쌓았다. 다윗 성의 밀로를 견고한 요새로 만들고, 창과 방패도 많이 만들었다. 6 군대를 지휘할 전투 지휘관들을 임명한 다음에, 군대를 성문 광장에 불러 모으고, 격려하였다. 7 "굳세고 담대하여야 한다. 앗시리아의 왕이나 그를 따르는 무리를 보고, 두려워하거나 놀라지 말아라. 우리와 함께 계시는 분은 앗시리아의 왕과 함께 있는 자보다 더 크시다. 8 앗시리아의 왕에게 있는 것이라고는 군대의 힘뿐이다. 그러나 우리에게는 우리를 도우시고 우리를 대신하여 싸우시는 주 우리의 하나님이 계신다." 백성은 유다 왕 히스기야의 말을 듣고, 힘을 얻었다.

9 ○ 얼마 뒤에 앗시리아의 산헤립 왕이, 자기는 온 군대를 거느리고 라기스를 치고 있으면서, 자기 부하들을 예루살렘으로 보내어, 유다의 히스기야 왕과 예루살렘에 있는 유다 백성에게 이렇게 말하였다. 10 "앗시리아의 산헤립 왕이 이같이 말한다. 예루살렘은 포위되었다. 그런데도 너희가 무엇을 믿고 버티느냐? 11 히스기야가 너희를 꾀어, 주 너희의 하나님이 너희

변방 조그만 나라의 임금인 히스기야는 무얼 믿고 당대의 최강국 앗시리아 앞에서 이렇게 당당합니까?(7절) 하나님을 올바르게 섬기기 위해 할 수 있는 조치를 다 이행했고, 앗시리아의 공격에 맞설 군사적인 대비도 했으니, 이제 히스기야는 오직 하나님 한 분을 신뢰하며 담대하게 섭니다. 히스기야에게서 신앙의 힘을 볼 수 있습니다. 온 세상을 다스리시는 하나님에 대한 신앙은 그 하나님을 신뢰하는 사람의 크고 작음에 구애되지 않습니다. 하나님께서 함께하심을 믿는 이들은 스스로 약하고 보잘것없다 해도, 그들이 믿는 하나님의 위대하심과 사랑을 신뢰하며 두려움 없이 거대한 현실에 맞설 수 있습니다. 그래서 신앙은 약한 이를 강한 자로 바꾸는 것이 아니라, 약함에도 굴하지 않고 올바른 길을 끝까지 걸어가게 합니다. 히스기야 이야기를 비롯한 구약성경의 모든 이야기들은 사실 이 주제를 여러 방식으로 반복한다고 할 수 있습니다.

를 앗시리아 왕의 손에서 건져줄 것이라고 한다마는, 이것이 너희를 굶어 죽게 하고 목말라 죽게 하는 일이 아니고 무엇이냐? 12 주님의 산당들과 제단들을 다 없애버리고, 유다와 예루살렘에 명령을 내려, 오직 하나의 제단 앞에서만 경배하고 그 위에서만 분향하라고 한 것이, 히스기야가 아니냐? 13 나와 내 선왕들이 이 세상의 모든 백성에게 어떻게 하였는지를, 너희가 알지 못하느냐? 그 여러 나라의 신들이 과연 그 땅을 내 손에서 건져낼 수 있었느냐? 14 내 선왕들이 전멸시킨 그 여러 나라의 그 여러 신들 가운데서, 누가 그 백성을 내 손에서 건져낼 수 있었기에, 너희의 하나님이 너희를 내 손에서 건져낼 수 있다고 생각하느냐? 15 그러니 너희는 히스기야에게 속지 말아라. 그의 꾀임에 넘어가지 말아라. 그를 믿지도 말아라. 어떤 백성이나 어떤 나라의 신도 그 백성을, 내 손에서, 내 선왕들의 손에서, 건져낼 수 없었는데, 하물며 너희의 하나님이 너희를 내 손에서 건져내겠느냐?”

산헤립은 왜 예루살렘을 직접 공격하지 않고 심리전에 열중합니까?(9–15절) 라기스를 공격하는 일도 버거울 만큼 힘이 약했던 건 아닌가요? 라기스는 팔레스타인 지역에서 상당히 중요한 요충지였기에, 앗시리아 입장에서는 좀 더 총력을 기울일 필요가 있었습니다. 라기스 전투에 집중하면서 예루살렘으로 사신을 보내 히스기야가 이끄는 유다를 흔들어놓아야겠다고 여겨, 이 같은 심리전을 펼쳤습니다. 본격적인 전투에 앞서 심리전을 펼치는 것은 동서고금을 막론하고 거의 필수 과정이라 할 수 있습니다. 앗시리아의 군대가 세아무리 강하다 히더라도, 상대방이 온 힘을 다해 맞선다면 앗시리아의 피해도 커질 수밖에 없습니다. 그리고 앗시리아의 궁극적인 목적은 유다를 굴복시키는 것이 아니라 이집트를 정복하는 것이기에, 유다와의 전투에서는 힘을 아낄 필요도 컸을 겁니다. 히스기야와 유다 백성 사이를 갈라놓고 히스기야를 원망하게 만들어 조금이라도 저항하는 이들의 힘을 빼놓을 수 있다면 앗시리아로서는 더 바랄 나위가 없었을 겁니다.

16 ○ 산헤립의 부하들은 주 하나님께, 그리고 주님의 종 히스기야에게 더욱 비방하는 말을 퍼부었다. 17 산헤립은 주 이스라엘의 하나님을 욕하고 비방하는 편지를 써 보내기도 하였다. 그는 "여러 나라의 신들이 자기 백성을 내 손에서 구원하여내지 못한 것같이, 히스기야의 하나님도 그의 백성을 내 손에서 구원해내지 못할 것이다" 하고 말하였다. 18 산헤립의 부하들은 예루살렘 성 위에 있는 백성을 보고 유다 말로 크게 소리를 질러, 백성을 두렵게 하고 괴롭게 하면서, 그 성을 점령하려고 하였다. 19 그들은 예루살렘의 하나님을 두고 말하기를, 마치 사람이 손으로 만든 세상 다른 나라 백성의 신들을 두고 하듯이 거침없이 말하였다.

20 ○ 히스기야 왕과 아모스의 아들 이사야 예언자가 함께 하늘을 바라보며 부르짖어 기도하니, 21 주님께서 한 천사를 보내셔서 앗시리아 왕의 진영에 있는 모든 큰 용사와 지휘관과

산헤립은 어째서 히스기야가 아니라 하나님을 욕하고 비방합니까?(17절) 표적이 잘못된 게 아닐까요? 히스기야와 유다 백성이 의지하는 가장 결정적인 것을 흔들어야 그들을 흔들 수 있습니다. 산헤립은 특히 이 부분에서 자신 있었을 겁니다. 이제까지 앗시리아가 짓밟았던 여러 나라와 민족마다 자기네들의 종교가 있고 자기네들의 신들이 있었지만, 전부 앗시리아가 이겼으니까요. 그래서 산헤립과 앗시리아로 대표되는 강력한 나라와 임금은 근본적으로 하나님에 대한 신앙을 가지는 것이 불가능하다고 볼 수 있습니다. 그렇기에 산헤립은 거침없이 이스라엘의 하나님 역시 무시하고 조롱합니다. 사실 많은 경우 종교는 사람들이 헛된 것을 붙잡으며 현실을 도피하게 하는 통로가 되기도 합니다. 그러니 산헤립의 조롱이 전부 틀린 말은 아닐 겁니다. 심지어 오늘날에도 권력과 부를 추구하는 이들이 여전히 어떤 종교적인 상징을 의지하거나 손바닥에 글자를 쓰고 부적을 지니는 등의 행태를 저지르기도 하니까요. 역대지는 전체 내용을 통해 주 하나님을 믿고 따르는 신앙이 사람을 미혹하는 종교인 우상과 어떻게 다른지를 보여줍니다.

장군을 다 죽여버리셨다. 앗시리아 왕은 망신만 당하고 자기 나라로 되돌아갔다. 그가 그의 신전으로 들어갔을 때에, 제 몸에서 난 친자식들이 거기서 그를 칼로 죽였다.

22 ○ 이처럼 주님께서 히스기야와 예루살렘 주민을 앗시리아의 왕 산헤립의 손과 모든 적국의 손에서 구하여내셨다. 주님께서는 사방으로부터 그들을 보호하여주셨다. 23 여러 나라 사람들이 예루살렘으로 예물을 가지고 와서 주님께 드리고, 유다 왕 히스기야에게 선물을 가져왔다. 그때부터 히스기야는 여러 나라에서 존경을 받았다.

히스기야의 병과 교만 (왕하 20:1-3, 12-19; 사 38:1-3; 39:1-8)

24 ○ 그 무렵에 히스기야가 병이 들어 거의 죽게 되었는데, 히스기야가 주님께 기도하니, 주님께서 그에게 응답하시고, 회복될 것이라고 하는 징조를 보여주셨다. 25 그러나 히스기

천사가 앗시리아의 용사와 지휘관을 몰살했다는(21절) 말을 어떻게 받아들여야 합니까? 역사적 사실인가요, 저자의 의도가 담긴 해석인가요? 산헤립이 이끄는 앗시리아 군대가 예루살렘을 포위해 새장 속의 새처럼 만들었지만 결국 함락시키지 못했으며, 알려지지 않은 내부 상황으로 인해 본국으로 철수했고 얼마의 시간이 흐른 뒤 자기 아들에게 살해당했다는 내용이 앗시리아 기록에 전해집니다. 그래서 열왕기하 19장과 역대지하 32장에 나오는 산헤립 군대의 철수와 산헤립의 죽음은 역사적 사실에 기초합니다. 열왕기하는 산헤립 군사들 18만 5,000명이 죽었다고 전합니다(또한 사 37:36). 이러한 숫자나 그 밤에 하나님께서 보내신 천사가 군사들을 죽였다는 이야기는 열왕기와 역대지에만 등장합니다. 그 점에서 이러한 내용은 역사적 사건에 대한 신앙적인 해석이라 볼 수 있습니다. 앗시리아로서는 내부 갈등의 폭발이나 전염병의 창궐 같은 불운으로 여길 수 있겠지만, 하나님을 의지하며 맞섰던 이들은 이 사건을 명백하게 하나님께서 행하신 일로 받아들였습니다.

야가 교만한 마음으로, 받은 바 은혜에 감사하지 않으므로, 하나님의 진노가 히스기야와 유다 백성과 예루살렘 주민에게 내렸다. 26 드디어 히스기야가 교만하였던 자신을 뉘우치고 예루살렘 주민도 함께 뉘우쳤으므로, 주님께서는 히스기야가 살아 있는 동안에는 그들을 벌하지 않으셨다.

히스기야의 부귀영화

27 ○ 히스기야는 대단히 부유하게 되었고, 온 천하의 영화를 한 몸에 누리게 되었다. 그는 귀중품 보관소를 만들어서, 은과 금과 보석과 향품과 방패와 온갖 귀중품을 보관하였으며, 28 창고를 지어서, 곡식과 새 포도주와 기름 등의 농산물을 저장하였고, 짐승 우리를 만들어 온갖 짐승을 길렀으며, 양 우리를 만들어 양 떼를 먹였다. 29 또 성읍들을 더 만들고, 양 떼와 많은 소 떼를 치도록 하였으니, 하나님이 그에게 재산을 그렇게 많이 주셨던 것이다. 30 위쪽 기혼의 샘물줄기를 막고, 땅

물줄기를 다윗 성 안으로 끌어들이는(30절) 공사가 필요했던 이유는 무엇입니까? 얼마나 중요했기에 히스기야의 치적으로 꼽습니까? 예루살렘을 비롯한 어떤 도시든 물 공급은 도시 유지를 위해 필수적인 요소입니다. 예루살렘은 성 밖에 있는 기혼 샘이 물의 근원이었습니다. 앗시리아 같은 대적들이 쳐들어왔을 때 기혼 샘을 장악하고 물의 흐름을 막아버리면, 예루살렘 성내의 사람들은 오래 버틸 수 없을 겁니다. 그래서 히스기야는 기혼 샘의 물을 성 안으로 끌어들이기 위해 터널을 뚫어 수로를 만들었습니다. 히스기야의 터널은 이후 고고학자들의 발굴로 그 존재가 확인되었습니다. 물은 언제나 생명의 상징이고, 풍성한 물을 얻을 수 있다는 것은 하나님께서 베푸시는 축복을 단적으로 보여주는 상징이었을 것입니다. 그런 점에서 히스기야가 마련한 터널과 예루살렘 성내의 물 공급은 두고두고 기념할 그의 치적이라 할 수 있습니다(또한 왕하 20:20).

속에 굴을 뚫어서, 그 물줄기를 '다윗 성' 서쪽 안으로 곧바로 끌어들인 것도 바로 히스기야가 한 일이다. 히스기야는 하는 일마다 다 잘되었다. 31 심지어 바빌로니아의 사절단이 와서 그 나라가 이룬 기적을 물을 때에도, 하나님은 그의 인품을 시험하시려고, 히스기야가 마음대로 하게 두셨다.

히스기야의 통치가 끝나다(왕하 20:20-21)

32 ○ 히스기야 통치 때에 있었던 그의 나머지 행적과 그가 주님께 헌신한 일은, 아모스의 아들 예언자 '이사야의 묵시록'과, '유다와 이스라엘 열왕기'에 기록되어 있다. 33 히스기야가 죽어 그의 조상과 함께 잠드니, 유다와 예루살렘의 온 백성이 그의 죽음을 애도하고, 그를 존경하여 다윗 자손의 묘실 가운데서도 제일 높은 곳에 장사하였다. 그의 아들 므낫세가 그의 뒤를 이어 왕이 되었다.

"히스기야가 마음대로 하게 두셨다"(31절)는 건 무슨 뜻입니까? 하나님은 히스기야의 어떤 면모를 시험합니까? 열왕기하와 이사야서에서 바빌로니아 사절단은 앗시리아에 맞서 유다와 동맹을 체결하기 위해 방문한 것으로 보입니다(왕하 20:12-13; 사 39:1-2). 두 책에서는 바빌로니아 사절단에게 유다의 재력과 무력을 다 보여준 행동을 책망하지만, 역대지에는 그런 내용이 전혀 없습니다. 도리어 역대지는 바빌로니아 사절단의 방문조차도 하나님께서 히스기야를 시험하기 위해 허락하신 일로 묘사합니다. 히스기야의 가장 깊은 마음과 생각 속에 어떤 것이 있는지 알기 위해 사절단이 방문하게 하셨다는 것입니다. 뜻밖에도 역대지는 그에 대한 내용이나 평가를 전혀 언급하지 않습니다. 역대지 저자는 이 사건조차도 하나님께서 얼마나 히스기야를 살피시는지 보여주는 일로 다룬다고 볼 수 있습니다. 열왕기에 따르면 히스기야는 이 시험에서 문제 있음이 드러났지만, 역대지는 히스기야가 살아 있는 동안 하나님께서 히스기야와 유다를 지키셨다고 전합니다(26절).

{ 제33장 }

유다 왕 므낫세(왕하 21:1-9)

1 므낫세가 왕이 되었을 때에, 그는 열두 살이었다. 그는 예루살렘에서 쉰다섯 해 동안 다스렸다. 2 그는, 주님께서 보시기에 악한 일을 하였다. 그는, 주님께서 이스라엘 자손이 보는 앞에서 쫓아내신, 이방 사람의 역겨운 풍속을 따랐다. 3 그는 아버지 히스기야가 헐어버린 산당들을 오히려 다시 세우고, 바알들을 섬기는 제단을 쌓고, 아세라 목상들을 만들고, 하늘의 별을 숭배하여 섬겼다. 4 또 그는, 주님께서 일찍이 "내가 예루살렘 안에 내 이름을 길이길이 두겠다" 하고 말씀하신 주님의 성전 안에도 이방 신을 섬기는 제단을 만들었다. 5 주님의 성전 안팎 두 뜰에도 하늘의 별을 섬기는 제단들을 만들어 세우고, 6 아들들을 '힌놈의 아들 골짜기'에서 번제물로 살라 바쳤으며, 점쟁이를 불러 점을 치게 하고, 마술사를 시켜 마법을 부리게 하고, 악령과 귀신들을 불러내어 묻곤 하였다. 이렇

여호와의 성전에까지 다른 신상을 둔 경우는(4절) 처음 듣습니다. 므낫세 이전에도 이런 사례가 또 있었습니까? 므낫세의 아버지 히스기야는 종교개혁을 단행하면서 하나님의 성전 안에 있는 모든 더러운 것을 없앴습니다(29:5, 16). 이로 보건대, 히스기야 이전 임금인 아하스 역시 하나님의 성전 안에 우상과 관련된 것들을 두었다고 여겨집니다. 므낫세는 아하스가 저지른 짓을 반복합니다. 아하스는 성소 안에 더러운 것들을 두었을 뿐 아니라, 자식을 불살라 바치는 짓도 저지르고, 이스라엘 곳곳에 산당과 제단을 만들어 이방 신에게 분향했으며(28:2-4), 아예 성전 문을 닫아버리기도 했습니다(28:24). 므낫세 역시 자식을 불살라 바치고 이스라엘 곳곳에 산당과 제단을 만들어 이방 신에게 제사드렸습니다(33:2-3). 특히 하나님의 성전 안에 이방 제단과 목상을 세웠다는 점에서 두드러집니다.

게 하여, 그는 주님께서 보시기에 악한 일을 많이 하여, 주님께서 진노하시게 하였다. 7 그는 또 자기가 만든 아로새긴 목상을 하나님의 성전 안에 가져다 놓았다. 일찍이 하나님이 다윗과 그의 아들 솔로몬에게 이 성전을 두고 말씀하실 때에 "내가 이스라엘의 모든 지파 가운데서 선택한 이 성전과 예루살렘 안에 영원히 내 이름을 두겠다. 8 이스라엘 백성이, 내가 명한 말, 곧 모세를 시켜 전한 율법과 율례와 규례를 지켜 그대로 하면, 내가 그들을 그들의 조상에게 준 이 땅에서 결코 쫓아내지 아니하겠다" 하셨다. 9 그런데 므낫세는 유다 백성과 예루살렘 주민을 꾀어서, 악행을 저지르게 한 것이다. 그들이 저지른 악은, 본래 이 땅에 살다가 이스라엘 자손이 보는 앞에서 주님께 멸망당한, 그 여러 민족이 저지른 악보다 더욱 흉악하였다.

므낫세가 회개하다

10 ○ 주님께서 므낫세와 그의 백성에게 말씀하셨으나, 그들

임금의 신앙 행위를 백성들이 그대로 좇는 행태를(9절) 이해할 수 없습니다. 므낫세는 백성들에게 이방 종교를 강요했습니까? '꾀었다'는 표현에서 볼 수 있듯, 우상숭배 행태는 강요보다는 '유혹' 때문에 시작된다고 할 수 있습니다. 이스라엘의 하나님께서는 자신의 백성들에게 율법과 율례와 규례를 지켜 행하는 삶을 찾는 분이시기에(8절), 이스라엘은 하나님 섬기기를 어려워했습니다. 이스라엘의 하나님은 온 정성을 다해 제사를 드리더라도 하나님의 율법을 따르는 올바른 삶이 없다면, 결코 기뻐하지 않는 분이시기 때문입니다. 반면 구약성경에서 볼 수 있는 우상숭배의 핵심은 '온갖 정성을 다해 막대한 제물로 제사드리면 예배자에게 복과 번영을 약속하는 신'이라 할 수 있습니다. 핵심은 오직 신을 향한 정성이고, 그것은 무수한 제물로 표현되었습니다. 그래서 우상숭배는 언제나 매력적이었습니다.

이 듣지 않았으므로, 11 앗시리아 왕의 군대 지휘관들을 시켜, 유다를 치게 하시니, 그들이 므낫세를 사로잡아 쇠사슬로 묶어, 바빌론으로 끌어갔다. 12 므낫세는 고통을 당하여 주 하나님께 간구하였다. 그는 조상의 하나님 앞에서 아주 겸손해졌다. 13 그가 주님께 기도하니, 주님께서 그 기도를 받으시고, 그 간구하는 것을 들어주셔서, 그를 예루살렘으로 돌아오게 하시고, 다시 왕이 되어 다스리게 하셨다. 그제서야 므낫세는 주님만이 하나님이시라는 것을 깨달았다.

14 ○ 이런 일이 있은 뒤에, 므낫세는 '다윗 성' 밖, '기혼 샘' 서쪽 골짜기의 한 지점에서 '물고기 문'에 이르기까지, 외곽 성을 쌓아 오벨을 감싸고, 그 성벽 높이를 한껏 올려 쌓았다. 그는 또 유다의 요새화된 성읍에 군대 지휘관들을 배치하였다.

15 그는 또 성전 안에 있는 이방 신상들과, 그가 가져다 놓은 목상들을 없애버리고, 주님의 성전이 서 있는 산에다 만들어 놓은 이교의 제단과, 예루살렘 곳곳에 만들어놓은 이교의 제

하나님은 지극히 사악한 므낫세의 기도까지 들어줍니다(13절). 하나님의 용서는 어디까지입니까? 용서받지 못할 죄는 없습니까? 1~9절의 내용은 같은 시기를 다루는 열왕기하 21장 1~9절과 거의 일치합니다. 반면 10절 이후의 내용은 열왕기하에서는 찾아볼 수 없습니다. 역대지는 놀랍게도 므낫세가 자신의 죄악으로 인해 바빌론에 포로로 끌려갔다가 스스로를 낮추고 하나님께 기도했다고 전합니다. 더욱 놀라운 것은 하나님께서 그의 기도를 들으셨다는 점입니다. 그래서 역대지는 하나님의 용서가 크고 놀라우며 무한함을 명확하게 증언합니다. 므낫세처럼 큰 죄악을 저지른 이라 할지라도, 자신의 잘못을 인정하고 하나님의 도우심을 겸손하게 구한다면 하나님께서는 그의 기도를 들으신다는 것입니다. 그래서 사람이 지은 그 어떤 죄라도 돌이켜 하나님께 나아온다면 모두 용서받을 수 있습니다. 하나님 앞에 죄의 크고 작음은 아무것도 아닙니다. 오직 중요한 것은 언제라도 돌이키는 것, 고집부리거나 포기하거나 체념하지 않고 하나님께로 돌이키는 것입니다.

단을, 모두 성 밖으로 가져다 버렸다. **16** 그는, 주님의 제단을 다시 고치고, 화목제와 감사제를 그 제단 위에서 드렸다. 그는 유다의 모든 백성에게, 주 이스라엘의 하나님을 섬기라는 명령을 내렸다. **17** 비록 백성이 여전히 여러 산당에서 제사를 드리기는 하였으나, 그 제사는 오직 주 그들의 하나님께만 드리는 것이었다.

므낫세의 통치가 끝나다 (왕하 21:17-18)

18 ○ 므낫세의 나머지 일들과, 그가 하나님께 간구하여 바친 기도와, 선견자가 주 이스라엘의 하나님의 이름을 받들고 권면한 말씀은, 모두 '이스라엘 왕 역대지략'에 기록되어 있다. **19** 그가 기도를 드린 것과, 하나님이 그 기도를 받으신 것과, 그가 지은 모든 죄와 허물과, 그가 겸손해지기 전에 산당을 세운 여러 장소와, 아세라 목상과 우상을 세워둔 여러 곳들이, 모두 '호새의 역사책'에 기록되어 있다. **20** 므낫세가 죽어서

므낫세는 '그의 궁'에 묻혔습니다(20절). 히스기야처럼 '다윗 자손의 묘실'에(32:33) 묻히지 못한 이유가 있습니까? 역대지와 달리, 열왕기하는 므낫세를 남왕국 유다의 멸망에 결정적인 역할을 한 악한 왕으로 묘사합니다(왕하 21:10-15; 23:26-27). 그로 인해 므낫세가 왕실 무덤에 묻히지 못했다고 증언합니다(왕하 21:18). 열왕기 기록만으로 보자면 그것을 충분히 납득할 수 있습니다. 그러나 역대지하에서는 므낫세가 하나님께 돌이켰으며, 예루살렘으로 돌아와 왕의 지위를 회복했다고 전합니다. 하나님께서 그를 용서하고 회복하셨지만, 그가 이전에 저질렀던 우상숭배의 흔적과 영향력은 여전했습니다. 백성들이 하나님께 제사드리되 산당에서 드렸다는 언급은 그 점을 보여주는 것이라 할 수 있습니다. 역대지 저자는 아무런 추가 설명을 하지 않지만, 므낫세의 과거 행적에 대한 내용으로 볼 때(19절) 그가 달리 묻힌 것을 이해할 수 있습니다.

그의 뭇 조상과 함께 잠드니, 그의 궁에 장사하였다. 왕자 아
몬이 그의 뒤를 이어 왕이 되었다.

유다 왕 아몬 (왕하 21:19-26)

21 ○ 아몬이 왕이 되었을 때에, 그는 스물두 살이었다. 그는
예루살렘에서 두 해 동안 다스렸다. 22 그는 아버지 므낫세처
럼, 주님께서 보시기에 악한 일을 하였고, 그의 아버지 므낫세
가 만든 아로새긴 모든 우상에게 제사를 드리며 섬겼다. 23 그
의 아버지 므낫세는 나중에 스스로 뉘우치고 주님 앞에서 겸
손해졌으나, 아몬은 주님 앞에서 스스로 겸손할 줄도 모르고,
오히려 더 죄를 지었다.

24 ○ 결국 신하들이 그를 반역하고, 궁 안에 있는 왕을 살해
하였다. 25 그러나 그 땅의 백성은 아몬 왕에게 반역한 신하들
을 다 죽이고, 아몬의 뒤를 이어서 그의 아들 요시야를 왕으로
삼았다.

**므낫세는 스스로 만든 우상들을 모두 없애버렸습니다(15절). 아몬은 '므낫세가 만든
우상'(22절)을 어디에서 구해 섬겼던 걸까요?** 므낫세가 만들었던 바로 그 우상 조
각품을 다시 구해왔다기보다는, 므낫세 시대에 번성했던 우상숭배가 다시 시작되
었다는 것을 의미한다고 볼 수 있습니다. 그 당시에 널리 성행하던 신상이 있었고,
그것을 다시 만들었을 것입니다. 이러한 내용은 한 번 시작되고 확산된 우상숭배가
얼마나 지독하고 끈질기게 백성들 가운데 남아 있는지를 보여줍니다. 좋은 습관은
습득하기 정말 어렵고 잠시 중단하면 금세 없어지지만, 나쁜 습관은 습득하기 정말
쉽고 좀체 사라지지 않는 것과 비슷합니다. 종교는 분명 긍정적인 측면이 있지만,
언제든 사람의 욕심과 탐욕으로 인해 그 안에 사람의 욕심이 만들어낸 온갖 것들이
생겨나기 마련입니다. 그렇게 생겨난 왜곡된 종교심은 끝까지 남아 하나님을 향한
신앙을 더럽힙니다.

제34장

유다 왕 요시야(왕하 22:1-2)

1 요시야가 왕이 되었을 때에, 그는 여덟 살이었다. 그는 예루살렘에서 서른한 해 동안 다스렸다. 2 그는, 주님께서 보시기에 옳은 일을 하였고, 그의 조상 다윗의 길을 본받아서, 오른쪽으로나 왼쪽으로 곁길로 벗어나지 않았다.

종교 개혁의 첫 단계

3 ○ 요시야는 왕이 된 지 여덟째 해에, 아직도 매우 어린 나이에, 조상 다윗의 하나님을 찾기 시작하였다. 그의 통치 십이 년이 되는 해에는, 산당과 아세라 목상들과 아로새긴 우상들과 부어 만든 우상들을 없애고, 유다와 예루살렘을 깨끗하

나이도 어리고 재위 기간도 아직 짧으니 왕권을 지키기도 버거울 텐데, 요시야는 왜 이렇게 우상 파괴에 매달리는 걸까요?(6-7절) 역대지와 마찬가지로 열왕기하 22-23장 역시 요시야를 히스기야와 더불어 다윗의 길을 따라 행한 올바른 왕으로 표현합니다. 그런데 열왕기하에서 요시야의 개혁은 그의 재위 18년에 성전에서 율법책을 발견하면서 시작됩니다(왕하 22:3). 반면 역대지는 요시야가 재위 8년부터 개혁을 시작했고, 12년부터 본격적으로 전개했다고 알립니다. 역대지 저자에게 18년에 일어난 율법책 발견은 이전부터 지속했던 개혁의 정점이며, 하나님과 새로이 맺은 언약의 배경입니다. 그래서 역대지 본문은 요시야 통치의 아주 이른 시기부터 이미 개혁이 시작되었음을 증언합니다('아직도 매우 어린 나이에', 3절). 12세에 왕이 되어 통치 내내 온갖 우상숭배에 몰두한 므낫세의 모습과 명료하게 대조됩니다. 하나님을 올바르게 섬기는 신앙의 중심에는 우상을 단호하게 거부하는 행동이 있으며, 그 일을 수행하는 것은 나이나 연륜과는 무관함을 잘 보여줍니다.

게 하였다. 4 요시야의 지시로, 사람들은 바알 신들을 섬기는 제단들을 헐었다. 요시야는 제단 위에 있는 분향단들도 부수게 하였다. 그는 또한 아세라 목상들과 아로새긴 우상들과 부어 만든 우상들을 빻아, 가루로 만들어서, 그 제단에서 제사를 드리던 자들의 무덤에 뿌리고, 5 제사장들의 뼈를 제단 위에 불살라서, 유다와 예루살렘을 깨끗하게 하였다. 6 그는 같은 일을, 므낫세와 에브라임과 시므온 지역과, 저 멀리 사방이 다 폐허가 된 납달리 지역에 이르기까지, 직접 가서 행하였다. 7 그는 제단들을 헐고, 아세라 목상들과 아로새긴 우상들을 빻아 가루로 만들고, 온 이스라엘 땅에 있는 분향단도 모두 부수어 버리고 나서야, 예루살렘으로 돌아왔다.

율법서의 발견(왕하 22:3-20)

8 ○ 요시야는 나라와 성전을 깨끗하게 한 뒤에, 통치한 지 열여덟째 해가 되는 때에, 아살랴의 아들 사반과 마아세야 성주와 요아하스의 아들 요아 서기관을 보내서, 주 그의 하나님의

성전에 들어온 돈이라면(9절) '헌금'을 가리킵니까? 어째서 그걸 제사장이 아니라 '성전 문을 지키는 사람들'이 모아둡니까? 성전을 수리하는 내용은 요아스에 대한 기록에서도 볼 수 있습니다(24:4-14). 그에 따르면 레위 사람들이 중심이 되어 모든 이스라엘 사람들이 사는 곳을 두루 다니며 해마다 세금을 거두거나, 성전을 찾은 사람들이 성전 문 밖에 있는 궤에 직접 세금을 넣도록 했습니다. 레위인들은 이렇게 모인 헌금을 왕궁 관리와 대제사장에게 건넸고, 대제사장은 그 돈을 성전 수리를 맡은 공사 책임자들에게 넘겼습니다. 34장 9-10절 역시 그러한 과정을 표현한다고 볼 수 있습니다. 24장과 34장에 있는 내용은 왕이라 할지라도 성전 일을 제 마음대로 좌우할 수 없음을 보여줍니다.

성전을 수리하게 하였다. 9 이 세 사람은 힐기야 대제사장에게 가서, 하나님의 성전에 들어온 돈을 그에게 건네주었다. 그 돈은, 므낫세와 에브라임과 북 이스라엘의 나머지 지역에 사는 백성과 유다와 베냐민의 모든 백성과 예루살렘 주민에게서 거두어들인 것으로서, 성전 문을 지키는 레위 사람들이 모아둔 것이었다. 10 그들은 이 돈을 주님의 성전 수리를 맡은 이들에게 맡겼고, 그들은 또 그 돈을 주님의 성전 수리를 직접 맡아 건축하는 이들에게 주어서, 성전을 수리하게 하였다. 11 그들은 그 돈을 목수와 돌 쌓는 이들에게도 맡겨서, 채석한 돌과 도리와 들보를 만들 나무를 사들여, 유다의 왕들이 폐허로 만들어버린 건물들을 손질하게 하였다. 12 그 사람들은 일을 정직하게 하였다. 그들 위에 네 명의 감독이 있었다. 모두 레위 사람들인데, 므라리 자손 가운데서는 야핫과 오바댜, 고핫 자손 가운데서는 스가랴와 무술람이 성전을 수리하는 일을 맡아

율법책이란(14절) 어떤 책입니까? 율법의 말씀을 다 들은 왕이 애통해하는(19절) 까닭은 무엇입니까? 역대지는 요시야가 이 책을 발견하기 전에 이미 개혁을 단행한 것으로 서술하지만, 열왕기하 22-23장은 요시야가 이 책을 발견한 후에 이스라엘 곳곳에 있는 산당을 파괴하고 우상숭배 행태를 제거했다고 전합니다. 산당에서 제사해서는 안 되고, 오직 하나님께서 정하신 한 곳에서만 제사하라는 말씀이 신명기 12장에 나오기에, 오늘날의 학자들은 요시야 시대에 발견된 율법책이 신명기의 핵심 부분일 것이라고 추측합니다. 신명기는 하나님의 명령을 어기고 우상을 따르면 하나님의 심판을 받을 것이라 선포하며, 요시야가 보낸 이들이 찾아간 예언자 훌다 역시 이 점을 확인시켜줍니다(23-25절). 역대지는 율법책과 산당 파괴를 연결시키지 않았기에, 이 율법책을 오늘날의 오경(구약성경의 첫 다섯 권인 창세기, 출애굽기, 레위기, 민수기, 신명기) 전체로 생각하도록 이끕니다. 요시야는 율법책의 내용을 듣고 유다 백성이 이제까지 저질렀던 행태를 떠올렸고, 이 모든 죄와 예정된 심판으로 인해 옷을 찢으면서 애통해했습니다. 하나님 앞에서 자신을 낮추고 민족을 대표해 회개하면서 하나님의 도우심을 구한 것입니다.

하였다. 이 레위 사람들은 모두 음악에 익숙한 사람들이었다.
13 그들은 목도꾼을 감독하고, 각종 공사 책임자들을 감독하
였으며, 어떤 레위 사람은 기록원과 사무원과 문지기의 일을
맡았다.

14 ○ 힐기야 제사장은, 주님의 성전에서 궤에 보관된 돈을 꺼
내다가, 모세가 전한 주님의 율법책을 발견하고, 15 사반 서기
관에게, 자기가 주님의 성전에서 율법책을 발견하였다고 하면
서, 그 책을 사반에게 주었다. 16 사반이 그 책을 가지고 왕에
게 나아가서 보고하였다. "임금님께서 종들에게 명령하신 것
을 종들이 그대로 다 하였습니다. 17 또 주님의 성전에 있는 돈
을 다 쏟아서, 감독들과 건축하는 사람들에게 맡겼습니다." 이
렇게 보고하고 나서, 18 사반 서기관은, 힐기야 제사장이 자기
에게 책 한 권을 건네주었다고 왕에게 보고했다. 그리고 사반
은 그 책을 왕 앞에서 큰 소리로 읽었다.

19 ○ 왕은 율법의 말씀을 다 듣고는, 애통해하며 자기의 옷을
찢었다. 20 왕은 힐기야와 사반의 아들 아히감과 미가의 아

요시야는 '이스라엘과 유다의 백성을 대신하여'(21절) 하나님의 뜻을 물으라고 말
합니다. 유다 임금이 왜 이스라엘까지 신경을 씁니까? 이미 이스라엘은 멸망했고,
역대지 저자가 속한 공동체는 남왕국 유다의 후손이지만, 역대지는 북왕국이 없는
것처럼 다루지는 않습니다. 역대지는 자주 남왕국 유다의 왕을 '이스라엘 왕'이라
표현합니다(12:1; 21:2; 28:19, 23절, 27절). 이를 통해 현재 존재하는 역대지 시기 유
대 공동체는 남왕국 후손으로만 이어진 것이 아니라, 온 이스라엘을 잇고 있음을
증언합니다. 34장에서도 역대지는 성전 수리와 연관해 모인 돈이 '므낫세와 에브라
임과 북 이스라엘의 나머지 지역에 사는 백성'과 유다 지역 백성에게 거둔 것임을
언급하면서, '온 이스라엘'에 대한 지대한 관심을 다시 한번 표현합니다. 21절에서
'이스라엘과 유다의 백성'을 언급한 것 역시 이러한 맥락에서 요시야의 개혁과 온
이스라엘 공동체의 회복을 연결시키려는 의도라고 볼 수 있습니다.

들 압돈과 사반 서기관과 왕의 시종 아사야에게 명령하였다.
21 "그대들은 주님께로 나아가서, 나를 대신하여, 그리고 아직
이스라엘과 유다에 살아남아 있는 백성을 대신하여, 이번에
발견된 이 두루마리의 말씀에 관하여 주님의 뜻을 여쭈어보도
록 하시오. 우리의 조상이 주님의 말씀을 지키지 않고, 이 두
루마리에 기록된 모든 것을 지켜 따르지 않았으므로, 주님께
서 우리에게 쏟으신 진노가 크오."
22 ○ 힐기야가 왕의 명령을 받은 사람들과 함께 훌다 예언
자에게로 갔다. 그는 살룸의 아내였다. 살룸은 하스라의 손자
요 독핫의 아들로서, 궁중 예복을 관리하는 사람이었다. 훌다
는 예루살렘의 제이 구역에 살고 있었는데, 그들이 그에게 가
서 왕의 말을 전하니, 23 훌다가 그들에게 말하였다. "주 이스
라엘의 하나님께서 이렇게 말씀하시니, 그대들을 나에게 보내
어 주님의 뜻을 물어보라고 한 그분에게 가서 전하시오. 24 '나
주가 이렇게 말한다. 유다 왕 앞에서 낭독한 책에 기록된 모
든 저주대로, 내가 이곳과 여기에 사는 주민에게 재앙을 내리
겠다. 25 그들이 나를 버리고 다른 신들에게 분향하여, 그들이

**율법책을 '언약책'이라고 부르는(30절) 이유는 무엇입니까? 글쓴이가 용어를 달리해
서 강조하고 싶었던 특별한 의미가 있습니까?** '율법책'은 말 그대로 주 하나님께서
그분의 백성들에게 요구하시는 규례와 계명, 법도를 담은 책을 의미합니다. 그러나
제아무리 하나님께서 찾으시는 올바른 삶에 대한 규례 모음집이 있다 하더라도 그
것이 백성의 삶과 연결되지 않는다면 그것은 그저 한 권의 책일 따름일 것입니다.
'언약'은 쌍방이 맺는 약속입니다. 그래서 역대지가 요시야의 입을 빌려 이 책을 '언
약책'으로 표현한 것은 이제 하나님과 그 백성이 언약을 맺음으로써 '율법책'이 하
나님과 이스라엘 백성 사이의 약속에 따른 삶을 표현하는 '언약의 책'이 되어야 한
다는 것을 말한다고 볼 수 있습니다. 달리 표현하면 그저 바깥에 존재하던 책이 이
제 '우리의 책'이 되었음을, '언약책'이라는 표현이 보여준다고 할 수 있습니다.

한 모든 일이 나를 노엽게 하였기 때문이다. 그러므로 내 분노를 여기에다 쏟을 것이니, 아무도 끄지 못할 것이다' 하셨소. 26 주님의 뜻을 주님께 여쭈어보려고 그대들을 나에게로 보낸 유다 왕에게는 이렇게 전하시오. '주 이스라엘의 하나님이 이렇게 말한다. 네가 들은 말씀을 설명하겠다. 27 내가 이곳과 이곳에 사는 주민을 두고 말한 것을 네가 듣고, 마음에 느낀 바 있어서, 하나님 앞, 곧 내 앞에서 겸손해져서, 네가 옷을 찢으며 통곡하였으므로, 내가 네 기도를 들어주었다. 나 주가 말한다. 28 그러므로 이곳과 이곳 주민에게 내리기로 한 모든 재앙을, 네가 죽을 때까지는 내리지 않겠다. 내가 너를 네 조상에게로 보낼 때에는, 네가 평안히 무덤에 안장되게 하겠다' 하셨습니다."

○ 그들이 돌아와서, 이 말을 왕에게 전하였다.

요시야가 주님께 순종하기로 하다(왕하 23:1-20)

29 ○ 왕이 사람을 보내어 유다와 예루살렘의 모든 장로를 불러 모았다. 30 왕은 주님의 성전에 올라갈 때에, 유다의 모든

왕이 장로들을 불러 모으는(29절) 일이 자주 있었습니까? 어떤 경우에 장로들을 소집합니까? 율법책을 발견한 요시야는 이제까지 온 이스라엘이 겪은 참담하고 괴로운 현실이 율법책이 요구하는 대로 순종하지 않았기 때문이라는 것을 깨달았습니다. 깨달음을 얻은 요시야는 절망하고 괴로워하는 데서 그치지 않고, 이제부터라도 하나님의 규례와 명령을 따라 살기로 결정합니다. 훌다를 통해 하나님께서 이일을 들으신다는 것을 확인했으니, 이제 그는 온 백성을 한데 모아 하나님 말씀대로 바르게 살겠다는 언약을 맺으려고 합니다. 그래서 온 백성의 대표로서 장로들을 소집했습니다. 이스라엘은 왕이 존재하는 나라이니 '왕정'이라고 부를 수 있지만,

백성과 예루살렘 주민과 제사장들과 레위 사람들과, 어른으로부터 아이에 이르기까지, 모든 백성을 다 데리고 주님의 성전으로 올라갔다. 그때에 왕은 주님의 성전에서 발견된 언약책에 적힌 모든 말씀을 사람들에게 크게 읽어 들려주도록 하였다. 31 왕은 자기의 자리에 서서, 주님을 따를 것과, 마음과 목숨을 다 바쳐 그의 계명과 법도와 규례를 지킬 것과, 이 책에 적힌 언약의 말씀을 지킬 것을 맹세하는 언약을, 주님 앞에서 맺었다. 32 왕이 거기에 있는 예루살렘과 베냐민 사람들도 이 언약에 참여하게 하니, 예루살렘 주민이 하나님, 곧 조상의 하나님이 세우신 언약을 따랐다. 33 이와 같이 요시야는 이스라엘 자손에게 속한 모든 땅에서 혐오스러운 것들을 다 없애버리고, 이스라엘의 모든 사람으로 주 하나님을 섬기게 하였으므로, 요시야가 살아 있는 동안에는 백성이 주 조상의 하나님께 복종하고 떠나지 않았다.

여기에서 보듯 하나님과 언약을 맺는 주체는 왕 혼자가 아니라 '온 백성'입니다. 그래서 하나님과 언약을 맺을 때는 온 백성을 대표하는 자로 왕과 장로들이 함께 나섭니다. 이처럼 나라 전체와 연관된 매우 중요한 결정을 내릴 때, 백성의 대표로 장로들이 소집되었다고 할 수 있습니다.

{ 제35장 }

요시야가 유월절을 지키다 (왕하 23:21-23)

1 요시야는 예루살렘에서, 주님께 유월절을 지켰다. 사람들은 첫째 달 십사 일에 유월절 어린 양을 잡았다. 2 왕은 제사장들에게 각자가 해야 할 임무를 맡기고, 주님의 성전에서 할 일들을 잘하도록 격려하였다. 3 왕은 또, 주님께 거룩하게 구별되어서, 온 이스라엘을 가르치는 레위 사람들에게도 다음과 같이 지시하였다. "거룩한 궤는 다윗의 아들, 이스라엘의 솔로몬 왕이 지은 성전 안에 두도록 하십시오. 이제부터 당신들은 그 궤를 어깨에 메어 옮기지 않아도 됩니다. 당신들은 다만 주 당신들 하나님과 그의 백성 이스라엘을 섬기는 일만을 맡게 됩니다. 4 당신들은, 이스라엘의 다윗 왕이 글로 써서 지시한 것과 다윗의 아들 솔로몬이 글로 써서 지시한 것을 따라, 가문

신앙 회복 운동이 일어날 때마다 유월절(1절)이 중요한 키워드로 등장하곤 합니다. 유월절은 유대인들에게 어떤 의미를 갖는 절기입니까? 유월절은 이스라엘 백성이 이집트로부터 탈출한 것을 기념하는 절기입니다. 이집트에서 종살이하며 괴롭고 힘겨운 삶을 살던 이들이 고통 가운데 부르짖었을 때, 하나님께서는 그들의 소리를 들으셨습니다. 하나님께서 모세를 보내셔서 이스라엘을 이집트에서 이끌어내도록 하셨으나, 이집트의 왕은 끝까지 이를 거부했습니다. 그래서 하나님께서는 이집트 곳곳에 재앙을 내려 처음 난 것이라면 사람이든 가축이든 전부 죽게 하셨고, 다만 하나님께서 명하신 대로 어린 양의 피를 문설주에 바른 이스라엘의 집은 재앙으로부터 건지셨습니다. 그 사건을 기념하는 의미로 이스라엘은 유월절을 맞을 때마다 어린 양을 잡아 구워 먹으며 하나님께서 그들을 구원하신 것을 기억합니다. 하나님께서 그 밤에 이스라엘을 구원하시고 하나님 백성으로 새로운 출발을 하게 하셨다는 점에서, 유월절은 이스라엘의 기원이요 시작점이라 할 수 있습니다.

별, 갈래별로 준비를 하고 있다가, 5 성소에 나가서 당신들의 친족 되는 모든 사람의 가문의 서열을 따라서, 또는 레위 가문의 서열을 따라서, 일을 맡도록 하십시오. 6 당신들은 유월절 어린 양과 염소를 잡아야 합니다. 그리고 당신들은 스스로를 정결하게 하십시오. 그리고 동족을 위하여서도 준비하십시오. 이 모든 일은 주님께서 모세를 시켜서 말씀하신 그대로 해야 합니다."

7 ○ 요시야는 자기가 가지고 있는 집짐승 떼 가운데서, 어린 양과 어린 염소 삼만 마리와 수소 삼천 마리를 일반 백성들이 유월절 때에 제물로 쓰도록, 백성에게 거저 주었다. 8 왕의 신하들도 기꺼이 일반 백성과 제사장들과 레위 사람들에게 돌아갈 제물을 자원하여 내놓았다. 하나님의 성전의 최고 책임자인 힐기야와 스가랴와 여히엘은, 제사장들이 유월절 기간에 제물로 쓰도록, 어린 양과 어린 염소 이천육백 마리와 수소 삼백 마리를 내놓았다. 9 레위 사람의 지도자들, 곧 고나냐와 그의 동기들인 스마야와 느다넬과 하사뱌와 여이엘과 요사밧은, 레위 사람들이 유월절 제물로 쓰라고, 어린 양과 어린 염소를

'동족을 위해서'(6절), 또는 '다른 사람의 몫을'(14, 15절) 준비한다는 말은 무슨 뜻입니까? 무얼, 어떻게 준비한다는 이야기일까요? 요시야가 앞장서서 진행하는 유월절 준수에 소요되는 가축의 양은 막대했습니다. 여기에 쓰이는 가축의 도살은 6절에서 보듯 레위인들이 맡았습니다. 하나님께 드리는 제사의 순서에 참여하는 이들은 반드시 스스로를 정결하게 지켜야 했지만, 레위인들은 자신들만의 제사가 아니라 온 이스라엘을 위한 제사의 제물들까지도 잡아야 했습니다. 그들에 의해 도살된 가축들은 불에 구워졌고, 유월절에 참여한 모든 이들에게 고루 분배되었습니다. 레위인들은 온 이스라엘을 위해 가축을 도살했고, 불에 구운 제물을 온 이스라엘에게, 그리고 제사 절차를 진행하느라 분주했던 제사장들에게 나눠주었습니다

합하여, 오천 마리와 소 오백 마리를 내놓았다.

10 ○ 유월절을 지킬 제사 준비가 이렇게 다 되었을 때에, 제사장들과 레위 사람들은, 왕이 명령한 대로, 각각 제자리에 섰다. 11 희생제물인 양과 염소를 잡은 뒤에, 레위 사람들은, 잡은 짐승의 가죽을 벗기고, 제사장들은 손으로 피를 받아 제단에 뿌렸다. 12 그런 다음에, 레위 사람들은, 번제물로 바칠 짐승을 백성에게 가문별로 나누어주어서, 백성이 모세의 율법에 기록되어 있는 대로 주님께 드리게 하고, 소도 같은 방법으로 하였다. 13 레위 사람들은 유월절 어린 양을 규례에 따라서 불에 굽고, 나머지 거룩한 제물은 솥과 가마와 냄비에 삶아 모든 백성에게 속히 분배하였다. 14 이렇게 하고 난 뒤에, 그들은 자신들과 아론의 자손 제사장들 몫을 준비하였다. 그것은 제사장들이, 번제로 바치는 짐승들을 불에 태우고, 희생제물의 기름기를 태우느라고, 밤까지 바빴기 때문이다. 그래서 레위 사람들은 자신들과 아론의 자손 제사장들 몫을 준비하였던 것이다. 15 노래하는 사람들, 곧 아삽의 자손은, 다윗과 아삽과

왕과 제사장, 지도자들이 제물을 거저 제공하는(7-9절) 이유는 무엇입니까? 제물은 제사를 드리는 이들이 직접 마련하는 게 당연하지 않습니까? 원래 출애굽 시기에는 유월절 제사를 위해 가족별로 한 마리의 양을 잡았습니다. 애초부터 유월절 제물은 한 사람당 한 마리가 아니었던 겁니다. 역대지는 왕과 귀족들을 비롯해 좀 더 형편이 좋은 사람들이 공동체 전체의 절기를 위해 많은 예물을 내어놓는 모습을 자주 보여줍니다(29:31-36; 31:3-10). 히스기야도 그랬고, 요시야 역시 그렇습니다. 이를 통해 이 신앙 공동체가 하나님을 향해 적극적인 열심을 지녔으며, 자기들끼리만의 절기가 아니라 이스라엘 모든 이들의 절기가 되도록 애썼음을 보여줍니다. 사실 모두의 기쁨이 될 때, 참으로 하나님 앞에서 풍성한 절기일 것입니다. 그렇지 않고 재산을 충분히 가진 사람들만의 잔치라면, 그것은 더 이상 하나님 보시기에 합당한 방식이 아닐 겁니다.

헤만과 왕의 선견자 여두둔의 지시를 따라 각자 지정된 자리에 서 있었고, 문지기들은 각자가 책임 맡은 문을 지키고 있었다. 노래하는 사람들이나 문을 지키는 사람들이 그들의 근무 장소에서 떠나지 않아도 되었던 것은, 그들의 친족 레위 사람들이 그들의 몫을 준비하여주었기 때문이다. 16 이와 같이, 그날에 요시야 왕이 명령한 대로, 모든 일이 다 잘 준비되어 주님께 예배를 드릴 수 있었다. 사람들은 유월절을 지키며, 주님의 단에 번제를 드렸다. 17 그때에 거기 모인 이스라엘 자손은 유월절을 지키고, 이어서 이레 동안 무교절을 지켰다. 18 예언자 사무엘 이후로 이스라엘 안에서 이처럼 유월절을 지킨 예가 없었고, 이스라엘의 역대 왕들 가운데서도, 요시야가 제사장들과 레위 사람들과 그때에 거기 모인 온 유다와 이스라엘 사람들과 예루살렘 주민들과 함께 지킨 그런 유월절은, 일찍이 지켜본 왕이 없었다. 19 유월절을 이렇게 지킨 것은 요시야

요시야가 변장까지 해가면서 남의 싸움에 끼어든(22절) 이유는 무엇입니까? 요시야의 갑작스러운 죽음은 매우 당황스럽습니다. 역대지는 앞서 히스기야를 다루면서 석 장에 걸쳐 그가 신앙 개혁을 단행했음을 서술했고, 그가 "이렇게 하나님을 성실하게 섬기고 난 뒤에"(32:1) 앗시리아가 쳐들어왔지만 승리를 거뒀다고 전합니다. 히스기야의 신앙과 순종이 승리의 영광과 복을 가져왔다는 것입니다. 요시야 시대의 진술 역시 마찬가지 구조입니다. 요시야가 진행한 개혁 조치와 성대한 유월절 준수를 다룬 후, "이런 모든 일이 일어난 뒤"(20절)라는 표현을 통해 요시야의 훗날과 그의 개혁을 연결시킨 것입니다. 그런데 뜻밖에도 요시야는 이집트 왕에 의해 죽임당하고 맙니다. 그래서 역대지 본문은 이집트 왕 느고가 요시야에게 전령을 보내 전한 말이(21절) 느고의 말이 아니라 하나님께서 느고를 시켜서 하신 말씀이라고 합니다(22절). 그러나 요시야는 놀랍게도 변장까지 하면서 전쟁에 나섭니다. 역대지는 그가 하는 행동이 하나님의 말씀을 진지하게 고려하지 않고 자신의 뜻에 따라 밀어붙인 일로 여긴다고 볼 수 있습니다. 누구라도 하나님의 뜻을 전부 안다 말할 수 없고, 하나님을 독점할 수도 없음을 생각하게 됩니다.

가 나라를 다스린 지 열여덟째 해가 되던 때의 일이다.

요시야의 통치가 끝나다(왕하 23:28-30)

20 ○ 이런 모든 일이 일어난 뒤, 곧 요시야가 성전 정돈을 마치고 난 뒤에, 이집트의 느고 왕이 유프라테스강 가에 있는 갈그미스를 치려고 올라왔으므로, 요시야가 그것을 막으러 나갔다. **21** 느고가 요시야에게 전령을 보내어 말하였다. "유다의 왕은 들으시오. 왕은 왜 나의 일에 관여하려고 하오? 나는 오늘 왕을 치려고 온 것이 아니라, 나와 싸움이 벌어진 족속을 치려고 나선 것이오. 하나님께서 나에게, 속히 가라고 명하셨소. 그러니 하나님이 나와 함께 계시오. 하나님께 멸망을 당하지 아니하려거든, 하나님을 거역하는 이 일을 어서 멈추시오." **22** 그러나 요시야는 그에게서 돌이켜 되돌아가지 않고, 느고와 싸우려고 변장까지 하였다. 이처럼 요시야는, 하나님께서 느고를 시켜서 하시는 말씀을 듣지 아니하고, 므깃도 평원으로 진군하여 가서 싸웠다.

23 ○ 그때에, 적군이 쏜 화살이 요시야 왕에게 박혔다. 왕이

자기 부하들에게 명령하였다. "내가 크게 다쳤다. 내가 여기서 빠져나가도록, 나를 도와라." 24 그는 부하들의 부축을 받으면서 자기의 병거에서 내려, 그의 부사령관의 병거를 타고 예루살렘으로 돌아와, 숨을 거두었다. 사람들은 그를 그의 조상들의 묘에 장사하였다. 온 유다와 예루살렘 사람들이 그의 죽음을 슬퍼하였다.

25 ㅇ 예레미야 예언자가 요시야의 전사를 애도하는 애가를 지었는데, 노래하는 남녀가 요시야 왕을 애도할 때에는, 이 애가를 부르는 것이 관례가 되어 오늘까지 이른다. 그 가사는 '애가집'에 기록되어 있다.

26 ㅇ 요시야의 남은 사적, 곧 그가 주님의 율법에 기록된 대로 한 모든 선한 일과, 27 그의 업적은, 처음부터 끝까지 '이스라엘과 유다 열왕기'에 기록되어 있다.

예언과 통합니다. 다만 그의 죽음을 두고 '평안한 죽음'이라 말할 수는 없습니다. 훌다의 예언은 요시야가 하나님 앞에서 겸손했고 하나님의 말씀에 귀 기울인 것과 연관됩니다. 그런데 막상 요시야는 마지막에 이르러 느고를 통해 전하신 하나님의 말씀에 귀 기울이지 않고, 자신의 뜻대로 변장까지 하며 전쟁에 나섭니다. 역대지는 이러한 요시야의 행동이 그의 비극적인 죽음과 결부된 것으로 제시한다고 볼 수 있습니다.

{ 제36장 }

유다 왕 여호아하스 (왕하 23:30–35)

1 그 땅의 백성이 예루살렘에서 요시야의 아들 여호아하스를 세워, 그 아버지를 이어 왕으로 삼았다. 2 여호아하스가 왕이 되었을 때에, 그는 스물세 살이었다. 그가 예루살렘에서 나라를 다스린 지 석 달 만에, 3 이집트의 왕이 예루살렘에서 여호아하스를 폐위시키고, 유다로 하여금 이집트에 은 백 달란트와 금 한 달란트를 조공으로 바치게 하였다. 4 이집트의 느고 왕은 여호아하스의 형제 엘리야김을 세워 유다와 예루살렘의 왕으로 삼고, 엘리야김이라는 이름을 여호야김으로 바꾸게 하고, 왕이었던 그의 형제 여호아하스는, 붙잡아서 이집트로 데려갔다.

유다 왕 여호야김 (왕하 23:36–24:7)

5 ○ 여호야김이 왕이 되었을 때에, 그는 스물다섯 살이었다.

이집트의 입장에서 여호아하스보다 엘리야김이 더 매력적일 수밖에 없었던(3–4절) 요인은 무엇입니까? 요시야 사후, 유다 백성들은 여호아하스를 왕으로 세웁니다(1절). 그런데 이집트가 그를 제거했다는 점에서, 백성들의 지지에 기반을 둔 여호아하스가 '반 이집트' 입장을 취했으리라 짐작할 수 있습니다. 이집트로서는 새로운 왕을 자신들이 세워서 철저하게 이집트에 유리한 유다가 되기를 원했을 것입니다. 아울러 이제 유다는 그들의 왕을 스스로 결정할 수 없고, 이방의 강력한 나라들이 제멋대로 유다의 왕을 세우는 상황이 되고 말았습니다. 열강의 다툼 속에서 주체적으로 무엇을 할 수 없는 지경이 된 것입니다. 여호아하스의 교체 이유를 전혀 언급하지 않는 역대지의 진술은 그 자체로 유다가 처한 참담한 현실을 보여줍니다.

그는 예루살렘에서 열한 해 동안 다스렸다. 그는 주 하나님께서 보시기에 악한 일을 하였다. 6 바빌로니아의 느부갓네살 왕이 올라와서 그를 치고, 쇠사슬로 묶어서, 바빌로니아로 잡아갔다. 7 느부갓네살은 또 주님의 성전 안에 있는 온갖 기구를 바빌로니아로 가지고 가서, 도성 바빌론에 있는 자기의 궁전에다 들여놓았다. 8 여호야김의 나머지 사적과, 그가 저지른 모든 역겨운 일과, 그가 저지른 악한 행위는 '이스라엘과 유다 열왕기'에 기록되어 있다. 그의 아들 여호야긴이 그의 뒤를 이어 왕이 되었다.

유다 왕 여호야긴(왕하 24:8-17)

9 ○ 여호야긴이 왕이 되었을 때에, 그는 여덟 살이었다. 그는 예루살렘에서 석 달 열흘 동안 다스렸다. 그는 주님께서 보시기에 악한 일을 하였다. 10 그해 봄에, 느부갓네살 왕이 사람을 시켜서 여호야긴을 바빌로니아로 잡아가고, 주님의 성전에

여호야긴에 대한 평가가 너무 야박합니다. 고작 여덟 살짜리가 도대체 무얼 했다고 "주님께서 보시기에 악한 일을 하였다"(9절)라고 말합니까? 역대지와 같은 시기를 다루는 열왕기하는 당시 여호야긴의 나이를 18세로 전합니다(왕하 24:8). 아마도 '열'을 의미하는 단어가 필사 과정에서 빠진 것으로 이해할 수 있습니다. 그리고 열왕기와 역대지는 모두 여호야긴의 통치가 겨우 석 달가량이라 전하는데(왕하 24:8 '석 달', 대하 36:9 '석 달 열흘'), 이 짧은 기간을 두고 매우 부정적인 평가를 내린다는 점도 언뜻 이해하기 어렵습니다. 분명한 것은 아무리 짧은 기간이었다 하더라도, 그의 통치는 이전의 부정적인 측면을 조금도 바꾸거나 돌이키려는 조짐이 없었다는 점입니다. 므낫세와 같은 악한 왕조차도 회개하면 하나님께서 용서해주셨던 것을 생각하면, 언제라도 돌이키는 것이 중요합니다. 역대지는 전체에 걸쳐 이 점을 강조합니다.

있는 값비싼 온갖 기구도 함께 가져갔으며, 여호야긴의 삼촌 시드기야를 세워서 유다와 예루살렘의 왕으로 삼았다.

유다 왕 시드기야(왕하 24:18–20; 렘 52:1–3상)

11 ○ 시드기야가 왕이 되었을 때에, 그는 스물한 살이었다. 그는 예루살렘에서 열한 해 동안 다스렸다. 12 그는 주 하나님께서 보시기에 악한 일을 하였다. 그는 주님의 입에서 나오는 말씀을 선포하는 예레미야 예언자 앞에서 겸손하게 말씀을 받아들이지 않았다.

예루살렘의 함락(왕하 25:1–21; 렘 52:3하–11)

13 ○ 느부갓네살은 강제로, 시드기야가 하나님의 이름으로 충성을 맹세하도록 하였다. 시드기야는 억지로 충성을 맹세하였지만, 마침내 느부갓네살 왕에게 반항하기까지 하였다. 다른 한편으로, 시드기야는 고집을 부리며, 조금도 뉘우치지 않고, 주 이스라엘의 하나님께로 돌아오지 않았다. 14 지도급

"예루살렘 성전을 더럽히고 말았다"(14절)라는 말은 어떤 악행을 설명하는 표현입니까? 12-16절은 시드기야 시대의 죄악을 고발하는 내용이지만, 사실 유다의 역사 전체에 걸쳐서 진행되었던 악행을 열거한 것으로도 볼 수 있습니다. 종종 개혁적인 임금이 등장해 하나님께로 돌이키기도 했지만, 유다의 왕들은 계속해서 하나님을 거역했습니다. 그리고 하나님께서 금하신 우상에게 끊임없이 귀 기울이며 악을 행했습니다. 오직 하나님 한 분을 예배하고 하나님을 경외하며 섬겨야 하는 장소인 하나님의 성전에 걸핏하면 우상 제단을 마련하고 우상을 세웠으니, 그것이야말로 하나님의 성전을 더럽힌 짓입니다. 자세한 내용은 나오지 않지만, 시드기야와

인사들인 제사장들과 일반 백성도 크게 죄를 지어, 이방의 모든 역겨운 일을 따라 하였으며, 마침내 그들은 주님께서 자신의 것으로 거룩하게 하신 예루살렘 성전을 더럽히고 말았다. 15 그들의 조상의 하나님이신 주님께서 그들과 그 성전을 구원하실 뜻으로, 자신의 백성에게 예언자들을 보내시고 또 보내셔서, 경고에 경고를 거듭하셨지만, 16 그들은 하나님의 특사를 조롱하고, 하나님의 말씀을 무시하고, 하나님의 예언자들을 비웃었다. 그러다가 마침내, 자신의 백성을 향한 주님의 분노가 치솟으시니, 백성을 바로잡을 길이 전혀 없었다.

17 ○ 하나님께서 바빌로니아의 왕을 불러다가, 자신의 백성을 치게 하셨다. 그래서 그 왕은 유다의 젊은이들을 닥치는 대로 칼로 쳐 죽였다. 심지어는 성전 안에서도 그러한 살육을 삼가지 않았다. 그 왕은 잔인하였다. 젊은이나 늙은이, 여자나 남자, 병약한 사람이나 건강한 사람을 가리지 않았다. 하나님은 이렇게 자신의 백성을 그 왕의 손에 넘기셨다. 18 바빌로니아 왕은 하나님의 성전 안에 있는 크고 작은 기구와, 주님의 성전 안에 있는 보물과, 왕과 신하들이 가지고 있는 보물을 모두 도성 바빌론으로 가져갔다. 19 그 왕은 또 하나

그 시대의 모든 이들 역시 그렇게 우상을 숭배하고 우상에게 기웃거리며 우상숭배와 관련된 것들을 성전에 마련하는 짓을 반복했을 겁니다.

님의 성전을 불사르고, 예루살렘 성벽을 헐고, 궁궐들을 다 불사르고, 값진 그릇들을 다 부수어버렸다. 20 그는 또 칼에 맞아 죽지 않고 살아남은 자들은, 바빌로니아로 데리고 가서, 왕과 왕자들의 노예로 삼았다. 그들은 페르시아 제국이 일어 서기까지 거기서 노예 생활을 하였다. 21 그리하여 주님께서 예레미야를 시켜서 "땅이 칠십 년 동안 황폐하게 되어, 그동안 누리지 못한 안식을 다 누리게 될 것이다" 하신 말씀이 이루어 졌다.

고레스의 귀국 명령(라 1:1-4)

22 ○ 페르시아의 고레스 왕이 왕위에 오른 첫해에, 주님께서 는 예레미야를 시켜서 하신 말씀을 이루시려고, 페르시아의 고레스 왕의 마음을 움직이셨다. 고레스는 온 나라에 명령을 내리고, 그것을 다음과 같이 조서로 써서 돌렸다.

23 ○ "페르시아의 고레스 왕은 다음과 같이 선포한다. 주 하늘의 하나님께서 나에게 이 땅 위의 모든 나라를 주셔서 다스리게 하시고, 유다의 예루살렘에 그의 성전을 지으라고

이스라엘 민족을 선택하고 이집트에서 끌어내 친히 다스리는 나라를 세우려던 하나님의 계획은 결국 실패로 돌아간 셈인가요?(17-21절) 하나님께서 사람을 하나님의 형상대로 지으셨으니, 사람은 로봇이나 기계가 아니라 자유로운 의지와 생각을 지녔습니다. 그렇기에 하나님을 예배하고 따르는 삶은 저절로 되는 것이 아니라, 자신의 의지와 결단을 따라 주체적으로 행해야 하는 것입니다. 하나님께서는 강압적으로 사람을 주관하시거나, 아예 사람 속에 하나님을 조금도 거역하지 않도록 프로그램을 만들어 넣지 않으셨습니다. 사람의 자유로운 선택으로 하나님께 나아오게 하셨습니다. 유다가 끝끝내 불순종하며 멸망으로 치달았지만, 군데군데 하나님을 경

명하셨다. 이 나라 사람 가운데, 하나님을 섬기는 모든 백성에게, 하나님께서 함께 계시기를 빈다. 그들을 모두 올라가게 하여라."

외하는 이들이 있었고 영광스러운 시기도 있었습니다. 그리고 나라가 망해 바빌로니아에 포로로 끌려갔지만, 역대지 마지막 구절인 22-23절이 보여주듯, 하나님께서는 흩어진 백성을 다시 유다 땅에 돌아오게 하셨습니다. 역대지는 이렇게 포로기 이후에 다시 돌아와 유다 땅에 정착한 이들을 향해 "이제 우리는 어떻게 살 것인가"를 가르칩니다. 아무리 약해져도, 아무리 초라해 보여도, 언제라도 하나님께 돌이키고 하나님의 말씀에 귀 기울이며 하나님의 규례를 행할 때, 그들에게는 생명이 있고 풍성한 삶이 있습니다. 그것을 다윗의 시대가, 솔로몬의 시대가 보여줍니다. 그렇다면 하나님의 계획은 실패한 것이 아니라 계속 진행되고 있다고 해야 할 것입니다.

창세기 우주와 세상 만물, 시간, 인류가 어디서 비롯되었으며 어떻게 존재하게 되었는지 설명한다. 한편으로는 하나님께서 손수 인간을 빚어 만드신 뜻은 무엇이며, 그 하나하나와 어떤 관계를 맺고 싶어 하시는지, 인류를 향해 어떤 계획과 기대를 가지고 있으며 또 무얼 약속하시는지, 그 약속이 어떻게 한 세대에서 다음 세대로 꿋꿋이 흘러내려 갔는지 그려낸다. 천지창조의 파노라마에서 출발해서, 약속을 간직한 야곱 일가가 기근을 피해 이집트로 내려가 정착한 내력으로 마감된다.

출애굽기 이집트에서 종살이를 하던 이스라엘 백성의 탈출기. 하나님은 모세라는 지도자를 내세워 가혹한 착취와 노역에 시달리던 이스라엘 백성을 건져내 약속의 땅으로 안내하신다. 끝까지 거부하고 버티는 파라오에게 내린 열 가지 엄청난 재앙, 바다가 갈라져 길이 열리는 사건을 비롯해 하나님께서 이스라엘 백성에게 베푸신 갖가지 기적 등 흥미진진한 이야기들이 실려 있다. 두고두고 지키도록 하나님께서 직접 정해주신 여러 절기와 예배의식, 법률 제도 등도 볼 수 있다.

레위기 이스라엘 백성이 지켜야 할 규칙을 모은 법률서. 언약을 품은 백성이 깨끗한 삶과 마음으로 하나님과 친밀한 관계를 맺으며 살아갈 여러 방법을 구체적으로 제시한다. 하나님께 드리는 제사와 제물의 종류, 제사장의 자격과 권위, 정결한 짐승과 부정한 짐승, 성적인 규례, 결혼과 가정을 둘러싼 제도, 사형으로 다스려야 할 범죄, 땅의 소유권, 안식년과 희년 제도 등을 자세히 다룬다.

민수기 두 차례의 인구조사 기록을 밑그림으로 이스라엘 백성의 광야 생활을 따라간다. 종살이에서 풀려난 감격은 어느 결에 사라지고 불평과 불만이 이스라엘 백성 가운데 자리 잡는다. 원망은 모세와 그 가족, 그리고 실질적으로는 하나님을 향하기에 이르고, 마침내 온 백성이 불순종의 대가를 치르게 된다. 이집트에서 출발한 첫 세대는 영영 약속의 땅에 들어가지 못하고 광야에서 스러지고 만다.

신명기 약속의 땅을 코앞에 두고, 모세가 이스라엘 백성에게 남긴 마지막 당부. 모세는 이집트의 손아귀에서 벗어난 뒤로 40년에 걸쳐 광야를 떠돌았던 세월을 되짚는다. 하나님을 외면하고 우상을 숭배했던 죄를 지적하는 한편, 그럼에도 불구하고 조금도 부족함 없이 먹이고 입힌 하나님의 돌보심을 일깨운다. 이어서 율법의 가르침을 일일이 꼽아가며 하나님 앞에서 거룩하게 사는 일이 얼마나 중요한지 강조한다. 하나님의 법에 따르는 이가 누릴 축복과 거부하는 이에게 향하는 저주를 낱낱이 열거한다. 모세가 눈을 감으면서 이스라엘 역사도 새로운 국면으로 넘어간다.

여호수아기 새로운 지도자 여호수아를 따라 요단강을 건넌 이스라엘 백성의 가나안 정복기. 하나님의 능력에 힘입어 견고하기 이를 데 없는 여리고 성을 무너뜨리면서 시작된 정복 전쟁은 치열한 공방을 거듭하며 길게 이어진다. 하나님께서 알려주신 전투 원칙에 충실했을 때는 어김없이 승리를 거뒀지만, 자만해서 또는 속임수에 넘어가 명령을 어겼을 때는 막대한 피해를 입었다. 여호수아는 싸워 얻은 땅들을 각 지파에 나눠주고, 끝까지 하나님께 충실하겠다는 백성의 다짐을 받는다.

사사기 모세와 여호수아 이후, 이스라엘에 임금이 나오기 전까지 긴 세월 동안 백성을 다스렸던 숱한 지도자(사사)들의 이야기. 약속의 땅에 자리를 잡았지만, 이스라엘 백성은 누가 자신들의 참 하나님인지를 이내 잊고 말았다. 신앙은 흐트러지고, 우상숭배가 만연했다. 세상은 거칠어졌고, 틈만 나면 뭇 민족들의 침략과 압제에 시달렸다. 하나님은 그때마다 사사들을 세워 백성을 구출하고, 그분과 맺은 약속을 소중히 여기라고 요구하신다.

룻기 사사 시대에 살았던 룻이라는 여인의 일대기. 독특하게도 주인공 룻은 히브리인이 아니었다. 멸시의 대상이었던 이방인, 그것도 이스라엘과 적대지간인 모압의 여인이 어떻게 히브리 역사의 한 장을 차지하게 되었을까? 남편과 사별하고, 먹고살 길조차 막막했던 이방 여인이 율법이 정한 의무를 충실히 이행하려는 진실한 사내와 만나 건강하고 안정된 삶을 회복하는 이 단순한 이야기가 오늘을 사는 우리에게 전하는 메시지는 무엇일까?

사무엘기상 사사의 시대가 마무리되고 왕의 통치가 시작되는 시기의 거대한 역사 드라마. 주요 등장인물은 사무엘, 사울, 다윗이다. 일찌감치 제사장 손에 맡겨져 성전에서 살았던 사무엘은 곧바른 사사로 성장하고, 이스라엘의 왕정을 여는 중책을 맡는다. 첫 왕 사울은 뛰어난 자질을 가졌지만 제 힘과 능력을 과신한 탓에 서서히 몰락의 길을 걷는다. 하나님의 명령에 따라 사무엘은 다시 다윗에게 기름을 붓고 왕위를 넘긴다. 저 유명한 '다윗과 골리앗'의 한판 승부 이야기도 여기서 볼 수 있다.

사무엘기하 이스라엘 역사를 통틀어 가장 위대한 임금으로 꼽히는 다윗의 통치와 추락을 그린다. 난국을 진정시키고 왕위에 오른 그는 주변 국가들을 잇달아 굴복시키고 빼앗겼던 법궤를 되찾았으며, 영토를 크게 넓혀 강국으로 성장할 토대를 놓는다. 하지만 간통을 저지르고 충직한 부하를 사지에 내몰아 죽게 하는 치명적인 범죄를 저지르면서 단번에 추락하고 만다. 이윽고 사랑했던 아들이 반란을 일으키고, 함께 사지를 넘나들었던 신하들이 갈라져 서로 죽이는 비극적인 사태가 벌어진다.

열왕기상 솔로몬과 그 이후에 등장한 왕들, 그리고 걸출한 예언자들의 행적을 기록한 책. 왕위 다툼의 최종 승자가 된 솔로몬은 통치 초기, 대대적인 제사를 드리고 웅장한 성전을 건축하는 등 하나님을 향한 진심을 드러낸다. 하지만 명성과 권력이 드높아지자 초심을 잃고 백성에게 높은 세금과 힘든 노역을 강요하는 한편, 끝없는 정략결혼으로 동맹을 늘려간다. 결국 솔로몬이 눈을 감기 무섭게 왕국은 이스라엘과 유다로 갈라진다. 두 나라는 제각기 왕위를 이어가며 끝없이 부대낀다. 하나님은 엘리야를 통해 권능을 드러내 보이며 거룩한 약속을 상기시키고 회개를 촉구하신다.

열왕기하 이스라엘과 유다 왕국이 차례로 무너져 내리는 쇠락의 역사를 다룬다. 하나님은 예언자들을 숱하게 보내 멸망을 경고하고 바른길로 돌아서길 요구하시지만, 두 나라의 대다수 임금들은 귀를 단단히 틀어막고 거룩하지 못한 삶으로 오로지한다. 예언자 엘리야의 뒤를 이은 엘리사는 수없이 많은 기적들을 일으키고 개혁을 부르짖었지만, 보람을 얻지 못한다. 결국 북쪽 이스라엘은 앗시리아에, 남쪽 유다는 바빌론에 차례로 멸망당하고 만다.

역대지상 아담부터 다윗에 이르는 이스라엘의 방대한 족보, 그리고 다윗이 통치하던 시절의 역사를 기록한 책. 족보는 포로로 끌려갔다 간신히 고향으로 돌아온 이스라엘 백성에게 민족의 정체성을 확인시키고 궁극적으로 되돌아가야 할 지점이 어디인지 가리켜 보여준다. 족보를 상세하게 소개한 뒤에는 언약궤를 되찾고 성전 지을 준비를 완벽하게 갖춰놓았던 다윗 임금에 초점을 맞춘다. 다윗 왕국은 영광스러운 역사의 첫 줄이었고, 성전은 하나님과 맺은 약속의 상징이었기 때문이다.

역대지하 역대지하는 솔로몬 왕국으로 시선을 돌린다. 솔로몬이 지은 성전이 얼마나 화려하고 웅장했는지, 그 안에 들어가는 기구 하나하나까지 상세히 그려가며 소개한다. 아울러 솔로몬의 부귀와 영화가 얼마나 대단했으며 지혜가 얼마나 탁월했는지 낱낱이 되새김질한다. 뒤를 이은 임금들의 발자취를 따라가며 이스라엘이 몰락하고 포로 신세가 되었음을 알리지만, 끝머리에는 고레스가 내린 해방 명령을 실어 또 다른 시대가 열릴 것임을 예고한다.

에스라기 페르시아로 끌려갔다가 풀려난 이스라엘 백성의 귀향, 그리고 성전과 성벽을 다시 세우는 힘겨운 씨름, 무너진 이스라엘 백성의 신앙을 되세우려는 선지자 에스라의 분투를 다룬다. 기적처럼 포로 신세에서 벗어나 고향으로 돌아온 백성은 감격 속에 제사를 드리고 성전과 성읍 재건에 나서지만, 완공을 보기까지는 악랄하고도 치밀한 적들의 방해 공작에 시달려야 했다. 뒤늦게 2진을 이끌고 이스라엘에 돌아온 에스라는 신앙이 형편없이 흐트러진 동포들의 모습에 경악하고 곧장 회복운동에 나선다.

느헤미야기 에스라와 비슷한 시대를 살았던 느헤미야가 고향으로 돌아와 펼친 개혁운동을 담고 있다. 바빌론에서 임금을 모시는 관리로 일하던 느헤미야는 재건 공사가 지지부진하다는 고국 소식에 귀환을 결심한다. 고향에 돌아온 느헤미야는 적대 세력의 압박을 뿌리치고 여러 가문과 힘을 모아 재건 공사를 마무리한다. 마침내 공사가 끝나자, 이스라엘 백성은 한데 모여 율법을 낭독하고, 죄를 뉘우치고, 예배를 드리고, 삶의 자세를 가다듬었다.

에스더기 페르시아의 임금 아하수에로의 왕비가 된 유대 여인 에스더의 파란만장 일대기. 에스더가 포로의 처지에서 단번에 왕비가 되었을 즈음, 유대인들은 총체적인 난국을 맞는다. 임금의 총애를 받는 고관 하만이 자신에게 고분고분 고개를 숙이지 않는 유대인들을 모조리 말살하기로 작정하고 실행에 들어간 까닭이다. 에스더는 제 목숨을 내놓고 동족을 살리는 데 앞장선다.

욥기 더없이 풍요롭고 행복한 삶을 누리던 이가 하루아침에 가진 걸 다 잃어버리고 고통의 수렁에 빠진다면, 그의 뇌리엔 어떤 생각들이 오갈까? 나무랄 데 없이 선한 성품, 풍요로운 삶, 화목한 가정까지 무엇 하나 모자람 없던 욥은 거대한 불행에 휩쓸려 고통의 바다 깊숙이 가라앉고 만다. 친구들은 잘못한 게 있으니 벌을 받는 게 아니냐고 하지만, 욥으로선 불행의 원인을 도무지 가늠할 수 없다. 토론이 이어지고 목소리가 높아지지만, 결론은 나지 않는다. 이제 하나님의 답을 들어볼 차례다. 그분은 무어라 하시는가?

시편 하나님의 백성이 부르는 노래 모음. 다윗과 솔로몬을 비롯해 여러 시인들의 노래를 모았다. 하나님의 됨됨이와 이루신 일들을 높이고 찬양하는 노래가 많지만, 그것이 전부는 아니다. 더러는 베풀어주신 은혜에 감격하기도 하고, 괴로움을 호소하며 도움을 구하기도 하고, 허물을 고백하고 용서를 구하기도 하고, 하나님께서 주신 약속을 되새기기도 하며, 예배의 즐거움을 노래하기도 한다.

잠언 하나님을 임금으로 삼고 사는 백성의 눈으로 어떻게 세상을 살아야 할지 간결하게 정리한 글 모음. 지혜가 얼마나 소중한 보물인지 누누이 설명한 뒤, 좋은 친구를 사귀고, 슬기로운 말을 하고, 게으름과 성적인 유혹을 피하는 법 등 다양한 주제를 다룬다. 흔히 보는 교훈집이나 금언서와는 출발이 다르다. 잠언은 지혜의 근원을 하나님에 두는 까닭이다.

전도서 땅에 코를 박고 사는 이들에게 삶의 본질을 가리켜 보이며 고개를 들어 하늘을 올려다보라고 가르치는 책. "헛되고 헛되다. 모든 것이 헛되다"라는 선언에서 출발해 무슨 일이든 때가 있는 법임을 일깨운다. 인생은 불공평하며 한 치 앞도 알 수 없지만, 조바심칠 게 아니라 오늘을 살며 하나님을 바라보라고 권한다.

아가 두 연인이 나누는 사랑 노래. 낯빛이 까만 여인과 왕이기도 하고 목자이기도 한 사내는 끝없이 연모하고, 사랑을 나누며, 혼인의 즐거움을 만끽하고, 더불어 춤을 춘다. 둘이 서로를 그리워하며 쏟아내는 고백은 다정하고, 안타까우며, 사랑스럽고, 더러 에로틱하기까지 하다.

이사야서 네 임금의 치세와 흥망성쇠를 지켜본 선지자 이사야는 유다와 예루살렘에 관한 환상을 보고 백성에게 하나님이 주신 메시지를 선포한다. 하나님께 등을 돌린 '죄지은 민족, 허물이 많은 백성, 흉악한 종자, 타락한 자식들'을 향해 심판이 코앞에 닥쳤음을 경고하는 반면, 다른 한편으로는 그럼에도 불구하고 더없이 큰 권세로 구원하시는 하나님의 사랑을 선포한다.

예레미야서 유다가 막바지를 향해 치닫던 시절에 활동했던 예언자 예레미야가 전하는 하나님의 메시지. 멸망이 코앞에 닥쳤으니 당장 뉘우치고 돌아서라 외쳤기에 백성의 격렬한 반발을 샀다. 임금과 백성의 비위를 맞추기에 급급한 사이비 예언자들의 모욕을 감수해야 했고, 옥에 갇히기도 했다. 하지만 예레미야는 암울한 미래를 예고하는 데 그치지 않고 하나님의 약속이 회복되는 궁극적인 미래를 가리켜 보인다.

예레미야 애가 유다의 참담한 미래를 내다보고 탄식하며 눈물짓는 예언자의 노래. 백성은 사로잡혀 사방팔방으로 뿔뿔이 흩어지고, 거룩한 성 예루살렘은 황폐해져 적막이 감돈다. 예언자는 이 모두가 마땅히 치러야 할 죗값임을 지적하고, 고아의 처지가 된 백성을 기억해주시길 하나님께 호소한다.

에스겔서 포로로 끌려간 바빌론에서 예언자로 활동했던 에스겔의 메시지. 앞선 책의 예언자들처럼 유다와 뭇 나라들에 쏟아질 하나님의 심판을 선포하고, 예루살렘의 회복과 축복을 예고하며, 하나님께서 더없이 가까이 함께해주실 미래를 소망한다. 책을 가득 채운 기이하고 기묘한 행적과 환상들은 이런 메시지들을 생생하게 전달하고 깊이 각인시킨다.

다니엘서 포로의 처지로 바빌론 왕궁에 살며 집중 관리를 받았던 유다 청년 다니엘이 하나님을 향한 순수한 마음을 지키기 위해 벌였던 씨름, 그리고 그이가 꿈에 보았던 놀라운 환상을 기록한 책. 한결같은 신앙을 가졌던 까닭에 다니엘은 일생일대의 위기를 겪지만, 하나님의 극적인 개입으로 목숨을 건진다. 후반부에는 다니엘이 보았던 기이한 환상과 상징들이 파노라마처럼 펼쳐진다.

호세아서 신앙적으로 한없이 타락하고 우상숭배가 극성을 부리던 이스라엘 땅에서 활동했던 예언자 호세아의 입을 통해 전하는 하나님의 메시지. 바람기 가득한 아내를 결코 포기하지 않고 줄곧 사랑을 이어가는 삶을 통해 하나님의 사랑이 얼마나 극진한지 한눈에 보여준다.

요엘서 유다와 예루살렘에 닥친 엄청난 자연재해를 소재로 예언자 요엘이 전한 하나님의 메시지. 예언자는 메뚜기 떼의 습격을 이민족의 침입에 빗대어 설명한 뒤, 뉘우치고 돌아오기를 기대하는 하나님의 마음을 전한다. 하나님은 진심으로 회개하면 재앙을 거두기도 하는 분임을 강조하며, 즉각적이고 전폭적인 회개를 촉구한다.

아모스서 종교적인 타락과 위선, 무너진 정의, 부패한 사회를 매섭게 비판했던 예언자 아모스가 전한 하나님의 메시지. 다마스쿠스와 모압을 비롯해 숱한 주변 국가들을 향한 하나님의 진노와 징계를 선포하고 이스라엘의 멸망을 예언하지만, 거룩한 질서가 회복된 미래에 대한 예고도 빼놓지 않는다.

오바댜서 예언자 오바댜의 입을 통해 에돔을 향한 노여움과 심판을 예고하시는 하나님의 메시지. 유다가 바빌론에 시달리는 모습을 지켜보며 돕기는커녕 도리어 웃음 짓던 오만한 에돔은 하나님의 손에 무너지고, 거룩한 백성이 승리를 거둘 것을 예고한다.

요나서　예언자 요나는 강대국 니느웨에 가서 죄를 꾸짖고 심판이 임박했음을 알리라는 하나님의 명령을 받지만, 순종 대신 도망을 택한다. 이후에 벌어지는 사건들은 속속들이 죄에 물든 인간일지라도 돌이키기만 하면 얼마든지 용서하시겠다는 하나님의 속내를 여실히 보여준다.

미가서　정의는 무너지고 죄악이 차고 넘치는 유다와 이스라엘을 꾸짖고, 거룩한 뜻과 질서가 지배하는 새로운 세상을 그려 보이며, 하나님께서 진정으로 원하시는 바가 무엇인지를 명쾌하게 제시한다.

나훔서　나훔이 선포한 하나님의 메시지로 '피의 도성, 거짓말과 강포가 가득하며 노략질을 그치지 않는 도성' 니느웨의 멸망을 예고한다. 하나님이 얼마나 크고 강하며 사랑이 가득한 분인지 설명하고, 그 권세가 어떻게 니느웨를 파멸에 이르게 할지 그림처럼 선명하게 보여준다.

하박국서　정의와 심판에 대한, 예언자 하박국과 하나님의 질의응답. 하박국은 세상에 이토록 불의가 가득한데 하나님은 어째서 짐짓 모른 체하시는가 따져 묻고, 하나님께서는 지체 없이 단호한 답변을 내놓으신다. 하박국은 "주 하나님은 나의 힘"이라는 고백으로 긴 대화를 마무리한다. 하나님은 과연 어떤 답을 주셨을까?

스바냐서　예언자 스바냐가 전하는 하나님의 메시지. 유다와 열방의 죄상을 통렬하게 지적하고 시시각각 다가오는 심판을 예고하는 한편, 징벌이 그치는 '그날이 오면' 축제 같은 즐거움이 가득하리라고 가르친다.

학개서　바빌론 포로 생활에서 풀려나 고국에 돌아온 뒤, 성전을 다시 세우기 위해 안간힘을 썼던 예언자 학개가 전하는 하나님의 메시지. 재건 작업이 지지부진한 현실 앞에서 성전을 다시 세우는 행위가 갖는 의미를 설파하고, "언약이 아직도 변함이 없고, 나의 영이 너희 가운데 머물러 있으니, 너희는 두려워하지 말라"는 거룩한 음성을 전달한다.

스가랴서　뿔과 대장장이, 측량줄, 대제사장 여호수아, 순금 등잔대와 두 올리브나무, 날아다니는 두루마리, 곡식 넣는 뒤주, 병거 네 대 등 기이하고 다양한 환상들을 기록하고, 선택한 백성을 향한 하나님의 구원 계획을 소개하는 예언자 스가랴의 글.

말라기서　구약성경의 마지막 책. 진실한 예배가 사라지고 말라비틀어진 형식만 남은 세상, 약자들이 억압받고 소외되는 불의한 사회를 고발하고, 하나님께서 '특사'를 보내셔서 온갖 불순한 동기와 행위들을 정결하게 하며 굽은 정의를 바로 세우시는 날이 기필코 오리라고 단언한다.

〈교양인을 위한 성경〉 시리즈는 〈성경전서 새번역〉 본문과 해제로 구성해 각 책별로 발간하고 있다. 구약은 김근주 교수(기독연구원 느헤미야), 신약은 권연경 교수(숭실대 기독교학과)가 성경을 읽어가는 재미와 정보의 길안내를 맡았다. 〈교양인을 위한 성경〉 시리즈는, 성경을 읽기 쉽고 보기 좋게 편집해, 페이지마다 궁금해할 만한 부분에 해제를 달았다. 언제 어디서나 들고 다니며 읽기 편하게 일반 단행본 모양으로 한 권씩 묶었다.

구약

BIBLE in Hand 교양인을 위한 성경
신약 | 마태복음서
성취된 약속,
왕으로 온 메시아
해제 권연경

BIBLE in Hand 교양인을 위한 성경
신약 | 마가복음서
너희는
나를 누구라고
하느냐?
해제 권연경

BIBLE in Hand 교양인을 위한 성경
신약 | 누가복음서
예수 연대기 :
말구유에서 빈 무덤 너머까지
해제 권연경

BIBLE in Hand 교양인을 위한 성경
신약 | 요한복음서
검은 현실을 부수는
빛의 소리
해제 권연경

성취된 약속, 왕으로 온 메시아

마태복음서 | 188p | 10,000원 | Ebook 8,000원

너희는 나를 누구라고 하느냐?

마가복음서 | 128p | 7,000원 | Ebook 5,500원

예수 연대기 : 말구유에서 빈 무덤 너머까지

누가복음서 | 208p | 11,000원 | Ebook 8,000원

검은 현실을 부수는 빛의 소리

요한복음서 | 156p | 8,000원 | Ebook 6,000원

행진, 담대하게 거침없이

사도행전 | 176p | 8,500원 | Ebook 6,500원

벼랑 끝 인생에게 주는 생존방정식

로마서·고린도전후서·갈라디아서 | 272p | 15,000원 | Ebook 11,000원

살며, 사랑하며, 지키며

에베소서·빌립보서·골로새서·데살로니가전후서·디모데전후서·
디도서·빌레몬서 | 208p | 15,000원 | Ebook 11,000원

위기의 신앙 공동체, 무엇으로 사는가

히브리서·야고보서·베드로전·후서·요한1·2·3서·유다서
184p | 15,000원 | Ebook 11,000원

BIBLE in Hand 교양인을 위한 성경

영광의 좌표 :
추락에서 회복으로

구약 | 역대지(상·하)

1쇄 발행일 2025년 5월 20일

펴낸이 최종훈
펴낸곳 봄이다 프로젝트
등록 2017-000003
주소 경기도 양평군 서종면 황순원로 414-58 (우편번호 12504)
전화 02-733-7223
이메일 hoon_bom@naver.com

책임편집 이나경 박준숙
디자인 designGo
표지 이미지 shutterstock
인쇄 SP

ISBN 979-11-92240-37-4
값 22,000원